現代個體經濟學

袁正 主編

財經錢線

前 言

　　經濟學是指流行於西歐、北美資本主義發達國家的經濟理論和政策主張。它從19世紀70年代以後一直到目前為止,被認為是能夠說明當代資本主義市場經濟運行和國家調節的重要理論、概念、政策主張和分析方法的系統學科,被稱為「社會科學之王」。

　　個體經濟學是高等院校財經類和管理類專業必開的一門專業基礎課。它主要介紹流行於西方市場經濟國家的現代經濟理論與經濟政策。它既研究古老而又現代的家政管理,又研究多姿多彩的企業經營,還大膽解說政府日益加碼的經濟調控。它既贊美價格機制這只「看不見的手」的效率優勢,也無情地剖析市場機制在不少領域資源配置上的諸多缺陷。

　　個體經濟學是研究家庭、廠商和市場合理配置經濟資源的科學———以單個經濟單位的經濟行為為對象;以資源的合理配置為主要問題;以價格理論為中心理論;以個量分析為方法;其基本假定是市場出清、完全理性和充分信息對稱。

　　經濟理論是科學,而運用這些經濟理論制定政策則是一門藝術。理論與現實和政策常常不一致,但並不說明理論不正確或者無用,而是說明我們要從實際出發來運用理論。本書旨在系統全面地介紹個體經濟學的理論知識,並結合案例給學生以生動的現實運用,希望學生除了學習到西方經濟學的精髓外,還能在實際生活中運用經濟學的原理來思考和解決問題。

編　者

目 錄

導論 …………………………………………………………………… (1)
    第一節 經濟學研究的對象 ………………………………………… (1)
    第二節 個體經濟學 ………………………………………………… (6)
    第三節 經濟學的研究方法 ………………………………………… (8)

第一章 個體經濟學概述 ……………………………………………… (15)
    第一節 西方經濟學關於經濟學的定義 …………………………… (16)
    第二節 西方經濟學的基本假設與研究方法 ……………………… (18)
    第三節 西方經濟學的分析方法 …………………………………… (20)
    第四節 經濟量的有關概念 ………………………………………… (21)
    第五節 西方理論經濟學的分支 …………………………………… (22)

第二章 需求、供給與彈性 …………………………………………… (24)
    第一節 需求 ………………………………………………………… (25)
    第二節 供給 ………………………………………………………… (28)
    第三節 需求價格彈性 ……………………………………………… (31)
    第四節 其他彈性 …………………………………………………… (36)
    第五節 彈性理論的運用 …………………………………………… (40)

第三章 消費者行為理論 ……………………………………………… (46)
    第一節 基數效用理論 ……………………………………………… (47)
    第二節 序數效用理論 ……………………………………………… (53)
    第三節 消費者選擇 ………………………………………………… (61)
    第四節 替代效應與收入效應 ……………………………………… (64)
    第五節 顯示偏好理論 ……………………………………………… (70)
    第六節 不確定性條件下的消費者選擇 …………………………… (74)

第四章 生產理論 ……………………………………………………… (84)
    第一節 企業理論 …………………………………………………… (85)
    第二節 生產要素的最適投入 ……………………………………… (88)

第三節　生產要素的最適組合 ·· (93)
　　第四節　生產函數 ·· (99)
　　第五節　一種變動投入要素的生產函數 ······························ (101)
　　第六節　兩種變動投入要素的生產函數 ······························ (107)
　　第七節　規模報酬 ·· (114)

第五章　成本理論 ·· (117)
　　第一節　成本的概念 ··· (118)
　　第二節　短期成本 ·· (120)
　　第三節　長期成本 ·· (125)
　　第四節　影響長期平均成本的因素 ···································· (131)
　　第五節　收益與利潤最大化 ·· (136)

第六章　廠商均衡理論 ·· (141)
　　第一節　市場結構 ·· (143)
　　第二節　完全競爭市場上的廠商均衡 ································· (146)
　　第三節　壟斷市場上的廠商均衡 ····································· (151)
　　第四節　壟斷競爭市場上的廠商均衡 ································· (158)
　　第五節　寡頭市場上的廠商均衡 ····································· (161)

第七章　博弈論 ·· (168)
　　第一節　博弈問題概述 ··· (169)
　　第二節　完全信息靜態博弈 ·· (170)
　　第三節　完全信息動態博弈 ·· (174)
　　第四節　不完全信息靜態博弈 ······································· (178)
　　第五節　不完全信息動態博弈 ······································· (179)

第八章　分配理論 ·· (182)
　　第一節　收入分配的原理 ·· (183)
　　第二節　社會收入分配 ··· (193)
　　第三節　收入再分配政策 ·· (198)
　　第四節　平等與效率——一個永恆的難題 ···························· (200)

第九章　生產要素定價理論 ……………………………………（202）
第一節　完全競爭市場的生產要素定價 ………………………（204）
第二節　不完全競爭市場的生產要素定價 ……………………（211）
第三節　資本市場與利率的決定 ………………………………（217）

第十章　一般均衡理論與福利經濟學 …………………………（224）
第一節　交易的一般均衡 ………………………………………（227）
第二節　生產的一般均衡 ………………………………………（230）
第三節　生產與交易的一般均衡 ………………………………（233）
第四節　福利問題 ………………………………………………（236）

第十一章　市場失靈與政府調節 ………………………………（242）
第一節　非對稱信息 ……………………………………………（243）
第二節　外部性與政府干預 ……………………………………（252）
第三節　公共產品 ………………………………………………（262）
第四節　政府對完全壟斷行業的調節 …………………………（269）

導論

案例導讀

大炮與黃油

經濟學家們經常愛談論「大炮與黃油」問題。「大炮」代表軍用品,是保衛一個國家的安全所必不可少的;「黃油」代表民用品,是提高一國生活水準所必不可少的。「大炮與黃油」的問題也就是一個社會如何配置自己的稀缺資源的問題。

任何一個國家都希望有無限多的大炮與黃油,這就是慾望的無限性。但任何一個社會用於生產大炮與黃油的資源總是有限的,這就是社會面臨的稀缺性。因此,任何一個社會都要決定生產多少大炮與黃油。這就是社會都面臨的選擇問題。選擇並不是無代價的。在資源既定的情況下,多生產一單位大炮,就要少生產若干單位黃油。為多生產一單位大炮所放棄的黃油數量就是生產大炮的機會成本。「大炮與黃油」問題概括了經濟學的內容。

各個社會都要解決「大炮與黃油」的問題。納粹德國時期,希特勒叫囂「要大炮不要黃油」,實行國民經濟軍事化。第二次世界大戰後,蘇聯為了實現霸權主義與美國對抗,把有限的資源用於大炮——軍事裝備與火箭的生產等,這就使人民生活水準低下,長期缺乏黃油——匈牙利經濟學家科爾奈稱之為「短缺經濟」。第二次世界大戰中,美國作為「民工的兵工廠」(當時美國總統羅斯福的名言),向反法西斯國家提供武器,也把相當多的資源用於生產「大炮」。大炮增加,黃油減少,因此,美國戰時對許多物品實行管制。無論出於什麼目的而更多地生產大炮,都要求經濟的集中決策——希特勒的法西斯獨裁,蘇聯的計劃經濟,或者美國的戰時經濟管制。這些體制都可以集中資源不計成本地為達到某種目的——法西斯德國的侵略,蘇聯的霸權,以及美國的反法西斯。但換來的就是黃油減少,人民生活水準下降。

在正常的經濟中,政府與市場共同決定大炮與黃油的生產,以使社會福利達到最大。整個經濟學都是在解決「大炮與黃油」的問題。你在學習中可以經常想一想所學的內容與這一問題有什麼關係,或者說如何有助於更好地解決「大炮與黃油」的問題。

第一節 經濟學研究的對象

自古以來,人類社會就為經濟問題所困擾,生存與發展始終是各個社會所關心的熱門話題。進入 21 世紀以來,經濟失衡、貧富對立、失業、通貨膨脹、經濟停滯、國際經濟衝

突等經濟現象，仍然是各國所面臨的難題。透過各種表面現象，人類經濟問題的根源在於資源的有限性。一方面，相對於人類的無窮慾望而言，上帝賦予我們的資源太少了；另一方面，由於自然或社會的原因，這些有限的資源還往往得不到充分利用。由此，如何合理地配置和利用有限的資源，就成為人類社會永恆的話題。經濟學就是為解決這個問題而產生的。也正因為經濟學所要解決的問題如此重要，所以它被稱為「社會科學的皇后」。要瞭解經濟學，先要瞭解人類社會面臨的一個永恆的問題——稀缺性。

一、稀缺性：人類社會永恆的問題

人類社會的基本問題是生存與發展。生存與發展就是不斷地用物質產品（以及勞務）來滿足人們日益增長的需求。

需求來自慾望。慾望可能產生於生理需求，也可能產生於心理需求。慾望的基本特點在於無限性，即人們的慾望永遠沒有完全得到滿足的時候。一種慾望滿足了，又會產生新的慾望，永無止境。正是慾望的無限性推動了人類不斷去追求，去探索，才有了社會的進步。

人的慾望要用各種物質產品（或勞務）來滿足。物質產品（或勞務）要用各種資源來生產。這些資源包括人力資源與自然資源。誰都知道，一個社會無論有多少資源，總有一個有限的量。無限的慾望與有限的資源之間的關係就是經濟學所說的稀缺性，我們可以給稀缺性下這樣一個定義：

相對於人類社會的無窮慾望而言，經濟物品，或者說生產這些物品所需要的資源總是不足的。這種資源的相對有限性就是稀缺性。

這裡所說的稀缺性不是指資源絕對數量的多少，而是指相對於無限的慾望而言，再多的資源也是稀缺的。這就是稀缺性的相對含義；換言之，稀缺性是就相對意義而言的。

稀缺性是人類社會面臨的永恆話題。這就是說，稀缺性的存在是絕對的，它存在於人類歷史的各個時期和一切社會。從歷史上來看，稀缺性存在於人類社會的所有時期，無論是早期原始社會，還是當今的發達社會。從現實來看，稀缺性存在於世界各地，無論是貧窮的非洲，還是富裕的美國。社會中的每個人，無論是富可敵國的比爾‧蓋茨，還是一貧如洗的阿富汗難民，都面對稀缺性問題，只是稀缺的內容不同而已。所以，稀缺性是人類社會永恆的問題，只要有人類社會，就會有稀缺性。

經濟學正產生於稀缺性的存在，經濟學的研究對象也正是由這種稀缺性所決定的。

二、生產可能性曲線、機會成本和選擇

稀缺性決定了每一個社會和個人必須作出選擇。慾望有輕重緩急之分，同一種資源又可以滿足不同的慾望。選擇就是用有限的資源去滿足何種慾望的決策，或者說如何使用有限資源的決策。

有所得就要有所失，這就是經濟學家所說的「天下沒有免費的午餐」。為了得到某種東西而放棄的另一種東西就是作出決策的機會成本。例如，我們把一塊土地用於作為高爾夫球場時，必須放棄這塊土地所能生產的糧食。修建高爾夫球場放棄的糧食就是作出修建高爾夫球場這項選擇的機會成本。

我們可以用生產可能性曲線的概念來說明稀缺性、選擇和機會成本。

假定一個社會用全部資源生產兩種物品：糧食和棉花。如果只生產糧食可以生產 15 萬噸，只生產棉花可以生產 5 萬噸。在這兩種極端的可能性之間，還存在著糧食和棉花的不同數量組合。假設這個社會在決定糧食與棉花的生產時，提出了 A、B、C、D、E、F 六種組合方式，則可以作表 0-1：

表 0-1　　　　　　　　　　　　生產可能性表

可能性	棉花（萬噸）	糧食（萬噸）
A	0	15
B	1	14
C	2	12
D	3	9
E	4	5
F	5	0

根據上表，我們可以作出圖 0-1：

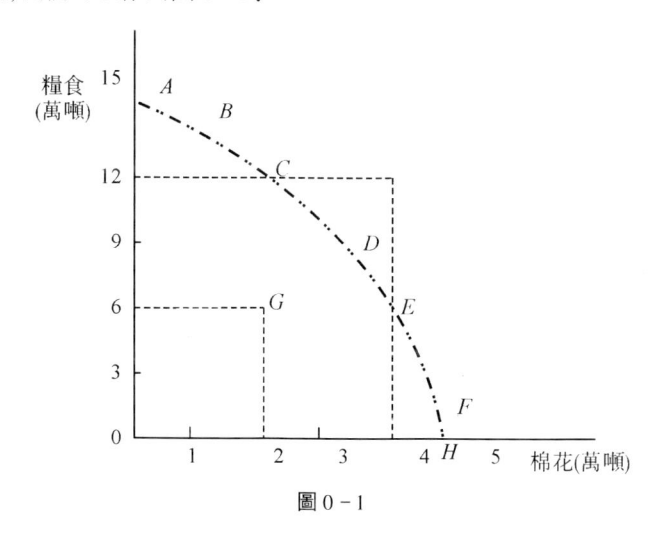

圖 0-1

在上圖中，連接 A、B、C、D、E、F 點的 AF 線是在資源既定的條件下所能達到的糧食與棉花最大產量的組合，被稱為生產可能性曲線或生產可能性邊界。AF 線還表明了，多生產一單位糧食要放棄多少單位糧食，因此，又被稱為生產轉換線。從圖 0-1 中還可以看出，AF 線內的任何一點（例如在 G 點上）糧食與棉花的組合（6 萬噸糧食和 2 萬噸棉花），也是資源既定條件下所能達到的，但並不是最大數量的組合，即資源沒有得到充分利用。AF 線外的任何一點（例如 H 點上）糧食與棉花的組合（12 萬噸糧食和 4 萬噸棉花），是糧食和棉花更大數量的組合，但在現有資源條件下無法實現。

生產可能性曲線是在資源既定的條件下所能達到的兩種物品最大產量的組合。

生產可能性曲線說明了稀缺性、選擇和機會成本這三個重要概念。

人的慾望是無限的，用來滿足這種慾望的糧食與棉花也應該是無限的。但由於資源

是有限的，這個社會不能生產無限的糧食與棉花。這就表明稀缺性的存在。

在存在稀缺性的情況下，人們必須作出生產多少糧食和棉花的決策。這就是我們所面臨的選擇問題。生產可能性曲線上的所有點都是人們所作出的選擇。

在資源既定時，多生產一噸棉花就要少生產若干噸糧食，或者說為了多得到一噸棉花就要放棄若干噸糧食。放棄的若干噸糧食正是得到一噸棉花的機會成本。例如，從 A 點到 B 點，為了多生產 1 萬噸棉花（從零增加到 1 萬噸）就必須放棄 1 萬噸糧食（從 15 萬噸減少為 14 萬噸）。所放棄的 1 萬噸糧食就是生產 1 萬噸棉花的機會成本。生產可能性曲線的斜率代表機會成本。

這裡我們應該注意，生產可能性曲線凹向原點，即為了多生產棉花所放棄的糧食是遞增的。例如，從 B 點到 C 點時增加 1 萬噸棉花的機會成本增加了。這是因為，當我們把更多的資源用於棉花時，就把越來越不宜於生產棉花的資源用於種植棉花，這時效率就會下降，或者說不得不放棄的糧食越來越多。

經濟學家把選擇概括為三個相關的問題：

第一，生產什麼物品與生產多少。用糧食與棉花的例子來說，就是生產糧食還是棉花；或者生產多少糧食，多少棉花，即在糧食與棉花的可能性組合中選擇哪一種。

第二，如何生產，即用什麼方法來生產糧食與棉花。生產方法實現就是如何對各種生產要素進行組合，是多用資本，少用勞動，用資本密集型方法來生產呢；還是少用資本，多用勞動，用勞動密集型方法來生產。不同的方法可以達到相同的產量，但在不同方法的情況下，其效率並不相同。

第三，生產出來的產品如何分配，即糧食與棉花按什麼原則分配給社會各個階級與各個成員，這也就是為誰生產的問題。

稀缺性是人類社會各個時期和各個社會所面臨的永恆問題，所以，選擇，即「生產什麼」、「如何生產」和「為誰生產」的問題，也就是人類社會所必須解決的基本問題。這三個問題被稱為資源配置問題。

經濟學是為解決稀缺性問題而產生的，因此，經濟學所研究的對象就是由稀缺性而引起的選擇問題。也正是在這種意義上，許多經濟學家把經濟學定義為「選擇的科學」，或者「研究稀缺資源在各種可供選擇的用途之間進行分配的科學」。

三、經濟學與資源利用

在現實中，人類社會往往面臨這樣一種矛盾：一方面資源是稀缺的，另一方面稀缺的資源還是得不到充分利用。英國著名經濟學家瓊·羅賓遜（Joan Robinson）針對 20 世紀 30 年代的經濟大危機不無諷刺地說：「當經濟學家們把經濟學定義為研究稀缺資源在各種可供選擇的用途之間進行分配的科學時，英國有 300 萬工人失業，而美國的國民生產總值的統計數字則下降到原來水準的一半。」

這種情況就是產量沒有達到生產可能性曲線（例如在圖 0-1 中的 G 點上），稀缺的資源被浪費了。而且，人類社會為了發展，也不能僅僅滿足於達到生產可能性曲線的水準，還要使既定的資源生產出更大的產量（例如達到圖 0-1 中的 H 點）。這樣，資源的稀缺性又引出了另外一個問題：資源利用。所謂資源利用就是人類社會如何更好地利用現

有的稀缺資源,使之生產出更多的物品。

資源利用包括這樣三個相關的問題:

第一,為什麼資源得不到充分利用,即糧食與棉花的產量達不到生產可能性曲線上的各點。換句話來說,也就是如何能使稀缺的資源得到充分利用,如何使糧食與棉花的產量達到最大。這就是一般所說的「充分就業」問題。

第二,在資源既定的情況下,為什麼產量有時高有時低,即儘管資源條件沒有變,但糧食與棉花的產量為什麼不能始終保持在生產可能性曲線上。這也就是經濟中為什麼會有週期性波動。與此相關的是,如何用既定的資源生產出更多的糧食與棉花,即經濟實現增長。這就是一般所說的「經濟波動與經濟增長」問題。

第三,現代社會是一個以貨幣為交換媒介的商品社會,貨幣購買力的變動對資源配置與利用所引起的各種問題的解決都影響甚大。這樣,解決這些問題就必然涉及貨幣購買力的變動問題。這也就是一般所說的「通貨膨脹(或通貨緊縮)」問題。

由以上可以看出,稀缺性不僅引起了資源配置問題,而且還引起了資源利用問題。正因為如此,許多經濟學家認為把經濟學定義為「研究稀缺資源配置和利用的科學」也許更恰當一些。

四、經濟學與經濟制度

儘管各個社會都存在稀缺性,但解決稀缺性的方法並不同。換句話說,在不同的社會中,資源配置與資源利用問題的解決方法是不同的。經濟制度就是一個社會做出選擇的方式,或者說解決資源配置與資源利用的方式。人類社會的各種經濟活動都是在一定的經濟制度下進行的。經濟學家十分重視經濟制度的作用。

當今世界上解決資源配置與資源利用的經濟制度有兩種。一種是市場經濟制度,即通過市場上的價格的調節來決定生產什麼,如何生產與為誰生產。用我們所舉的例子來說,就是糧食與棉花哪一種產品的價格高就生產哪一種,用什麼方法生產價格低就用什麼方法生產,誰為產出來的產品付的價格高就為誰生產。資源的充分利用依靠價格的調節與刺激和政府宏觀調控來實現。另一種是計劃經濟制度,即通過中央計劃來決定生產什麼,如何生產與為誰生產。也就是說,用既定的資源生產糧食還是生產棉花,用什麼方法生產糧食與棉花,生產出來的糧食與棉花分配給誰,都由中央計劃來安排。資源的充分利用也依靠計劃來實現。

市場經濟與計劃經濟的差別主要表現在三個基本經濟問題上。第一,決策機制不同。在市場經濟條件下,選擇的決策由參與經濟的千千萬萬的個人和企業分散地獨立作出;在計劃經濟下,選擇的決策由至高無上的中央計劃機構集中地作出。第二,協調機制不同。市場經濟條件下,由價格來協調千百萬人的決策,使這些決策一致;計劃經濟是個金字塔式的等級體系,用自上而下的命令來貫徹決策,保證決策的協調。第三,激勵機制不同。市場經濟的激勵以個人物質利益為中心,強調「小河有水大河滿」;計劃經濟的激勵以集體主義的精神為中心,強調「大河沒水小河干」。

經濟學家從效率、經濟增長和收入分配來比較這兩種經濟體制。應該說,這兩種經濟制度各有利弊。從20世紀總體經濟狀況來看,市場經濟優於計劃經濟。可以說,經濟

上成功的國家都採取了市場經濟制度,而採取計劃經濟的國家無一成功。正是由於這一原因,20世紀80年代之後,採取計劃經濟的國家紛紛轉向市場經濟。

市場經濟是組織經濟活動的一種好方式已成為絕大多數人的共識。但市場經濟並非完美無缺。因此,還需要政府用各種干預手段來糾正市場經濟的缺點。經濟學家把這種以市場調節為基礎,又有政府適當干預的經濟制度稱為混合經濟。混合經濟絕不是市場經濟和計劃經濟的混合,而是對市場經濟的改進。因此,混合經濟又稱為現代市場經濟,以區別於只有市場調節,沒有政府干預的古典市場經濟。

經濟學是研究一定經濟制度下資源配置與利用的科學。本書所介紹的個體經濟學是研究市場經濟制度下,資源配置與利用的科學。個體經濟學就是市場的經濟學。中國的經濟改革以建立社會主義市場經濟為目標,其本質仍然是現代市場經濟。從這種意義上說,學習個體經濟學對中國經濟同樣具有重要的意義。

第二節　個體經濟學

經濟學研究資源配置與利用,內容是相當廣泛的,其中研究資源配置的個體經濟學與研究資源利用的總體經濟學是其基礎。本書所要介紹的內容正是個體經濟學的基本原理。在這一節中,我們先對個體經濟學作一些概括性的介紹,以便於進一步理解個體經濟學研究的對象,並為閱讀以後的內容提供一些預備性知識。

什麼是個體經濟學?「個體」的英文為「Micro」,它來源於希臘文「utkpo」,原意是「小」。個體經濟學以單位為研究對象,通過研究單個經濟單位的經濟行為和相應的經濟變量單項數值的決定來說明價格機制如何解決社會的資源配置問題。

在理解個體經濟學的定義時,要注意這樣幾點:

第一,研究的對象是單個經濟單位的經濟行為。單個經濟單位指組成經濟的最基本的單位:家庭與企業。家庭是經濟中的消費者和生產要素的提供者。企業是經濟中的生產者和生產要素的需求者。在個體經濟學的研究中,假設家庭與企業經濟行為的目標是實現最大化,即家庭要實現滿足程度(即效用)最大化,企業要實現利潤最大化。個體經濟學研究家庭與企業的經濟行為就是研究家庭如何把有限的收入分配於各種物品的消費,以實現滿足程度最大化,以及企業如何把有限的資源用於各種物品的生產,以實現利潤最大化。經濟學家給個體經濟學所下的定義中特別強調了這一點。例如,美國經濟學家 J. Henderson 強調:「居民戶與廠商這種單個單位的最優化行為奠定了個體經濟學的基礎。」

第二,解決的問題是資源配置。資源配置即以前所說的生產什麼,如何生產和為誰生產的問題。解決資源配置問題就是要使資源配置達到最優化,即在這種資源配置下能給社會帶來最大的經濟福利。個體經濟學從研究單個經濟單位的最大化行為入手,來解決社會資源的最優配置問題。因為如果每個經濟單位都實現了最大化,那麼,整個社會的資源配置也就實現了最優化。

第三,中心理論是價格理論。在市場經濟中,家庭和企業的行為要受價格的支配,生

產什麼,如何生產和為誰生產都由價格決定。價格像一只看不見的手,調節著整個社會的經濟活動,通過價格的調節,社會資源的配置實現了最優化。個體經濟學正是要說明價格如何使資源配置達到最優化。因此,價格理論是個體經濟學的中心,其他內容是圍繞這一中心問題展開的。也正因為這樣,個體經濟學也被稱為價格理論。個體經濟學的中心理論實際上是解釋英國古典經濟學家亞當·斯密的「看不見的手」這一原理的。斯密認為,每個人都在追求自己的個人利益。「看不見的手」就是價格。個體經濟學的中心就是要解釋價格如何實現資源配置最優化。

第四,研究方法是個量分析。個量分析是研究經濟變量的單項數值如何決定。例如,個體經濟學中研究的價格是某種商品的價格,即價格這種經濟變量的單項數值。個體經濟學中所涉及的變量,例如,某種產品的產量、價格等都屬於這一類。個體經濟學分析這類個量的決定、變動及其相互間的關係。美國著名經濟學家 P. 薩謬爾森 (P. Samuelson)強調了個體經濟學個量分析的特徵,即個體經濟學是「關於經濟中單個因素———諸如一種產品價格的決定或單個消費者或企業的行為的分析」。

2. 個體經濟學的基本內容

個體經濟學包括的內容相當廣泛。其中主要有:

第一,均衡價格理論,也稱價格理論。研究某種商品的價格如何決定,以及價格如何調節整個經濟的運行。如上所說,這一部分是個體經濟學的中心。其他內容都是圍繞這一中心而展開的。

第二,消費者行為理論。研究消費者如何把有限的收入分配到各種物品的消費上,以實現效用最大化。這一部分是對決定價格的因素之一———需求的進一步解釋。

第三,生產理論,即生產者行為理論。研究生產者如何把有限的資源用於各種物品的生產上而實現利潤最大化。這一部分包括研究企業內部組織與效率的企業理論,研究生產要素投入與產量之間關係的生產理論,以及研究成本與收益理論。這一部分是對決定價格的另一個因素———供給的進一步解釋。

第四,廠商均衡理論,或稱市場結構理論。研究企業在不同結構市場上的行為與市場均衡。如果說均衡價格理論是研究完全競爭市場上的價格決定問題,這一部分就是研究不同市場上的價格決定問題。

第五,分配理論。研究產品按什麼原則分配給社會各集團與個人,即工資、利息、地租和利潤如何決定。這一部分是運用價格理論來說明為誰生產問題。

第六,一般均衡理論與福利經濟學。研究社會資源配置最優化的實現,以及社會經濟福利的實現等問題。

第七,市場失靈與個體經濟政策。傳統個體經濟學理論以完全競爭、完全理性與完全信息為前提。但在現實中,由於公共物品、外部性、壟斷與信息不對稱,價格調節並不總是能實現資源最優配置,這就稱為市場失靈。解決市場失靈就需要政府的個體經濟政策。

現代個體經濟學還包括了更為廣泛的內容。諸如,產權經濟學、成本—收益分析、時間經濟學、家庭經濟學、人力資本理論等。這些都是在個體經濟學基本理論的基礎之上發展起來的。個體經濟學還是現代管理科學的基礎。在本書中,我們介紹個體經濟學最

基本的內容：均衡價格理論、消費者行為理論、生產理論、廠商均衡理論、分配理論、市場失靈理論以及相關的個體經濟政策。

第三節　經濟學的研究方法

每門學科都有自己的研究方法，經濟學自然也不例外。這也就是說，經濟學要運用一定的方法來研究稀缺性所引起的資源配置與資源利用問題。具體來說，對這些問題既可以用實證的方法進行分析，也可以用規範的方法進行分析。用實證方法來分析經濟問題稱為實證經濟學，而用規範方法來分析經濟問題稱為規範經濟學。

一、實證方法與規範方法

實證方法研究經濟問題時超脫價值判斷，只研究經濟本身的內在規律，並根據這些規律，分析和預測人們經濟行為的效果。它要回答「是什麼」的問題。

規範方法研究經濟問題時以一定的價值判斷為基礎，提出某些標準作為分析處理經濟問題的標準，並研究如何才能符合這些標準。它要回答「應該是什麼」的問題。

在理解實證方法與規範方法時，應注意這樣一些問題：

第一，價值判斷的含義。在以上關於實證方法和規範方法的定義中都涉及了價值判斷這個概念。什麼是價值判斷呢？《簡明帕氏新經濟學辭典》的解釋是：「價值判斷可被定義為對所認定的客觀效力的贊成或不贊成的判斷。」中國已故著名經濟學家陳岱孫教授指出：「這地方講的價值，並不是指商品的價值，而是指經濟事物的社會價值。」由此可見，價值判斷就是指對經濟事物社會價值的判斷，即對某一經濟事物是好還是壞的判斷。價值判斷大而言之，可以指一種社會經濟制度的好壞；小而言之，是指某一具體事物的好壞。所謂好壞也就是對社會是有積極意義，還是有消極意義。價值判斷屬於社會倫理學的範疇，具有強烈的主觀性和階級性。實證方法為了使經濟學具有客觀科學性，就要避開價值判斷問題；而規範方法要判斷某一具體經濟事物的好壞，則從一定的價值判斷出發來研究問題。是否以一定的價值判斷為依據，是實證方法與規範方法的重要區別之一。

第二，實證方法與規範方法要解決的問題不同。實證方法要解決「是什麼」的問題，即要確認事實本身，研究經濟本身的客觀規律與內在邏輯，分析經濟變量之間的關係，並用於進行分析與預測。規範方法要解決「應該是什麼」的問題，即要說明事物本身是好還是壞，是否符合某種價值判斷，或者對社會有什麼意義。這一點也就決定了實證方法可以避開價值判斷，而規範方法必須以價值判斷為基礎。

第三，實證方法研究經濟問題所得出的結論具有客觀性，可以根據事實來進行檢驗，也不會以人們的意志為轉移。規範方法研究經濟問題所得出的結論要受到不同價值觀的影響，沒有客觀性。處於不同階級地位，具有不同價值判斷標準的人，對同一事物的好壞會做出截然相反的評價，誰是誰非沒有什麼絕對標準，從而也就無法進行檢驗。

第四，實證方法與規範方法研究經濟問題儘管有上述三點差異，但它們也並不是絕

對相互排斥的。規範方法要以實證方法為基礎,而實證方法也離不開規範方法的指導。一般來說,越是具體的問題,實證的成分越多;而越是高層次、帶有決策性的問題,越具有規範性。

可以用收入分配的例子來說明實證方法與規範方法之間的區別與聯繫。

當前人們議論較多的是收入分配差距拉大的問題。經濟學家可以用實證方法或規範方法來研究這一問題,但分析的角度不同,要解決的問題也不同。收入分配包括了兩個不同的問題。一個是引起收入分配差距拉大的原因是什麼,即收入分配與造成這種分配現狀的因素之間的關係。這種關係是客觀存在的。二是對收入分配現狀的看法與評價,即收入分配差距拉大是一件好事還是一件壞事。這兩個問題就要用不同的方法去研究。

我們用實證方法研究收入分配時要認識其本身的規律。這時我們排斥價值判斷,即不管收入分配距離拉大是一件好事還是一件壞事,只研究收入分配差距拉大與引起這種想像的原因之間的關係。例如,我們研究受教育程度與收入之間的關係,從中可以得出受教育程度與收入同方向變動的結論。這一結論可以根據統計資料或其他資料有關證據來證明。如果證明這一結論是正確的,它就是客觀的,不以人的意志為轉移。無論你對收入分配差距拉大有什麼看法,都不影響這一結論。這時的研究就與自然科學一樣,分析所觀察到的現象,從中得出結論,並加以驗證。這也是研究一切科學的實證方法。

我們用規範方法研究收入分配時要判斷哪一種收入分配狀況是理想的,或者說收入應該如何分配。這時我們要把一定的價值判斷作為前提——是效率優先,還是平等優先;是強調過程的平等,還是強調結果的公平。由於所依據的價值判斷不同,規範方法的研究收入分配問題所得出的結論也不同。如果強調效率優先,就會得出收入分配差距拉大是一件好事的結論;如果強調平等優先,就會得出收入分配差距拉大是一件壞事的結論。收入分配差距拉大本身既有好的影響,也有不利的影響,究竟哪一種結論正確?沒有客觀的標準,也沒法進行驗證,永遠也不會得出客觀而一致的結論。在根據規範的標準決定政策時要由政治程序決定採用哪一種觀點。在獨裁政治下,由一個人說了算;在民主政治下,由多數人說了算。

但實證方法與規範方法相互之間並不排斥。實證分析是規範分析的基礎。比如,如果一個社會要使收入分配更平等,其政策就是要根據實證分析的結論來制定。如果實證分析證明教育差別是引起收入分配差距的主要原因,消除或減輕不平等就要從發展教育,更多關注貧困人口的教育問題入手。實證分析是認識世界,改善世界——按一定的價值判斷制定政策——要以世界為基礎。從這個角度看,實證方法是經濟學的基礎。

實證經濟學與規範經濟學所強調的是用不同的方法來研究經濟問題。用實證的方法研究就是實證經濟學。如前所述,個體經濟學與總體經濟學都是用實證的方法進行研究的,因此,都屬於實證經濟學。

在個體經濟學的發展中,早期強調從規範的角度來分析經濟問題。19 世紀中期以後,則逐漸強調實證的方法。許多經濟學家認為,經濟學的實證化是經濟學科學化的唯一途徑。只有使經濟學實證化,才能使之成為像物理學、化學一樣的真正科學。應該說,直至目前為止,實證經濟學仍然是西方經濟學中的主流。但也有許多經濟學家認識到,

經濟學並不能完全等同於物理學、化學這些自然科學,它也無法完全擺脫規範問題,即無法迴避價值判斷。因此,應該在經濟學中把實證的方法與規範的方法結合起來。這一看法是很有道理的。

二、實證分析方法

經濟學中的實證分析法來自哲學上的實證主義方法。實證分析是一種根據事實加以歸納或演繹的陳述,而這種實證性的陳述則可以簡化為某種能根據經驗數據加以證明的形式。在運用實證分析法來研究經濟問題時,就是要提出用於解釋事實(即經濟現象)的理論,並以此為根據做出預測。這也是形成經濟理論的過程。

因此,我們這裡就重點講如何用實證分析法得出經濟理論。

1. 理論的組成

一個完整的理論包括定義、假設、假說和預測。

定義是對經濟學研究的各種變量所規定的明確的含義。變量是一些可以取不同數值的量。在經濟分析中常用的變量有內生變量與外生變量,存量與流量。

內生變量是「一種理論內所要解釋的變量」。外生變量是「一種理論內影響其他變量,但本身由該理論外的因素所決定的那個變量」。內在變量又稱內變量,外生變量又稱自變量。

存量是指一定時點上存在的變量的數值。其數值大小與時間維度無關。流量指一定時期內發生的變量的數值。其數值大小與時間維度相關。

假設是某一理論所使用的條件。因為任何理論都是有條件的、相對的,所以在理論的形成中假設非常重要。西方經濟學家在分析問題時特別重視假設條件。有一個小故事可以說明這一點。幾位在沙漠上旅行的學者討論如何打開罐頭的問題。物理學家說,給我一個聚光鏡,我可以用陽光把罐頭打開;化學家說,我可以用集中化學藥劑的化學反應來打開罐頭;而經濟學家則說,假設我有一把開罐刀,我可以……這說明了經濟學家分析問題時總要從「假設如何如何」開始的,離開了一定的假設區間,分析與結論都是毫無意義的。例如,需求定理是假設消費者的收入、嗜好、人口量、社會風尚等不變。離開這些假設,需求定理所說明的需求量與價格反方向變動的真理就沒有意義。在形成理論時,所假設的某些條件往往並不現實,但沒有這些假設就很難得出正確的結論。在假設條件下得出理論,就像自然科學在嚴格的限定條件下分析自然現象一樣。我們要習慣這種以一定假設為前提分析經濟問題的方法。

假說是對兩個或更多的經濟變量之間關係的闡述,也就是未經證明的理論。在理論形成中提出假說是十分重要的,這種假說往往是對某些現象的經驗性概括或總結。但要經過驗證才能說明它是否能成為具有普遍意義的理論。因此,假說並不是憑空產生的,它仍然來源於實際。

預測是根據假說對未來進行預期。科學的預測是一種有條件性的說明,形式一般是「如果……就會……」。預測是否正確,是對假說的驗證。正確的假說的作用就在於它能正確地預測未來。正確的假說就是理論。

2. 理論的形成

我們可以根據圖0-2來說明一種經濟理論是如何形成的。

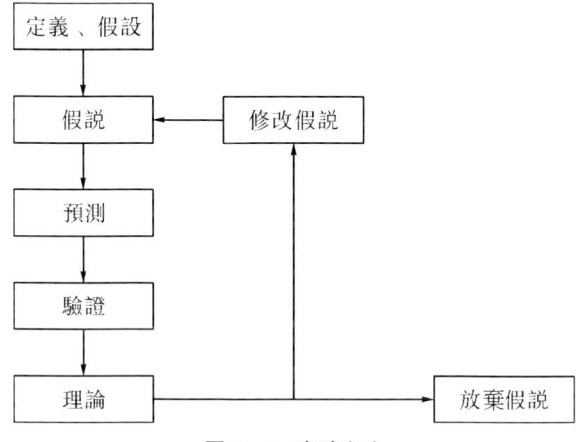

```
定義、假設
    ↓
   假說 ← 修改假說
    ↓
   預測
    ↓
   驗證
    ↓
   理論 → 放棄假說
```

圖0-2　實驗方法

圖0-2說明了在形成一種理論時,首先要對所研究的經濟變量確定定義,並提出一些假設條件。然後,根據這些定義與假設提出一種假說。根據這種假說可以提出對未來的預測。最後,用事實來驗證這一預測是否正確。如果預測是正確的,這一假說就是正確的理論;如果預測是不正確的,這種假說就是錯誤的理論,要被放棄,或進行修改。本書中所講的許多理論都是用這種方法形成的。這就是實證分析方法。

3. 理論的表述形式

運用實證分析得出的各種理論可以用各種不同的方法進行表述。也就是說,同樣的理論內容可以用不同的方法表述。一般來說,經濟理論有四種表述方法:

第一,口述法,或稱敘述法。用文字來表述經濟理論。

第二,算術表示法,或稱列表法。用表格來表述經濟理論。

第三,幾何等價法,或稱圖形法。用幾何圖形來表述經濟理論。

第四,代數表述法,或稱模型法。用函數關係來表述經濟理論。

這四種方法各有其優缺點,在分析經濟問題時得到了廣之的運用。

三、實證分析工具

經濟學中運用實證分析法分析經濟問題形成理論時,可運用各種分析工具。實證分析中所涉及的分析工具是很多的,這裡介紹均衡分析與非均衡分析,靜態分析與動態分析,以及由均衡分析和動態分析相結合而形成的靜態均衡分析、比較靜態均衡分析以及動態均衡分析。

1. 均衡分析與非均衡分析

均衡是物理學中的名詞。一物體同時受到方向相反的兩個外力的作用,當這兩種力量恰好相等時,該物體由於受力相等而處於靜止狀態,這種狀態就是均衡。19世紀末的英國經濟學家 A. 馬歇爾把這一概念引入經濟學中,指經濟學中各種對立的、變動著的力

量處於一種力量相當、相對靜止、不再變動的狀態。均衡分析是分析各種經濟變量之間的關係，說明均衡的實現及其變動。均衡分析又可以分為局部均衡分析與一般均衡分析。局部均衡分析考察在其他條件不變時單個市場的均衡的建立與變動。一般均衡分析考察各個市場之間均衡的建立與變動，它是在各個市場的相互關係中來考察各個市場的均衡問題的。均衡分析偏重於數量分析，非均衡分析則認為經濟現象及其變化的原因是多方面的、複雜的，不能單純用有關變量之間的均衡與不均衡來加以解釋，而主張以歷史的、制度的、社會的因素作為分析的基本方法，即使是數量的分析，非均衡分析也不是強調各種力量相等時的均衡狀態，而是強調各種力量不相等時的非均衡狀態。個體經濟學與總體經濟學中運用的主要分析工具是均衡分析。

2. 靜態分析與動態分析

靜態分析和動態分析的基本區別在於，前者不考慮時間因素，而後者考慮時間因素。換句話來說，靜態分析考察一定時期內各種變量之間的相互關係，而動態分析考察各種變量在不同時期的變動情況。靜態分析主要是一種橫斷面分析，不涉及時間因素所引起的變動，而動態分析主要是一種時間序列分析，涉及時間因素所引起的變動。或者說，靜態分析研究經濟現象的相對靜止狀態，而動態分析研究經濟現象的發展變化過程。

3. 靜態均衡分析、比較靜態均衡分析、動態均衡分析

把均衡分析與靜態分析和動態分析結合在一起就產生了三種分析工具：靜態均衡分析、比較靜態均衡分析與動態均衡分析。靜態均衡分析是要說明各種經濟變量達到均衡的條件；比較靜態均衡分析是要說明從一種均衡狀態變動到另一種均衡狀態的過程，說明某一時點上經濟變量的變動如何影響下一時點上該經濟變量的變動，以及這種變動對整個均衡狀態變動的影響。在個體經濟學與總體經濟學中，這三種分析工具都得到了廣泛運用。

4. 定性與定量分析

定性分析是說明經濟現象的性質及其內在規定性與規律性。定量分析則是分析經濟現象之間量的關係。許多經濟現象是用某種標準來衡量的，可以表示為一定的數量，各種經濟現象之間量的關係可以更為精確地反應經濟運行的內在規律。因此，實證經濟分析中特別注意定量分析。經濟學中數學的運用主要表現在兩個方面：一是運用數學公式、定理來表示或推導、論證經濟理論，這就是一般所說的數理經濟學。二是根據一定的經濟理論，編製數學模型，並將有關經濟變量的數值代入這種模型中進行計算，以驗證理論或進行預測，這就是一般所說的經濟計量學。定量分析使經濟學更能運用於實際。數學是經濟學的重要分析工具，這一點應該十分注意。

四、經濟理論與經濟政策

經濟學具有強烈的實用性，是為現實服務的。經濟學既包括理論，又包括政策，是兩者的結合。

經濟理論是對各種經濟問題的分析，力圖尋找出經濟現象本身的客觀規律。經濟政策是根據經濟規律所制定的，因此，經濟理論是經濟政策的基礎。沒有正確的經濟理論就難以制定出正確的經濟政策。經濟政策是經濟理論的應用。從這種意義上說，經濟理

論是基礎,這也正是經濟理論受到重視的原因。

但是,從實際情況來看,也並不一定是先有經濟理論而後有經濟政策的。常見的情況是,先有瞭解決某個實際問題的經濟政策,而後才有為之服務並對之作出解釋的經濟理論。例如,在20世紀30年代的經濟大危機中,就是先有國家干預經濟的具體政策,而後才有為這種政策進行解釋的凱恩斯主義宏觀經濟理論。然而,這並不意味著否認經濟理論的重要意義。儘管政策可能先於理論,並要求理論對之作出解釋,但缺乏正確理論基礎的政策可能是盲目的、不完善的,只有以正確的理論為依據,政策才會完善。因此,整個政策的制定、發展和驗證都離不開理論。同樣,理論也只能為政策服務,並通過政策實施的結果來驗證才能證明其正確性。正因為如此,我們在研究經濟學時要研究理論,也要研究政策,把兩者有機地結合起來。

在現實中,我們經常看到經濟學理論與實際的政策不一致的情況。理論與實際以及政策的不同有各種原因。首先,理論是以一定的假設條件為前提的,當這種假設條件不具備時,理論就與實際情況不一致,也難以根據這種理論來制定政策。例如,根據貨幣理論,增加貨幣量可以降低利率,從而刺激投資,這是政府運用貨幣政策調節經濟的依據。現實中中國曾連續七次降息,但對刺激投資的作用十分有限,貨幣政策沒有起到應有的作用。原因何在呢?其實這種理論的前提是,投資者是私人投資主體,即企業與個人,他們投資的目的是現實利潤最大化,並承擔風險,從而降息可以刺激投資。但中國仍不是一個成熟的市場經濟,投資者並不是私人主體。相當大部分的投資由國有企業與政府進行,投資目的也是多樣化的,如實現政績等,並不承擔風險。這樣,利率下降刺激投資的作用就十分有限,貨幣政策難以發生作用。之所以出現這種情況,並不是貨幣理論不對,而是中國的經濟中缺乏這種理論適用的假設條件。

其次,理論是現實生活的抽象與概括,它忽略了現實生活的許多細節。這種抽象的理論雖抓住了事物的本質,但並不是實現生活照相式的反應。本質往往不同於現象。例如,消費者行為理論所說的消費者均衡條件,即消費者在收入與物品價格既定的情況下實現效用最大化的條件是所購買各種物品得到的邊際效用與價格之比相等。在現實中很少有人這樣去進行消費,甚至精通這一理論的經濟學家也很少有意識地去這樣做。這一理論是對現實生活的一種簡化,它不考慮消費者的其他目的,而僅僅把效用最大化作為唯一目的,它也沒有考慮消費者的許多細節——例如衝動型的消費等。但這個理論抓住了消費者行為最本質的束西,而且,它往往在無意識地支配許多消費者的消費行為,無非是我們自己沒有注意而已。生活比理論要豐富多彩,這就是「生命之樹常青,而理論是灰色的」。但理論能抓住現象的本質,這正是理論的意義。

最後,即使理論是正確的,政策也不一定能完全按照理論來制定,因為經濟理論僅僅是從經濟的角度去分析問題,而政策的制定要受到政治、社會等因素的影響,有時這些因素比理論分析還要重要。例如,讓價格自發地調節經濟是市場經濟的基本原則。由此出發,價格上限就應該被取消,但在現實中,許多國家對一些生活必需品都實行價格上限。經常受到抨擊的租金上限——對租房的最高上限,也在許多大城市運用。這是因為從社會和政府的角度看,這種做法有利於照顧低收入者的利益,有利於整個社會的安定,也有利於政府得到更多人的支持。從經濟上看,價格上限不好;從政治和社會的角度看,價格

上限還具有一定的作用。理論往往是簡單的,但現實生活要複雜得多。從這種意義上說,經濟理論是科學,而運用這些經濟理論制定政策則是一門藝術。

理論與現實和政策的不一致並不說明理論不正確或者無用,只說明我們要從實際出發來運用理論,生硬照搬某種理論必定失敗。這是我們學習經濟學時一定要注意到的。

一般來說,經濟政策可以分為個體經濟政策和宏觀經濟政策。前者以個體經濟理論為基礎,而後者以宏觀經濟理論為基礎。個體經濟理論與個體經濟政策的結合就是個體經濟學,而宏觀經濟理論與宏觀經濟政策的結合就是總體經濟學。這門課程就是從理論與實際政策相結合的角度來介紹西方經濟學的內容。

習題

1. 為什麼說稀缺性是人類社會永恆的問題?
2. 利用機會成本如何分析「天下沒有免費的午餐」?
3. 什麼是個體經濟學?個體經濟學的基本內容有哪些?
4. 在理解實證方法與規範方法時,應注意哪些問題?

第一章　個體經濟學概述

知識導入

需求層次理論

員工是否會被激勵與其內在的需求有關,人的需求通常分為五個層次。管理者只有充分瞭解了員工的內在需求層次狀態,才能成功地進行有效的激勵。

```
        5
       自我
      實現需求
     ─────────
     4尊重需求
    ───────────
    3社會需求
   ─────────────
   2安全需求
  ───────────────
   1生理需求
```

需求層次理論

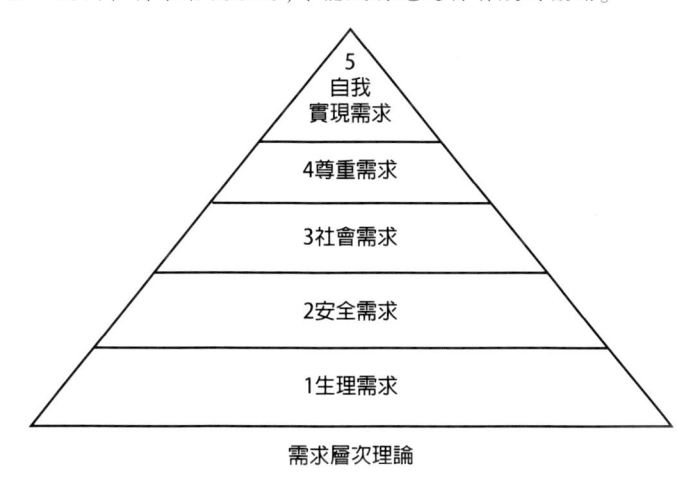

圖1-1　馬斯洛的需求層次理論

人本主義心理學家馬斯洛的需求層次理論認為,每個人都有五個層次的需求:

◆第一層,生理需求。這一層指人們為了生存的目的而對所需的事物、水、住所等方面的生理需求。

◆第二層,安全需求。這一層是指人們保護自己身體和情感免受侵害的需求。

◆第三層,社會需求。這一層是指被接納和歸屬感、友誼、愛情及交流等各方面的需求。

◆第四層,尊重的需求。它包括內部尊重,如自尊、自主和成就感;外部尊重,如地位、認可和關注等。

◆第五層,自我實現的需求。這是發展自身潛能,實現理想的需求,它是一種追求個人能力極限的內驅力。

人們通常希望滿足較低層次的需求,其次才會希望滿足較高層次的需求,當一種需求得到滿足時,另一種更高層次的需求就會占主導地位。將需求層次理論應用於激勵員

工的實際情況,則需要注意分析員工目前究竟處在哪種需求的層次上,而且,在不同時間、不同條件的情況下,員工的需求會而相應地改變。

第一節　西方經濟學關於經濟學的定義

對於經濟學的定義,迄今為止,西方經濟學界並不存在一個被所有的經濟學家一致接受的說法。但不同的定義都包括了以下三方面的內容:無限的慾望、稀缺性以及由此而產生的選擇。一種比較流行的定義是:經濟學是研究各種稀缺資源在可供選擇用途中進行配置的科學。

一、慾望

慾望(wants)是指人們的需要,它是一種缺乏與不滿足的感覺,並求得滿足的心理現象。

慾望是有不同層次的。按照心理學家馬斯洛的解釋,慾望可以分成下列層次:

第一,基本的生理需要,即生存的需要,如飲食等,這是最低層次的需要。

第二,安全和保障的需要,如免受傷害、免受剝削、生活上有保障等。

第三,歸屬感與愛的需要,如所屬社會階層的認同感等。

第四,尊重的需要,這既包括得到別人的尊重,也包括尊重別人。

第五,認知需要,即求知慾。

第六,審美需要,如將東西整理得井井有條。

第七,自我實現的需要,包括個人潛力的實現,也包括對理想社會的追求。

這七個層次的需要由低到高。人們通常有限地滿足低層次的需要。但不同層次的需要也要交叉,即在低層次的需要還沒有完全滿足時就產生高層次的需要。

由於人類需要層次的多樣性,因而人的慾望是無窮無盡的。當一種慾望得到滿足後(甚至還沒有完全得到滿足時),新的慾望就會產生。

二、稀缺性

無窮的慾望都要靠資源所生產的物品與勞務去滿足。

除了時間與信息這兩種重要的資源外,經濟學中所討論的資源基本上分為三種,即人力資源、自然資源與資本資源。其中,資本資源是指能夠運用於生產過程的資本品。

當資源被投入生產過程用以滿足人們慾望的最終產品與勞務時,它又被稱為生產要素(production factor)。當我們討論土地、資本、勞動等生產要素的有效利用時,實際上等同於討論自然資源、資本資源、人力資源等資源的有效利用。

用來滿足人類慾望的物品可以分成自由取用物品(free goods)和經濟物品(economic goods)。自由取用物品是現成的,相對於人類的慾望來說,其數量是無限的,且取用時不需要花費任何成本。而經濟物品需要生產,生產需要使用資源,因而需要成本。在既定的資源(成本)下,其數量、質量和種類都是有限的,因而只能滿足人類的一部分慾望。換

句話說，與人類無窮的慾望相比，經濟物品的數量、質量和種類總是不足的。這種不足就是稀缺性(scarcity)。

除了經濟物品外，勞務及生產經濟物品(勞務)的資源也是有限的。

歷史上，許多自然資源曾經被視為自由取用物品。隨著社會的發展和技術的進步，人類利用自然資源的能力越來越強，因而自由取用物品的種類也越來越少。新鮮空氣和自然界的水曾經被視為自由取用物品。但隨著污染的加劇和使用量的增加，在許多地方，空氣和水都已被稱為稀缺性的資源。

三、選擇

由於人們的慾望是無窮的，而用於生產滿足人們各種各樣慾望的資源是稀缺的，因此，每一時期人們都必須做出選擇，以決定將稀缺的資源配置於哪一類產品與勞務的生產，滿足人們哪一方面的慾望。

具體地說，經濟學中的選擇問題包括：
(1)生產哪些物品或勞務(what)？
(2)生產多少某種物品或勞務(how many)？
(3)怎樣生產這些物品或勞務(how)？
(4)何時生產這些物品或勞務(when)？
(5)為誰生產這些物品或勞務(for whom)？

這些選擇是一切經濟制度共同面臨的問題。不同的經濟制度只是以不同的方式來解決這些問題。

四、機會成本

無窮的慾望、資源的稀缺性以及由此產生的選擇引出了經濟學中一個重要的概念：機會成本(opportunity cost)。使用一種資源的機會成本是指把該資源投入某一特定用途以後所放棄的在其他用途中所能獲得的最大利益。只要資源是稀缺的，並且只要人們對於稀缺資源的使用進行選擇，就必然會產生機會成本。某種資源一旦用於某種物品的生產就不能同時用於另一物品的生產，選擇了一種機會就意味著放棄了另一種機會。由於個人、企業乃至一個國家所擁有的資源都是有限的，因此由個人、企業、國家所作出的選擇都存在著機會成本。以一個國家的選擇為例，假定一個國家欲將其既定的資源用於軍用品與民用品兩種產品的生產。在技術條件不變的情況下，在既定資源得到充分而又有效利用的情況下，該國要想增加軍用品的生產，就必須減少民用品的生產。增加一單位軍用品生產的機會成本是所放棄的民用品生產的數量。一國所進行的這種選擇以及這種選擇所產生的機會成本由圖1-2所示。

圖1-2用橫坐標軸表示軍用品，用縱坐標軸表示民用品，以便分析軍用品生產的機會成本。圖中的曲線為生產可能性邊界(production possibility boundary)，也稱為生產可能性曲線，或者稱為產品轉換曲線(product transformation curve)。這條曲線表示一國在既定的資源與既定的技術條件下所能夠生產的最大數量的軍用品與民用品的組合。A點表示只生產民用品而不生產軍用品時，一國所能夠生產的最大數量的民用品；B點表示

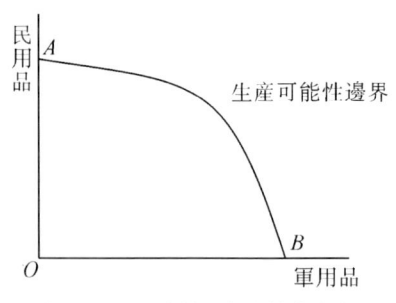

图 1-2　生產的選擇與機會成本

只生產軍用品而不生產民用品時,一國所能夠生產的最大數量的軍用品。如果沿著生產可能性曲線從 A 點向 B 點移動,表示社會在增加軍用品生產的同時將減少民用品的生產。生產可能性曲線凹向原點的特徵表明從一種產品的生產轉換為另一種產品的生產所產生的機會成本是遞增的。例如,社會不斷地將用於民用品生產的資源撤出轉而用於軍用品的生產,隨著軍用品產量不斷增加而民用品產量的不斷減少,每增加一單位軍用品的生產,社會所放棄的民用品生產的數量就會越來越大。

個人與企業在既定的資源下進行選擇時同樣會產生機會成本。一個企業將其所擁有的既定資源用於某種物品的生產就不能將這些資源用於生產其他物品。機會成本產生於任一種選擇行為。例如,人們對於時間的選擇也存在著機會成本。一個人將某一段時間用於從事某項活動,就不能同時將這一段時間用於從事另一項活動。

第二節　西方經濟學的基本假設與研究方法

一、西方經濟學的若干基本假設

在進行經濟分析時,西方經濟學的基本假設是:

(一) 經濟人假設

經濟人(economic man)假設包括以下內容:

(1)在經濟活動中,經濟主體(居民戶、廠商或政府)所追求的唯一目標是自身經濟利益的最優化。例如,消費者追求的是最大限度的自身滿足;生產者追求的是最大限度的自身利潤;生產要素所有者追求的是最大限度的自身報酬。換句話說,經濟人主觀上既不考慮社會利益,也不考慮自身的非經濟利益。

(2)經濟主體所有的經濟行為都是有意識的和理性的,不存在經驗型的或隨機的決策,因此經濟人又被稱為理性人。

(二) 產權明確

產權(property right)是指由法律和倫理所確定的個人或廠商對財產的權利。

產權不是無限的。例如,在美國的某些社區,房屋所有者必須定期修剪自己的草坪,

房屋外裝必須與整個社區環境保持和諧，出租房屋時必須將房客人數限制在一定數量之下。因為，草坪荒蕪、裝修不和諧、經濟和社會地位低於本社區居民的房客大量進入，都會影響到其周圍鄰居以至整個社區居民的生活質量和住房價格。因而有關法規將這些行為視為對鄰居和社區產權的侵犯。換句話說，某一房屋是房屋所有者的，但不修剪自家草坪、隨便裝修和出租自己房屋的權力卻不一定也是房屋所有者的。

西方經濟學認為，在理想化市場經濟中，一切市場行為都必須以明確的產權為前提。不同的產權界定會帶來資源配置的不同效率。

(三)完全信息

經濟活動的所有當事人都擁有充分的和相同的信息，而且獲取信息不需要支付任何成本。

在這種情況下，經濟活動的所有當事人都清楚地瞭解所有經濟活動的條件和後果。因而經濟活動中不會存在任何不確定性。

(四)廠商是以利潤最大化為唯一目標的整體

廠商(firm)是指做出運用生產要素、生產產品與勞務的私人經濟單位。在西方經濟學中，不僅工商企業是廠商，而個體戶和農戶也都是廠商。

利潤最大化是廠商的唯一目標，不僅個體戶和農戶如此，而且內部存在著不同利益集團的工商企業也是如此。

二、對基本假設的質疑

對於上述基本假設，就是西方的經濟學家，也承認它們是不完善的，並且與實際經濟生活存在很大差距。

例如，在設計代際(intergeneration)(即子孫後代的)經濟問題，如人口、環境、資源問題時，如果按照經濟人假設確定當代人的行為，就不可避免地會出現利在當代、禍在子孫的局面。因而就不應該以可持續性而不是經濟人假設作為研究代際問題的基本假設。只有在滿足可持續性標準後，才能用經濟人假設來優化同一代人之間的資源配置。

又如，工商企業內存在著不同的利益集團，如工人、管理人員、技術人員、股東等；按照經濟人假設，這些利益集團各自追求的目標是不一致的，因而工商企業的目標必然是多元的。

至於完全信息，更是顯示生活中不可能達到的目標。

既然上述基本假設往往不切實際，為什麼西方經濟學又要從這些假設出發來進行研究呢？為了說明這個問題，就需要瞭解經濟學研究的基本方法。

三、經濟學的基本研究方法

經濟學的基本研究方法，可以歸納為16個字：給定假設、簡化關係、放鬆假設，逼近現實。

(一)給定假設，簡化關係

在經濟學的研究中，一個結果往往是多種因素共同作用而產生的。例如，影響某一

物品需求量的因素,就包括該物品的價格、消費者的收入、與該物品有關的其他物品的價格、促銷手段和力度、消費者的偏好,甚至某些意外事件(如 1999 年 6 月發生的歐洲奶製品使用含有「二噁英」的添加劑事件)等等。為了把這些因素對結果的影響說清楚,經濟學只能從最簡單的情況研究起。即在假定其他條件不變(other thing are equal)的前提下,分析某一或某幾個自變量對因變量的影響。以上提到的基本假設,就是為了簡化問題而提出的理想狀態下的經濟學「其他條件」。

(二)放鬆假設,逼近現實

顯然,簡化關係後得到的結論,與現實生活是有很大差距的。為了縮小差距,經濟學研究必須不斷放鬆假設,用與現實狀況更加接近的非理想狀態取代理想狀態,並分析其對研究對象的影響。

在以下的介紹中,無論圍觀經濟學還是總體經濟學,我們的介紹都是從簡單到複雜,從理想狀態到非理想狀態的分析與研究。

第三節　西方經濟學的分析方法

一、個體分析、宏觀分析與結構分析

按照不同的出發點,西方經濟學可以分成個體經濟學和總體經濟學兩大部分。個體經濟學(microeconomics)以單個經濟主體為考察的出發點,研究單個消費者、單個廠商、單個生產要素所有者的經濟行為,並通過單個經濟主體行為的疊加,研究單個行業、單個市場以及整個國民經濟狀況的變化。所以,個體經濟分析又稱為個量分析。總體經濟學(macroeconomics)以整個國民經濟為獨立的考察出發點,研究社會就業量、物價水準、經濟增長速度、經濟週期波動等全局性的問題。所以,宏觀經濟分析又稱為總量分析。

總量是由個量所組成的,國民經濟活動必須建立在個體經濟主體的經濟活動基礎之上。因而,個體經濟學和個體經濟分析就稱為總體經濟學和總體經濟分析的基礎。但它們畢竟不是一回事。以就業問題為例,在個體經濟分析中,廠商為了達到利潤最大化,可以通過解雇工人以優化資源配置;而在宏觀經濟分析中,充分就業恰恰是政府的目標。如果從個體分析的角度出發看待宏觀經濟問題,就會得出政府在任何時候都應該對失業者不聞不問的結論,這導致了嚴重的社會問題。反之,從宏觀分析的角度出發去看待個體經濟問題,要求企業自行消化內部多餘人員,則必然會影響企業的效率。

結構分析又稱為部門分析或總量分解。這種方法把國民經濟總量分解為具有不同特點的部門來進行分析。這些部門相對於單個經濟主體來說是總量,相對於整個國民經濟來說又不是總量。結構分析常常被用來分析產業和地區經濟。

二、靜態分析與動態分析

按照分析經濟活動時是否考慮時間因素,西方經濟學的分析方法可以分成靜態分析和動態分析。

靜態分析不考慮時間因素，不考慮均衡達到和變動過程，指在一定假設前提下分析均衡達到和變動的條件，因而靜態分析是一種狀態分析。

動態分析則引入時間因素，分析均衡達到和變動的過程，因而動態分析是一種過程分析。

按照英國經濟學家希克斯的觀點，動態分析方法又可以分為穩態分析和非穩態分析。穩態分析承認經濟變量隨著時間的推移而變化，但同時假定變動的比率或幅度為常數。例如，經濟增長率每年為5%。穩態分析與靜態分析之間只存在量的差異。非穩態分析則認為，動態分析和靜態分析之間存在著質的差異。由於時間的不可逆性，過去和未來是不相同的。過去發生的事情是確定的，未來則具有不確定性。過去發生的事情，現在無法更改，要更改也只能通過今後的措施加以改變。而現在所做的事情，對將來的影響無法確知。以過去的經驗來推斷未來，結果常常是錯誤的。因此，為了對不確定的未來進行研究，就需要在動態分析中採用一些專門的方法來分析不確定性。例如，廠商之所以保持一定數量的存貨，就是為了避免因不可預見的變化而措手不及。

三、實證分析與規範分析

實證分析首先給出與經濟行為有關的假定，但它並不對這些假定是否正確進行探討，而是在此基礎上預測經濟行為的後果。它所研究的是「會是什麼」的問題。規範分析則從一定的價值判斷出發，提出經濟行為的標準，並研究如何做才能符合這些標準。它所研究的是「應該是什麼」的問題。實證分析的結果可以用事實、證據，或者從邏輯上加以證實或證偽。例如，分析政府對於某種產品徵稅而對該產品價格與產量的影響屬於實證分析。人們可以利用事實或者從邏輯上證實或證偽自己所提出的命題。但是，分析政府對於某種產品徵稅的後果是好還是壞屬於規範分析，不同的人可以有不同的價值判斷標準。

在本書中，個體經濟學與總體經濟學所進行的分析，除少數外，基本上屬於實證分析。但這些實證分析是建立在一定規範性假設前提的基礎上的。如果事先不搞清楚實證分析是建立在什麼樣的規範前提上，不搞清楚這些規範前提的對錯和適用範圍，那麼，不論所進行的實證分析如何無懈可擊，都有可能得出錯誤的結論。

實證分析與規範分析較之定性分析與定量分析是兩類不同的範疇，不應將這兩類範疇相混淆。定性分析並不一定帶有價值判斷，因此定性分析可能是一種實證分析。例如，政府最低工資的政策是否會減少就業量，這是一種定性分析。如果進一步研究政府最低工資的證詞使就業量減少了多少，則是定量分析。這要通過統計學或計量經濟學方法加以分析。這兩種方法都屬於實證分析，因為用這兩種方法所分析的問題都可以用事實加以證實或證偽。

第四節　經濟量的有關概念

無論是對於所觀察的經濟現象的解釋，還是對於經濟主體行為的預測，都離不開和

經濟量打交道。實證經濟學所涉及的基本上是經濟量之間的關係,例如投入與產出之間的關係、成本與利潤之間的關係、價格與數量之間的關係,等等。在經濟理論或經濟模型中,為了分析的方便,根據分析的需要,對經濟量的特徵作了若干規定。例如,把經濟量分為常量(constant)與變量(variable),內在變量(endogenous variable)與外生變量(exogenous variable),存量(stock)與流量(flow)等。

常量是在某段時間、某種情況下不發生變化的量;變量是在某段時間、某種情況下會發生變化的量。

內在變量是在一個體系內或在一個模型中可以得到說明的變量;外生變量是在一個體系內或在一個模型中不能得到說明,因而需要設定的常量或變量。例如,在某種物品的均衡價格決定模型中,這種物品的供給量與需求量是內生變量,可以在方程體系內得到解釋,並可以進行求解。因此對這個模型來說,設定為常量的其他物品價格就是外生變量。一個變量究竟是內生變量還是外生變量,視它在方程中的作用而定。在一個方程體系中是內生變量的量,在另一個方程體系中有可能稱為外生變量。

存量是在某一個時點上發生的量值,例如在某一時點上某商店所庫存的彩電量,某一企業所擁有的資本量,某一國家所擁有的人口量等。

第五節　西方理論經濟學的分支

西方理論經濟學包括以下一些主要分支:個體經濟學、總體經濟學、發展經濟學、比較經濟學、過渡經濟學和國際經濟學。

我們在第三節介紹個體分析和宏觀分析時,已經介紹了個體經濟學與總體經濟學。應該說明的是,個體經濟學和總體經濟學主要是由發達國家的經濟學家為研究發達國家本身的經濟問題而創立的。因而個體經濟學和總體經濟學基本上是以發達國家的經濟制度——發達的市場經濟作為其研究的制度前提。

發展中國家的情況與發達國家很不一樣。與發達國家相比,發展中國家生活水準與生產率水準低下,人口增長率高,勞動力多餘問題嚴重,經濟上更多地依賴初級產品(農產品與礦產品),在國際經濟關係中處於受支配和依附的地位。特別是,雖然這些國家也在不同程度上採用了市場經濟制度,但傳統的前資本主義經濟制度仍然存在,而且在經濟生活中起著相當大的作用。由於發展中國家與發達國家存在著上述重大差異,因而在西方經濟學中,形成了專門研究發展中國家特有的現象和條件的發展經濟學(development economics)。

社會主義國家的情況與資本主義發達國家的情況也很不一樣。20世紀30年代以來,比較經濟學(comparative economics)興起。比較經濟學(特別是其中的比較經濟制度研究)著重研究社會主義計劃經濟體制,並將其與資本主義市場經濟體制進行比較,分析各自的利弊。20世紀90年代以來,隨著蘇聯和原東歐社會主義國家經濟制度的變化,以及中國進行由計劃經濟體制向市場經濟體制轉軌的經濟體制改革,又出現了專門研究前計劃經濟國家如何從計劃經濟體制向市場經濟體制過渡的過渡經濟學(transitional economics）。

　　國家經濟學（international economics）則以國際經濟問題———如國際貿易、國際金融體系、國際生產要素流動、區域經濟一體化為研究對象。由於國際經濟問題涉及多個國家，因而國際經濟學在研究時不僅要考慮本國的利益，也需要考慮到其他國家的利益。

習題

1. 簡述馬斯洛需求層次理論？
2. 經濟學中的選擇問題包括哪些方面？
3. 在進行經濟分析時，西方經濟學的基本假設的具體內容有哪些？
4. 經濟學的基本研究方法，可以歸納為16個字：給定假設、簡化關係、放鬆假設，逼近現實。應該如何理解？

第二章　需求、供給與彈性

案例導入

奢侈品消費稅的歸宿

1990年美國國會通過稅法,對遊艇、豪華遊艇、轎車這類奢侈品徵收特別消費稅。支付這項稅收的人認為,這些奢侈品全由富人消費,稅收也必然由富人承擔。向富人徵稅可以幫助低收入者,平等而合理。但實施之後反對者並不是富人,而是生產這些奢侈品的企業與工人,其中大部分是這種稅收所要幫助的低收入者。為什麼這些並不消費奢侈品的人反對這項稅收呢?這就涉及彈性與稅收歸宿。

正如正文中所述,這種稅的分攤,即稅收負擔最終由誰承擔,取決於需求彈性和供給彈性。就奢侈品而言是需求富有彈性而供給缺乏彈性的,因此,這種消費者交納的稅收最終主要由生產者承擔。

對富人而言,奢侈品並非生活必需,而且替代品多,例如,不買遊艇也可以到國外度假或買房產。所以,奢侈品需求富有彈性。當奢侈品由於稅收而價格上升時,富人可以大大減少這類奢侈品的消費,而消費其他少徵稅的商品與勞務。

但在短期中,生產這項奢侈品的企業供給缺乏彈性,不得不減少生產或降價。這就使企業生產困難,不得不解雇工人。這個行業所有者利潤減少,導致工人收入減少甚至失業。這些工人本來屬於幫助對象,結果卻反受其害,承擔了絕大部分稅收。

因此,這項稅收受到受損行業的反對,國會不得不在1993年取消了這項稅收。

稅收歸宿是經濟學中一個重要問題。如果一種稅收政策不考慮彈性與稅收分攤的關係,結果可能適得其反,「打在賈寶玉身上,痛在賈母身上」。這正是經濟學對政策制定的指導作用。

個體經濟學的中心問題是價格決定理論　價格取決於供給(supply)與需求(demand)。無論是商品、勞務還是生產要素,其價格都由供給與需求決定。因此,不研究供給與需求,就無法探討個體經濟學問題 。

個體經濟學關於價格理論的分析方法可以分成局部均衡與一般均衡兩大類 。局部均衡(partial equilibrium)分析假定某一商品、勞務或生產要素的價格只取決於其本身的供求,而不受其他商品、勞務和生產要素的價格和供求的影響。因而可以單獨探討某一商品、勞務或生產要素價格與數量的決定。一般均衡(general equilibrium)分析假定所有的商品、勞務和生產要素的價格和供求是互相聯繫的,因而所有商品、勞務及生產要素價格與數量必須同時決定。本章所採用的是局部均衡分析方法。

第一節 需求

一、個人需求

個人需求是一個表列,它表示一個人在某一特定時間內,在各種可能的價格下,願意並且能夠購買的某種商品的相應數量。個人需求需要具備兩個條件:第一,個人具有購買意願;第二,個人具有支付能力。沒有支付能力的購買意願只是慾望而非需求。個人需求受許多因素的影響,主要有個人的偏好、個人的資產與收入、個人所購買的商品價格、與個人所購買的商品的價格有關的其他商品的價格、消費者對商品未來價格的預期等。如果用需求函數表示個人對於某一種商品的需求,個人的需求函數可以表示為:

$$q_x^d = f(P_x; P_1, P_2, \cdots, P_n; P_e; M; h) \tag{2.1}$$

其中,q_x^d 表示消費者對 x 商品的需求。P_x 表示 x 商品的價格。$P_i(i=1,2,\cdots,n)$ 表示第 i 種商品的價格。P_e 表示消費者對於未來價格的預期。M 表示消費者的收入。h 表示消費者的偏好。

(2.1)式是一個多元需求函數。多元函數比較複雜,在進行局部均衡分析時,通常把關係簡化為比較簡單的一元函數。

在本節,我們重點描述商品的需求量與自身價格之間的關係,而假定影響消費者需求的其他條件不變。

如果假定其他條件不變,而只有消費者所購買的商品的價格發生變化,那麼一元需求函數可以表示為:

$$q_x^d = a - b p_x \tag{2.2}$$

或

$$q_x^d = a p_x^{-a} \tag{2.3}$$

其中(2.2)式是線性需求函數,(2.3)式是非線性需求函數。根據需求函數,我們可以畫出需求曲線。以線性需求函數為例,假定某消費者的需求函數為:

$$q_x^d = 8 - P_X \tag{2.4}$$

與(2.4)式的需求函數相對應的需求表如表 2-1 所示:

表 2-1　　　　　　　　　　　個人需求表

$P_X(元)$	8	7	6	5	4	3	2	1	0
q_x^d	0	1	2	3	4	5	6	7	8

需求表反應了不同價格下消費者對 x 商品的不同需求量。根據(2.4)式或表 2-1 可以畫出消費者的需求曲線,如圖 2-1 所示。

需求函數、需求表或需求曲線都是在某特定時期內的需求量與價格之間的關係。通常的需求曲線,不管是線性的需求曲線還是非線性的需求曲線,都是向右下方傾斜的。需求曲線向右下方傾斜的狀況揭示了需求函數的一個重要特徵,即需求量與價格呈反方

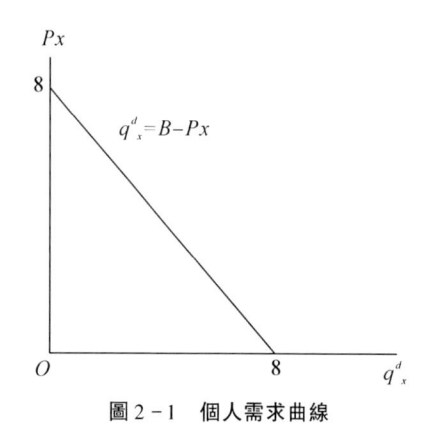

$$\text{圖}\ 2-1\quad \text{個人需求曲線}$$

(圖中：P_x 縱軸最高為 8，$q_x^d = B - P_x$，橫軸 q_x^d 最大為 8)

向變化。這一特徵被稱為需求法則(law of demand)。需求法則可表示如下：假定其他條件不變(ceteris paribus)，商品的需求量與其價格呈反方向變化，價格上升，需求量下降，價格下降，需求量上升。用數學語言講，需求法則表明需求量對於價格的一階導數小於零，即：

$$dq_x^d/dp_x < 0$$

需求函數、需求表或需求曲線所刻畫的是需求量與商品的價格之間的關係，表明在各種不同價格下的需求量。一旦商品的價格發生變化，商品的需求量將隨之變化。這種因商品自身的價格變化而引起的商品需求量的變化稱為需求量的變動。而由於商品價格以外的其他因素變化而引起的需求量的變動，如消費者收入的變動、消費者偏好的變動、其他商品價格的變動等引起的需求量的變動——則稱為需求的變動。

由於需求量的變動是商品自身價格的變化引起的，因此它並不改變需求函數或需求表；而需求的變動是由商品自身價格以外的其他因素的變化所引起的，因此它的變動是整個需求函數或整個需求表的變動。從需求曲線來看，需求量的變動是同一條需求曲線上不同點的變動(movement along curves)；需求的變動則是整條需求曲線的移動(movement of curves)。在圖 2-2 中，從 a 點到 b 點的變動是需求量的變動；而從曲線 D_1 到 D_2 的變動則是需求的變動。

對於影響需求變動的因素可以進行具體分析。例如，消費者收入的變動如何影響需求的變動，應視該商品是正常品(normal goods)還是低檔品(inferior goods)而定。如果消費者所購買的商品是正常品，那麼需求的變動與消費者的收入呈同方向變化，即消費者收入的增加將引起需求的提高，消費者收入的減少將引起需求的降低。如果消費者所購買的商品是低檔品，那麼需求的變動與消費者的收入呈反方向變化，即消費者收入的增加引起需求的降低，消費者收入的減少引起需求的提高。日常生活中我們可以看到，消費者對於精細食品或高中檔服裝的需求與其收入呈同方向變化；而消費者對於粗劣食品與低檔服裝等商品的需求與消費者的收入則呈反方向變化。

其他商品價格的變化對消費者所購買的商品需求的影響視該商品是替代品(substitutes)還是互補品(complements)而有所不同。替代品是指消費中可以相互替代以滿足消

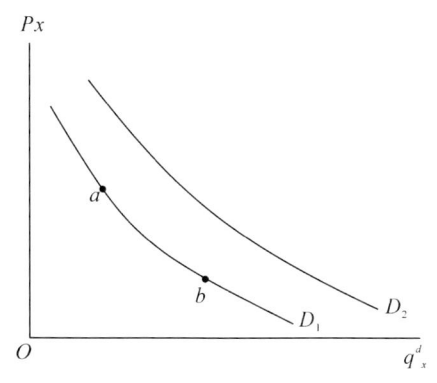

圖 2-2　需求量的變動與需求的變動

費者某種慾望的商品。互補品是指在消費中可以相互補充以滿足消費者某種慾望的商品。例如，蘋果與梨是替代品，汽油是汽車的互補品。如果 A 商品與 B 商品是替代品，那麼對 A 商品的需求與 B 商品的價格呈同方向變化，即 B 商品價格的提高將引起對 A 商品需求的增加，B 商品價格的降低將引起對 A 商品需求的減少。如果 B 商品是 A 商品的互補品，那麼 A 商品的需求將與 B 商品的價格呈反方向變化，即 B 商品價格的提高將引起對 A 商品需求的降低，B 商品價格的降低將引起對 A 商品需求的提高。

二、市場需求

市場需求定義如下：市場需求是一個表列，它表示在某一特定市場和某一特定時期內，所有購買者在各種可能的價格下將購買的某種商品的總數量。

市場需求是個人需求的加總。令 Q_x^d 表示 x 商品的市場需求，q_x^{di} 表示第 i 個消費者對於 x 商品的需求。假定市場上有 n 個消費者，則

$$Q_x^d = \sum_{i=1}^{n} q_x^{di} \tag{2.5}$$

假定所有消費者對於 x 商品的需求函數都是相同的，那麼包括了 n 個消費者的市場需求函數就是單個消費者的需求函數乘以 n。以 (2.4) 式的需求函數 $q_x^{di} = 8 - p_x$ 為例，如果該商品市場上有 10,000 個消費者，每個消費者的需求函數相同，對於該商品的市場需求為：

$$Q_x^d = 80,000 - 10,000 p_x \tag{2.6}$$

對應於該需求函數的市場需求表如表 2-2 所示。

表 2-2　　　　　　　　　　市場需求表

$P_{X(元)}$	0	1	2	3	4	5	6	7	8
Q_x^d	80,000	70,000	60,000	50,000	40,000	30,000	20,000	10,000	0

與表 2-2 相對應的市場需求曲線如圖 2-3 所示。

图2-3

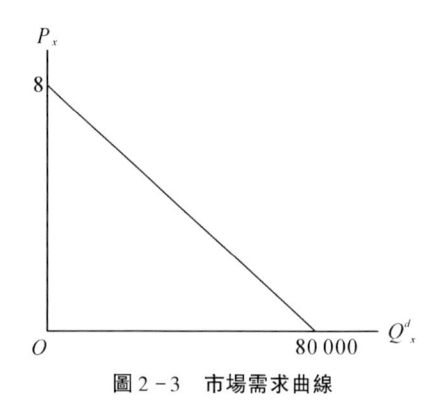

P_x

8

O　　　　　　　　80 000　　Q_x^d

圖 2-3　市場需求曲線

　　圖 2-3 的形狀與圖 2-1 相同，縱坐標完全一樣，但圖 2-3 的橫坐標所表示的單位比圖 2-1 橫坐標所表示的單位要大得多。

　　由於市場需求是個人需求的加總，因此，凡是影響個人需求的因素都會影響市場需求。此外，市場需求還受消費者人數多寡的影響。有時，某種商品降價後市場需求量的增加並不是由於原有消費者消費量的增加，而是由於消費該商品的消費者數目的增加。報刊市場的消費就存在這類情況。

　　與個人需求曲線的形狀相同，市場需求曲線也是向右下方傾斜的。因此，對於市場需求來說需求法則也成立。但是，無論是個人需求還是市場需求都存在例外的情況，即需求曲線不是向右下方傾斜的情況。例如吉芬商品(Giffen goods)的需求曲線是向右上方傾斜的。吉芬商品是以 19 世紀英國經濟學家吉芬(Robert Giffen)的名字命名的。吉芬發現，當時土豆的價格上升，但是土豆的需求量卻在增加，土豆的需求量與價格同方向變化。吉芬商品是不遵從需求法則的特殊商品。

第二節　供給

一、單個廠商的供給

　　單個廠商的供給是指在某一特定時期內，單個生產者在各種可能的價格下願意並且能夠提供的某種商品的相應數量。

　　單個廠商的供給受多種因素的影響。其中主要有：廠商打算出售的商品的價格，為生產該商品廠商所投入的生產要素的成本，廠商的技術狀況，廠商對於商品未來價格的預期，其他商品的價格，等等。我們可以在廠商的供給與影響廠商供給的因素之間建立一種函數關係，稱為單個廠商的供給函數。就上述幾種影響廠商供給的因素而言，單個廠商的供給函數的一般形式是：

$$q_x^s = f(p_x; p_1, p_2 \cdots, p_n; p_e; c; \rho) \qquad (2.7)$$

　　其中，q_x^s 為廠商對於 x 商品的供給，p_x 為 x 商品的價格；$P_i(i=1,2\cdots,n)$ 為第 i 種商

品的價格；p_e 為廠商對於未來價格的預期；C 表示生產要素的成本；ρ 表示廠商的技術狀況。

(2.7)式是多元函數。在進行局部均衡分析時，我們同樣把關係簡化為比較簡單的一元函數。

假定除了廠商所生產商品的價格以外，影響廠商供給的其他因素不變。於是我們得到一元的供給函數。函數的一般形式是：

$$q_x^s = f(p_x) \qquad (2.8)$$

供給函數可能是線性的也可能是非線性的。對於線性的供給函數來說，函數可能採取下列形式：

$$q_x^s = -c + dp_x \qquad (2.9)$$

對於非線性的供給函數來說，函數的形式可能是：

$$q_x^s = \lambda P_x^\beta \qquad (2.10)$$

(2.9)式與(2.10)式中的 c, d, λ, β 為參數。

根據供給函數可以畫出供給表與供給曲線。假定某廠商對於 x 商品的供給函數為：

$$q_x^s = -40 + 20p_x \qquad (2.11)$$

與這一供給函數相對應的供給表如表2-3所示：

表2-3　　　　　　　　　　單個廠商供給表

p_x（元）	2	3	4	5	6	7
q_x^s	0	20	40	60	80	100

由表2-3可以看出，當價格為2時該廠商的供給量為零。當價格為3時，該廠商願意提供20單位的 x 產品。當價格為4時，該廠商願意提供40單位的 x 產品，等等。

由表2-3中價格與供給量之間的一一對應關係可以畫出供給曲線，如圖2-4所示。

圖2-4　單個廠商供給曲線

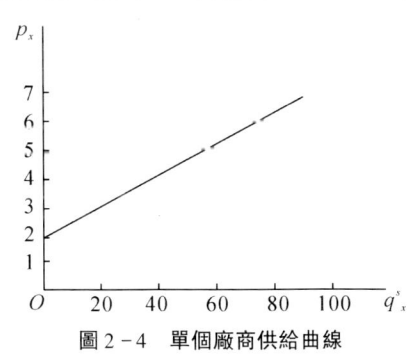

圖2-4中的供給曲線是向右上方傾斜的。不管是線性的供給函數還是非線性的供給函數，都是如此。這表明，對於一般商品而言，供給量隨著商品價格的變化而呈同方向變化，即隨著價格的上升而增加，隨著價格的下降而減少。

某些特殊資源的情況有所不同。例如，土地的供給即使就長期而言也是固定的，因

此，土地的供給曲線與表示數量的橫坐標軸是垂直的。又如，在工資率提高到一定程度以後，閒暇對於勞動供給者來說可能價值更大，繼續提高工資可能不僅不會使勞動者增加勞動供給，反而會使他減少勞動供給。因此，在某些條件下，勞動的供給曲線並不一定向右上方傾斜。

由於某些特殊資源的供給量與價格不一定呈同方向變化，因此並不存在供給法則。

除了商品自身的價格外，其他一些因素的變化也會影響廠商的供給，但它們對廠商供給的影響與商品自身價格變化對於廠商供給的影響是不同的。在局部均衡分析中，因商品自身價格的變化而引起的商品供給量的變化稱為供給量的變動。因其他因素，如廠商所投入的生產要素成本、廠商技術狀況等的變化而引起的商品供給量的變化稱為供給的變動。供給量的變動是同一條供給曲線上不同點的變動；供給的變動則是整條供給曲線的移動。在圖2-5中，a點到b點的變動量是供給量的變動；曲線S_1到S_2的變動量是供給的變動。

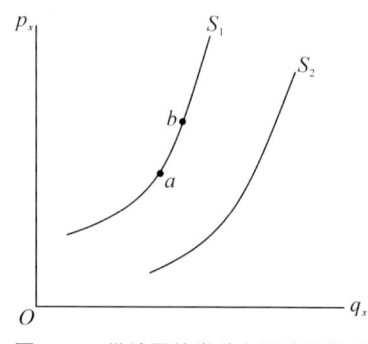

圖2-5　供給量的變動與供給的變動

二、市場供給

市場供給是指在某一特定時期內，在各種可能的價格下，生產某種商品的所有生產者願意並且能夠提供的該種商品的數量。市場供給是單個廠商供給的加總。

若以q_x^{si}表示單個廠商對於X商品的供給，以Q_x^s表示市場上所有廠商對於X商品的供給總量，那麼市場供給可以表示為：

$$Q_x^s = \sum_{i=1}^{n} q_x^{si} \qquad (2.12)$$

若市場上有n個供給者，每個供給者的供給函數都相同，則市場供給函數等於單個廠商的供給函數乘以n。

根據市場供給函數可以得到市場供給表與市場供給曲線。為了使問題簡化，假定X商品的市場上有1,000個廠商，每個廠商的供給函數相同，為：

$$q_x^{si} = -40 + 20p_x \qquad (2.13)$$

則市場供給函數為：

$$Q_x^s = 1,000 q_x^s = -40,000 + 20,000 p_x \qquad (2.14)$$

由(2.14)式得到市場供給表(見表2-4)：

表 2-4　　　　　　　　　　市場供給表

p_x（元）	2	3	4	5	6	7
Q_x^s	0	20,000	40,000	60,000	80,000	100,000

根據表 2-4 可以畫出市場供給曲線。如圖 2-6 所示。

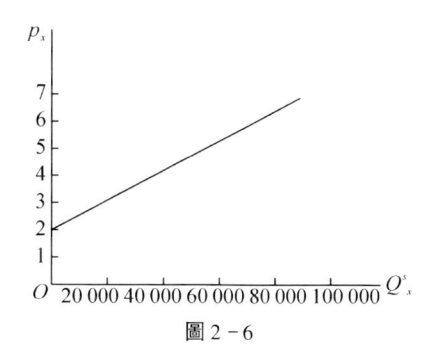

圖 2-6

與單個廠商供給曲線的形狀一樣，一般商品的市場供給曲線也是向右上方傾斜的，表示一般商品的供給量與商品的價格呈同方向變化。某些特殊資源，比如土地、勞動等資源的供給量不一定與價格呈同方向變化，因此其市場供給曲線也不一定向右上方傾斜。

由於市場供給是單個廠商供給的加總，因此凡是影響單個廠商供給的因素，例如廠商所生產的產品價格、生產要素的成本、廠商對於未來價格的預期等因素都會影響市場供給。此外，生產某種商品的廠商數目的多寡以及市場的競爭程度也會影響該商品的市場供給。

第三節　需求價格彈性

一、需求價格彈性的意義

「彈性」是一個物理學名詞，指一物體對外部力量的反應程度。在經濟學中，彈性指在經濟變量之間存在函數關係時，因變量對自變量變化的反應程度，其大小可以用兩個變化的百分比的比例來表示。

需求的價格彈性又稱需求彈性，指價格變動的比率所引起的需求量變動的比率，即需求量變動對價格變動的反應程度。在這裡，價格變動是自變量，需求量變動是因變量。

各種商品的需求彈性是不同的，一般用需求彈性的彈性係數來表示彈性的大小。彈性係數是需求量變動的比率的比值。用公式來表示，需求價格彈性可以寫為：

$$需求價格彈性 = 需求量變動百分比 / 價格變動百分比$$

如果以 Ed 代表需求彈性的彈性係數，以 $\Delta Q/Q$ 代表需求量變動的比率，以 $\Delta P/P$ 代

表價格變動的比率,則需求彈性的彈性系數的一般公式就是:

$$Ed = \Delta Q/Q/\Delta P/P = \Delta Q/\Delta P \cdot P/Q$$

例如,某種保健品的價格變動 10% 時,需求量變動為 20%。這就是說,價格變動 10% 引起需求量變動 20%。所以,根據公式,這種保健品的需求價格彈性為 2。

在理解需求彈性的含義時要注意這樣幾點:

第一,在需求量與價格這兩種經濟變量中,價格是自變量,需求量是因變量。所以,需求彈性就是指價格變動所引起的需求變動的程度,或者說需求量變動對價格變動的反應程度。

第二,需求彈性系數是價格變動的比率與需求量變動的比率之比,而不是價格變動的絕對量與需求量變動的絕對量的比率。因為絕對值有計量單位,而不同的計量單位是不能相比的,而變動的比率採用百分比的形式,沒有計量單位,才可以相比。例如,價格變動的絕對量是元或角,需求量變動的絕對量是千克或噸,這當然是無法比的,但價格變動的百分比與需求量變動的百分比就可以相比。

第三,彈性系數的數值可以為正數,也可以為負數。如果兩個變量為同方向變化,則為正值;反之,則為負值。一般情況下,價格與需求量呈反方向變動,所以當價格增加,即價格的變動為正值時,需求量減少,即需求量的變動為負值;同理,當價格變動為負值時,需求量的變動為正值。所以,需求彈性的彈性系數應該為負值。但在實際運用時,為了方便起見,一般都取其絕對值。

第四,同一條需求曲線上不同點的彈性系數的大小並不相同。

二、需求價格彈性的計算

我們計算某種商品的需求價格彈性時一般也是計算需求曲線上某一段的彈性。我們用圖 2-7 說明需求彈性的計算。

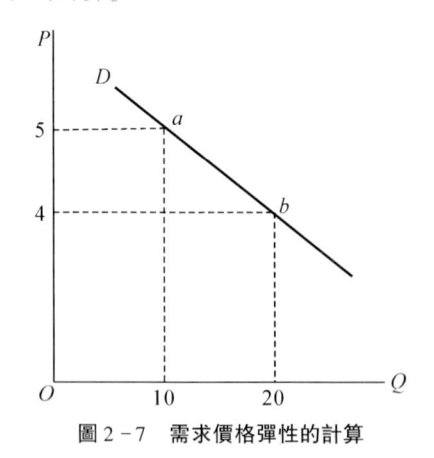

圖 2-7　需求價格彈性的計算

從圖 2-7 中可以看出,當某種商品價格從 5 元下降為 4 元時,需求量從 10 單位增加到 20 單位。因此,需求彈性是:

需求彈性 = (20 − 10)/10/(5 − 4)/5 = 5

如果換一個角度，這個圖上表示的變動也可以說成，當某種商品價格從 4 元上升到 5 元時，需求量從 20 單位減少到 10 單位。因此，需求價格彈性是：

需求價格彈性 = (10 − 20)/20/(5 − 4)/4 = 2

這兩種計算結果是不一致的。實際上，從需求曲線上 a 點到 b 點，價格的變動與需求的變動是相同的，但根據需求價格彈性公式，價格下降與價格上升時計算出的彈性系數卻不相同。這是因為計算價格變動和需求變動時所用的分母不一樣，計算出的變動百分比就不一樣。為了克服這種不一致，我們計算需求彈性時，用變動前與變動後的價格與需求量的值的平均數作為分母。這時，以 P_1 代表變動前的價格，P_2 代表變動後的價格，Q_1 代表變動前的需求量，Q_2 代表變動後的需求量，需求價格彈性的公式就是：

$Ed = \Delta Q/[Q_1 + Q_2/2]/\Delta P/[P_1 + P_2/2]$

這時，圖 2 − 6 中需求曲線上 a 至 b 之間的需求價格彈性就是：

需求價格彈性 = (10 − 20)/[(10 + 20)/2]/(5 − 4)/[(5 + 4)/2] = 3

這就是說，這種商品無論價格上升或下降，需求價格彈性都是 3。

這種計算需求價格彈性的方法稱為中點法。用這種方法計算出的需求曲線上 a 和 b 之間的需求價格彈性稱為弧彈性。

三、需求彈性的分類

在現實中我們觀察到，各種商品的需求彈性並不一樣。有的商品，如保健品，價格變動比率小而需求量變動比率大；有的商品，如鹽，價格變動比率大而需求變動比率小。前一種商品需求彈性大，而後一種商品需求彈性小。我們根據各種商品需求彈性系數的大小，可以把需求彈性分為五類，如圖 2 − 8 和表 2 − 5 所示：

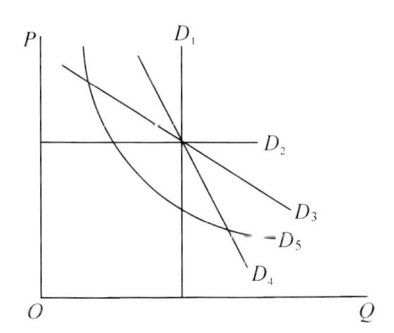

圖 2 − 8　不同需求彈性的需求曲線

表 2-5　　　　　　　　　　　　　需求彈性分類簡表

需求彈性類型	彈性系數	含義	圖形	舉例
需求無彈性	$Ed=0$	無論價格如何變動，需求量不變。		胰島素
需求無限彈性	$Ed\to\infty$	價格既定，需求量無限。		黃金
需求單位彈性	$Ed=1$	價格變動百分比等於需求量變動百分比。		衣服
需求缺乏彈性	$1>Ed>0$	價格變動百分比大於需求量變動百分比。		糧食
需求富有彈性	$1<Ed<0$	價格變動百分比小於需求量變動百分比。		保健品

1. 需求無彈性，即 $Ed=0$

在這種情況下，無論價格如何變動，需求量都不會變動。例如，糖尿病人對胰島素這種藥品的需求就是如此。胰島素是糖尿病人維持生命所必需的，無論價格如何變，需求量也不變。胰島素的需求彈性為零。這時的需求曲線是一條與橫軸垂直的線。如圖 2-7 中的 D_1。

2. 需求無限彈性，即 $Ed\to\infty$

在這種情況下，當價格為既定時，需求量是無限的。例如，銀行以一固定價格收購黃金，無論有多少黃金都可以按這一價格進行收購，銀行對黃金的需求是無限的。這時，黃

金的需求彈性為無限大。這時的需求曲線是一條與橫軸平行的線。如圖 2-8 中的 D_2。

3. 需求單位彈性，即 $Ed = 1$

在這種情況下，需求量變動的比率與價格的比率相等。這時的需求曲線是一條雙曲線，如圖 2-8 中的 D_5。

以上三種情況都是需求彈性的特例，在現實生活中是很少的。現實中常見的是以下兩種：

4. 需求缺乏彈性，即 $1 > Ed > 0$

在這種情況下，需求量變動的比率小於價格變動的比率。生活必需品如，糧食、蔬菜等屬於這種情況。這時的需求曲線是一條比較平坦的線，如圖 2-8 中的 D_4。

5. 需求富有彈性，即 $1 < Ed < \infty$

此種情況下，需求量變動的幅度大於價格的變動幅度，彈性值總大於 1 如圖 2-8 中的 D_3。

四、影響需求彈性的因素

為什麼各種商品的需求彈性不同呢？一般來說，有這樣幾個因素影響著需求彈性的大小：

1. 消費者對某種商品的需求強度，即該商品是生活必需品還是奢侈品

一般來說，消費者對生活必需品的需求強度大而穩定，所以生活必需品的需求彈性小，而且，越是生活必需品，其需求彈性越小。例如，糧食、蔬菜這類生活必需品的彈性一般都很小，屬於需求缺乏彈性商品。相反，消費者對奢侈品的需求強度一般都不大，屬於需求富有彈性的商品。根據一些美國經濟學家在 20 世紀 70 年代的估算，在國美，土豆的彈性系數為 0.31，咖啡的彈性系數為 0.25，而國外旅遊的彈性系數為 4。

2. 商品的可替代程度

如果一種商品有許多替代品，那麼，該商品的需求就富有彈性。因為價格上升時，消費者會購買其他替代品，價格下降時，消費者會購買這種商品來取代其他替代品。例如，據估算，美國消費者航空旅行的需求彈性為 2.4，主要就是因為航空旅行有汽車旅行、火車旅行等作為替代。相反，如果一種商品的替代品很少，則該商品的需求缺乏彈性。例如，法律服務幾乎是不可替代的服務，所以，其需求彈性為 0.5。

3. 本身用途的廣泛性

一種商品的用途越廣泛，其需求彈性也就越大，而一種商品的用途越少，則其需求彈性也就越小。例如，在美國，電力的需求彈性是 1.2，這就與其用途廣泛相關，而小麥的需求彈性僅為 0.08，這就與其用途少有關。

4. 商品使用時間長短

一般來說，使用時間長的耐用消費品需求彈性大，而使用時間短的非耐用消費品的需求彈性小。例如，在美國，電冰箱、汽車這類耐用消費品的需求彈性在 1.2～1.6 之間，而報紙雜誌這種看完就無用的印刷品需求彈性僅是 0.1。

5. 商品在家庭支出中所占的比例

在家庭支出中所占比例小的商品,價格變動對需求的影響小,所以其需求彈性也小;在家庭支出中占比例大的商品,價格變動對需求的影響大,所以其彈性也大。例如,在美國,香菸占家庭支出的比例很小,其需求彈性為0.3～0.4,而汽車在家庭支出中所占的比例較大,其需求彈性就是1.2～1.5。

在以上五種影響需求彈性的因素中,最重要的是需求強度、替代程度和在家庭支出中所占的比例。某種商品的需求彈性到底有多大,是由上述這些因素綜合決定的,不能只考慮其中的一種因素。而且,某種商品的需求彈性也因時期、消費者收入水準和地區而不同。例如,在國外,第二次世界大戰之前,航空旅行是奢侈品,其需求彈性也相當大,但隨著收入水準的提高和這些商品的普及,其需求彈性逐漸變小了。

第四節　其他彈性

需求量的變動還與收入和其他商品的價格有關,供給量的變動與價格相關。表示需求量與收入之間關係的彈性稱為需求收入彈性,表示需求量與其他價格相關商品價格之間關係的彈性稱為需求交叉彈性,表示供給量與其價格的彈性稱為供給彈性。本節主要介紹這三種彈性。

一、需求收入彈性

1. 需求收入彈性的含義與公式

需求量的變動不僅取決於價格,還取決於收入。需求收入彈性又稱收入彈性,指收入變動的比率所引起的需求量變動的比率,即需求量變動對收入變動的反應程度。

一般用收入彈性的彈性系數來表示彈性的大小。這一彈性系數是需求量變動的百分比與收入變動的百分比的比率。以 Em 代表收入彈性的彈性系數,$\Delta Q/Q$ 代表需求量變動的百分比,$\Delta Y/Y$ 代表變動的百分比,則計算收入彈性系數的公式是:

$$Em = \Delta Q/Q / \Delta Y/Y = \Delta Q/Y \cdot Y/Q$$

例如,假設收入變動為10%,某種商品的需求量的變動為20%,則收入彈性系數為2。

這裡要注意兩點:第一,在計算收入彈性時,假設價格和其他影響需求的因素是不變的。第二,因為一般而言,收入與需求量呈同方向變動,所以收入彈性系數一般為正值。

2. 需求收入彈性的分類

在其他條件不變的情況下,消費者收入增加後對各種商品的需求也會增加,但對不同商品需求增加的多少並不相同。這樣,各種商品的收入彈性大小也就不同,收入彈性一般分為五類。

第一,收入無彈性,即 $Em = 0$。在這種情況下,無論收入如何變動,需求量都不會變。這時收入—需求曲線(表示收入變動與需求量變動之間關係的曲線)是一條垂線,如圖

2-9 中的 A。

第二,收入富有彈性,即 $Em > 1$。在這種情況下,需求量變動的百分比大於收入變動百分比。這時收入—需求曲線是一條向右上方傾斜而比較平坦的線,如圖 2-9 中的 B。

第三,收入缺乏彈性,即 $Em < 1$。在這種情況下,需求量變動的百分比小於收入變動百分比。這時收入—需求曲線是一條向右上方傾斜而比較陡峭的線,如圖 2-9 中的 C。

第四,收入單位彈性,即 $Em = 1$。在這種情況下,需求量變動的百分比等於收入變動百分比。這時收入—需求曲線是一條向右上方傾斜而與橫軸成 45°的線,如圖 2-9 中的 D。

第五,收入負彈性,即 $Em < 0$。在這種情況下,需求量變動的百分比與收入變動成反方向。這時收入—需求曲線是一條向右下方傾斜的線,如圖 2-9 中的 E。

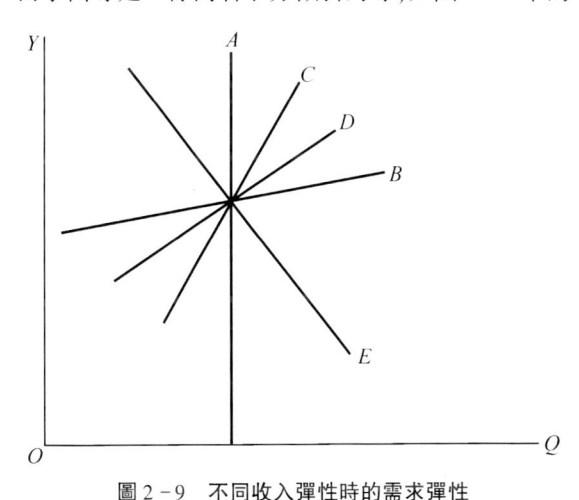

圖 2-9 不同收入彈性時的需求彈性

3. 需求收入彈性與恩格爾定理

經濟學家根據長期統計資料分析得出結論:生活必需品的收入彈性小,而奢侈品和耐用品的收入彈性大。恩格爾定理正是對這個結論的證明。德國統計學家 N. 恩格爾根據他對德國某些地區消費統計資料的研究,提出了一個定理:隨著收入的提高,食物支出在全部支出中所占的比率越來越小,即恩格爾系數是遞減的。恩格爾系數是用於食物的支出與全部支出之比。恩格爾系數可以反應一國或一個家庭富裕程度與生活水準的高低。一般來說,恩格爾系數越高,富裕程度和生活水準越低;反之,則說明富裕程度和生活水準越高。一般把恩格爾系數在 0.5 之下作作為生活達到富裕水準的標準。恩格爾定理說明了生活必需品(食物)的收入彈性小。

此外,還可以根據收入彈性的大小劃分商品的類型。一般認為,收入彈性為正值,即隨著收入增加需求量增加的商品是正常品;收入彈性為負值,即隨著收入增加需求量減少的商品為低檔商品。收入彈性大於 1 的商品為奢侈品,收入彈性小於 1 的商品為必需品。

二、需求交叉彈性

需求交叉彈性又稱交叉彈性,指相關的兩種商品中一種商品的價格變動比率所引起的另一種商品的需求量變動比率,即一種商品的需求量變動對另一種商品價格變動的反應程度。

某種商品對另一種商品交叉彈性的大小可以用交叉彈性的彈性系數來表示。這種彈性系數為某種商品需求量變動的百分比與另一種商品價格變動的百分比的比值,以 Ecx 表示 X 商品對 Y 商品的交叉彈性,$\Delta Qx/Qx$ 表示 X 商品需求量變動的百分比,$\Delta Py/Py$ 表示 Y 商品價格變動的百分比,則 X 商品對 Y 商品的交叉彈性的彈性系數計算公式為:

$$Ecx = \Delta Qx/Qx/\Delta Py/Py = \Delta Qx/\Delta Py \cdot Py/Px$$

對於不同的商品關係而言,交叉彈性的彈性系數是不同的。互補品之間價格與需求量呈反方向變動,其彈性系數為負值,彈性的絕對值越大,互補性越強。替代商品之間價格與需求量呈同方向變動,其彈性系數為正值,彈性系數的值越大,替代性越強。

由這一點出發,可以根據交叉彈性系數來判斷兩種商品之間的關係。如果交叉彈性為負值,則這兩種商品為互補關係,其彈性的絕對值越接近於 1,互補關係越密切;如果交叉彈性為正值,則這兩種商品為替代關係,其彈性的絕對值接近於 1,替代性就越強;如果交叉彈性為零,則這兩種商品之間沒有關係。

三、供給價格彈性

1. 供給價格彈性的含義與計算

供給價格彈性又稱供給彈性,指價格變動的比率與供給量變動比率之比,即供給量變動對價格的反應程度。

供給彈性的大小可以用供給彈性的彈性系數表示。供給彈性的彈性系數是供給量變動的百分比與價格變動百分比的比值。以 Es 表示供給彈性系數,$\Delta Q/Q$ 表示供給量變動的百分比,$\Delta P/P$ 表示價格變動的百分比,則供給彈性系數的計算公式是:

$$Es = \Delta Q/Q/\Delta P/P = \Delta Q/\Delta P$$

例如,某種商品價格變動為 10%,供給量變動為 20%,則這種商品供給彈性系數為 2。因為供給量與價格一般呈同方向變動,所以,供給彈性系數一般為正值。

2. 供給價格彈性的分類

各種商品的供給彈性大小並不相同。一般可以把供給彈性分為以下幾類:

第一,供給無彈性,即 $Es = 0$。在這種情況下,無論價格如何變動,供給量都不變。這時供給量是固定不變的,例如,土地、文物、某些藝術品的供給。這時的供給曲線是一條與橫軸垂直的線。如圖 2-10 中的 A。

第二,供給有無限彈性,即 $Es \to \infty$。在這種情況下,價格既定而供給量無限。這時的供給曲線是一條與橫軸平行的線。如圖 2-10 中的 E。

第三,單位供給彈性,即 $Es = 1$。在這種情況下,價格變動的百分比與供給量變動的百分比相同。這時的供給曲線是一條與橫軸成 45°。如圖 2-10 中的 C。

圖 2－10

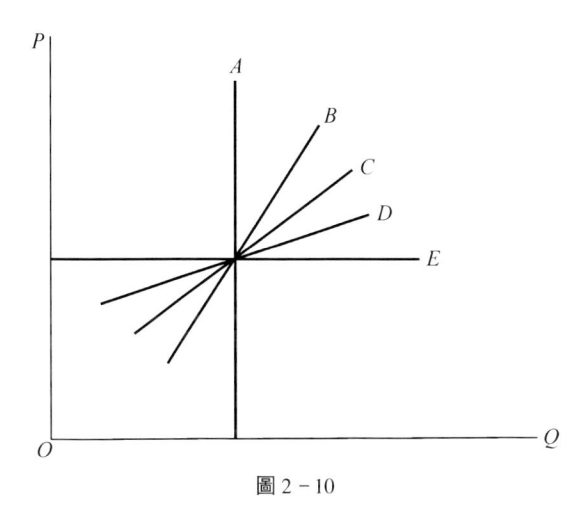

　　第四，供給富有彈性，即 $E_s > 1$。在這種情況下，價格變動的百分比大於供給量變動的百分比。這時的供給曲線是一條向右上方傾斜，且較為平坦的線，如圖 2－10 中的 D。

　　第五，供給缺乏彈性，即 $E_s < 1$。在這種情況下，價格變動的百分比小於供給量變動的百分比。這時的供給曲線是一條向右上方傾斜，且較為陡峭的線，如圖 2－10 中的 B。

　　在現實中，常見的情況是供給無彈性、供給富有彈性和供給缺乏彈性。

3. 供給彈性與時間

　　供給取決於生產。影響供給的因素很多，影響一種商品供給彈性的因素也很多。例如，某種商品生產所用的技術、設備以及所需要的資源狀況等。但其中最重要的因素是時間因素。

　　在經濟分析中往往強調短期與長期的不同。在個體經濟學中，時間長短與時間多少無關，而取決於生產要素的調整。如果在某一時期內生產中所使用的生產要素完全可以根據產量調整，即生產規模可以變，這一時期就稱為長期。如果在某一時期內所使用的生產要素一部分可以根據產量調整，例如，勞動力與原材料隨時可以根據產量調整，而另一部分生產要素，例如，廠房與設備，不能根據產量進行調整，這一時期就稱為短期。簡而言之，短期內由廠房、設備決定的生產規模不能變，而在長期的時間內生產規模是可以變的。

　　特別要注意的是，不同行業與不同企業的短期與長期的時間長短並不同。例如，汽車行業中大企業所用的設備複雜，生產規模一旦確定就難以改變。設定汽車行業改變生產規模要 3 年以上時間，那麼，汽車行業的長期就是 3 年以上，3 年以下就是短期。再如，服裝行業的生產規模改變只要 1 年，那麼，服裝行業的長期就是 1 年以上，1 年以下就是短期。

　　供給彈性的大小與時間相關。一般來說，在價格發生變動之時，供給量很難調整，即生產無法立即增加或減少，所以，即期供給彈性幾乎為零。換言之，在價格變動之後的極短時間內，供給量幾乎不變。在短期中，價格變動後，可以通過調整勞動力、原材料這類

生產要素來改變供給量。但由於生產規模不變,調整的幅度有限,短期中供給缺乏彈性。在長期中,價格變動後可以調整生產規模,供給可以充分調整,長期中供給富有彈性。

第五節　彈性理論的運用

彈性理論也是重要的供求分析工具之一,對分析許多現象經濟問題和作出經濟決策是十分重要的。這裡我們分析需求與總收益的關係,以及需求彈性、供給彈性與稅收分攤的關係。從這種分析中我們可以看出如何運用彈性理論來作出正確的決策。

一、需求彈性與總收益

我們首先要瞭解總收益這個概念。總收益也可以稱為總收入,指企業出售一定量商品得到的全部收入,也就是銷售量與價格的乘積。如果以 TR 代表總收益,Q 為銷售量,P 為價格,則有:

$$TR = P \cdot Q$$

特別要注意的是,總收益並不是出售商品賺到的錢,即不是利潤,而是所得到的錢。總收益中包括了成本與利潤。只有扣除成本之後的淨收益才是利潤。我們這裡要分析的是需求彈性對包括成本在內的總收益的影響,而不是對扣除成本之後淨收益的影響。由於有成本變動的關係,總收益增加並不一定是淨收益增加。總收益減少也不一定是淨收益減少。

此外,總收益也就是總支出。這就是說,從企業的角度來看,總收益是出售一定量商品的總收入,從家庭來看,這也就是為購買一定量商品而付出的總支出。所以,分析需求彈性對企業總收益的影響實際上也就是分析需求彈性對家庭總支出的影響。

某種商品的價格變動時,它的需求彈性的大小與出售該商品所能得到的總收益是密切相關的。因為總收益等於價格乘以數量。價格的變動引起需求量的變動,為了簡單起見,我們假設需求量也就是銷售量,這樣,價格的變動也就引起了銷售量的變動。不同商品的需求彈性不同,價格變動引起銷售量的變動不同,從而總收益的變化也就不同。下面,我們分析需求富有彈性的商品與需求缺乏彈性的商品需求彈性與總收益之間的關係。

1. 需求富有彈性的商品,需求彈性與總收益之間的關係

如果某種商品的需求是富有彈性的,那麼,當該商品的價格下降時,需求量(從而銷售量)增加的幅度大於價格下降的幅度,所以,總收益會增加。

以電視機為例。假定電視機的需求是富有彈性的,$Ed = 2$。當價格為 500 元,即 $P_1 = 500$ 元,銷售量為 100 臺時,總收益 TR_1 為:

$TR_1 = P_1 \cdot Q_1 = 500 \text{ 元} \times 100 = 50,000 \text{ 元}$

現在假定電視機的價格下降 10%,即 $P_2 = 450$ 元,因為 $Ed = 2$。所以銷售量增加 20%,即 $Q_2 = 120$ 臺,這時總收益 TR_2 為:

$TR_2 = P_2 \cdot Q_2 = 450 \, 元 \times 120 = 54,000 \, 元$

$TR_2 - TR_1 = 54,000 - 50,000 = 4000 \, 元$

這表明，由於電視機價格下降，總收益增加了。

需求富有彈性的商品價格下降而總收益增加了，就是我們一般所說的「薄利多銷」的原因所在。「薄利」就是降價，降價能「多銷」，「多銷」則會增加總收益。所以，能夠做到薄利多銷的商品是需求富有彈性的商品。

如果某種商品的需求是富有彈性的，那麼，當該商品的價格上升時，需求量（從而銷售量）減少的幅度大於價格上升的幅度，所以總收益會減少。

仍以電視機為例。假定現在電視機的價格上升了 10%，即 $P_2 = 550$ 元，因為 $Ed = 2$，所以銷售量減少 20%，即 $Q_2 = 80$ 臺，這時總收益 TR_2 為：

$TR_2 = P_2 \cdot Q_2 = 550 \, 元 \times 80 = 44,000 \, 元$

$TR_2 - TR_1 = 44,000 \, 元 - 50,000 \, 元 = -6000 \, 元$

這表明，由於電視機價格上升，總收益減少了。

需求富有彈性的商品價格上升而總收益減少，說明了這類商品如果調價不當，則會帶來損失。例如，1979 年中國農副產品調價，豬肉價格上調 20% 左右，在當時，中國人民的生活水準較低，對豬肉的需求富有彈性，豬肉漲價後人們的部分購買力轉向其他替代品，豬肉的需求量也迅速下降。國家不得不將一些三、四級豬肉降價銷售，加上庫存積壓，財政損失 20 多億元；再加上農副產品提價後給職工的補助 20 多億元，財政支出增加 40 多億元。類似這樣的例子還有不少。

根據富有彈性的商品漲價與降價所引起的總收益的變化可以得出：如果某種商品是富有彈性的，則價格與總收益呈反方向變動，即價格上升，總收益減少；價格下降，總收益增加。可用圖 2 - 11 來說明這一點。

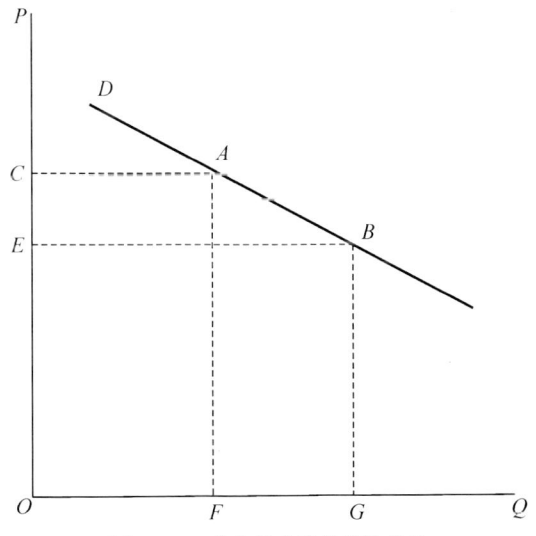

圖 2 - 11　收入富有彈性與總收益

在圖 2-11 中，D 是某種需求富有彈性商品的需求曲線。當價格為 OC 時，銷售量為 OF，總收益為 $OFAC$；當價格為 OE 時，銷售量為 OG，總收益為 $OGBE$。由圖上可以看出，當價格由 OC 降為 OE 時，$OGBE - OFAC > 0$，總收益增加；當價格由 OE 上升為 OC 時，$OFAC - OGBE < 0$，總收益減少。

2. 需求缺乏彈性的商品，需求彈性與總收益之間的關係

如果某種商品的需求是缺乏彈性的，那麼，當該商品的價格下降時，需求量（從而銷售量）增加的幅度小於價格下降的幅度，所以總收益會減少。

以面粉為例，假定面粉是需求缺乏彈性的，$Ed = 0.5$。當價格為 0.2 元，即 $P_1 = 0.2$ 元，銷售量為 100 千克，即 $Q_1 = 100$ 千克時，總收益 TR_1 為：

$TR_1 = P_1 \cdot Q_1 = 0.2 \text{ 元} \times 100 = 20 \text{ 元}$

現在假定面粉的價格下降 10%，即 $P_2 = 0.18$ 元，因為 $Ed = 0.5$，所以銷售量增加 5%，即 $Q_2 = 105$ 千克，這時總效益 TR_2 為：

$TR_2 = P_2 \cdot Q_2 = 0.18 \text{ 元} \times 105 = 18.9 \text{ 元}$

$TR_2 - TR_1 = 18.9 \text{ 元} - 20 \text{ 元} = -1.1 \text{ 元}$

這表明，由於面粉價格下降，總收益減少了。

中國有句古話叫「谷賤傷農」，意思是雖然豐收了，由於糧價下跌，農民的收入卻減少了。其原因就在於糧食是生活必需品，需求缺乏彈性。由於豐收而造成的糧價下跌，並不會使需求量同比增加，從而總收益減少，農民受損失。此外，在資本主義社會，經濟危機時期出現過把農產品毀掉的做法，究其根源也在於這些農產品的需求缺乏彈性，降價不會引起需求量的大幅度增加，只會減少總收益，所以將這些農產品毀掉反而會減少損失。

如果某種商品的需求是缺乏彈性的，那麼，當該商品的價格上升時，需求量（從而銷售量）減少的幅度小於價格上升的幅度，所以總效益增加。

仍以面粉為例。假定現在面粉的價格上升了 10%，即 $P_2 = 0.22$ 元，因為 $Ed = 0.5$，所以銷售量減少 5%，即 $Q_2 = 95$ 千克，這時總收益 TR_2 為：

$TR_2 = P_2 \cdot Q_2 = 0.22 \text{ 元} \times 95 = 20.90 \text{ 元}$

$TR_2 - TR_1 = 20.90 - 20 = 0.9 \text{ 元}$

這表明，由於面粉價格上升了，總收益增加了。

賣者總收益的增加，也就是買者總支出的增加。由此可見，糧油、蔬菜、副食、日用品這類生活必需品的漲價一定要謹慎，因為這類商品的需求彈性很小，漲價後，人們的購買不會減少很多，這樣就會增加人們的生活支出，造成實際收入下降，影響生活安定。

根據缺乏彈性的商品漲價所引起的總收益的變化可以得出：如果某種商品是缺乏彈性的，則價格與總收益呈同方向變動，即價格上升，總收益增加；價格下降，總收益減少。可以用圖 2-12 來說明這一點。

在圖 2-12 中，D 是某種需求缺乏彈性商品的需求曲線。當價格為 OC 時，銷售量為 OF，總收益為 $OFAC$；當價格為 OE 時，銷售量為 OG，總收益為 $OGBE$。由圖上可以看出，當價格由 OC 降為 OE 時，$OGBE - OFAC < 0$，總收益減少；當價格由 OE 上升到 OC 時，

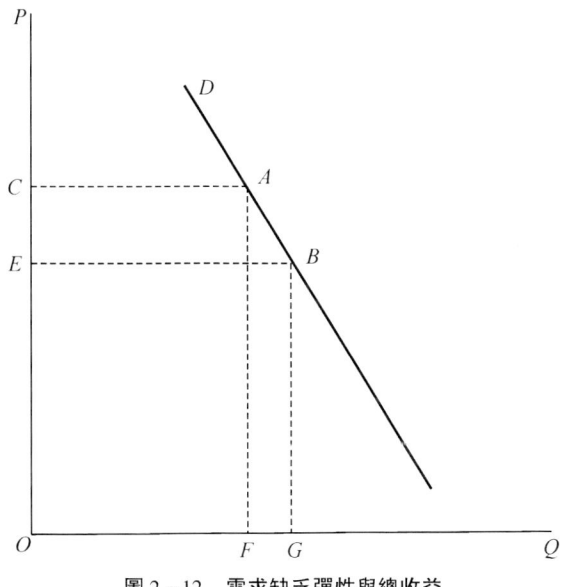

圖 2-12　需求缺乏彈性與總收益

$OFAC - OGBE > 0$，總收益增加。

　　這裡要注意的是，總收益中包括成本與利潤。因此，總收益增加並不等於總利潤增加。在根據價格彈性來調整價格時能否使利潤增加還要考慮到成本的狀況。

　　需求彈性與總收益之間的關係對我們理解許多經濟現象和作出經濟決策具有指導意義。例如，在商業競爭中，降價是一種重要的競爭手段。但是，從需求彈性與總收益的關係中可以看出，降價競爭中只適用於需求彈性大的商品，對於需求彈性小的商品，降價競爭是無利的。再如，前些年控制通貨膨脹是中國經濟宏觀調控最重要，也是最困難的任務之一。但人民對通貨膨脹的不滿，不僅在於總體物價水準過高，而且更在於與人民生活密切相關的糧食、蔬菜、副食品等價格上升幅度過高、過快。這種情況同樣可以用需求彈性與總收益的關係來解釋。由此也可以看出，經濟學是一門實用的學科，與我們日常生活密切相關。

二、需求彈性、供給彈性與稅收分攤

　　政府徵收稅收可以分為兩類。一類是直接稅，稅收完全由納稅人承擔，無法轉嫁出去。例如，個人所得稅、財產稅。另一種是間接稅，稅收儘管由納稅人交納，但可以全部或部分轉嫁給消費者。稅收負擔在經營者和消費者之間的分割稱為稅收分攤，稅收負擔最終由誰承擔稱為稅收歸宿。在這種稅收的分攤中，經營者承擔多少，消費者承擔多少，取決於需求彈性和供給彈性。

　　如果某種商品需求缺乏彈性而供給富有彈性，這就是說，消費者對這種商品的價格變動反應不敏感，無法及時根據價格調整自己的需求，而生產者對這種商品的價格反應敏感，可以根據價格調整自己的供給，那麼，稅收就主要落在消費者身上。可以用圖

2-13 來說明需求缺乏彈性而供給富有彈性時的稅收分攤。

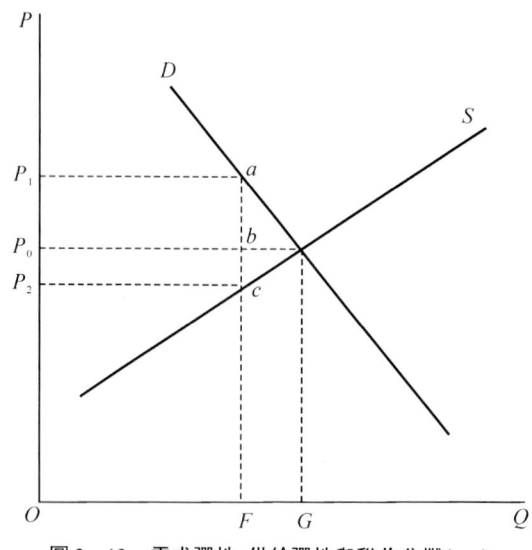

圖 2-13　需求彈性、供給彈性與稅收分攤(一)

　　在圖 2-13 中,需求曲線 D 比較陡峭,表示需求缺乏彈性。供給曲線 S 比較平坦,表示供給富有彈性。當沒有稅收時,價格為 P_0。在政府徵收稅收之後,消費者支持的價格為 P_1,生產者得到的價格為 P_2。這兩種價格之差作為稅收由政府收取。無稅收時,均衡數量為 Q_0,在有稅收時均衡數量為 Q_1,政府得到的稅收總量為消費者支付的價格與生產者得到的價格之差乘以交易量(均衡數量),即圖上的 P_2caP_1 這塊面積。其中消費者承擔的稅收為 P_0baP_1,生產者承擔的稅收為 P_2cbP_0。$P_0baP_1 > P_2cbP_0$,說明生產者可以調整產量,供給富有彈性,所以,對香菸徵收的稅收主要由消費者承擔。

　　如果某種商品富有彈性而供給缺乏彈性,這就是說,消費者對這種商品的價格變動反應敏感,能及時根據價格調整自己的需求,而生產者對這種商品的價格變動反應不敏感,無法根據價格調整自己的供給,那麼,稅收就主要落在生產者身上。可以用圖 2-14 來說明需求富有彈性而供給缺乏彈性時稅收分攤。

　　在圖 2-14 中,需求曲線 D 比較平坦,表示需求富有彈性。供給曲線 S 比較陡峭,表示供給缺乏彈性。當沒有稅收時,價格為 P_0,在政府徵收稅收之後,消費者支持的價格為 P_1,生產者得到的價格為 P_2。這兩種價格之差作為稅收由政府收取。無稅收時,均衡數量為 Q_0,在有稅收時均衡數量為 Q_1,政府得到的稅收總量為消費者支付價格與生產者得到價格之差乘以交易量(均衡數量),即圖上的 P_2caP_1 這塊面積。其中消費者承擔的稅收為 P_0baP_1,生產者承擔的稅收為 P_2cbP_0。$P_0baP_1 < P_2cbP_0$,說明稅收主要由生產者承擔。前面案例研究中的例子說明了這一點。

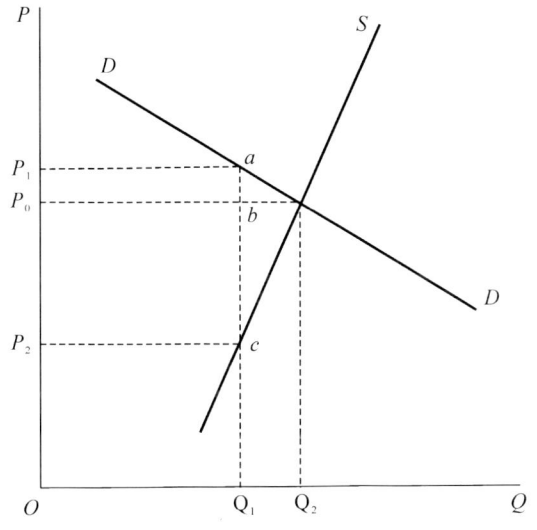

圖 2－14　需求彈性、供給彈性與稅收分攤(二)

習題

1. 如何理解個人需求與市場需求的關係？
2. 單個廠商的供給與市場供給有哪些聯繫？
3. 在理解需求彈性的含義時要注意哪些問題？
4. 影響需求彈性的因素有哪些？為什麼各種商品的需求彈性不同呢？
5. 簡述需求收入彈性與恩格爾定理。

第三章　消費者行為理論

知識導入

　　無差異曲線只顯示不同的消費組合帶給消費者的滿足程度,而不考慮消費者的收入。如果不考慮收入的制約,我們無從知曉消費者怎樣選擇哪一個組合來消費。

　　因此,要想知道消費者的選擇是如何做出的,我們還需要瞭解消費者的收入,也就是預算線。

　(1)預算線的含義

　例:假如世界上只有兩種商品,X 和 Y(如果你對這個假設感到不舒服,可以這樣來理解,我們要研究的 X,Y 代表所有的商品)。X 的價格為 P_x,Y 的價格為 P_y。假如你用盡你的全部收入 I 購買 X 和 Y,那麼:

$$P_x \cdot X + P_y \cdot Y = I$$

把這個方程式用圖的形式表示出來,就是預算線。

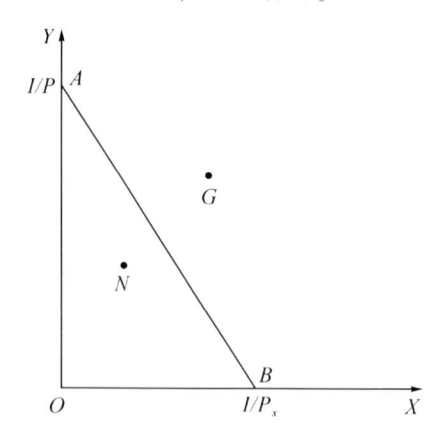

理解預算線的幾個要點:

　a. 預算線上的每一個點,都是正好花光你的收入的 X 和 Y 的組合。

　b. 在 A 點(Y 軸的交點),你只買 Y,不買 X,所以能夠購買的 Y 的數量是 I/P_y。在 B 點(X 軸的交點),你只買 X,不買 Y,所以能夠購買的 X 的數量是 I/P_x。

　c. 在預算線內的點,如 N 點,表示所購買的 X 和 Y 的組合沒有花光你的收入。

　d. 在預算線外的點,如 G 點,表示你的收入不可能購買的 X 和 Y 的組合。

　e. 預算線的斜率,就是 X 和 Y 的相對價格,就是要想多得到一個單位的 X,你必須放棄的 Y 的數量。

注意：＊無差異曲線衡量的是人的滿意程度，是主觀的。預算線是人的收入，是客觀的。

＊無差異曲線的斜率衡量的是：為了多得到一個單位的 X，消費者「願意」放棄的 Y 的數量。預算線的斜率衡量的是：為了多得到一個單位的 X，消費者「必須」放棄的 Y 的數量。

＊無差異曲線有無數條，預算線只有一條。

(2) 預算線的變動

a. 當兩種商品的價格不變，消費者的收入發生變化時，預算線平行移動。
b. 當消費者的收入不變，兩種商品的價格同方向同比例變化時，預算線平行移動。
c. 當 Y 的價格不變，X 的價格發生變動時，預算線沿著 Y 軸擺動。
d. 當 X 的價格不變，Y 的價格發生變動時，預算線沿著 X 軸擺動。

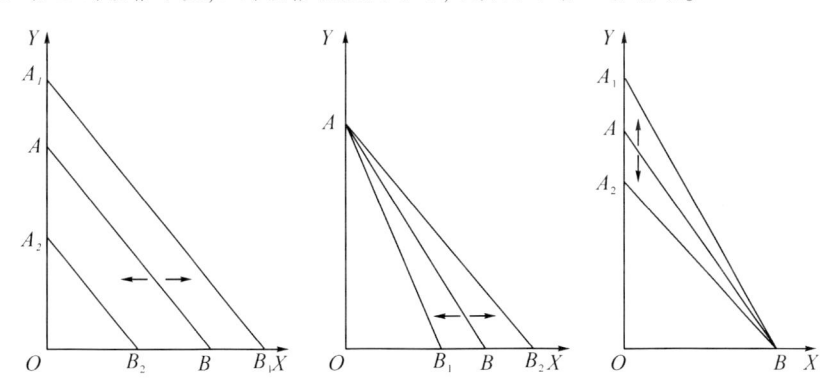

在經濟學中，居民戶（household）是與廠商同樣重要的經濟單位。居民戶一方面向廠商提供生產要素，並獲得相應的收入；另一方面，又將收入分別用於投資和消費。消費者行為理論所研究的，就是居民戶的消費行為，此時的居民戶被稱為消費者（consumer）。本章所介紹的消費者行為理論是需求理論的依據。需求曲線的特徵是由消費者行為決定的。

第一節　基數效用理論

有關消費者行為最基本的假定，是消費者追求效用的最大化（或追求最大的滿足）。因此，要研究消費者行為理論，就必須研究效用理論。效用理論是建立在對消費者偏好分析的基礎之上的，它是描述偏好的一種方式。我們將在討論消費者偏好理論的基礎上，分別討論效用理論的兩個主要分支——基數效用理論（cardinal utility theory）與序數效用理論（ordinal utility theory）。

一、消費者偏好

(一)消費者偏好

消費者偏好(consumer's preference)是消費者根據自己的意願,對可能消費的商品組合進行的排列。消費者消費的商品組合稱為商品束(a basket of commodities),商品束可以由多種商品,也可以由一種商品組成。

為了說明偏好,我們使用下列符號:$>$ 表示嚴格偏好或強偏好(strong preference);$\geq$ 表示弱偏好(weak preference);$\sim$ 表示無差異(indifference)。對於任意兩種商品組合 X、Y,我們可以利用這些約定刻畫消費者的偏好。

假定任一組商品中包含兩種商品。例如,組合 X 包含 (X_1, X_2) 兩種商品;組合 Y 包含 (Y_1, Y_2) 兩種商品。則消費者對於 X、Y 兩種商品組合的偏好具有如下關係:

(1)若$(X_1, X_2) > (Y_1, Y_2)$,則消費者對組合 X 的偏好嚴格甚於對組合 Y 的偏好。這表示消費者只會選擇 X 而不會選擇 Y。

(2)若$(X_1, X_2) \geq (Y_1, Y_2)$,則消費者對組合 X 的偏好弱於對組合 Y 的偏好。這表示消費者覺得 X 至少與 Y 同樣好。

(3)$(X_1, X_2) \sim (Y_1, Y_2)$,則 X 組合與 Y 組合對於消費者而言是無差別的。

嚴格偏好、弱偏好、無差異這些概念之間的關係並不獨立,它們之間的關係是相關的。

例如,若$(X_1, X_2) \geq (Y_1, Y_2)$,同時$(Y_1, Y_2) \geq (X_1, X_2)$,則$(X_1, X_2) \sim (Y_1, Y_2)$。這種情況表明,若消費者覺得 X 至少與 Y 同樣好,又覺得 Y 至少與 X 同樣好,則 X 與 Y 無差別。

如果$(X_1, X_2) \geq (Y_1, Y_2)$,但並不同時存在$(X_1, X_2) \sim (Y_1, Y_2)$,則$(X_1, X_2) > (Y_1, Y_2)$。如果消費者覺得$(X_1, X_2)$至少與$(Y_1, Y_2)$同樣好,但又認為兩者並非無差異,則他必認為 X 比 Y 好。

(二)關於偏好的幾種假設

以下幾種假設對於消費者行為理論很重要,因而被稱為消費者理論的「公理」。

1. 完備性(completeness)

完備性是指任意兩種商品組合 X、Y 都是可以比較的,而且 X 與 Y 比較的全部可能的結果是:

(1)$(X_1, X_2) \geq (Y_1, Y_2)$;

(2)$(Y_1, Y_2) \geq (X_1, X_2)$;

(3)上述兩種情況兼有。這種情況表明 X 組合與 Y 組合是無差別的。

2. 反身性(reflexivity)

反身性是指任何一組商品至少和自身一樣好,即$(X_1, X_2) \geq (Y_1, Y_2)$。對於理性的消費者而言,反身性公理是不言而喻的。幼兒的消費行為也許會違背這一公理。

3. 傳遞性(transitivity)

傳遞性是指,假如消費者認為 X 組合至少與 Y 組合同樣好,Y 組合至少與 Z 組合同樣好,則 X 組合至少與 Z 組合同樣好。也就是:

若$(X_1, X_2) \geq (Y_1, Y_2)$,$(y_1, y_2) \geq (Z_1, Z_2)$,則$(X_1, X_2) \geq (Z_1, Z_2)$。只要消費者是理性的消費者,從邏輯上講這一公理就是無可挑剔的。

二、效用

效用(utility)可以從消費主體與消費客體兩方面來討論。從消費主體來講,效用是某人從自己所從事的行為中得到滿足;從消費客體來講,效用是商品或勞務滿足人的慾望或需要的能力。

與效用概念意義相反的一個概念是負效用(disutility)。它是指某種東西所具有的引起人的不舒適感或痛苦的能力。

效用本身並不具有倫理學的意義。一種商品是否具有效用要看它是否能滿足人的慾望或需要,而不論這一慾望或需要的好壞。例如,吸毒從倫理上講是壞慾望,但毒品(鴉片、嗎啡等)能滿足這種慾望,因此它就具有效用。

由於效用大小取決於個人的判斷,因而除非給出特殊的假定,否則,效用是不能在不同的人之間進行比較的。但對於同一個人而言,不同物品的效用是可以進行比較的。

效用被用來描述偏好。效用函數對每種可能消費的商品組合指定一個數值。具有較大效用值的商品組合與具有較小效用值的商品組合相比,消費者更為偏好前者。因此,消費者對於(X_1, X_2)的偏好甚於對於(Y_1, Y_2)的偏好的充分必要條件是(X_1, X_2)的效用大於(Y_1, Y_2)的效用,即

如果 $U(X_1, X_2) > U(Y_1, Y_2)$,則$(X_1, X_2) > (Y_1, Y_2)$

效用理論分為基數效用理論與序數效用理論。基數效用理論認為,效用可以精確計量與加總,其大小可以用1,2…來表示。序數效用理論認為效用不可以度量,只能根據偏好的程度排列出第一、第二,等等。本節討論基數效用,下節將討論序數效用與無差異曲線。

三、總效用與邊際效用

總效用(total utility)是指,消費者從某一行為或從消費某一數量的某物品組合中所獲得的總滿足程度,用 TU 或 U 表示。假定消費者所消費的 X 商品組合,則效用函數(也就是總效用函數)可表示為

$$U = f(X) \tag{3.1}$$

邊際效用(marginal utility)是消費者每增加一單位某種商品的消費所引起的總效用的變化量。在總效用函數連續並可導的情況下,邊際效用表示為

$$MU = dU/dX = f'(X) \tag{3.2}$$

在總效用函數非連續、不可導的情況下,邊際效用表示為

$$MU = \Delta U / \Delta X \tag{3.3}$$

表 3-1 以一個隨意列舉的例子描述了總效用、邊際效用與所消費的 X 商品組合的數量之間的關係。

表 3-1　　　　　　　　　　　總效用與邊際效用

X	0	1	2	3	4	5
U	0	10	18	24	28	30
MU	—	10	8	6	4	2

一般而言，效用是所消費的商品的數量的增函數，即隨著所消費的商品量的增加，總效用是增加的。但是總效用增加的速率是遞減的。這一特徵被稱為邊際效用遞減原理。邊際效用遞減原理表述如下：假定消費者對其他商品的消費保持不變，則消費者從連續消費某一特定商品中所得到的滿足程度將隨著這種商品消費量的增加而遞減。用數學語言表示，總效用函數是增函數，表示為

$$f'(X) > 0 \tag{3.4}$$

邊際效用遞減，表示為

$$f''(X) = MU' < 0 \tag{3.5}$$

即效用函數是一凹函數，當 $MU = 0$ 時，函數取極大值，而後函數值開始下降。

四、消費者均衡

就消費者對消費品的購買選擇而言，消費者均衡是指在商品現行價格和既定消費者收入的條件下，消費者不願意再變動購買量。我們已經假定消費者的行為目標是求得效用的最大化，或求得最大的滿足。消費者均衡是建立在這一假定基礎之上的。

在既定的收入與商品價格條件下，為了實現效用最大化，消費者應該使他花費在所購買的每一種商品上的最後一元錢所得到的邊際效用相等。這是消費者購買商品時獲得效用最大化的必要條件。

這一條件可以表示為

$$MU_1/P_1 = MU_2/P_2 = \cdots = MU_n/P_n \tag{3.6}$$

其中 $MU_i (i = 1, 2, \cdots, n)$ 表示任一種商品的邊際效用，P_i 表示任一種商品的價格。若消費者所購買的是兩種商品 x、y，則消費者達到效用最大化的條件是

$$MU_x/P_x = MU_y/P_y \tag{3.7}$$

(3.7)式的均衡條件也可以表示為

$$MU_x/MU_y = P_x/P_y \tag{3.8}$$

(3.8)式左端為消費者的主觀評價，右端為市場的客觀評價。要達到效用的最大化，消費者必須使自己的主觀評價與市場的客觀評價相一致。

應該注意的是，上述均衡條件要求的是每一元錢所得到的邊際效用相等，而不是每一種商品的邊際效用相等。每一種商品的邊際效用相等並不能保證消費者獲得最大的效用，因為各種商品的價格是不同的。

假定消費者所購買的其他商品量既定,而對蘋果 x 與西紅柿 y 的購買量進行選擇。假定消費者每週將 12 元錢用於蘋果與西紅柿的購買,蘋果的價格 P_x = 2 元,西紅柿的價格 P_y = 1 元。蘋果與西紅柿給消費者所帶來的效用與邊際效用如表 3-2 所示。

表 3-2　　　　　　　　消費 x、y 兩種商品的消費者效用表

Q	0	1	2	3	4	5	6	7	8	9	10	11	12
U_x	0	16	30	42	52	60	66						
MU_x		16	14	12	10	8	6						
U_y	0	11	21	30	38	45	51	56	60	63	65	66	66
MU_y		11	10	9	8	7	6	5	4	3	2	1	0

表 3-2 中 Q 表示蘋果或西紅柿的購買量;U_x、U_y 分別表示蘋果與西紅柿的總效用,MU_x、MU_y 分別表示蘋果與西紅柿的邊際效用。從表中可以看出,當蘋果的價格為 2 元,西紅柿的價格為 1 元,總支出為 12 元時,消費者購買 3 單位蘋果與 6 單位的西紅柿,可以達到總效用的最大化。因為這種購買符合消費者均衡的必要條件,即 $MU_x / P_x = MU_y / P_y$。

五、消費者均衡條件與需求曲線

消費者均衡條件是在消費者收入與商品的價格為既定的條件下達到的。如果消費者的收入或商品的價格發生變化,將會改變消費者的均衡。假定消費者收入不變,某種商品的價格發生了變化,則消費者追求效用最大化的行為將導致需求量的變化。

以上面列舉的蘋果與西紅柿的購買為例。假定消費者花在這兩種商品上的支出總額為 12 元,蘋果與西紅柿的原價格分別為 2 元和 1 元。為了達到效用最大化,消費者應該購買 3 單位蘋果與 6 單位西紅柿。由蘋果的價格 2 元與相應的需求量 3 單位,我們得到圖 3-1 中的 A 點。如果西紅柿的價格不變,而蘋果的價格下降到 1 元,在總支出不變的前提下,根據效用最大化條件:$MU_x / P_x = MU_y / P_y$,消費者應該購買 6 單位西紅柿和 6 單位蘋果。由蘋果的價格 1 元與相應的需求量 6 單位,我們得到圖 3-1 中的 B 點。通過連續變動蘋果的價格,用同樣的方法,可以得到類似於 B 的其他一些點。連接這些點便得到一條向右下方傾斜的需求曲線。

六、消費者剩餘

消費者剩餘(consumer's surplus)是消費者為消費某種商品而願意付出的總價值與他購買該商品時實際支出的差額。

設需求函數為 $P = \psi(q)$,當市場價格為 $P = P_0 = \psi(q_0)$ 時,圖 3-2 中的陰影部分定義為消費者剩餘($R(q_0)$),即

$$R(q_0) = \int_0^{q_0} \psi(q) dq - p_0 q_0 \qquad (3.9)$$

圖 3-1　x 商品的需求曲線

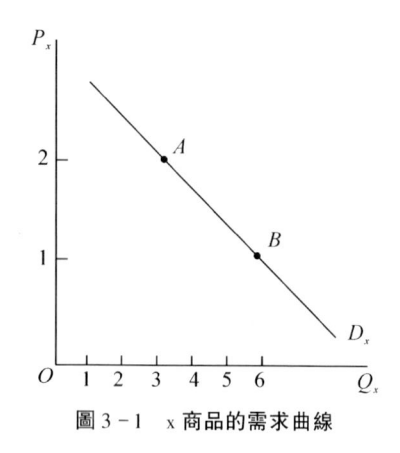

在函數是離散變量的情況下，消費者剩餘表示為

$$R(q_0) = \sum_{i=1}^{n} p_i(q_i - q_{i-1}) - np_0 \qquad (3.10)$$

其中 q_i 表示消費者所欲購買的第 i 個單位商品，P_i 表示為購買第 i 單位商品消費額者願意支付的價格，P_0 為消費者購買該商品時所實際支付的市場價格。

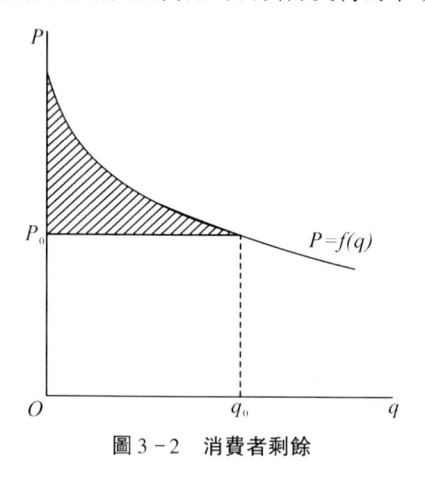

圖 3-2　消費者剩餘

舉例來說，消費者想要購買的商品是蘋果，在一個蘋果也沒有的情況下，為得到一公斤蘋果，消費者願意支付 2.5 元的價格。在獲得了一公斤蘋果以後，消費者為得到第二公斤蘋果而願意支付的價格是 2 元……如果蘋果的市場價格為 1.5 元一公斤，消費者購買第一公斤蘋果獲得的消費者剩餘是 1 元，購買第二公斤蘋果獲得的消費者剩餘是 0.5 元，購買兩公斤蘋果共獲消費者剩餘 1.5 元。消費者獲得消費者剩餘的多寡依賴於所購商品的市場價格與所購商品的數量，商品的市場價格越低，消費者購買的數量越多，他所獲得的消費者剩餘越多。表 3-3 是當蘋果的價格為 1.5 元時某消費者一週內從消費蘋果中所獲得的總消費者剩餘。

表 3-3　　　　　　　　　　　　消費者剩餘表

每週消費的蘋果(公斤)	消費者願意支付的價格(元)	消費者剩餘(元)
第一公斤	2.50	1.00
第二公斤	2.00	0.50
第三公斤	1.80	0.30
第四公斤	1.60	0.10
第五公斤	1.50	0.00
第六公斤	1.40	
總額 6 公斤	10.80	1.90

　　表 3-3 中,消費者願意支付的價格代表消費者對所購商品的邊際評價。如果某消費者對蘋果的邊際評價如表 3-3 所示,那麼在蘋果的價格為每公斤 1.5 元的情況下,消費者的最優購買量就是 5 公斤。此時消費者的邊際評價與市場價格相等。消費者獲得的消費者剩餘總量最大。消費者邊際評價與市場價格相等時購買稱為邊際購買。當市場價格為 1.5 元時,邊際購買量為 5 公斤;當市場價格為提高到 1.6 元時,邊際購買量為 4 公斤,此時消費者剩餘總量減少到了 1.5 元。

　　消費者剩餘是一種心理現象,但消費者在自己的日常購買行為中確實可以感覺到它的存在。消費者剩餘的概念常常被用來研究消費者福利狀況的變化,以及評價政府的公共支出與稅收政策等。

第二節　序數效用理論

一、序數效用

　　序數效用理論認為,效用是心理現象,不可以度量,只能根據偏好的程度排列出第一、第二……的順序。因此,效用的大小只與偏好排列的順序有關,而與效用絕對值的大小無關。根據序數效用理論,效用函數 $U_1 = xy$ 與效用函數 $U_2 = (xy)^z (x>0, y>0)$ 表示的偏好順序相同,因為 U_2 是 U_1 的單調變換。我們給出一些具體數值加以說明。假定有如下 6 組 X 商品與 Y 商品的數量組合:

　　a. $x=25, y=4$　　　　　b. $x=20, y=5$　　　　　c. $x=10, y=10$
　　d. $x=5, y=20$　　　　　e. $x=4, y=25$　　　　　f. $x=10, y=20$

　　無論是根據 U_1,還是根據 U_2,a、b、c、d、e 這五組商品組合排列出的偏好順序都是相同的。有

$$U_1(a) = U_1(b) = U_1(c) = U_1(d) = U_1(e)$$

根據 U_2,同樣有

$$U_2(a) = U_2(b) = U_2(c) = U_2(d) = U_2(e)$$

根據 U_1,有

$$U_1(f) > U_1(a)$$

根據關係 U_2，同樣有

$$U_2(f) > U_2(a)$$

儘管 U_2 的數值大，U_1 的數值小，但是 U_2 與 U_1 所表示的偏好順序完全相同。因此，在序數效用理論中，效用並不依賴於具體的數值。

雖然具體的效用數值在序數效用理論中並不像在基數效用理論中那樣重要，但是，基數效用理論中所討論的邊際效用遞減規律對於序數效用而言同樣成立，但邊際效用並不表現為真實的數量關係，而是表現為效用的先後順序。對於 $U = U(x,y)$ 的效用函數而言，邊際效用表示為 $\partial U/\partial x$，$\partial U/\partial y$。

二、無差異曲線

無差異曲線表示對於消費者來說能產生同等滿足程度的各種不同商品組合點的軌跡。無差異曲線也叫等效用線。圖3-3是無差異曲線圖。圖中的無差異曲線是從三維空間中的等效用點投影而來，因此曲線的縱坐標與橫坐標所表示的關係並不是因變量與自變量的關係。x 與 y 都是自變量，效用 U 才是因變量。

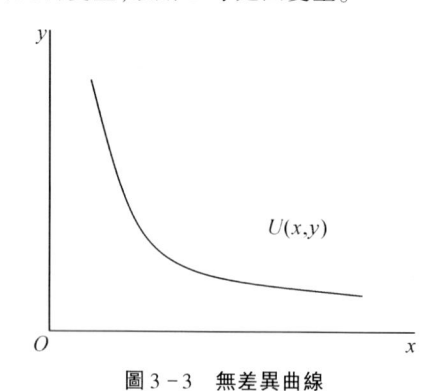

圖3-3 無差異曲線

知道了無差異曲線的含義，我們不必利用三維坐標的投影得到無差異曲線，而只需利用偏好的排列順序就可以直接得到無差異曲線。例如，剛剛我們提到了6組 x 商品與 y 商品的數量組合。由於其中 a、b、c、d、e 這5種組合產生同等效用水準，因此通過描點法可以在二維的坐標上直接畫出一條無差異曲線。如圖3-4所示。

無差異曲線通常具有下列幾點特徵：

第一，商品空間上任一點都有一條無差異曲線通過，表示消費者可以比較任意兩組組合形式的商品，確定它們是無差別的，還是一種優於另一種。

第二，通常的無差異曲線具有負的斜率。這表明，要想維持消費者的效用水準不變，在減少消費者所消費的一種商品的同時必須增加他所消費的另一種商品的數量。從數學分析的角度講，負的斜率表示 $dy/dx < 0$。

第三，任意兩條無差異曲線不能相交，否則交點的效用無法判斷。如圖3-5所示的情況是不可能出現的。

图 3-4　由描点法得到无差异曲线

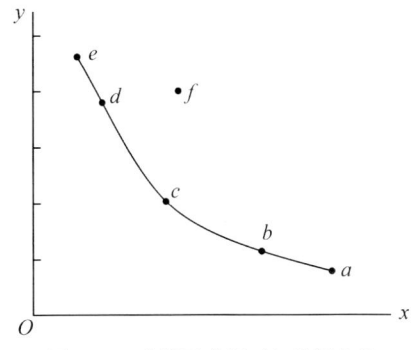

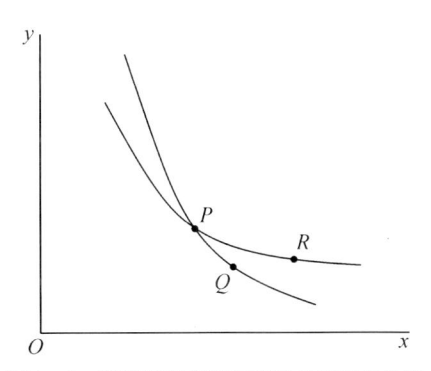

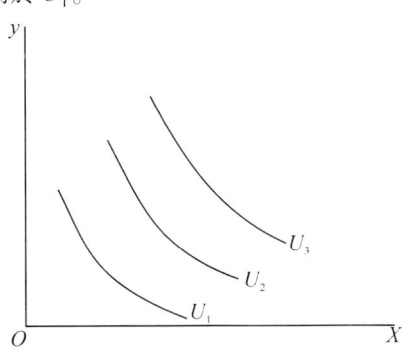

图 3-5　违背消费者偏好假设的无差异曲线

在图 3-5 中，交点 P 的效用无法判断。P 既与 Q 在同一条无差异曲线上，又与 R 在同一条无差异曲线上。若 R 优于 Q，根据传递性，P 也优于 Q，但 P 与 Q 又在同一条无差异曲线上。因此，一旦两条无差异曲线相交，便违背了消费者偏好的公理。

第四，离开原点越远的无差异曲线所表示的效用水准越高。这是由效用函数的单调性特征决定的，即效用水准是所消费的商品的单调递增函数。图 3-6 中，U_3 的效用水准高于 U_2，U_2 的效用水准高于 U_1。

图 3-6　效用函数单调递增特征

第五，一般情況下無差異曲線是凸向原點的(convex)，表示任意兩組商品的加權平均至少比其中一組好。無差異曲線的凸性可以表示如下：

$$[tx_1+(1-t)x_2, ty_1+(1-t)y_2] \geq [x_1, y_1]$$

或
$$[tx_1+(1-t)x_2, ty_1+(1-t)y_2] \geq [x_2, y_2] \quad 0 \leq t \leq 1 \qquad (3.11)$$

圖3-7中$A(x_1,y_1)$、$B(x_2,y_2)$兩點間聯想上的效用水準表示$A(x_1,y_1)$、$B(x_2,y_2)$兩點效用水準的加權平均，它顯然高於兩個端點$A(x_1,y_1)$點或$B(x_2,y_2)$點的效用水準。

無差異曲線的本質特徵是商品的不同組合可以產生相同的效用水準。這表明在維持消費者效用水準不變的條件下可以用一種商品替代另一種商品。商品間的替代關係的一個重要的概念是邊際替代率(marginal rate of substitution，記為MRS)。MRS_{xy}表示用X替代Y，MRS_{yx}表示用Y替代X。邊際替代率MRS_{xy}(用X替代Y)是指消費者在維持自己的效用水準不變的請款下，為多得到一單位X而願意放棄的Y的數量。邊際替代率的幾何意義是：無差異曲線上任一點的邊際替代率都是該點切線斜率的負值。例如，圖3-8中的R點與P點可以給消費者產生同等程度的滿足。消費者為了多得到Δx單位的X商品，願意放棄Δy單位的Y商品。從R點到P點，X的消費量增加了($\Delta x = x_2 - y_2 > 0$)，Y的消費量減少了($\Delta y = y_2 - 1_2 < 0$)，Δx與Δy符號相反。為了使邊際替代率為正的值，我們取比值$\Delta y/\Delta x$的絕對值。當R點與P點非常接近，即$\Delta x \to 0$時，

$$MRS_{xy} = \lim(-\Delta y/\Delta x) = -dy/dx \qquad (3.12)$$

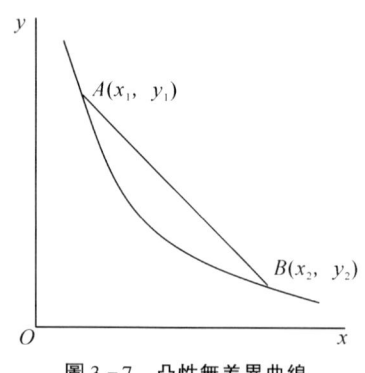

圖3-7 凸性無差異曲線

就經濟學意義而言，任意兩商品的邊際替代率等於該兩種商品的邊際效用之比。即

$$MRS_{xy} = MU_x/MU_y \qquad (3.13)$$

其中，$MU_x = \partial U/\partial x$，$MU_y = \partial U/\partial y$

要證明(3.13)式是不困難的，對於效用函數$U = U(x,y)$，制定任一條無差異曲線$U(x,y) = c$，c為常數，表示既定的效用水準。當消費者所消費的x與y商品發生變動(x的變動量為dx，y的變動量為dy)後，維持效用水準不變，即使得效用增量$dU = 0$，這種變化的關係表示為

$$dU = \partial U/\partial x \cdot dx + \partial U/\partial y \cdot dy = 0 \qquad (3.14)$$

整理(3.14)式得到

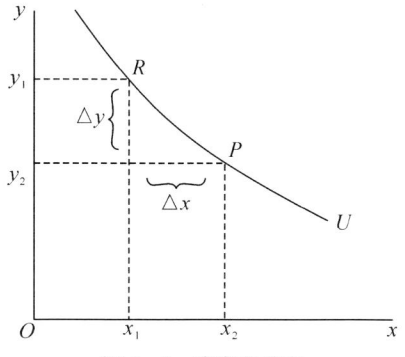

図3-8 邊際替代率

$$-\frac{dy}{dx} = MRS_{xy} = \frac{\partial U/\partial x}{\partial U/\partial y} = \frac{MU_x}{MU_y} \qquad (3.15)$$

(3.13)式得證。

對於通常的無差異曲線而言(凸性無差異曲線),邊際替代率是遞減的。
即

$$MRS'_{xy} = \frac{d}{dx}(-\frac{dy}{dx} = \frac{d^2y}{dx^2} < 0) \quad 或 \quad \frac{d^2y}{dx^2} > 0 \qquad (3.16)$$

以上所討論的是通常的無差異曲線的特徵。有些特殊的無差異曲線並不具有凸性。例如,有些商品採取固定比例的組合才能產生一定水準的效用,如眼鏡架與眼鏡片。固定比例組合商品的無差異曲線如圖3-9所示。

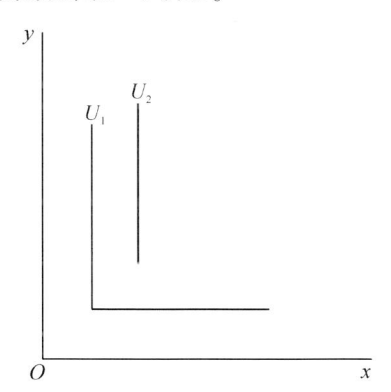

圖3-9 完全互補商品的無差異曲線

圖3-9顯示,X商品與Y商品必須以1:1的比例組合才能產生一定水準的效用,如果維持一種商品的消費量不變,只增加另外一種商品的消費,不會提高消費者的效用。只有按照1:1的比例同時增加X、Y兩種商品的消費,才能提高消費者的效用水準。

圖3-10中的無差異曲線也不呈凸性。它是一條線性的無差異曲線,其邊際替代率是一常數,表示X,Y兩商品可以完全替代。

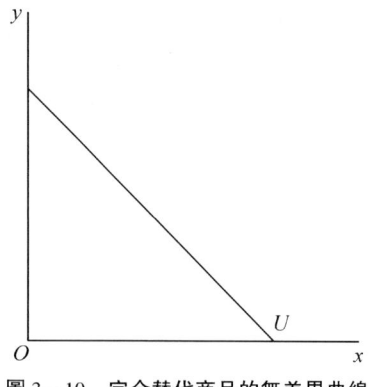

圖 3-10　完全替代商品的無差異曲線

三、預算線與預算空間

預算線（budget line）又稱為消費可能性線（consumption possibility line）或價格線（price line）。假定消費者將其全部貨幣收入用於購買商品，預算線是消費者花費其全部貨幣收入後所能夠買的商品量的幾何表示。

假定消費者將其全部貨幣收入 M 用於購買兩種商品 X、Y，X 商品的價格是 P_x，Y 商品的價格是 P_y，則消費者的預算線表示為：

$$P_x \cdot x + P_y \cdot y = M \tag{3.17}$$

$$y = \frac{M}{P_y} - \frac{P_x}{P_y} \cdot x \tag{3.18}$$

預算線的幾何意義如圖 3-11 所示：

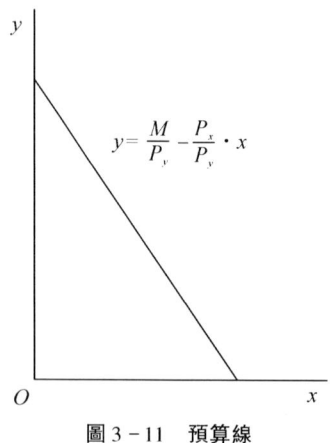

圖 3-11　預算線

預算空間（budget space）是消費者花費其全部或部分收入後所能購買的商品量的集合。預算空間表示為：

$$M \geq P_x \cdot x + P_y \cdot y \tag{3.19}$$

$$x \geq 0 \tag{3.20}$$
$$y \geq 0 \tag{3.21}$$

預算空間的幾何意義如圖 3-12 所示。圖中的預算線 $y = \dfrac{M}{P_y} - \dfrac{P_x}{P_y} \cdot x$ 與預算線以下的陰影區構成預算空間。

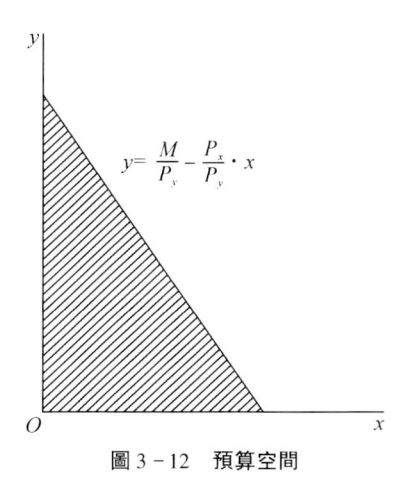

圖 3-12 預算空間

由於預算線的形狀由商品的價格與消費者的貨幣收入決定，因此，消費者貨幣收入的變化或商品價格的變化都將改變預算線的形狀。若 X 與 Y 兩商品的價格發生變化，將會改變預算線的斜率。若商品的相對價格不變，而消費者的貨幣收入發生變化，將會使預算線發生平行移動。貨幣收入的增加會引起預算線向外平行移動，貨幣收入的減少會引起預算線向內平行移動。

四、消費者的均衡

在上一節我們已經介紹了消費者均衡，並指出，假定消費者把既定貨幣收入用於購買 X、Y 兩商品的消費中獲得效用最大化的必要條件是讓商品的邊際效用比等於它們的價格之比，即

$$MU_x / MU_y = P_x / P_y \tag{3.22}$$

(3.22)式的證明是不困難的，現證明如下：

求
$$U = U(x, y) \tag{3.23}$$
的極大值

約束條件為
$$P_x \cdot x + P_y \cdot y = M \tag{3.24}$$

這是求條件極值問題，可以構造拉格朗日函數求解。構造的拉格朗日函數為

$$L(x, y, \lambda) = U(x, y) + \lambda (M - P_x \cdot x - P_y \cdot y) \tag{3.25}$$

就(3.25)式對 x, y, λ 三個變量分別求偏導數並令偏導數值等於零，得到

$$\partial L / \partial x = \partial U / \partial x - \lambda P_x = 0 \tag{3.26}$$
$$\partial L / \partial y = \partial U / \partial y - \lambda P_y = 0 \tag{3.27}$$

$$\partial L/\partial \lambda = M - P_x \cdot x - P_y \cdot y = 0 \qquad (3.28)$$

整理(3.26)式與(3.27)式,並將兩式整理結果相除,得到

$$P_x/P_y = \frac{\partial U/\partial x}{\partial U/\partial y} = MU_x/MU_y \qquad (3.29)$$

在證明過程中所構造的拉格朗日乘數 λ 在這裡被解釋為貨幣的邊際效用。即

$$\lambda = dU/dM \qquad (3.30)$$

證明如下:假定收入 M 增加後對於效用 U 的影響表示為

$$\frac{dU}{dM} = \frac{\partial U}{\partial x} \cdot \frac{dx}{dM} + \frac{\partial U}{\partial y} \cdot \frac{dy}{dM} \qquad (3.31)$$

收入增加後將分配於對 X、Y 兩商品的購買,因此有

$$dM = P_x \cdot dx + P_y \cdot dy \qquad (3.32)$$

因為根據(3.26)式與(3.27)式,$\partial U/\partial x = \lambda P_x$,$\partial U/\partial y = \lambda P_y$,所以(3.31)式可以表示為

$$\begin{aligned} dU/dM &= \lambda P_x \cdot dx/dM + \lambda P_y \cdot dy/dM \\ &= \lambda (P_x \cdot dx + P_y \cdot dy)/dM \\ &= \lambda \end{aligned} \qquad (3.33)$$

消費者均衡條件的幾何意義是非常明顯的,它是無差異曲線與預算線的切點,如圖 3-13 所示。

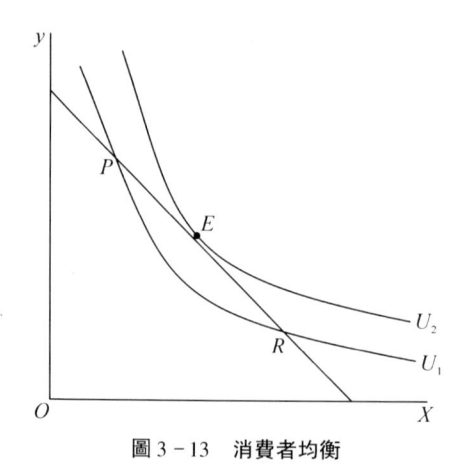

圖 3-13 消費者均衡

圖 3-13 中,預算線與無差異曲線 U_2 相切的切點 E 是消費者均衡點。在商品的價格與消費者的收入都既定不變的條件下,只有在 E 點消費者才能獲得效用最大化。除非商品的價格與消費者的收入發生變化,否則消費者達到 E 點以後就不願意變動購買選擇。若消費者在收入與商品的價格都不變的情況下改變購買選擇,他不是超出了自己的預算約束,就是達不到效用最大化。若在預算線以外進行選擇,超出了消費者的預算約束;若在預算線以內進行選擇,獲得的效用小於 E 點所代表的效用。即使消費者所選擇的商品購買量仍然在預算線上,在無差異曲線呈凸性的假定下,只要消費者的選擇偏離

了 E 點,他所獲得的效用必然小於 E 點。比如,P 點與 R 點的選擇是在預算線上,但是這兩點上所獲得的效用水準 U_1 低於 E 點所獲得的效用水準 U_2。

第三節　消費者選擇

圖 3－13 中的均衡點 E 是在假定消費者的收入與商品的市場價格不變的條件下達到的,如果消費者的收入與商品的市場價格發生了變化,消費者的購買選擇將會發生什麼變化? 我們用比較靜態分析方法來討論這一問題。

一、收入變化下的消費者選擇

根據收入的變化,可以導出收入—消費線(income - consumption curve),或稱為收入提供曲線(income - offer curve)。收入—消費曲線是指:在商品空間中在商品的貨幣價格不變的條件下,與貨幣收入變化相關聯的商品組合均衡點的軌跡。

假定所討論的商品是正常品而不是低檔品,那麼收入的增加將引起商品購買量的增加,收入的減少將引起商品購買量的減少。在商品的價格不變的情況下,收入的變化將導致預算線的平行移動。我們可以設想保持商品的價格不變,而讓消費者的收入連續發生變化,這樣可以得到許多條相互平行的預算線。這些預算線分別與眾多條無差異曲線相切,得到若干個切點,連接這些切點就可得到收入—消費線(見圖 3－14)

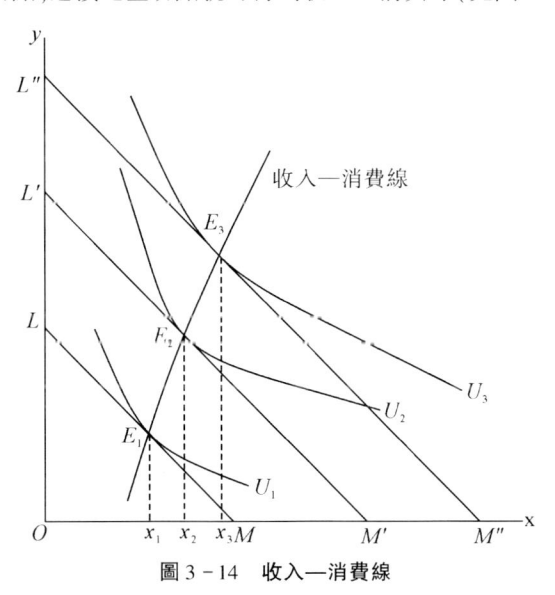

圖 3－14　收入—消費線

在圖 3－14 中,隨著消費者收入的變化,預算線產生平行移動,得到 LM, $L'M'$, $L''M''$……若干條預算線。這些預算線分別與無差異曲線 U_1, U_2, U_3……相切,得到 E_1, E_2, E_3……若干個切點。連接這些切點,便得到一條收入—消費曲線。

利用收入—消費線可以導出恩格爾曲線(Engel curve)。恩格爾曲線是以 19 世紀德國統計學家恩斯特·恩格爾的名字命名的。它是描述某種商品購買量與貨幣收入水準之間關係的曲線。

可以將收入—消費線轉為恩格爾曲線,方法是對應每一種收入水準,找出該種收入水準下的某種商品購買量,得到收入—商品購買量空間上的一個點。不同收入水準下的不同購買量構成許多點,連接這些點便得到恩格爾曲線。

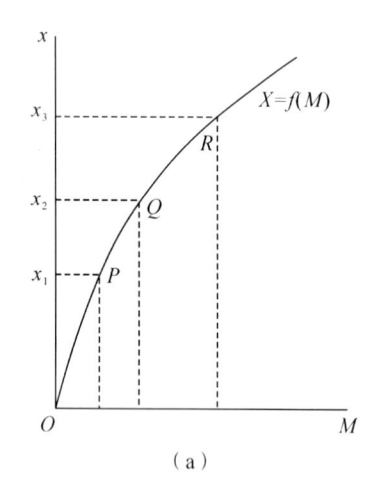

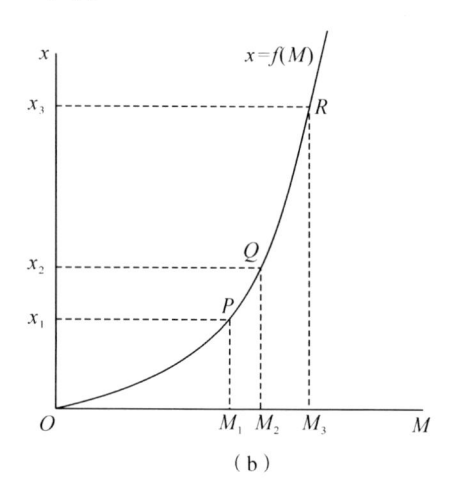

例如,在圖 3-14 中,當預算線為 LM 時,對應的收入水準 $P_x \cdot OM$(或 $P_y \cdot OL$),在這種情況下的購買量為 x_1,我們便得到收入—商品空間上的一個點 $P(M_1, x_1)$;在預算線為 $L'M'$ 時,對應的收入水準為 $P_x \cdot OM'$(或 $P_y \cdot OL'$),這種情況下的購買量為 x_2,我們便得到收入—商品空間的一個點 $Q(M_2, x_2)$……依次類推,可以得到許多點。連接這些點便得到恩格爾曲線,如圖 3-15(a) 和圖 3-15(b)。

圖 3-15　恩格爾曲線

圖 3-15(a) 與 3-15(b) 的坐標表示消費者的貨幣收入 M,縱坐標表示消費者對於 x 商品的購買量。不同的商品在消費者收入變化時購買量的變化是不同的。一些商品,例如某些生活必需品,購買量增加的幅度小於收入增加的幅度,需求的收入彈性小於 1,其恩格爾曲線形狀類似於圖 3-15(a) 中曲線的形狀。另一些商品,例如奢侈品,購買量增加的幅度大於收入增加的幅度,需求的收入彈性大於 1,其恩格爾曲線的形狀類似於圖 3-15(b) 中曲線的形狀。

恩格爾曲線對於經濟福利的應用研究與家庭支出形態的分析是重要的,這類研究有助於政府制定經濟政策與企業進行戰略規劃。

在研究恩格爾曲線的基礎上,我們可以進一步探討隨收入的變化某種商品(比如 X 商品)的支出占整個收入比例的變化情況。收入增加後,X 商品支出比例的變化情況是通過對收入增加前後 X 商品的支出占收入比例的比較來確定的。用 Exa 表示 X 商品支出對於收入變動的敏感性。假定商品的價格不變,收入增加前,X 商品支出占收入的比

例為$(P_x \cdot x)/M$；收入增加後 x 商品支出占收入的比例為 $P_x \cdot (x + \Delta x)/(M + \Delta M)$，則商品支出對於收入變動的敏感性可表示為

$$E_a^x = \frac{P_x \cdot (x + \Delta x)/(M + \Delta M)}{P_x \cdot x/M} = \frac{x + \Delta x}{x} \cdot \frac{M}{M + \Delta M} = \frac{1 + \Delta x/x}{1 + \Delta M/M}$$

$$= \frac{M/\Delta M + (\Delta x + x)/(\Delta M + M)}{M/\Delta M + 1} = \frac{M/\Delta M + E_m}{M/\Delta M + 1} \quad (3.34)$$

其中，$E_m = (\Delta x/x)(\Delta M/M)$，為需求的收入彈性。顯然，若 $E_m < 1$，則 $E_a^x < 1$；若 $E_m = 1$，則 $E_a^x = 1$；若 $E_m > 1$，則 $E_a^x > 1$。可以根據商品需求收入彈性的大小判斷收入增加後某種商品的支出占收入的比重是上升了，還是下降了，或者不變。

二、價格變化下的消費者選擇

假定消費者的貨幣收入不變，商品的相對價格發生變化，這將會導致商品相對購買量的變化。這一變化改變了消費者的均衡點。根據因商品價格變化而引起的消費者均衡點的變化，可以導出價格—消費線(price – consumption curve)，或稱為價格提供線(price offer curve)。價格—消費線是指：在商品空間中，在消費者貨幣收入不變的條件下，由於商品相對價格發生變化而導致的各種不同商品組合均衡點的軌跡。

我們利用圖形分析由商品相對價格變化而產生的價格—消費線(見圖 3 – 16)。設想 X 商品的價格 P_x 連續變化，而 Y 商品(Y 商品可以代表除 X 商品以外的所有其他商品)的價格 P_y 不變，得到多條預算線 LM, LM', LM''……這多條預算線與縱坐標的截距相同，但是斜率不同，表示隨著 X 商品價格的降低，消費者對 X 商品的購買量不斷增加，而對 Y 商品的購買量不變。這眾多條不同斜率的預算線與不同效用水準的無差異曲線分別相切，得到眾多個切點。連接這些切點 E_1, E_2, E_3……便得到一條價格—消費線。

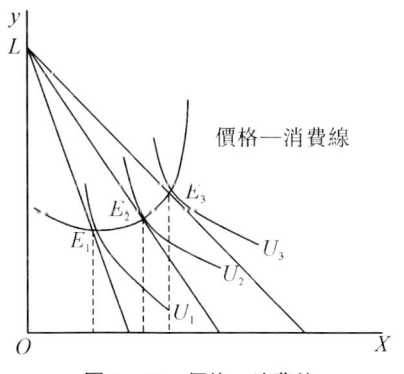

圖 3 – 16　價格—消費線

可以將價格—消費線轉為需求曲線。例如，我們將圖 3 – 16 中的價格—消費線轉換為相對 X 商品的需求曲線。隨著 X 商品價格的降低，預算線斜率的絕對值不斷縮小，對 X 商品的均衡購買量不斷增加。因此，可以在價格—數量空間中建立 X 商品的價格與需求量之間的對應關係，如圖 3 – 17 所示。

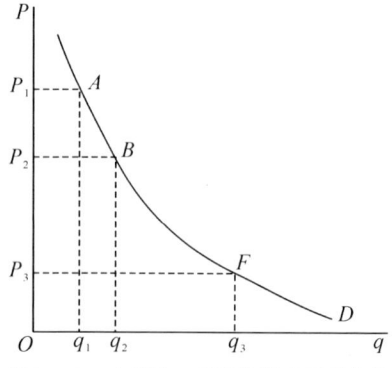

图3-17 由价格—消费线导出需求曲线

图3-17表明，当X商品的价格为P_1（由预算线LM的斜率决定）时，对X的需求量为q_1，得到图3-17中的A点；当X的价格降为P_2（由预算线LM'斜率决定）时，对X的需求量为q_2，得到图3-17中的B点……依次类推，得到多个与A、B等点相类似的数量—价格对应关系点。将A、B等点连接起来，便得到一条需求曲线D。

第四节　替代效应与收入效应

一、替代效应与收入效应的定义

一种商品的名义价格（nominal price）发生变化後，将同时对商品的需求量产生两种影响。一种是需求量因该种商品的名义价格变化而变化，称为替代效应（substitution effect）；另一种是在名义收入不变的条件下，因一种商品名义价格变化，而导致消费者实际收入变化，进而导致的消费者所购商品总量的变化，称为收入效应（income effect）。

图3-18描述了当其他商品（用Y表示）价格不变，X商品降价（预算线斜率改变）后的总效应、替代效应和收入效应。

X商品降价前，X与Y两种商品价格比率由预算线aj表示，消费者达到效用最大化的均衡点在E_0点，在该点预算线aj与无差异曲线U_1相切。与该切点相对应的X商品的购买量为x_0。X商品降价后，预算线由aj变为aj_2，这条新的预算线表示为X、Y两种商品的新的价格比率。新预算线与较高的无差异曲线相切，切点为E_2点。E_2点是降价后消费者达到效用最大化的均衡点。与该切点相对应的X商品的购买量为x_2。可见，X商品降价后，需求量由x_0变为x_2。

根据这一变化，我们可以用不同条件下该商品需求量的变动来定义总效应、替代效应与收入效应。

总效应：某商品价格变化的总效应是，当消费者均衡点从一点移动到另一点时，该商品需求量的总变动。在图3-18中，总效应是$x_2 - x_0$。

替代效应：替代效应是在商品的相对价格发生变化，而令消费者的实际收入不变的

图 3-18 收入效应与替代效应

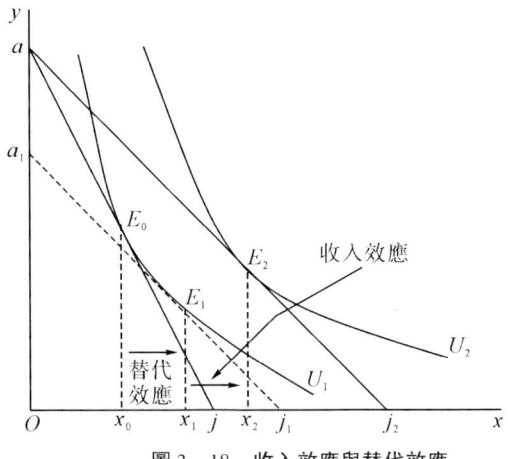

情况下商品需求量的变化。在图 3-18 中,替代效应是 $x_1 - x_0$。

这里所说的实际收入不变是指消费者维持在原来的效用水准上,但又要用新的价格比率(由预算线 aj_2 的斜率表示)来度量这一不变的效用水准。降价后,为了使消费者效用水准不变,就必须画一条与预算线 aj_2 相平行并与原无差异曲线 U_1 相切的预算线,在图 3-18 中,这条预算线是 a_1j_1。a_1j_1 与无差异曲线相切于 E_1 点。与 E_1 点相对应的 x 商品的购买量是 x_1。

收入效应:一种商品价格变化的收入效应是指在其他所有商品的名义价格与名义收入不变的情况下,完全由实际收入变化而引起的商品需求量的变化。在图 3-18 中,收入效应是 $x_2 - x_1$,这纯粹是由实际收入的变化引起的。

总效应与收入效应、替代效应之间的关系式,总效应等于收入效应加替代效应。就图 3-18 而言,$x_2 - x_0 = (x_1 - x_0) + (x_2 - x_1)$。

图 3-18 所反映的是正常品的情况。由于正常品的需求收入弹性大于零,因而正常品的收入效应是需求量与实际收入同方向变化,即实际收入增加,需求量增加;实际收入减少,需求量也减少。

正常品的收入效应强化了替代效应。一种商品的价格降低,消费者会用该商品去替代其他商品,从而使得该商品需求量增加。但商品价格的下降同时也意味着实际收入的提高,对正常品而言,这就意味着需求量的增加。由于收入效应与替代效应在同一方向上起作用。所以,对正常品而言,其需求量与价格呈反方向变化。

正常品的收入效应与替代效应同方向变化的情况由图 3-18 中的箭头来表示。

二、低档品的收入效应与替代效应

低档品的情况不同于正常品。由于低档品的需求收入弹性小于零,因而低档品的收入效应是需求量与实际收入呈反方向变化,即实际收入增加,需求量减少;实际收入减少,需求量增加。

若某種商品是低檔商品，其價格變化後，收入效應與替代效應在相反的方向起作用。因此，收入效應使得替代效應減弱。圖 3-19 描述了低檔品收入效應與替代效應的情況。

圖 3-19 中，收入效應等於總效應減替代效應，即
$$收入效應 = (x_2 - x_0) - (x_1 - x_0) = x_2 - x_1$$

圖 3-19 表明，x_2 小於 x_1，所以收入效應是負的值，說明收入效應與替代效應在相反的方向起作用(如圖 3-19 中的箭頭方向所示)，收入效應小於零的結果是使得總效應小於替代效應。

儘管收入效應與替代效應在相反的方向起作用，但由於在絕對值上替代效應大於收入效應，所以價格下降總的結果是該商品的需求量增加了。價格─消費線仍向右上方傾斜。由此而導出的需求曲線也是向右下方傾斜的。因此，即使是低檔品，一般情況下也遵循需求法則，只不過需求曲線的價格彈性比較小。

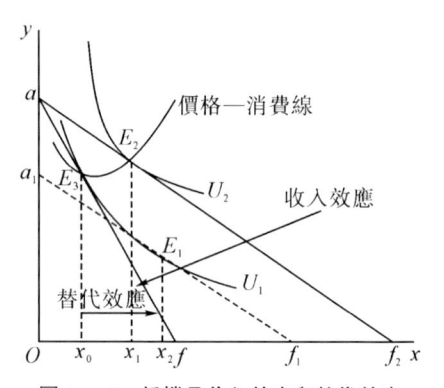

圖 3-19 低檔品收入效應與替代效應

若收入效應與替代效應在相反的方向起作用，而且從絕對值上講收入效應大於替代效應，則該商品是一種特殊的低檔品，稱為吉芬商品。吉芬商品的概念已經在第二章討論過，在這裡我們進一步討論吉芬商品的收入效應與替代效應。

圖 3-20 顯示了吉芬商品的收入效應與替代效應。圖中，總效應為 $x_2 - x_0$，由於 x_2 小於 x_0，所以 X 商品降價後的總效應是負的值；替代效應為 $x_1 - x_0$；收入效應為
$$(x_2 - x_0) - (x_1 - x_0) = x_2 - x_1$$

由於 x_2 小於 x_1，所以收入效應為負值。又由於在絕對值上收入效應大於替代效應，所以商品降價後總效應是負的值，即需求量下降了。價格─消費線向左方而不是向右方傾斜。

可以就商品降價後所產生的各種效應的變化歸結如下：

不管商品是正常品，還是一般的低檔品，或是吉芬商品，商品降價後的替代效應總是正值，這表明，只要該商品降價，消費者就會用該商品去替代其他商品。對於正常品而言，收入效應與替代效應在同一方向上起作用，表明在商品降價後，收入效應與替代效應都是正值。總效應必然大於零，表示商品降價後需求量增加。對於一般的低檔品而言，

圖 3-20 吉芬商品

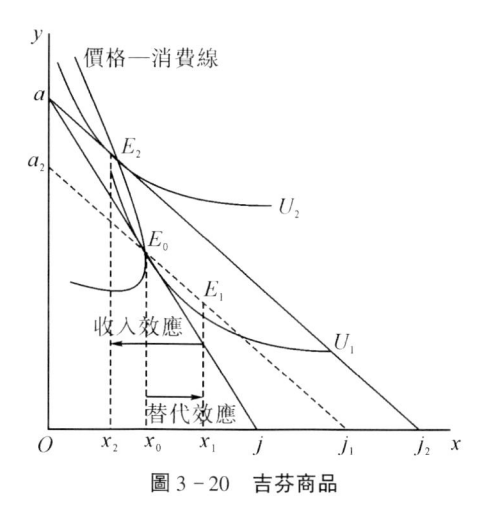

雖然收入效應與替代效應在相反的方向起作用,但是在絕對值上替代效應仍然大於收入效應。商品降價後為正值的替代效應在絕對值上大於為負值的收入效應,總效應仍然大於零,表示商品降價後,不僅收入效應與替代效應在相反方向起作用,而且在絕對值上收入效應大於替代效應,導致商品降價後總效應小於零。這表明商品降價後,需求量不僅沒有增加,反而減少了。

應該注意的是,不要混淆吉芬商品與低檔品。低檔品是從需求與收入的關係定義的,即需求的收入彈性小於零的商品是低檔品。而吉芬商品是從需求量與價格的關係定義的,即需求量與價格同方向變化的商品是吉芬商品,只不過在討論吉芬商品時用到了收入效應的概念。

三、希克斯替代效應與斯勒茨基替代效應

希克斯替代效應(Hicksian substitution effect)與斯勒茨基替代效應(Slutsky substitution effect)是分別以兩位經濟學家希克斯(J. R. Hicks)與斯勒茨基(E. Slutsky)的名字命名的。

如前所述,替代效應是指商品相對價格變化後,而令消費者實際收入不變情況下所引起的商品需求量的變化。希克斯替代效應與斯茨基替代效應的差別,在於他們對什麼是消費者實際收入不變所下的不同定義。在希克斯替代效應中,實際收入不變是指使消費者在價格變化前後保持在同一條無差異曲線上;而在斯勒茨基替代效應中,實際收入不變是指消費者在價格變化後能夠買到價格變動以前的商品組合。

圖 3-18、圖 3-19、圖 3-20 中所討論的替代效應都屬於希克斯替代效應。我們利用圖 3-21 討論斯勒茨基替代效應,並與希克斯替代效應進行比較。

圖 3-21 中的橫坐標軸 x 表示某種特定的商品,縱坐標軸 y 表示出了 X 商品以外的所有其他商品。我們討論 Y 商品價格不變,X 商品價格下降以後的斯勒茨基替代效應。X 商品降價前,預算線為 aj_0,aj_0 與無差異曲線 U_0 相切於 E 點,E 點式消費者效用最大化

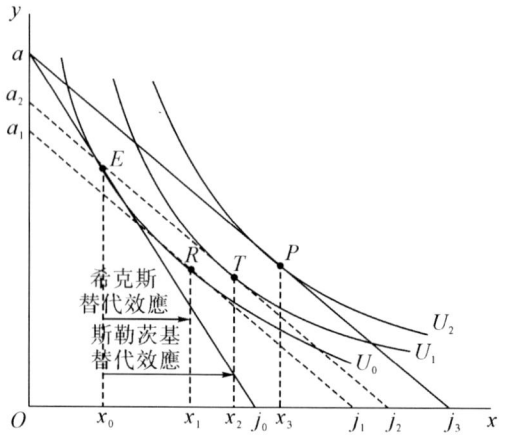

圖 3-21 希克斯替代效應與斯勒茨基替代效應

的均衡點。在 E 點，X 商品的購買量為 x_0。X 商品降價後，預算線變為 aj_3，消費者效用最大化的均衡點為 P 點。

假定我們想在 X 商品降價後維持消費者的實際收入不變。按照希克斯替代效應中所定義的實際收入，應該使消費者在新的價格比率下回到 X 商品降價前的無差異曲線上，通過畫一條與之相平行並與原無差異曲線相切的預算線可以保證這種意義上的實際收入不變。圖 3-21 中，a_1j_1 便是我們所需要的預算線，a_1j_1 與 U_0 相切於 R 點，與 R 點相對應的 X 商品的購買量為 x_1，$x_1 - x_0$ 便是希克斯替代效應。

按照斯勒茨基替代效應中所定義的實際收入，若想在 X 商品降價後維持消費者的實際收入不變，應該使消費者在性能價格比率下能夠買到他在降價前所能購買的商品數量，即能夠買到圖 3-21 中 E 點所表示的商品數量。通過畫一條與預算線相平行，並且過 E 點的預算可以保證這種意義上的實際收入不變。圖 3-21 中的線便是我們所需要的預算線。和一條高於無差異曲線、低於無差異曲線的無差異曲線相切，切點為 T。與 T 點相對應的 X 商品的購買量為斯勒茨基替代效應。由於預算收入大於實際收入，所以斯勒茨基替代效應大於希克斯替代效應。

我們也可以用代數式討論斯勒茨基替代效應。令消費者的貨幣收入為 M，降價前 X 商品的價格為 P_x，降價後為 P'_x，降價前對 X 商品的需求函數為

$$x = x(P_x, M) \tag{3.35}$$

降價後對 X 商品的需求函數為

$$x = x(P'_x, M) \tag{3.36}$$

X 商品降價後對 X 商品需求的總效應為

$$\Delta x = x(P'_x, M) - x(P_x, M) \tag{3.37}$$

Δx 分為兩部分，收入效應 Δx^m 與替代效應 Δx^s，

$$\Delta x = \Delta x^m + \Delta x^s \tag{3.38}$$

$$\Delta x^s = x(P'_x, M') - x(P_x, M) \tag{3.39}$$

其中 M' 是在 X 商品降價為 P'_x 後，為了維持降價前的購買數量組合而調整後的收入。

$$\Delta x^m = x(P'_x, M) - x(P'_x, M') \tag{3.40}$$

因此

$$\Delta x = \Delta x^s + \Delta x^m = [x(P'_x, M') - x(P_x, M)] + [x(P'_x, M) - x(P'_x, M')] \tag{3.41}$$

（3.41）式與（3.37）式雖然是恒等式，但（3.41）式是以代數形式將商品價格變化後的收入效應與替代效應明確地表示了出來。

由 $\Delta x = \Delta x^m + \Delta x^s$ 我們知道，X 商品價格變動後總效應 Δx 符號取正的值還是取負的值，取決於 X 商品是正常品、一般低檔品，還是吉芬商品。我們分 X 商品降價與提價兩種情況進行討論。

若 x 商品降價，Δx^s 總是取正的值，對於正常品而言，Δx^m 也取正的值，因此總效應 Δx 的值是正的；對於一般低檔品而言，降價後，Δx^m 取負的值，但從絕對值講，Δx^m 小於 Δx^s，因此總效應 Δx 的值仍然是正的；對於吉芬商品而言，降價後，Δx^m 取負的值，而且從絕對值講，Δx^m 大於 Δx^s，因此總效應 Δx 的值是負的。

若 X 商品提價，Δx^s 總是取負的值。對於正常品而言，Δx^m 也取負的值，因此總效應 Δx 的值是負的；對於一般低檔品而言，提價後，Δx^m 取正的值，但從絕對值講，Δx^m 小於 Δx^s，因此總效應 Δx 的值仍然是負的；對於吉芬商品而言，提價後，Δx^m 取正的值，而且從絕對值講，Δx^m 大於 Δx^s，因此總效應 Δx 的值是正的。

在 X 商品價格變動後，要維持消費者的實際收入不變，即要使消費者能夠買得起 X 商品價格變動前他所購買的各種商品組合量，收入應該變動多大的數量？也就是說，當 X 商品的價格變動 ΔP_x 時，ΔM 應是多少才能維持消費水準不變？可以證明：

$$\Delta M = \Delta P_x \cdot x \tag{3.42}$$

（3.42）式的推導過程如下：假定消費者消費 X、Y（Y 代表除 X 商品以外的所有其他商品）兩種商品。X 商品價格變動前，消費者的預算線為

$$M = P_x \cdot x + P_y \cdot y \tag{3.43}$$

X 商品價格由 P_x 變為 P'_x 後，要使消費者仍能買到他在價格變動前所能夠買的 X、Y 的數量，預算線應該是

$$M' = P'_x \cdot x + P_y \cdot y \tag{3.44}$$

前面已經指出，M' 是 X 商品價格變動後，為了維持價格變動前的購買數量組合而調整後的收入。由（3.43）式與（3.44）式可得到

$$\begin{aligned} \Delta M &= M' - M \\ &= (P'_x - P_x)x \\ &= \Delta P_x \cdot x \end{aligned}$$

這便是（3.42）式。

斯勒茨基替代效應的概念可以作為政府制定政策的參考。例如，政府決定在豬肉漲價後對消費者進行價格補貼。假定消費者每月消費 5 公斤肉，原價 12 元錢一公斤。現價格提到 14 元錢一公斤，要使消費者在豬肉漲價後仍能買得起 5 公斤豬肉，給消費者的補

貼應該是 $=\Delta M=\Delta P_x \cdot x=(14.00-12.00)\times 5=10$ 元

第五節　顯示偏好理論

前面介紹的效用與偏好理論是一種理論假設，在實踐中是不可觀察和測度的。顯示偏好理論(revealed preference)解決了偏好的觀察與測度問題。根據顯示偏好理論，消費者偏好可以從市場上觀察到的購買選擇推斷出來，而不必探究個人的偏好。

一、顯示偏好的概念

在討論顯示偏好概念之前，我們先做出若干假定。

第一，個人的偏好在所研究的期間是不變的。存在著偏好的一致性，即如果觀察到消費者對於 A 組合的偏好勝於 B 組合的偏好，則絕不會再有該消費者偏好 B 勝於 A。

第二，偏好具有傳遞性。即如果 A 優於 B，B 優於 C，則 A 優於 C。

第三，偏好是凸性的。為了討論的方便，我們假定偏好是嚴格凸性的，儘管嚴格凸性的假設對於顯示偏好理論的建立並不必要。

除了這些假定之外，我們將始終堅持消費者追求效用最大化的假定。

在這些假定下我們來討論顯示偏好的概念。假定消費者消費 X_1，X_2 兩種商品。消費者要就兩種形式的商品組合進行選擇，組合 1 為 $X^1(x^1_1, x^1_2)$，組合 2 為 $X^2(x^2_1, x^2_2)$。假定消費者的收入為 M，x_1、x_2 兩商品的價格分別為 p_1、p_2，如果某消費者在現行價格下用既定的收入既可以買得起組合 X^1，又可以買得起組合 X^2，而消費者選擇了 X^1 組合的購買，則對該消費者來說，X^1 顯示出優於 X^2。圖 3-22 說明了這一狀況。

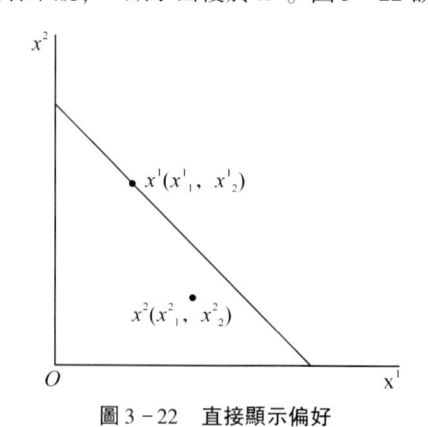

圖 3-22　直接顯示偏好

在圖 3-22 中，組合 $X^1(x^1_1, x^1_2)$ 恰好在預算線上，組合 $X^2(x^2_1, x^2_2)$ 位於預算線下方。如果消費者選擇了組合 X^1，而沒選擇組合 X^2，則組合 X^1 顯示出優於 X^2。因為消費者在既定的收入 M 與現行價格 p_1、p_2 下，本來是可以買得起 X^2 組合的。

如果用代數式分析，在組合 X^1 與組合 X^2 的選擇中，消費者對於 X^1 的顯示偏好可以

作如下描述。由於 X^1 是消費者按其既定收入與市場現行價格實際購買的商品組合,因此在 X^1 點滿足

$$p_1 \cdot x_1^1 + p_2 \cdot x_2^1 = M \tag{3.45}$$

在 X^2 點滿足

$$p_1 \cdot x_1^2 + p_2 \cdot x_2^2 \leq M \tag{3.46}$$

把(3.45)與(3.46)式聯繫起來考慮,所謂在預算約束(p_1,p_2,M)下能夠買得起商品組合 $X^2(X^2(x_1^2,x_2^2))$ 是指

$$p_1 \cdot x_1^1 + p_2 \cdot x_2^1 \geq p_1 \cdot x_1^2 + p_2 \cdot x_2^2 \tag{3.47}$$

如果滿足不等式(3.47),而且 $X^2(x_1^2,x_2^2)$ 又確實不同於 $X^1(x_1^1,x_2^1)$,那麼我們可以說 $X^1(x_1^1,x_2^1)$ 顯示出優於 $X^2(x_1^2,x_2^2)$,而且這是一種直接顯示偏好,因為 $X^1(x_1^1,x_2^1)$ 直接顯示出優於 $X^2(x_1^2,x_2^2)$。

與直接顯示偏好概念相對應的還有間接顯示偏好。可以根據偏好的傳遞性刻畫間接顯示偏好。假定消費者面臨三組 X_1 與 X_2 商品的組合。這三組組合是:$X^1(x_1^1,x_2^1)$,$X^2(x_1^2,x_2^2)$,$X^3(x_1^3,x_2^3)$,。如果消費者的市場購買行為直接顯示出他對 $X^1(x_1^1,x_2^1)$ 的偏好勝過對 $X^2(x_1^2,x_2^2)$ 的偏好,並且直接顯示出他對 $X^2(x_1^2,x_2^2)$ 的偏好又勝於對 $X^3(x_1^3,x_2^3)$ 的偏好,則這種選擇行為間接顯示出該消費者對 $X^1(x_1^1,x_2^1)$ 的偏好勝過對 $X^3(x_1^3,x_2^3)$ 的偏好。圖 3-23 所顯示的是間接顯示偏好的狀況。

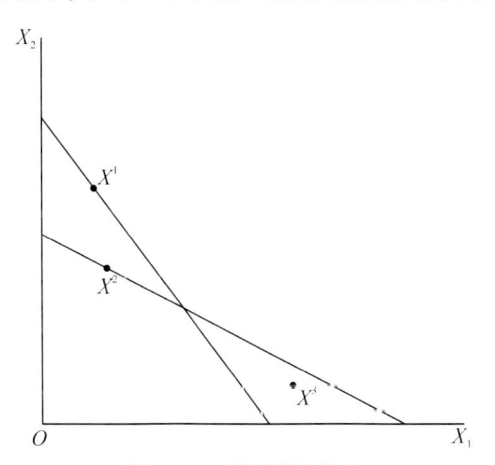

圖 3-23　間接顯示偏好

對於 n 組不同的商品組合 $X^1(x_1^1,x_2^1)$,$X^2(x_1^2,x_2^2)$,$X^3(x_1^3,x_2^3)$…$X^n(x_1^n,x_2^n)$ 來講,如果消費者的市場購買行為直接顯示出他對 $X^1(x_1^1,x_2^1)$ 的偏好勝過對 $X^2(x_1^2,x_2^2)$ 的偏好,並且直接顯示出他對 $X^2(x_1^2,x_2^2)$ 的偏好勝於對 $X^3(x_1^3,x_2^3)$ 的偏好……直接顯示出他對 $X^{n-1}(x_1^{n-1},x_2^{n-1})$ 的偏好勝於對 $X^n(x_1^n,x_2^n)$ 的偏好,則這種選擇行為間接顯示出該消費者對 $X^1(x_1^1,x_2^1)$ 的偏好勝於對 $X^n(x_1^n,x_2^n)$ 的偏好。

二、顯示偏好公理

如果消費者的行為是追求效用最大化，那麼消費者在市場上所實際購買的商品組合就是他所能購買的最優商品組合，這些實際購買的商品組合優於那些消費者有能力購買而沒有購買的商品組合。我們用顯示偏好公理來表述這一論點。顯示偏好公理分為顯示偏好弱公理(weak axiom of revealed preference, 簡稱 WARP)與現實偏好強公理(strong axiom of revealed preference, 簡稱 SARP)。

首先討論顯示偏好弱公理。顯示偏好弱公理表述如下：如果 $X^1(x^1_1, x^1_2)$ 直接顯示出比 $X^2(x^2_1, x^2_2)$ 更被消費者所偏好，而且 $X^1(x^1_1, x^1_2)$ 和 $X^2(x^2_1, x^2_2)$ 不同，則不可能有 $X^2(x^2_1, x^2_2)$ 直接顯示出比 $X^1(x^1_1, x^1_2)$ 更被消費者所偏好。換言之，假定商品組合 $X^1(x^1_1, x^1_2)$ 是按價格 $P^1(P^1_1, P^1_2)$ 購買的，商品組合 $X^2(x^2_1, x^2_2)$ 是按價格 $P^2(P^2_1, P^2_2)$ 購買的，只要

$$P^1_1 x^1_1 + P^1_2 x^1_2 \geq P^1_1 x^2_1 + P^1_2 x^2_2 \tag{3.48}$$

就不可能有

$$P^2_1 x^2_1 + P^2_2 x^2_2 \geq P^2_1 x^1_1 + P^2_2 x^1_2 \tag{3.49}$$

若 $X^1(x^1_1, x^1_2)$ 直接顯示出比 $X^2(x^2_1, x^2_2)$ 更被消費者所偏好，但是在某些其他預算下(例如在 $P^2(P^2_1, P^2_2)$ 價格下)消費者選擇了 $X^2(x^2_1, x^2_2)$，那麼一定是在這種新的預算下消費者買不起 $X^1(x^1_1, x^1_2)$。圖 3-24 顯示的消費者選擇遵從顯示偏好弱公理。在 P^1 的預算線下能夠買得起商品組合 X^2，但是消費者選擇了商品組合 X^1，表明 $X^1(x^1_1, x^1_2)$ 直接顯示出優於 $X^2(x^2_1, x^2_2)$。若消費者現則了商品組合 X^2 而不是 X^1，則表明消費者所面臨的預算線是 P^2，在此種新預算線下，消費者買不起 X^1 的商品組合。

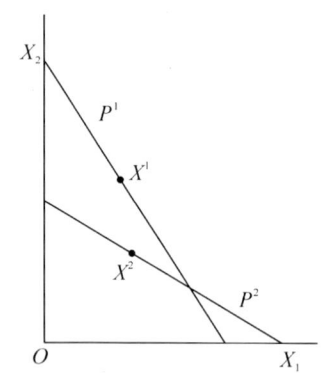

圖 3-24　消費者選擇遵從顯示偏好弱公理

圖 3-25 顯示的消費者選擇則違背了顯示偏好弱公理。圖 3-25 顯示了兩個相互矛盾的結論：消費者對於 X^1 的偏好勝過對 X^2 的偏好；而消費者對於 X^2 的偏好又勝過對 X^1 的偏好。

顯示偏好強公理建立在偏好的傳遞性假設基礎之上。顯示偏好強公理表述如下：如

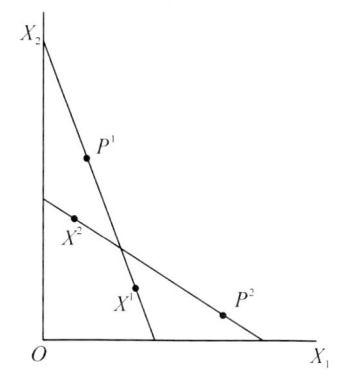

圖 3-25　消費者選擇違背顯示偏好弱公理

果 $X^1(x^1_1,x^1_2)$（直接地或間接地）顯示出比 $X^2(x^2_1,x^2_2)$ 更被消費者所偏好，而且 $X^1(x^1_1,x^1_2)$ 和 $X^2(x^2_1,x^2_2)$ 不同，則不可能有 $X^2(x^2_1,x^2_2)$（直接地或間接地）顯示出比 $X^1(x^1_1,x^1_2)$ 更被消費者所偏好。如果消費者的行為遵從顯示偏好強公理，我們就可以通過觀察消費者的市場購買行為構造出消費者的偏好。

三、利用顯示偏好理論導出無差異曲線

　　如果消費者行為遵從本節開頭的幾個假定，我們就可以利用顯示偏好理論導出無差異曲線。利用顯示偏好理論導出無差異曲線的方法是讓價格不斷變化，觀察各種不同價格下的消費者選擇，根據消費者的選擇分別構造無差異曲線的下界與上界，無差異曲線必介於上下界之間。如果連續變化的價格增量趨向於無窮小，則無差異曲線的上下界將會重合，稱為一條光滑的無差異曲線。

　　我們先構造無差異曲線的下界，圖 3-26 描述了這一過程。

　　我們從圖 3-26 中的 A 點開始。假定我們在市場上所觀察到的消費者的購買量是 A 點，當消費者選擇 A 組合時，商品的價格由預算線 NN 表示。假定 B、D 兩點與 A 一樣也在預算線 NN 上。消費者在能買得起 B、D 兩點商品組合的情況下沒有選擇 B、D 而是選擇了 A，說明 A 優於 B 或 D。如果消費者選擇了 B 而非 A，說明消費者　定是買不起 A，這種情況下，消費者所面臨的價格肯定不是由預算線 NN 表示，而可能是由 PP 表示。B 點位於預算線 PP 上。按照 PP 的預算線，消費者買不起 A。假定 C 與 B 一樣位於預算線 PP 上。在預算線為 PP 時消費者選擇了 B 而不是 C，表明 B 優於 C，也優於 PP 線上任何一點所代表的商品組合。C 劣於 B，當然也劣於 A（按照 PP 預算線，A 的支出大於 B，當然大於 C）以此類推，我們可以知道，A 點優於 D 點，優於 E 點。由此得到預算線的下界 EDABC，無差異曲線在此界上端，但是過 A 點，因為我們是從 A 點開始的。

　　我們再從 A 點開始構造無差異曲線的上界，如圖 3-27 所示。根據偏好嚴格凸性的假設，A 點上端與右端各點商品組合優於 A 點。假定有一組商品組合 F，消費者按照 NN 的預算買不起，而變動價格使預算線變為 $P'P'$（讓預算線過 A 點）後，消費者能夠買得起 F 點的商品組合。$P'P'$ 在的預算水準，消費者買得起 F 也買得起 A，但消費者選擇了 F 而

图 3-26 無差異曲線的下界

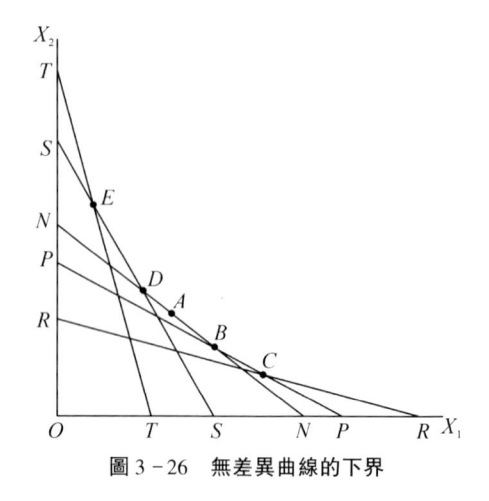

不是 A，說明 F 優於 A。根據同樣的方法可以推知，F 優於 G，優於 H，優於 I，優於 J。因此得到無差異曲線的上界 JIAFGH。

結合圖 3-26 與圖 3-27 得到圖 3-28。無差異曲線 U 位於上界與下界之間。價格連續變動的幅度越小，上界與下界就越接近，得到的無差異曲線就越精確。

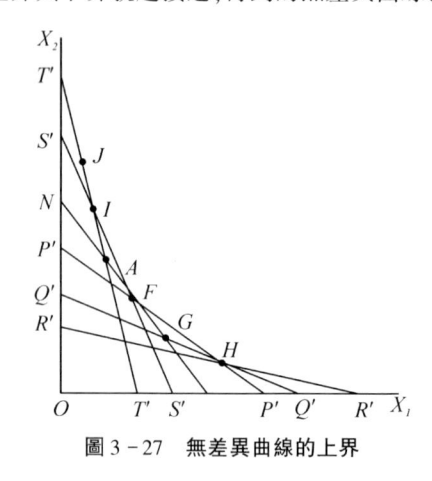

圖 3-27 無差異曲線的上界

第六節 不確定性條件下的消費者選擇

到目前為止，我們所討論的消費者選擇行為都是在確定的情況下作出的。例如，商品的價格，消費者的收入等因素都是確知的。但是現實生活中，在消費支出的計劃期內，無論是消費者的收入，還是商品的價格，都有可能發生變化。商品的價格可能因為通貨膨脹而上升了，消費者收入有可能因本企業經營不佳而下降了。也就是說，消費者在自己的消費選擇中會遇到價格上漲與收入下降的風險（risk），消費者因此而不能實現自己

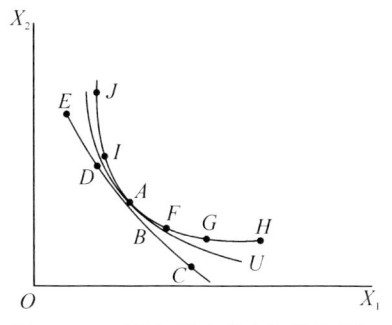

圖 3－28　由顯示偏好導出無差異曲線

的購買願望。不確定性條件下的消費者選擇理論主要是探討在各種風險條件下消費者的選擇行為。

一、風險的測度

為了從數量上刻畫風險,我們需要瞭解某一事件發生的概率(probability)。某一種行為或某個事件具有多個可能的結果,其中某一結果又具有多種可能性。概率是指一種結果發生的可能性有多大。例如,某公司打算從事海底石油開發。若開發成功,公司股票價格將上升;如果開發失敗,公司股票價格將下跌,持有該公司股票的人將面臨收入損失。如果該公司開發海底石油成功的可能性只有20%,而失敗的可能性有80%,那麼持有該公司股票的股東發生收入損失的概率為0.8。

對於概率可以做出兩種解釋,一種是客觀的(objective),另一種是主觀的(subjective)。概率的客觀解釋建立在對已經發生過的事件觀察的基礎之上。主觀概率則是個人對一種結果即將發生的可能性的主觀推測。在概率是主觀推斷的情況下,不同的人對於某種結果的發生可能會賦予不同的概率,並作出不同的選擇。以海底石油開發為例,某個海域以前可能從未進行過石油的勘探與開發,每一位潛在的投資者只能對某公司海底石油開發成功的可能性進行主觀推測,並進行投資決策。認為開發成功可能性大的人可能會購買該公司的股票;認為開發成功可能性小的人可能不會購買該公司的股票,一些原股東還可能出售所持有的股票。

在得知不同結果的概率後,可以用期望值(expected value)與方差(variance)來刻畫風險的大小。期望值是不確定性情況下所有可能結果的加權平均,權數是每一種結果發生的概率。期望值測度了事件結果的集中趨勢(central tendency),也就是人們所期望的結果的平均值。

一般而言,若某個事件有 n 種結果,n 種結果的取值分別為 $X_1, X_2, \cdots, X_n$,取各個值的概率分別為 $p_1, p_2, \cdots, p_n$,則該事件結果的期望值為

$$E(X) = p_1 \cdot X_1 + p_2 \cdot X_2 + \cdots + p_n \cdot X_n \tag{3.50}$$

$$p_1 + p_2 + \cdots + p_n = 1^x$$

某一不確定性事件的方差是該事件每一可能解所取數值與期望值之差的平方的加權平均數,用 σ^2 表示。標準差是方差的平方根,等於 σ。對於某個不確定性事件的 n 個

可能的結果 $X_i(i=1,2,\cdots,n)$ 而言，其方差為

$$\sigma^2 = p_1 \cdot (X_1 - E(X))^x + p_2 \cdot (X_2 - E(X))^x + \cdots + p_n \cdot (X_n - E(X))^x \quad (3.51)$$

其中，$p_i(i=1,2,\cdots,n)$ 表示結果 X_i 發生的概率。

若用方差或標準差刻畫風險，那麼方差或標準差越大，風險越大。

二、人們對於風險的態度

(一)風險與效用

消費者選擇建立在效用基礎之上，在無風險選擇的情況下，任一商品對消費者的效用取決於消費者所消費的商品數量。總效用隨消費的商品量的增加而增加，邊際效用隨所消費的商品量的增加而減少。在有風險選擇的情況下如何刻畫消費者的效用狀況呢？

為了使問題簡化，假定消費者所消費的只是一種商品，確切地講，是收入所能夠購買的所有商品的組合。我們利用圖 3-29 來刻畫在有風險選擇的情況下消費者的效用狀況。

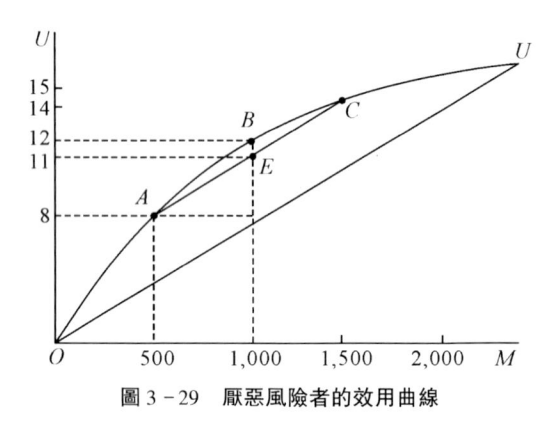

圖 3-29　厭惡風險者的效用曲線

圖 3-29 的橫坐標軸表示某消費者的收入 M，縱坐標軸表示該消費者的效用 U。圖中的效用曲線 U 表示消費者在沒有風險的情況下對應每一種確定的收入水準所獲得的效用。例如，當收入為 500 元時，消費者的效用為 8(A 點)；當消費者的收入為 1,000 元時，消費者的效用為 12(B 點)；當消費者的收入為 1,500 元時，消費者的效用為 14(C 點)，等等。該效用曲線與通常的效用曲線沒有什麼兩樣，總效用以遞減的速率增加，表明邊際效用是遞減的。但是我們借助於該效用曲線可以分析在確定性條件下通常的效用曲線所沒有揭示的風險及其效用狀況。

假定消費者所獲得的收入是不確定的，那麼消費者從這些不確定性收入中所獲得的效用應該怎麼表示？例如，消費者有一半的可能性(0.5 的概率)獲得 500 元的收入，而另一半可能性(0.5 的概率)獲得 1,500 元的收入，消費者的效用是多少？我們知道，在消費者獲得 500 元的收入與獲得 1,500 元的收入的概率各為 0.5 的情況下，消費者收入的期望值是 1,000 元。這 1,000 元收入是具有風險條件下的期望收入，儘管在數值上等於無風險條件下 1,000 元的確定性收入，但是兩者給消費者帶來的效用往往是不同的。為了

區別無風險條件下確定性收入所產生的效用與有風險條件下期望收入所產生的效用的區別,我們用期望效用 $E(U)$ 表示期望收入所獲得的效用。期望效用的一般表達式如下:

$$E(U) = p_1 \cdot U(X_1) + p_2 \cdot U(X_2) + \cdots + p_n \cdot U(X_n) \qquad (3.52)$$

其中 $X_i(i=1,2,\cdots,n)$ 表示各種可能的收入;$U(X_1)$ 是對應於每一種確定性收入下的效用,p_i 是獲得某種收入的概率。

就我們所舉的例子來看,若消費者獲取收入的機會有兩種可能性,500元的收入或1,500元的收入,每一種機會的概率都是0.5,那麼期望收入為1,000元,期望效用為

$$E(U) = 0.5 \times U(500 \text{元}) + 0.5 \times U(1,500 \text{元}) = 0.5 \times 8 + 0.5 \times 14 = 11$$

這一效用值恰好位於弦 AC 的中點 E 點,與1,000元的期望收入相對應。A 點是確定性收入500元相對應的效用水準,C 點是確定性收入1,500元相對應的效用水準,而1,000元的確定性收入所對應的效用為12(B 點)。

如果消費者獲得500元收入的概率與獲得1,500元收入的概率不相等,則期望收入不是1,000元,期望效用也不是11。但是如果消費者只有獲得這兩種收入的機會,不管獲取這兩種收入的概率各有多大,則期望收入只能在500元到1,500元之間,與這些期望收入相對應的期望效用只能在弦 AC 上。

(二)對於風險的不同態度

人們對於風險的態度,或者說人們的風險傾向(attitude to risk),是指人們承擔風險的意願。不同的人對於承擔風險的意願是不同的。我們根據個人承擔風險意願的差別把人們對於風險的態度分為三類:厭惡風險者(risk averse),喜歡風險者(risk loving)與風險中性者(risk neutral)。假定消費者在無風險條件下所能夠獲得的確定性收入,與他在有風險條件下所能夠獲得的期望收入值相等,那麼,如果消費者對於確定性收入的偏好甚於對於有風險條件下期望收入的偏好,則該消費者是厭惡風險者;如果消費者對於有風險條件下期望收入的偏好甚於對於確定性收入的偏好,則該消費者是喜歡風險者;如果消費者對於確定性收入的偏好與對於有風險條件下期望收入的偏好是無差別的,則該消費者是風險中性者。

我們首先分析厭惡風險者。由於在可能獲得的確定性收入與有風險條件下的期望收入相等的情況下,厭惡風險者偏愛確定性收入而不是風險條件下的期望收入,因此,對於厭惡風險者而言,確定性收入的效用高於期望收入的效用。圖3-29中的效用曲線 U 所反應的實際上是厭惡風險者的效用狀況。該圖表明,同樣是獲得1,000元的收入,如果是在無風險的情況下有百分之百的把握獲得,其效用是12,如果是在有風險的情況下獲得的期望收入,其效用是11,小於12。我們已經看到,如果1,000元的期望收入是在各以0.5的概率獲得500元的收入與獲得1,500元的收入的情況下產生的,則期望效用是11。對於厭惡風險者而言,如果他有50%的可能性獲得2,000元的收入,而另外有50%的可能性一分錢收入也得不到,雖然也獲得了1,000元的期望收入,但是他獲得的期望效用更低。用我們前面所討論的期望值與方差的概念來解釋,就是在期望值相等的情況下,方差大的事件風險大。顯然,各以0.5的概率獲得2,000元收入與0元收入儘管也產生1,000元的期望收入,但是其產生的方差卻大於0.5的概率獲得500元的收入與1,500

元的收入所產生的方差。

喜歡風險者效用曲線的形狀與厭惡風險者效用曲線的形狀截然不同。由於在期望收入與確定性收入相等的情況下,喜歡風險者偏愛有風險條件下的期望收入,而不是無風險條件下的確定收入,因此喜歡風險者的效用曲線如圖 3-30 所示。

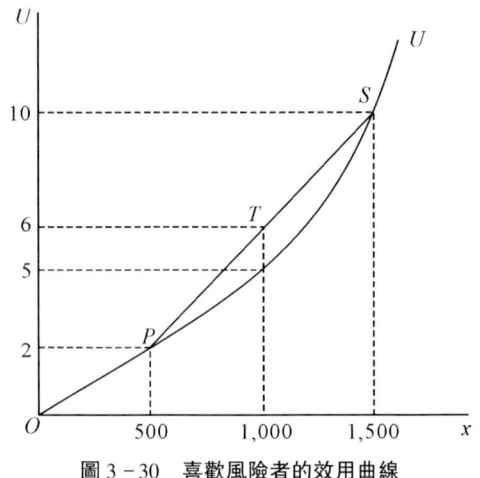

圖 3-30　喜歡風險者的效用曲線

圖 3-30 中的效用曲線 U 是以遞增的速度增加的,連接曲線上任意兩點的弦位於這兩點間曲線的上端,表明有風險條件下的確定性收入所產生的效用。例如某個喜歡風險的人獲取收入的機會有兩種可能性,500 元的收入或 1,500 元的收入,每一種機會的概率都是 0.5,那麼期望收入為 1,000 元,由於 500 元收入給該喜歡風險者產生的效用是 10,所以該喜歡風險者的期望效用為:

$$E(U) = 0.5 \times U(500 \text{元}) + 0.5 \times U(1,500 \text{元})$$
$$= 0.5 \times 2 + 0.5 \times 10 = 6$$

這一效用值恰好位於弦 PS 的中點 T 點,與 1,000 元的期望收入相對應;P 點是確定性收入 500 元相對應的效用水準,S 點是與確定性收入 1,500 元相對應的效用水準。

如果消費者獲得 500 元收入的概率與獲得 1,500 元收入的概率不相等,則期望收入不是 1,000 元,期望效用也不是 6。但是如果消費者只有獲得這兩種收入的機會,不管獲取這兩種收入的概率各有多大,則期望收入只能在 500 元到 1,500 元之間,與這些期望收入相對應的期望效用只能在弦 PS 上。

風險中性者的效用曲線如圖 3-31 所示。

由於無風險條件下的確定性收入與有風險條件下的期望收入(只要這兩種收入的數值相等)給奉獻中性者產生同等的效用水準,因此風險中性者的效用曲線是一條從原點出發的射線。例如,不管消費者是以 0.5 的概率獲得 500 元的收入與 1,500 元的收入,從而產生 1,000 元的期望收入,還是有百分之百的把握獲得 1,000 元的收入,對於圖 3-31 所刻畫的風險中性者而言,所產生的效用水準是完全相同的,都為 8。

現實生活中,大多數人在大多數時間是厭惡風險者,人們會以各種方式規避風險。

図 3－31　風險中性者的效用曲線

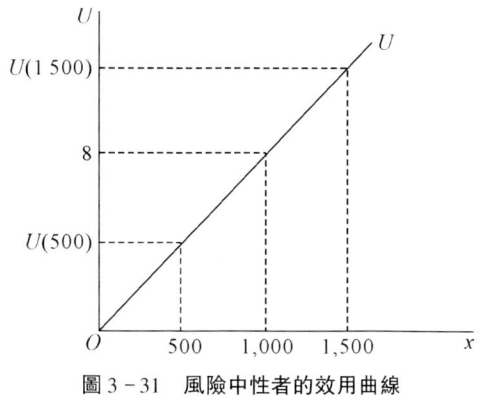

但是某些人在某種情況下卻喜歡冒風險，賭博、買彩票便是其表現。真正的風險中性者可能並不多見。

(三)風險溢價

風險溢價(risk premium)是厭惡風險者為了躲避風險而願意支出的貨幣數額。以圖 3－29 為例，假定消費者各有 50% 的可能性獲得 500 元的收入與 1,500 元的收入，那麼風險溢價為 200 元。因為這種有風險條件下的收入所產生的期望收入是 1,000 元，與此相對應的期望效用是 11。但是，如果消費者能夠有百分之百的把握獲得 800 元的收入，他也能得到 11 單位的效用。因此，這 200 元錢(1,000 元－800 元)是消費者為了躲避風險而願意支付的貨幣額。如果消費者可以通過向保險公司購買保險而穩定地獲得 1,000 元收入，這 200 元錢是他願意向保險公司支付的保險費。

風險溢價通常依賴於風險狀況，風險越大，風險溢價越高，反之就越低。用期望值與方差的概念來表述，就是在期望值相等的情況下，方差越大，風險溢價越高。仍然以圖 3－29 為例，假定消費者的期望收入仍舊是 1,000 元，但是這一期收入是在以 0.5 的概率獲得 2,000 元收入，0.5 的概率獲得 0 元收入的條件下得到的，此種情況下的風險溢價是 550 元。由於獲得這 1,000 元期望收入的風險較大(方差大)，因此與這 1,000 元期望收入相對應的期望效用較低，只有 7.5 個單位。如果消費者能夠有百分之百的把握獲得 450 元的收入，他也能得到 7.5 單位的效用。因此，為了穩定地獲得 7.5 單位的效用，消費者願意支付 550 元保險費以穩定地獲得 1,000 元的收入。

三、如何應付風險

人們所從事的許多活動都面臨著風險，對於那些厭惡風險者來說，如何應付所面臨的風險呢？有三種常用的辦法可用於應付可能發生的風險，這三種方法是多樣化(diversification)、購買保險(purchase of insurance)、獲取更多的信息(obtaining more information)。採取這三種方法中的任何一種方法都會使所面臨的風險降低。

(一)多樣化

多樣化是指在所有從事的活動將要面臨風險的情況下，人們可以採取多樣化的行

動,以便降低風險。例如,消費者可以以多種形式持有資產,以免持有單一化的資產發生風險;商品推銷人員為了保證銷售收入可以同時推銷多種商品,以免在只推銷一種商品的情況下,一旦產品推銷不出去,發生一點兒收入也得不到的風險。

我們舉一個例子說明多樣化的方式可以降低所面臨的風險。在中國一些農村,農民為了確保農作物的收益,往往採取農作物套種的方式經營農作物。例如,採取芝麻與綠豆套種的方式獲得穩定的收益。由於芝麻耐旱而不耐澇,綠豆耐澇而不耐旱,如果只種芝麻,一旦發生澇情,收益將大幅度下降;如果只種綠豆,一旦發生旱情,收益也將大幅度下降。如果芝麻與綠豆套種,則不管是旱還是澇,都可以獲得穩定的收益。我們以具體的數值加以說明。為了使問題簡化,我們排除既不旱也不澇的情況(這種排除不是不合理的,因為農業經營中完全不旱或完全不澇的情況是不多見的),假定發生旱情或澇情的可能性各為一半(概率各為0.5)。如果只種芝麻,在旱而不澇的情況下,某農戶可以獲得5,000元的收入;在澇而不旱的情況下,該農戶只能獲得1,000元的收入。如果只種綠豆,結果正好相反,在澇而不旱的情況下,該農戶可獲5,000元的收入;在旱而不澇的情況下,該農戶只能獲得1,000元的收入。如果實行芝麻與綠豆套種,在旱而不澇的情況下,該農戶得自芝麻的收益是2,500元,得自綠豆的收益是500元;在澇而不旱的情況下,該農戶得自綠豆的收益是2,500元,得自芝麻的收益是500元。我們可以對這兩種不同的作物經營方式(僅種植一種作物)所產生的收益進行比較。不管是只種植綠豆,還是只種植芝麻,所產生的期望收益都是3,000元(0.5×1,000元+0.5×5,000元)。而實行芝麻與綠豆套種的方式,不管是出現旱情還是出現澇情,該農戶都可以穩定地獲得3,000元(2,500元+500元)的收益。如果該農戶是厭惡風險者,他顯然會選擇芝麻與綠豆套種的方式。

在我們所舉的例子中農作物的兩種經營方式所獲收益的變化方向是相反的,若一種經營方式所獲收益增加,另一種經營方式所獲收益就會減少。要強調的是,用以降低風險的多樣化方式並不僅僅適用於其結果是反方向變化的活動。只要經濟活動的結果不是完全正相關,多樣化的選擇行為就會降低經濟活動的風險。

(二)購買保險

如果存在保險市場,消費者可以通過購買保險的方式應付可能發生的風險。以家庭財產保險為例。假定某消費者擁有的家庭財產為 W。一旦發生風險,例如失竊、火災等風險,該消費者將會遭受財產損失。假定發生風險的情況下,消費者損失的財產為 l。假定發生風險的概率為 p。如果消費者購買保險,他所需要支付的保險費是 h。在消費者購買了保險後,不管發不發生風險,他所持有的財產數量都是確定的,這一確定的財產數量為 $W-h$。如果消費者不購買保險,他所持有的財產數量是不確定的。在不發生風險的情況下,他持有的財產數量是在發生風險的情況下,他所持有的財產是 $W-l$。表3-4描述了消費者在各種情況下所持有的財產狀況。

表 3-4　　　　　　　　　不同風險情況下消費者財產持有狀況

	發生風險(S_1)	不發生風險(S_2)
購買保險	$W_0 - h$	$W_0 - h$
不購買保險	$W_0 - l$	W_0
概率	P	$1-p$

本例中，我們所描述的事件(風險)只有兩種可能的狀態：①發生風險；②不發生風險。由於假定發生風險的概率是p，所以不發生風險的概率是$1-p$。假定該消費者是厭惡風險者，他打算向保險公司購買保險以應付可能發生的風險。他向保險公司支付多少保險費才是合適的呢？如果投保人與保險公司之間是公平交易，那麼該消費者應該使得自己所支付的保險費等於自己財產的期望損失。即得

$$h = p \cdot l + (1-p) \cdot 0 = pl \tag{3.53}$$

其中 h 為消費者支付的保險費，pl 為消費者財產的期望損失。由於消費者支付的財產保險費用等於財產的期望損失，因此，消費者在保險後所持有的確定性財產額等於他在不購買保險的情況下所持有的財產的期望值，即

$$W_0 - h = p(W_0 - l) + (1-p) W_0 \tag{3.54}$$

(3.54)式左端是在消費者購買保險的情況下無論是否發生風險都可以去獲得的財產額，右端是消費者在不購買保險的情況下能夠持有的財產的期望值。儘管二者相等，但是由上述風險與效用的分析我們知道，對於厭惡風險者而言，一筆可以確定獲得的財產所產生的效用大於其期望值與此相等的不確定性財產所產生的效用。

我們對表 3-4 中的數學符號賦以具體的數值進行討論。假定某消費者現有財產 100,000 元，一旦發生風險他將損失 50,000 元，發生風險的概率是 0.1，不發生風險的概率是 0.9。考慮到發生風險的概率與一旦發生風險所損失的財產數額，消費者願意支付 5,000元(0.1×50,000)的保險費用，以便能夠穩定地獲得與不購買保險情況下所獲得的財產期望值相等的財產額。表 3-5 概括了這些情況：

表 3-5　　　　　　　　發生風險與購買保險對消費者財產的影響

	發生風險(S_1)	不發生風險(S_2)	財產(期望)值
購買保險(元)	95,000	95,000	95,000
不購買保險(元)	50,000	100,000	95,000
概率	0.1	0.9	

由表 3-5 可以看出，購買保險並沒有改變消費者財產的期望值，但是卻使消費者避開了因風險而造成的財產持有額的大幅度波動。購買保險情況下能夠穩定獲得的 95,000元財產所產生的效用高於不購買保險情況下等額財產期望值所產生的期望效用。得出這一結論的道理很簡單。由效用理論的分析可知，在購買保險的情況下，不管是否

發生風險,消費者獲得的財產都是 95,000 元。這 95,000 元在有風險與無風險的情況下,當不發生財產損失時,由於消費者持有的財產數量大,財產的邊際效用低。當發生財產損失時,由於消費者持有的財產數量少,財產的邊際效用高。因此,將有風險狀態下的較多財產向無風險狀態下的較少財產轉移會提高消費者的總效用。購買保險恰好達到了這一目的。

(三)獲取更多的信息

在不確定性的情況下,消費者的決策是建立在有限信息基礎之上的。如果消費者可以獲得更多的信息,將會降低決策的風險。獲得信息不是沒有代價的。例如,所謂商品銷售人員,要想通過銷售活動獲得盡可能多的利潤,必須進行市場調查研究,以便獲得較多的商品需求信息,減少決策的風險。要進行市場調查研究,就必須花費一定的費用。不親自進行市場調查,而向他人購買信息,也可以減少決策的風險。這說明信息是有價值的。信息的價值是什麼呢?這裡我們給出完全信息的價值(value of complete information)的定義。完全信息的價值是在具有完全信息條件下選擇結果的期望值與在不完全信息條件下選擇結果的期望值之差。

我們舉例說明信息的價值。假定某水果銷售商年底欲進一批柑橘留待春季銷售。若他進貨 10,000 公斤,進貨價格為每公斤 1.50 元;若他進貨 6,000 公斤,進貨價格為每公斤 1.60 元。假定該銷售商可按每公斤 2.00 元的價格銷售柑橘。在信息不完全的情況下,銷售商預計,若他進貨 6,000 公斤,他可以按照 2.00 元的單價售完全部柑橘;若他進貨 10,000 公斤,只有 0.5 的概率按照 2.00 的單價售出 6,000 公斤柑橘,而 0.70 元的單價處理掉剩餘的 4,000 公斤柑橘(由於腐爛變質,剩餘的 4,000 公斤柑橘的平均價格會很低)。銷售商的銷售利潤情況如表 3-6 所示。

表 3-6　　　　　　　　　　　風險與銷售收入

	若 0≤Q≤10,000 P=2 銷售收入(元)	若 0≤Q≤6,000 P=2 若 Q>6,000 P=0.7 銷售收入(元)	期望利潤 (元)
進貨 6,000 公斤	12,000	12,000	2,400
進貨 10,000 公斤	20,000	14,800	2,400

在缺乏進一步的信息的情況下,如果銷售商是風險中性者,是購進 6,000 公斤還是購進 10,000 公斤柑橘對於他來說是無差別的,因為這兩種決策產生同樣的期望利潤。但是如果銷售商是厭惡風險者,他只會購進 6,000 公斤柑橘,這會使他穩定地獲得 2,400 元的利潤。如果他購進 10,000 公斤柑橘,所獲得的 2,400 元利潤是有風險選擇情況下的期望值。如果他按照 2 元的單價售完 10,000 公斤柑橘,他可以獲得 5,000 元的利潤;如果他只能按照 2 元的單價售出 6,000 公斤柑橘,餘下的 4,000 公斤只能按 0.7 元的單價銷售,他將會淨虧損 200 元。

如果消費者可以通過某種途徑獲得進一步的信息,將會消除不確定性。在此基礎上,我們可以計算出完全信息的價值。例如,銷售商知道在市場上將可以按 2 元的價格

銷售6,000公斤柑橘,於是他購進6,000公斤柑橘,並因此而獲得2,400元利潤。如果他知道在市場上將可以按照2元的價格出售10,000公斤柑橘,他將購進10,000公斤柑橘,並因此而獲得5,000元利潤。由於這兩種結果以相等的機會出現,因此在完全信息下的期望利潤是3,700元($0.5 \times 2,400 + 0.5 \times 5,000$)。完全信息的價值等於完全信息下選擇結果的期望值減去不完全信息下選擇結果的期望值。就我們所舉的例子而言,完全信息的價值為1,300元($3,700元 - 2,400元$)。假定銷售商可以通過投資於市場研究而獲得完全信息,或花費一定的貨幣額購買的完全信息,那麼銷售商願意花費1,300元的代價獲取完全信息,以避開選擇的風險。

習題

1. 消費者行為理論的基本假設之一是隨著所消費商品數量的增加,商品的邊際效用遞減。你認為這個假定合理嗎?它在消費者行為理論發展和結論中有什麼作用?

2. 什麼是收入效應?什麼是替代效應?兩者變化的方向什麼情況下相同,什麼情況下不同?

3. 消費者追求期望效用最大化的含義是什麼?

4. 設某消費者效用函數為 $U(x,y) = a\ln x + (1-a)\ln y$,消費者的收入為M,X、Y兩商品的價格為$x、y$,求消費者對於X、Y兩商品的需求。

5. 假定只有三種商品x、y、z,考慮下列三種組合:

A: $x=3, y=4, z=4$
B: $x=2, y=1, z=4$
C: $x=5, y=2, z=2$

假設　　當價格$P_x=2, P_y=2, P_z=2$時,消費者選擇A組合;
　　　　當價格$P_x=2, P_y=3, P_z=1$時,消費者選擇B組合;
　　　　當價格$P_x=1, P_y=3, P_z=3$時,消費者選擇C組合;

請問:按顯示偏好公理,如何排列這三種組合?這種排列是否遵從傳遞性?

6. 假定只有三種投資方案x,y,z,考慮如表3-7所示的三種組合:

表3-7　　　　　　　　三種投資方案的盈利及概率

方案	盈利	概率
x	200	0.2
y	100	0.6
z	-40	0.2

求投資者的期望盈利與方差。

第四章 生產理論

案例導入

《抉擇》這部小說的經濟學含義

張平的《抉擇》是一本很有名的小說,拍成電影《生死抉擇》之後更是無人不曉。許多人把這本小說作為反腐著作。但我覺得它更多地反應了國有企業的深層次問題。

小說描寫了一個國有企業領導班子營私舞弊,使企業走向破產的故事。從經濟學的角度看,這正是特殊產權結構下的機會主義行為。國有企業在理論上是全民所有,實際上是政府所有。政府作為委託人,企業領導和員工都是代理人。但政府作為委託人由政府官員代表,官員不斷地更換,使國有企業實際上成為無主所有,即沒有所有者。在所有者缺位的情況下,對代理人缺乏監督與激勵。這就形成企業的內部人控制,即公司的領導人實際上控制了企業。企業領導人不受所有者制約,其責權利並不一致。當企業領導人控制了企業時,他們無法像市場經濟的所有者那樣得到貨幣收入,於是就大搞機會主義行為。例如,以開拓市場為借口出國考察,收購不合格棉花為自己獲得回扣,借工作之名吃喝玩樂,甚至貪污行賄實現自己的私利。這種機會主義行為遠遠超過了私有制下的企業——因為私人所有者總要對代理人進行某種監督。類似這樣的情況,在一些國有企業中普遍存在。

這家企業的情況說明了國有企業的兩個問題:第一,產權不明晰,缺乏委託人的有效監督,代理人控制了企業,用國有財產為自己牟私利,機會主義行為極為嚴重。第二,沒有完善的監督與激勵機制,各級代理人(從廠長、部門負責人到員工)都沒有積極性。對國有企業來說,產權改革是第一步,在此基礎上還應該建立有效的監督與激勵機制。這才是走出困境之路。可惜作者不瞭解這一點,把希望寄託在一個李高成這樣理想化人物的身上。這就又回到了人治的老路。所以,按作者的理想去做,實際上這個企業是走不出困境的。

讀《抉擇》才深感國有企業改革之艱難。

決定供給的是生產,因此,我們在研究了決定需求的消費者行為理論以後,就研究決定供給的生產者行為理論,即生產理論。

物品與勞務是由生產者提供的。生產者稱為企業。企業是能夠作出統一生產決策的單位。在研究生產者的行為時,我們同樣假設生產者是具有完全理性的經濟人。他們生產的目的是實現利潤最大化。正是生產者的這種最大化行為決定了供給量與價格同方向變動的供給定理。

生產者利潤最大化的實現涉及技術效率和經濟效率。

技術效率是投入的生產要素與產量的關係，即如何在生產要素既定時使產量最大，或者換句話說，在產量既定時使投入的生產要素為最少。這就是如何使用各種生產要素的問題。

經濟效率是成本與收益的關係。要使利潤最大化，就要使扣除成本後的收益達到最大化。這就要進行成本—收益分析，並確定一個利潤最大化的原則。

利潤最大化要同時實現技術效率和經濟效率。

第一節　企業理論

企業是從事生產的基本單位。在傳統經濟學中，企業是一個其內部組織無需瞭解的「黑匣子」，經濟學家在分析生產時把它作為一種既定的存在。1937 年美國經濟學家羅納德·科斯發表了《企業的性質》一文，論述企業存在的原因與意義。20 世紀 60 年代之後這篇文章引起人們重視，形成當代經濟學中極為重要的企業理論。企業理論的中心是分析企業內部組織與效率的關係，我們對生產理論的介紹就從企業理論開始。

一、企業的形式

在市場經濟中，企業一般採取三種形式：單人業主制、合夥制和股份制公司。這三種企業形式各有其優缺點。

單人業主制是由一個人所有並經營的企業。它的特點在於所有者和經營者是同一個人。這種企業形式產權明確，責權利統一在一個人身上，激勵和制約都顯而易見。從這個角度看，效率是高的。在美國，這種企業有 1800 多萬個，分佈在農業、零售商業、服務業，以及為大企業配套服務的行業。但這種企業有兩個缺點。一是以一個人的財力和能力難以做大，這就無法實現規模經濟，獲得專業化分工等好處。二是在市場競爭中，這種企業壽命短，出現得快，消失得也快。在美國，這種企業平均壽命只有一年。在市場上競爭力差，利潤低，處於苦苦掙扎之中。在任何一種經濟中，這種企業的數量都是最多，但難以成為對經濟狀況有影響力的實體。

合夥制是由若干人共同擁有、共同經營的企業。這種企業可以比單人業主制企業大，但致命的缺點是實行法律上的無限責任制，即作為合夥者，每一個人都要對企業承擔全部責任。這種無限責任制使每一個合夥人都面臨巨大風險，企業越大，每個合夥人面臨的風險越大，這樣，合夥制企業實際上也很難做大。此外，合夥制企業內部產權並不明確，責任權利不清楚，合夥者易在利益分配和決策方面產生分歧，從而影響企業的發展。所以，在市場經濟中，合夥制企業也並不是企業的主要形式，只存在於一些法律規定必須採用合夥制的企業，如律師事務所或註冊會計師事務所。

現代市場經濟中最重要的企業形式是股份制公司。這種公司是現代企業，它的數量並不多，但在經濟中起到了至關重要的作用。股份制公司是由投資者(股東)共同所有，並由職業經理人經營的企業。股東是公司的共同所有者。每個人擁有的產權表現為擁

有股份的多少。股份的多少決定了每個股東在公司中的責權利。在決定公司大事的股東大會上,股東實行一股一票制。股東也按股份分紅。每個公司內部並不是每個股東股份相同,而是有大股東和小股東之分。一般而言,公司的股份是多元化的,但又相對集中,大股東組成董事會,實際控制公司。大股東用手投票,即可以轉賣股份。

公司的優點是:第一,公司是法人,不同於自然人。公司股份可以轉手,股東可以改換,但公司可以無限期存在。第二,公司實行有限責任制,每個股東僅僅對自己擁有的股份負責,即使公司失敗,每個股東的損失也僅僅是自己的股份。這樣就減少了投資風險,可以使企業無限做大。第三,實行所有權與經營權分離,由職業經理人實行專業化、科學化管理,提高了公司的管理效率。

公司的一個缺點是雙重納稅,即公司利潤要交納公司所得稅,而分紅後股東又將分紅作為個人收入交納個人所得稅,而單位業主與合夥人的利潤只作為個人交納個人所得稅,但公司最重要的問題在於所有權與經營權分離後,所有者、經營者、職工之間的關係複雜,以及由此可能引起的管理效率下降。這正是現代企業理論所要解決的問題。

二、現代企業的實質:委託—代理關係

作為企業,公司的目標應該是利潤最大化。但這並不是公司所有人的目標。一個公司由股東、職業經理人、職工等人組成。他們各自有自己的目標,他們各自的目標與公司的總體目標並不一定總是完全一致。這就會使企業管理效率下降,美國經濟學家萊賓斯坦把這種不是由於資源配置所引起的效率損失稱為 X 非效率。要解決這一問題必須認識公司內各主體之間的關係。這就是委託—代理關係是所有者(委託人)與經營者(代理人)之間的關係。

在現代公司中,股東及董事會是所有者,擁有公司財產的所有權與支配權,有權把公司委託給其他人經營管理,稱為委託人。包括總經理在內的職業經理者和職工接受董事會委託,代行經營管理權利或從事具體工作,都是代理人。它們之間的關係稱為委託—代理關係,是現代公司中人與人關係的本質。現代公司就是一系列委託—代理關係的總和。

委託人是以利潤最大化為目標的,但在所有權與經營權分離的情況下,這一目標要通過代理人的行為來實現。委託人不能事事親歷親為,沒有代理人的努力,他們的目標無法實現。但委託人的目標並不一定是代理人的目標。代理人作為經濟人同樣也有自己的目標。比如,總經理可能要追求企業規模擴大,以便為自己的事業創造一個更大的平臺,也可能追求自己的收入與聲譽最大化。部門經理可能追求自己本部門職工利益最大化。職工可能追求工資收入最大化,或者工資既定時閒暇的最大化。

所有者委託人與經營者職工代理人之間的關係是用合約固定下來的。合約規定了委託人和代理人的責任權,是規範委託—代理關係的基礎,但在信息不完全的情況下,合約不可能是完全合約,即不能對委託—代理關係作出完全有效的規定。在許多情況下,代理人的努力程度難以衡量。要在合約之外再實行有效的監督成本過大,也無法實現。這樣,代理人就可以在不違背合約的情況下,以違背委託人的利益為代價來實現自己的利益,代理人的這種行為被稱為機會主義行為。

我們以董事會與總經理之間的委託—代理關係下的機會主義行為來說明這一點。當董事會與總經理之間簽訂合約時，董事會不可能掌握有關總經理的一切信息，合約不可能規範總經理的一切行為。例如，董事會不會瞭解總經理的社交關係，所以合約中不可能規定總經理在什麼情況下可以開宴會，或者規定宴會須經董事會批准。這樣，愛好廣交朋友的總經理就可能以工作需要為借口用公司的錢舉行各種宴會。這些宴會有些是公司業務所需，有些並不是，董事會無權規定總經理開宴會的次數。總經理這種以工作需要借口開宴會的做法稱為「工作中消費」（以工作需要為借口的消費），並沒有違背合約，但宴會費用由公司支付，增加了成本，減少了公司利潤，損害了委託人的利益，這就是機會主義行為。

在缺乏有些監督的情況下，機會主義行為普遍存在於公司中。各部門之間的摩擦、推諉責任、職工偷懶和消極怠工，都屬於機會主義行為。如果公司內各代理人機會主義行為嚴重，必然使企業效率低下。這就是 X 非效率。提高公司效率的關鍵是解決機會主義行為問題。

三、公司治理結構與企業效率

解決公司內部委任—代理關係所引起的機會主義不能靠道德說教，也不能靠監督，重要的是建立一套合理的制度—法人治理結構。

公司治理結構也譯為「法人治理結構」，從廣義上說，指關於企業組織形式、控制機制、利益分配的所有法律、機構、文化和制度安排。公司治理結構涉及廣泛的問題，可以比喻為企業有效運行的一套軟件。在公司治理結構中重要的是減少機會主義行為提供 X 效率的激勵。

激勵機制是鼓勵職工為企業目標努力工作的一套制度，它的中心是把代理人的業績與其利益聯繫在一起，以使代理人自覺地減少機會主義行為，為企業目標努力工作。這就是說，它作為一種次優合約，目的是實現委託人與代理人的利益共享、風險共擔。激勵機制包括對總經理的激勵和對職工的激勵。這種機制的中心是設計一套合理的薪酬與獎勵制度。

為了激勵總經理，可以把總經理的薪酬分為三種形式。第一，固定工資（包括各自福利）。這部分薪酬由合約規定，在合約期內不變，它對總經理完成各自正常工作的報酬，與業績變化並沒有直接關係。在美國，這一部分占總經理收入的不足三分之一。第二，分紅。分紅可以採用獎金的形式，也可以由總經理持有一定股份，按股份分紅。這部分收入與企業的短期業績相關，因為企業的利潤直接取決於總經理經營管理和市場開拓等方面的業績。在美國，這部分收入約為總經理薪酬的三分之一。第三，股票期權。股票期權是允許總經理在未來某一時期按規定的價格購買一定量股票。企業股票價格主要取決於企業長期盈利能力，是反應企業長期中經營與創新狀況的一個綜合指標。正如一般期權交易那樣，總經理購買股票期權也要支付一定的預訂金（或者實行股票期權時實行低薪）。如果企業盈利能力提高，股票價格上升，總經理以低價股購買高價股票就會獲益；如果企業盈利能力下降，股票價格下降，總經理可以選擇不購買，但會有損失。這就把委託人與代理人總經理的風險和利益聯繫在一起，有利於激勵總經理長期努力工作，

因而得到普遍採用。此外,還可以給予總經理一定股份,或其他精神激勵。

對職工的激勵方法也是多種多樣的。主要包括:第一,易於衡量業績的工作用計件工資或按銷售額提成。第二,根據一套客觀的考核標準支付獎金。第三,員工持股計劃,讓一些重要員工(如中層管理人員)持有公司股份。第四,分享制,即把全體員工的利益和企業利益聯繫在一起,按企業經營狀況決定員工收入。第五,效率工資制。效率工資是高於市場均衡工資的工資,可以吸引更好的工人,提高工人努力程度,並減少工人流動性。第六,合理的晉升機制。

應該說,激勵機制是手段,為了達到一個目的,手段可以是多樣的。在設計激勵機制時應該從公司的實際情況出發,不能照搬別人成功的做法,應該把物質激勵和精神激勵結合起來;同時,激勵的做法應該公開化、制度化,對每一個人都平等對待。現實中各公司情況千差萬別,激勵機制也不同,但目的是提高企業的 X 效率。記住這一點才能設計出行之有效的激勵機制。

第二節　生產要素的最適投入

分析企業技術效率時,要區分短期與長期。短期是企業不能全部調整所有生產要素投入的時期。這就是說,在短期內,企業的生產要素投入分為固定投入與可變投入。固定投入如廠房、設備、管理人員,在短期內不能改變,企業所能改變的只是可變投入,如原料、燃料、工人。在長期內,企業可以調整一切生產要素投入,即長期是一切生產要素可以調整的時期。所以就沒有可變投入與固定投入之分。我們分別分析短期與長期中技術效率的實現。

一、生產要素

生產是對各種生產要素進行組合以制成產品的行為。在生產中要投入各種生產要素並生產出產品,所以,生產也就是把投入變為產出的過程。

生產要素是指生產中所使用的各種資源。這些資源可以分為勞動、資本、土地與企業家才能。勞動是指勞動力所提供的服務,可以分為腦力勞動與體力勞動。勞動力是勞動者的能力,由勞動者提供。資本是指生產中使用的資金。它採取了兩種形式:無形的人力資本與有形的物質資本。前者指體現在勞動者身上的身體、文化、技術狀態,後者指廠房、設備、原料等資本品。在生產理論中,我們指的是後一種物質資本。土地是指在生產中所使用的的各種自然資源,是在自然界所存在的,如土地、水、自然狀態的礦藏、森林等。企業家才能指企業家對整個生產過程的組織與管理工作。經濟學家特別強調企業家才能,認為把勞動、土地、資本組織起來,使之演出有聲有色的生產戲劇的關鍵正是企業家才能。生產是這四種生產要素合租的過程,產品則是這四種生產要素共同努力的結果。

生產要素的數量與組合與它所能生產出來的產量之間存在著一定的依存關係。生產函數正是表明一定技術水準之下,生產要素的數量與某種組合和它所能生產出來的最

大產量之間依存關係的函數。

以 Q 代表總產量,L,K,N,E 分別代表勞動、資本、土地、企業家才能這四種生產要素素,則生產函數的一般形式為:

$$Q = f(L,K,N,E)$$

在分析生產要素與產量的關係時,一般把土地作為固定的,企業家才能難以估算。因此,生產函數又可以寫為:

$$Q = f(L,K)$$

這一函數式表明,在一定技術水準時,生產 Q 的產量,需要一定數量勞動與資本的組合。同樣,生產函數也表明,在勞動與資本的數量與組合為已知時,也就可以推算出最大的產量。

二、短期中的技術效率:一種生產要素的最適投入

在短期中,當固定投入不能改變,只有可變投入能改變時,產量的變動服從邊際產量遞減規律。這是我們分析短期中一種生產要素的最適投入時的出發點。

邊際產量遞減規律的基本內容是:在技術水準不變的情況下,當把一種可變的生產要素投入到一種或幾種不變的生產要素中,最初這種生產要素的增加會使產量增加,但當它的增加超過一定限度時,增加的產量將要遞減,最終還會使產量絕對減少。

在理解這一規律時,要注意這樣幾點:

1. 這一規律發生作用的前提是技術水準不變

技術水準不變是指生產中所使用的技術沒有發生重大變革。現在,技術進步的速度很快,但並不是每時都有重大的技術突破,技術進步總是間歇式進行的,只有經過一定時期的準備以後,才會有重大的進展。短期中無論在農業還是工業中,一種技術水準一旦形成,總會有一個穩定的時期,這一時期就可以稱為技術水準不變。

2. 這一規律所指的是生產中使用的生產要素分為可變的與不可變的兩類。

邊際產量遞減規律研究的是把不斷增加的一種可變生產要素,增加到其他不變的生產要素上時對產量所發生的影響。這種情況也是普遍存在的。在農業中,當土地等生產要素不變時,增加勞動力都屬於這種情況。

3. 在其他生產要素不變時,一種生產要素增加所引起的產量或收益的變動可以分為三個階段。

第一階段:產量遞增,即這種可變生產要素的增加使產量或收益增加。這是因為,在開始時不變的生產要素沒有得到充分利用,這時增加可變的生產要素,可以使不變的生產要素得到充分利用,從而產量遞增。第二階段:邊際產量遞減,即這種可變生產要素的增加,但增加的比率,即增加的每一單位生產要素的邊際產量是遞減的。這是因為,在這一階段時不變生產要素已接近於充分利用,可變生產要素的增加已不能像第一階段那樣使產量迅速增加。第三階段:產量絕對減少,即這種可變生產要素的增加使總產量減少。這是因為,這時不變生產要素已經得到充分利用,再增加可變生產要素只會降低生產效率,減少總產量。

邊際產量遞減規律是從科學實驗和生產實踐中得出來的,在農業中的作用最明顯。

早在1771年英國農學家A.楊格就用在若干的田地上施以不同量肥料的實驗,證明了肥料使用量與產量增加之間存在著這種邊際產量遞減的關係。以後,國內外學者又以大量事實證明了一規律。這一規律同樣存在於其他部門。工業部門中勞動力增加過多,會使生產率下降。行政部門中機構過多,人員過多也會降低行政辦事效率,造成官僚主義。中國俗話說的「一個和尚擔水吃,兩個和尚抬水吃,三個和尚沒水吃」,正是對邊際產量遞減規律的形象表述。

邊際產量遞減規律是我們研究一種生產要素合理投入的出發點。

為了說明一種要素如何投入,我們要根據邊際產量遞減規律分析一種生產要素投入變動時對總產量、平均產量、邊際產量的影響。

總產量指一定的某種生產要素所生產出來的全部產量,平均產量指平均每單位某種生產要素所生產出來的產量,邊際產量指某種生產要素增加一單位所增加的產量。

以 Q 代表某種生產要素的量,ΔQ 代表某種生產要素的增加量,以 TP 代表總產量,以 AP 代表平均產量,以 MP 代表邊際產量,則這三種產量可以分別寫為:

$$TP = AP \cdot Q$$

假定生產某種產品時所用的生產要素是資本與勞動。其中資本是固定的,勞動是可變的。

根據上述關係可作出表4-1。

表4-1　　　勞動投入與總產量、平均產量與邊際產量之間的關係

資本量 (K)	勞動量 (L)	勞動增量 (ΔL)	勞動量 (L)	勞動增量 (ΔL)	邊際產量 (MP)
10	0	0	0	0	0
10	1	1	6	6	6
10	2	1	13.5	6.75	7.5
10	3	1	21	7	7.5
10	4	1	28	7	7
10	5	1	34	6.8	6
10	6	1	38	6.8	4
10	7	1	38	5.4	0
10	8	1	37	4.6	-1

根據上表可作出圖4-1。

在圖4-1中,橫軸 OL 代表勞動量,縱軸 TP,AP,MP 代表總產量,平均產量和邊際產量。TP 為總產量曲線,AP 為平均產量曲線,MP 為邊際產量曲線,分別表示隨勞動量變動總產量、平均產量和邊際產量之間的關係有這樣幾個特點:

第一,在資本量不變的情況下,隨著勞動量的增加,最初總產量、平均產量和邊際產量曲線都是先上升後下降。這反應了邊際產量遞減規律。

第二,邊際產量曲線與平均產量曲線相交於平均產量曲線的最高點。在相交前,平均產量是遞增的,邊際產量大於平均產量($MP > AP$);在相交後,平均產量是遞減的,邊際產量小於平均產量($MP < AP$);在相交時,平均產量達到最大,邊際產量等於平均產量($MP = AP$)。

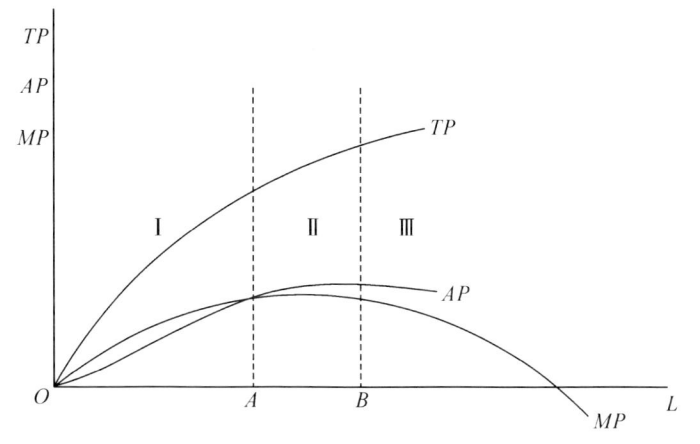

圖4-1 總產量曲線、平均產量曲線和邊際產量曲線

第三,當邊際產量為零時,總產量達到最大,以後,當邊際產量為負數時,總產量就會絕對減少。

在確定一種生產要素的合理投入時,我們根據總產量,平均產量和邊際產量的關係,把圖4-1分為三個區域。I 區域是勞動量從零增加到 A 這一階段,這時平均產量一直在增加,邊際產量大於平均產量。這說明了,在這一階段,相對於不變的資本量而言,勞動量不足,所以勞動量的增加可以使資本得到充分利用,從而產量遞增,由此來看,勞動量最少要增加到 A 點為止,否則資本無法得到充分利用。II 區域是勞動量從 A 增加到 B 這一階段,這時平均產量開始下降,邊際產量遞減,即增加勞動量仍可使邊際產量增加,但增加的比率是遞減的。由於邊際產量仍然大於零,總產量仍在增加。在勞動量增加到 B 時總產量可以達到最大。III 區域是勞動量增加到 B 以後,這時邊際產量為負數,總產量絕對減少。由此看來,勞動量的增加超過 B 以後是不利的。

從以上的分析可以看出,勞動量的增加應在 II 區域(A~B)為宜。但應在 II 區域上的哪一點上呢?這就還要考慮到其他因素。首先要考慮企業的目標,如果企業的目標是平均產量達到最大,那麼勞動量增加到 A 點就可以了;如果企業的目標是使總產量達到最大,那麼勞動量就可以增加到 B 點。其次如果企業以利潤最大化為目標,那就要考慮成本,產品價格等因素。因為平均產量為最大時,並不一定是利潤最大;總產量為最大時,利潤也不一定最大。勞動量增加到哪一點所達到的產量能實現利潤最大化,還必須結合成本與產品價格來分析。

三、長期中的技術效率:規模經濟

在長期中企業可以調整所有生產要素,投入的所有生產要素變動,也就是企業生產規模的變動。因此,我們必須瞭解企業規模變動對產量的影響。這就是規模經濟問題。

當企業生產規模擴大時,產量的增加會大於、小於或等於生產規模的變動。如果產量增加的比率大於生產規模擴大的比率,這就是規模收益遞增;如果產量增加的比率小於生產規模擴大的比率,這就是規模收益遞減;如果產量增加的比率與生產規模擴大的

比率相同,這就是規模收益不變。

生產規模的擴大之所以會引起產量的不同變動,可以用內在經濟與內在不經濟來解釋。

內在經濟是指一個企業在生產規模擴大時由自身內部所引起的產量增加。引起內在經濟的原因主要有:

第一,可以使用更先進的機器設備。機器設備這類生產要素有其不可分割性。當生產規模小時,無法購置先進的大型設備,即使購買了也無法充分發揮效用。只有在大規模生產中,大型的先進設備才能充分發揮其作用,使產量更大幅度地增加。

第二,可以實行專業化生產。在大規模的生產中,專業可以分得更細,分工也會更細,這樣就會提高工人的技術水準,提高生產效率。

第三,可以提高管理效率。各種規模的生產都需要配備必要的管理人員,在生產規模小時,這些管理人員無法得到充分利用,而生產規模擴大,可以再不增加管理人員的情況下增加生產,從而就提高了管理效率。

第四,可以對副產品進行綜合利用。在小規模生產中,許多副產品往往被作為廢物處理,而在大規模生產中,就可以對這些副產品進行再加工,做到變廢為寶。

第五,在生產要素的購買與產品的銷售方面也會更加有利。大規模生產所需各種生產要素多,產品也多,這樣,企業就會在生產要素與產品銷售市場上具有壟斷地位,從而可以壓低生產要素收購價格或提高產品銷售價格,從中獲得好處。

第六,技術創新能力的提高。大企業有雄厚的人力與財力,也能承擔更大的風險,所以,技術創新是提高企業生產率的關鍵。

大規模生產所帶來的這些好處,在經濟學上也稱為「大規模生產的經濟」,或稱規模經濟,即擴大企業生產規模所帶來的好處。

但是,生產規模也並不是越大越好。如果一個企業由於本身生產規模過大而引起產量或收益減少,就是內在不經濟。引起內在不經濟的原因主要是:

第一,管理效率的降低。生產規模過大則會使管理機構由於龐大而不靈活,管理上也會出現各種漏洞,從而使產量和收益反而減少。

第二,生產要素價格與銷售費用增加。生產要素的供給並不是無限的,生產規模過大必然大幅度增加對生產要素的需求,而使生產要素的價格上升。同時,生產規模過大,產品大量增加,也增加了銷售的困難,需要增設更多的銷售機構與人員,增加了銷售費用。因此,生產規模並不是越大越好。

由以上分析可以看出,企業規模的擴大既會帶來好處,也會引起不利的影響。在長期中企業調整各種生產要素時,要實現適度規模。

適度規模就是使兩種生產要素的增加,既生產規模的擴大正好使收益遞增達到最大。當收益遞增達到最大時就不再增加生產要素,並使這一生產規模維持下去。

對於不同行業的企業來說,適度規模的大小是不同的,並沒有一個統一的標準。在確定適度規模時應該考慮到的因素主要是:

第一,本行業的技術特點。一般來說,需要的投資越大,所用的設備複雜先進的行業,適度規模也就大,例如冶金、機械、汽車製造、造船、化工等重工業企業,生產規模越大

經濟效益越高。相反,需要投資少,所用的設備比較簡單的行業,適度規模也小。例如服裝,服務這類行業,生產規模小能更靈活地適應市場需求的變動,對生產更有利,所以適度規模也就小。

　　第二,市場條件。一般來說,生產市場需求量大,而且標準化程度高的產品的企業,適度規模也應該大,這也是重工業行業適度規模大的原因。相反,生產市場需求小,而且標準化程度低的產品的企業,適度規模也應該小。所以,服裝行業的企業適度規模就要小一些。

　　當然,在確定適度規模時要考慮的因素還很多。例如,在確定某一採礦企業的規模時,還要考慮礦藏量的大小。其他諸如交通條件,能源供給,原料供給,政府政策等,都是在確定適度規模時必須考慮到的。

　　當然各國,各地,由於經濟發展水準,資源,市場等條件的差異,即使同一行業,規模經濟的大小也並不完全相同。一些重要行業,國際有通行的規模經濟標準。例如,鋼鐵廠為年產 1000 萬噸鋼,彩色顯像管廠年產 200 萬套,電冰箱廠雙班能力為年產 50 萬～80 萬臺,當然,我們國家不一定套用這些標準。但中國不少企業遠遠沒有達到規模經濟,如冰箱廠平均年產量僅 5.96 萬臺。即使不套用國際標準,中國的冰箱廠年產能力也應在 40 萬臺。

　　應該注意的是,隨著技術進步,規模經濟的標準也是在變的。例如,在 20 世紀 50 年代時,汽車廠的規模經濟為年產 30 萬輛,但到 1977 年這一規模經濟已達年產 200 萬輛。重工業行業中普遍存在這種規模經濟的生產規模不斷擴大的趨勢。這是因為這些行業的設備日益大型化,複雜化和自動化,投資越來越多,從而只有在產量達到相當大數量時,才能實現規模經濟。

　　企業規模的擴大除了增加同一種產品的生產,實現規模經濟以外,還可以進行多元化經營,實現範圍經濟,範圍經濟就是擴大經營範圍所帶來的好處。

　　範圍經濟有四點好處。第一,使企業規模可以無限擴大。一種產品的增加總要受技術或市場條件的限制。生產多種產品就可以打破這種限制。第二,可以更有效地利用企業的人力與物力資源。第三,各種不同行業產品可以互相承擔風險,增強企業的抗風險能力。第四,有利於企業的產品結構調整,便於從以一個行業為主轉向以另一個行業為主。正因為範圍經濟有這些好處,現在許多大型企業,跨國公司都是行業經營。但正如規模經濟有限度一樣,範圍經濟也並不是跨的行業越多越好。企業盲目擴大,同時進軍若干行業往往會面臨滅頂之災。

第三節　生產要素的最適組合

　　在一般情況下,生產中各種要素的比例是可以變動的,即不同生產要素的組合可以實現相同的產量。例如,要實現生產小麥 100 噸的目標,既可以多用勞動,少用資本,用勞動密集型的方法;也可以少用勞動,多用資本,用資本密集型的方法。我們選擇採用哪種方法的標準是哪一種方法能實現經濟效率。當產量既定,價格既定,而總收益不變時,

為了實現經濟效率就要使成本最低。成本是生產要素數量與價格的乘積,所以在考慮生產要素的最適組合時,生產要素的價格就重要了。

生產要素的最適組合,與消費者均衡是很相似的。消費者均衡是研究消費者如何把既定的收入分配於兩種產品的購買與消費上,以達到效用最大化。生產要素的最適組合,是研究生產者如何把既定的成本(即生產資源)分配於兩種生產要素的購買與生產上,以達到利潤最大化。因此,研究這兩個問題所用的方式也基本相同,即邊際分析法與等產量分析法。

一、生產要素最適組合的邊際分析

企業為了實現生產要素的組合,一定要考慮購買各種生產要素所能獲得的邊際產量與所付出的價格。這樣,生產要素最適組合的原則是:在成本與生產要素價格既定的條件下,應該使所購買的各種生產要素的邊際產量與價格的比例相等,即要使每一單位貨幣無論購買哪種生產要素都能得到相等的邊際產量。

假定所購買的生產要素是資本與勞動。我們用 K 代表資本,MP 代表資本的邊際產量,P_k 代表資本的價格,Q_k 代表購買的資本量;用 L 代表勞動,MPL 代表勞動的邊際產量,P_L 代表勞動的價格,Q_L 代表購買的勞動量;M 代表成本,MPm 代表貨幣的邊際產量,則生產要素最適組合條件可寫為:

$$P_k \cdot Q_k + P_L \cdot Q_L = M$$

上述公式是限制性條件,說明企業所擁有的貨幣量是既定的,購買資本與勞動的支出不能超過這一貨幣量,也不能小於這一貨幣量。超過這一貨幣量的購買是無法實現的,而小於這一貨幣量的購買也達不到既定資源時的產量最大化。生產要素最適組合的條件,即所購買的生產要素的邊際產量與其價格之比相等,也就是說每一單位貨幣不論用於購買資本,還是勞動,所得到的邊際產量都相等。生產要素的最適組合也可以稱為生產者均衡。

二、生產要素最適組合的等產量線分析

在用產量線分析生產要素的最適組合時,我們首先要瞭解兩個基本概念:等產量線與等成本線。

等產量線類似於無差異曲線,不過它表示的不是相同的滿足程度,而是相同的產量。

等產量線是表示兩種生產要素的不同數量的組合可以帶來相等產量的一條曲線,或者說是表示某一固定數量的產品,可以用所需要的兩種生產要素的不同數量的組合生產出來的一條曲線。

假如,現在用資本與勞動兩種生產要素,它們有 a, b, c, d 四種組合方式,這四種組合方式都可以達到相同的產量。這樣,可作出表 4-2:

表 4 – 2　　　　　　　　　　　等產量曲線圖

組合方式	資本(K)	勞動(L)
a	6	1
b	3	2
c	2	3
d	1	6

根據上表，可作出圖 4 – 2。

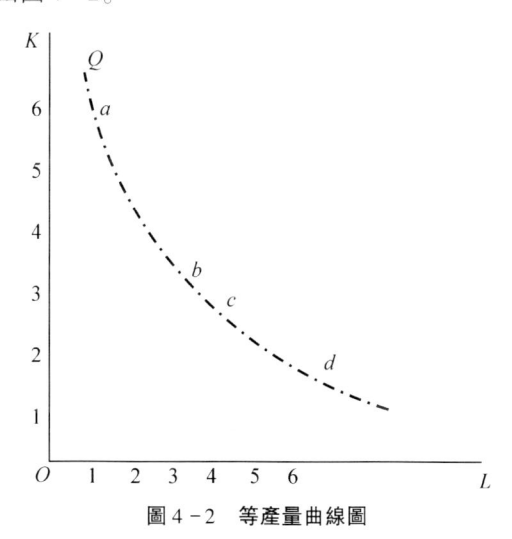

圖 4 – 2　等產量曲線圖

在圖 4 – 2 中橫軸 OL 代表勞動量，縱軸 OK 代表資本量，Q 為等產量線，即線上任何一點所代表的資本與勞動不同數量的組合，都能生產出相等的產量。

等產量線也與無差異曲線相似。這些特徵是：

第一，等產量線是一條向右下方傾斜的線，其斜率為負值。這就表明，在生產者的資源與生產要素價格既定的條件下，為了達到相同的產量，在增加一種生產要素時，必須減少另一種生產要素。兩種生產要素的同時增加，是資源既定時無法實現的；兩種生產要素的同時減少，不能保持相等的產量水準。

第二，在同一平面圖上，可以有無數條等產量線。同一條等產量線代表相同的產量，不同的等產量線代表不同的生產水準。離原點越遠的等產量線所代表的產量水準越高，離原點越近的等產量線所代表的產量水準越低。可用圖 4 – 3 來說明這一點。

在圖 4 – 3 中，Q_1, Q_2, Q_3 是三條不同的等產量線，它們分別代表不同的產量水準，其順序為：$Q_1 < Q_2 < Q_3$。

第三，在同一平面圖上，任意兩條等產量線不能相交。因為在交點上兩條等產量線代表了相同的產量水準，與第二個特徵相矛盾。

第四，等產量線是一條凸出向原點的線。這是由邊際替代率遞減所決定的。

等成本線又稱為企業預算線，它是一條表明在生產者的成本與生產要素價格既定的

```
                    K
                         Q₁    Q₂    Q₃




                    O                        L
```

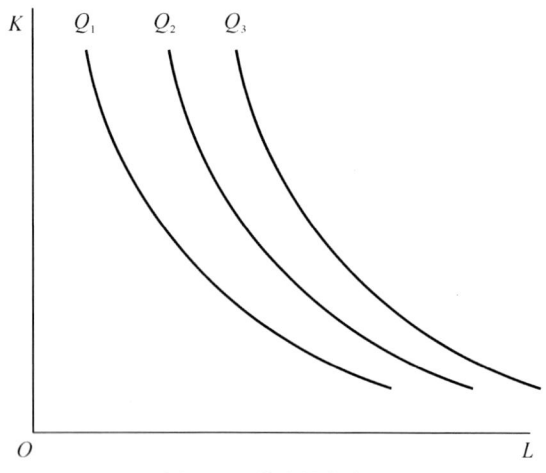

圖 4－3　等產量曲線組

條件下,生產者所能買到的兩種生產要素數量的最大組合的線。

等成本線表明了企業進行生產的限制條件,即它所購買的生產要素所花的錢不能大於或小於所擁有的貨幣成本,大於貨幣成本是無法實現的,小於貨幣成本又無法實現產量最大化。等成本線可以寫為:

$$M = P_L \cdot Q_L + P_k \cdot Q_k$$

M 為貨幣成本,P_L、P_K、Q_L、Q_K 分別為勞動與資本的價格與購買量。

上式也可以寫為:

$Q_K = M/P_K - P_L/P_K \cdot Q_L$

這是一個直線方程式,其斜率為 $-P_L/P_K$。

因為 M、P_L、P_K 為既定的常數,所以,給出 Q_L 的值,就可以解出 Q_K。

當然,給出 Q_K 值,就可以解出 Q_L。

如果 $Q_L = 0$,則 $Q_K = M\backslash P_K$。

如果 $Q_K = 0$,則 $Q_L = M\backslash P_L$。

設 $M = 600$,$Q_K = 0$,$Q_L = 300$,這樣,就可以作出圖 4－4。

在圖 4－4 中,如用全部貨幣購買勞動,就可以購買 300 單位(A 點),如用全部貨幣購買 600 單位(B 點),連接 A 和 B 點則為等成本線。該線上的任何一點,都是在貨幣成本與生產要素價格既定條件下,能購買的勞動與資本的最大數量的組合。例如,在 C 點上,購買 100 單位勞動,400 單位資本,正好用完 600 元(2 元 × 100 + 1 元 × 400 = 600 元)。該線內任何一點所購買的勞動與資本的組合,是可以實現的,但並不是最大數量的組合,即沒有用完貨幣成本。例如,在 D 點,購買 100 單位勞動,200 單位資本,只用了 400 元(2 元 × 100 + 1 元 × 200 = 400 元)。在該線外的任何一點,所購買的資本與勞動的組合大於 C 點時,無法實現,因為所需要的貨幣超過了既定的成本。例如,在 E 點,購買 200 單位勞動,400 單位資本,大於 C 點的 100 單位勞動和 400 單位資本,但這時要支出 800 元(2

圖 4－4　等成本線

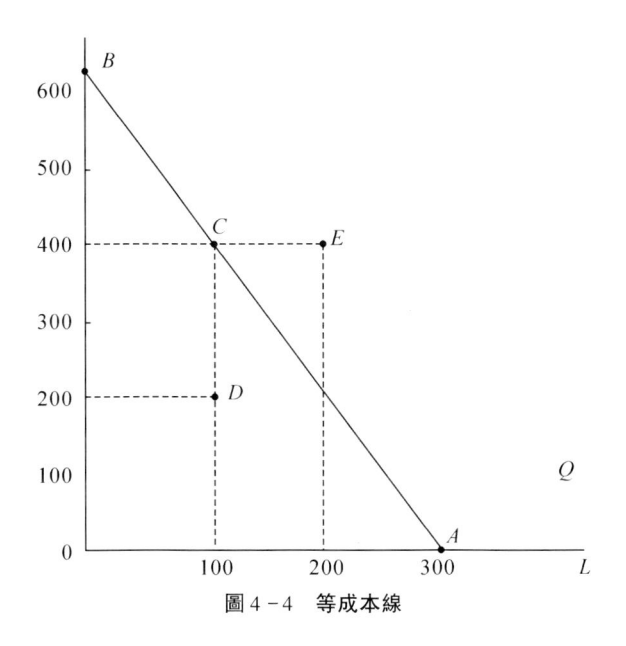

元 ×200 + 1 元 ×400 = 800 元），無法實現。

如果生產者的貨幣成本變動（或者生產要素價格變動），則等成本線會平行移動。貨幣成本增加，等成本線向右上方平行移動；貨幣成本減少，等成本線向左下方平行移動。如圖 4－5 所示。

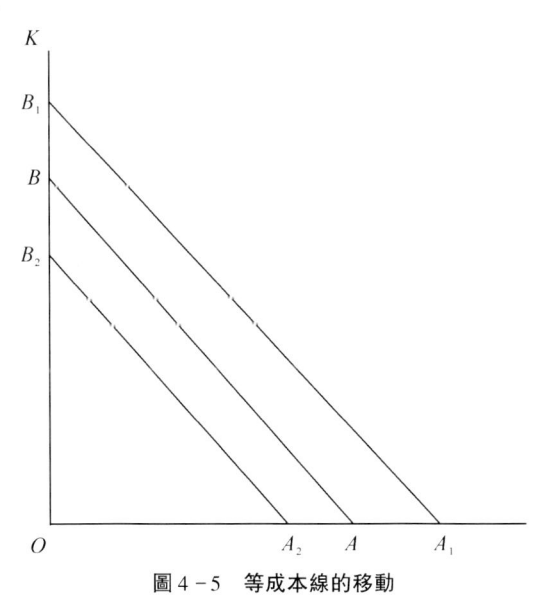

圖 4－5　等成本線的移動

在圖 4－5 中，AB 是原來的等成本線。當貨幣成本增加時，等成本線移動為 A_1B_1；當貨幣成本減少時，等成本線移動為 A_2B_2。

現在我們把等產量線與等成本線結合起來分析生產要素的最適組合。

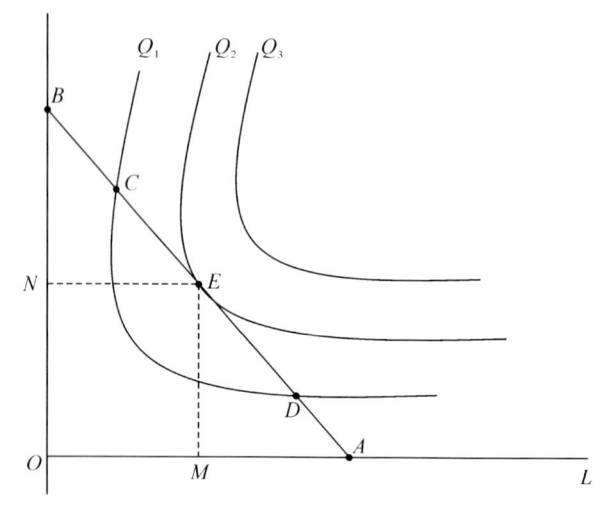

圖 4-6　生產要素最適組合的實現

如果把等產量線與等成本線合在一個圖上，那麼，其產量的大小順序為 $Q_1 < Q_2 < Q_3$。AB 為等成本線。AB 線與 Q_2 相切於 E，這時實現了生產要素的最適組合。這就是說，在生產者的貨幣成本與生產要素價格既定的條件下，OM 的勞動與 ON 的資本結合能實現利潤最大化，即既定產量下成本最小或既定成本下產量最大。

為什麼只有在 E 點時才能實現生產要素的最適組合呢？從圖 4-6 上看，C、E、D 點都是相同的成本，這時 C 和 D 點在 Q_1 上，而 E 點在 Q_2 上，$Q_2 > Q_1$，所以 E 點時的產量是既定成本時的最大產量。在 Q_2 上產量是相同的，除 E 點外，其他兩種生產要素組合的點都在 AB 線之外，成本大於 E 點，所以 E 點時的成本是既定產量時的最小成本。

如果生產者的貨幣成本增加，則等成本線向右上方平行移動，不同的等產量線與不同的等產量線相切，形成不同的生產要素最合適組合點，將這些點連接在一起，就得出擴張線。可以用圖 4-7 來說明擴張線。

在圖 4-7 中，A_1B_1，A_2B_2，A_3B_3 是三條不同的等成本線，從 A_1B_1 到 A_3B_3，等成本線向右上方移動，說明生產者的貨幣成本在增加。A_1B_1，A_2B_2，A_3B_3 分別與等產量線 Q_1，Q_2，Q_3 相切於 E_1，E_2，E_3，與原點連接起來的 OC 就是擴張線。

擴張線的含義是：當生產者沿著這條線擴大生產時，可以始終實現生產要素的最適組合，從而使生產規模沿著最有利的方向發展。

在生產理論中所要研究的經濟行為主體是生產者，也就是我們在第一章中提到過的廠商。

如前所述，廠商作為運用生產要素、生產商品或提供勞務的經濟單位，可以是生產產品的企業，也可以是提供服務的企業。因此，廠商可以指工廠、農戶、銀行，甚至可以指醫院、學校等。作為一種經濟決策單位，除了消費者與政府以外，其餘的經濟組織都是廠商。以下討論中，我們假定廠商的行為目標是追求利潤的最大化。

圖 4-7 擴張線

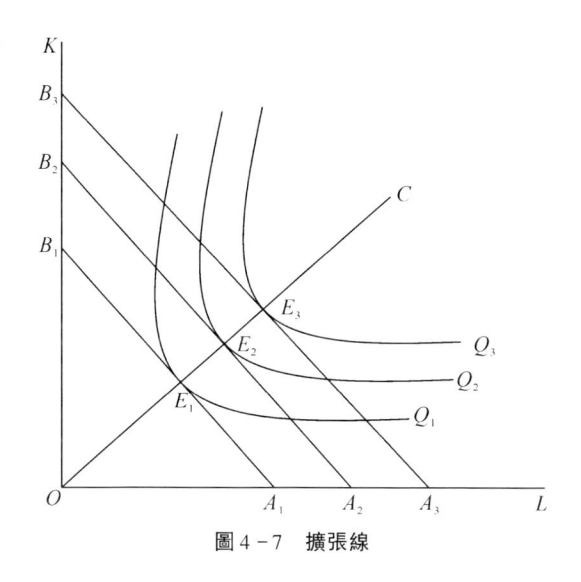

利潤是總收益與總成本的差額。成本與收益都與生產有關。成本是生產中的耗費，收益是出售產品的收入。如果沒有生產，就既不會有成本發生，也不會有任何收益。在討論成本、收益以及利潤之前，有必要對生產理論進行探討。經濟學中所研究的生產問題既涉及生產的技術方面，又涉及經濟方面。企業生產要講求效率，既要講求技術效率，又要講求經濟效率。所謂技術上有效率是指既定的投入下產出最大，或者生產既定的產出所耗費的投入最小。所謂經濟上有效率是指生產既定的產出所耗費的成本最小，或者在既定的成本下獲得的利潤最大。這兩種效率既有聯繫，又有區別。廠商在進行決策時，既要考慮技術上的效率，又要考慮經濟上的效率。效率較於經濟分析更為重要。不過本章所討論的問題大多屬於技術效率的問題。

第四節　生產函數

一、固定投入與變動投入

為了便於分析，經濟學在討論生產問題時把投入分為兩種類型，固定投入(fixed input)與變動投入(variable input)。

固定投入是指當市場條件的變化要求產出變化時，其投入量不能立即隨之變化的投入。工廠的廠房、設備等投入在一定時期內是不變的。農業中土地的投入是不變的。

變動投入是指當市場條件的變化要求產出變化時，其投入量能很快隨之變化的投入。工業生產中所投入的原材料、燃料等投入在短時期內與產量一起變化。農產品生產中，種子、化肥等投入在一定時期內也與產量一起變化。

與固定投入和變動投入的劃分有關的概念是短期(short run)和長期(long run)。短期內，至少有一種投入是固定投入。而在長期內，所有的投入都是變動投入。例如，在某

些行業,短期內,由於廠商的廠房、設備投入是固定的,因而廠商要增加產出,只有增加作為變動投入的原材料和勞動。而長期內,由於所有的投入都是變動投入,廠商可以自由選擇增加勞動投入或增加廠房、設備投入。因此,長期也稱為計劃期。

短期和長期的不是單純的時間概念。在一些情況下,一年可以作為短期,而在另一些情況下,一年可能作為長期。

二、生產函數

生產函數(production function)表示投入與產出之間的關係,它表示一組既定的投入與之所能生產的最大產量,或者既定的產量與其所需的最小投入量之間的關係。

生產一定的產出所需的投入很多,在經濟分析中通常把這些投入歸結為勞動、資本、土地等。在討論中往往又把資本與土地合稱為資本。因此,在經濟分析中討論的通常是資本與勞動兩種要素投入的情況。

如果用多種投入生產一種產品,那麼生產函數可以表示為

$$q = f(a_1, a_2, \cdots, a_n) \tag{4.1}$$

其中,$a_1, a_2, \cdots, a_n$ 代表 n 種要素投入,q 表示產出。

如果用多種投入生產多種產品,即聯產品的生產,那麼生產函數可以表示為

$$\psi(q_1, q_2, \cdots, q_m) = f(a_1, a_2, \cdots, a_n) \tag{4.2}$$

其中,$\psi(q_1, q_2, \cdots, q_m)$ 是包括 m 種產品的聯產品產出。

為了使問題簡化,我們只討論單一產品的生產情況,而且假定投入為資本(K)與勞動(L)兩種要素。經濟學中所討論的生產函數通常是齊次生產函數(homogeneous production function)。我們對 r 次齊次生產函數(homogeneous production function of degree r)定義如下:設生產函數的一般形式為

$$q = f(K, L) \tag{4.3}$$

若(4.3)式滿足

$$f(\lambda K, \lambda L) = \lambda^r f(K, L) \tag{4.4}$$

則(4.3)式的生產函數是 r 次齊次生產函數。其中,r 為常數,為任意正實數。

如果 r=1,則稱函數為一次齊次生產函數(homogeneous production of degree one),一次齊次生產函數也被稱為線性齊次生產函數(linearly homogeneous production function),它當然並不是指生產函數是線性的。從經濟學上來講,線性齊次生產函數是指常數規模報酬(constant returns to scale),或者叫做不變規模報酬,表示產出與投入以相同的速率變化。

這裡我們介紹幾種常見的生產函數。

(1)線性生產函數,其公式為

$$q = aL + bK \tag{4.5}$$

(2)柯布—道格拉斯生產函數(Cobb-Douglas production function),其公式為

$$q = AK^\alpha L^\beta \tag{4.6}$$

柯布—道格拉斯生產函數是以兩位經濟學家柯布(Chales W Cobb)與道格拉斯(Paul

H Douglas)的名字命名的。由於柯布—道格拉斯生產函數具有許多經濟學上所需要的良好的性質,因此經濟分析中使用得較多。

(3)常數替代彈性(constant elasticity of substitution)生產函數,其公式為

$$q = A(\delta_1 K^{-\rho} + \delta_2 L^{-\rho})^{-1/\rho} \quad (4.7)$$

其中,$A>0;0<\delta<1;-1<\rho\neq 0$。常數替代彈性生產函數簡稱為 CES 生產函數,因其替代彈性是一常數而得名。用 σ 表示替代彈性,(4.7)式生產函數的替代彈性為 $\sigma = 1/(1+\rho)$。關於替代彈性的含義我們將在本章的後面進行討論。

柯布—道格拉斯生產函數也是一種常數替代彈性生產函數,它是一種特殊的常數替代彈性生產函數。實際上,如果我們令(4.7)式中的 $\delta_1 = \delta_2 = \delta$,令 ρ 趨向於 0,則可以證明,(4.7)的極限形式是柯布—道格拉斯生產函數。

三、技術系數

技術系數(technical coefficient)是指生產一定量的產品所需要的投入物的比例,分為可變比例的技術系數與固定比例的技術系數。

可變比例的技術系數是指,生產一定量的產出所需投入物的比例是可以變動的。例如,農業生產中在勞動的邊際生產力為正數值的情況下,增加產量的目標可以在土地投入為固定的情況下通過增加勞動投入而達到,或者改變兩種要素的投入比例可以維持同樣的產出水準。

固定比例的技術系數是指,生產一定量的產出只存在唯一一種投入比例。如果要增加產出,要素投入必須按照這同一比例增加。例如服裝廠生產服裝所需要的投入比例是一人一臺縫紉機。增加一臺縫紉機就要相應增加縫紉機操作人員。

第五節　一種變動投入要素的生產函數

本節在討論問題時,假定只有一種要素的投入是變動的,其餘要素的投入是固定的。這一假定表明我們所進行的是一種短期分析。短期內一種要素投入變動,其餘要素投入固定的情況在農業中最為典型。在農產品生產中,土地是固定的,勞動投入可以變化。假定我們所討論的生產函數的形式為

$$q = f(L, K_0) \quad (4.8)$$

其中 K_0 表示固定的資本投入。我們借助於這一種變動投入的生產函數來討論產出變化與投入變化之間的關係。

一、總產量、平均產量、邊際產量

總產量(total product),用 TP 或 q 表示,它是指在某一給定時期生產要素所能生產的全部產量。就(4.8)式的生產函數而言,總產量表示為

$$TP_L = q = f(L, K_0) \quad (4.9)$$

由於總產量隨變動要素投入的變化而變化,因此,經濟分析中把總產量看做是變動要素的總產量。就(4.9)式而言,由於我們假定資本投入保持不變,只有勞動投入發生變化,因此,我們把總產量 TP 看做是勞動的總產量,表示為 TP_L。

平均產量(average product),用 AP 表示。一種要素的平均產量是以總產量除以該要素的投入量。平均產量總是指變動要素的平均產量。就(4.8)式的生產函數而言,勞動的平均產量表示為

$$AP_L = TP_L/L \tag{4.10}$$

平均產量又稱為產出—勞動比例。

邊際產量(marginal product),用 MP 表示。一種要素的邊際產量是該要素的增量所引起的總產量的增量。由邊際產量的定義可知,只有變動要素才會有邊際產量。就(4.8)式的生產函數而言,勞動的邊際產量表示為

$$MP_L = \Delta TP_L/\Delta L \text{(若函數不可導)}$$
$$\text{或} = dTP_L/dL \text{ (若函數可導)} \tag{4.11}$$

我們舉例說明總產量、平均產量與邊際產量如何隨投入量的變化而變化。以農產品生產為例,觀察一畝地中勞動投入的變化所引起的某種農產品產量的變化。表4-3描述了這種變化。

表4-3　　　　　　勞動投入變化所引起的農產品產出變化

土地投入 (K)	勞動投入 (L)	土地—勞動 比率(K/L)	總產量 (TP)	平均產量 (AP)	邊際產量 (MP)
1	0		0		
1	1	1.00	100	100.00	
1	2	0.500	240	120.00	140
1	3	0.333	384	128.00	144
1	4	0.250	520	136.00	136
1	5	0.200	610	122.00	90
1	6	0.167	660	110.00	50
1	7	0.143	660	94.29	0
1	8	0.125	640	80.00	-20

我們利用表4-3中的數據繪製出圖4-8的總產量曲線與圖4-9中的平均產量曲線及邊際產量曲線。

表4-3中的數據是我們隨意列舉的。儘管實際生產中可能並不存在一個實際的例子與該表中的數據完全相符,但是表中的數據卻揭示了許多種產品生產的共同特徵。我們現在結合表4-3與圖4-8、圖4-9來討論這些特徵。

我們先看表4-3中第四欄總產量的數據與圖4-8中的總產量曲線。在我們的例子中,土地的投入始終不變,為1畝。勞動的投入連續發生變化。隨著勞動投入的變化,總

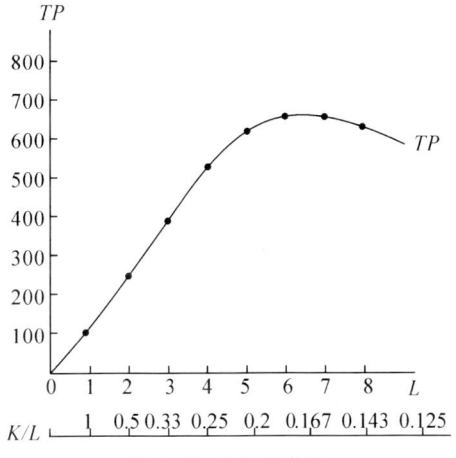

圖 4-8　總產量曲線

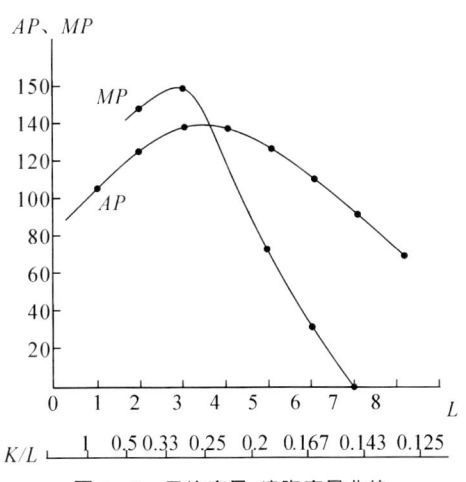

圖 4-9　平均產量、邊際產量曲線

產量隨之變化。直到勞動投入為 6 個單位之前,總產量一直是上升的。當勞動的投入從 6 個單位增加到 7 個單位時,總產量保持不變(仍為 660 單位)。當勞動投入增加到 7 個單位後,若再增加勞動投入,總產量將不僅不會增加,反而下降。例如,當勞動投入從 7 個單位增加到 8 個單位時,總產量從 660 單位下降到 640 單位。這說明在生產中,當某種要素投入增加到一定量以後,不能再繼續增加該要素的投入;否則,不僅不會使總產量增加,反而會使總產量減少。從表 4-3 與圖 4-8 我們還可以看出,儘管在勞動投入為 6 個單位之前總產量一直都是增加的,但是在勞動投入的不同階段總產量增加的速率不同。在增加勞動投入的初期階段,總產量以遞增的速率增加;在增加勞動投入的後期階段,總產量以遞減的速率增加。雖然並非任何產品的生產都體現這一特徵,但是,多數產品的生產都顯示了這一特徵。在我們討論了平均產量與邊際產量的變化後,我們會更進一步理解這一特徵的含義。

我們再看表4-3中第五欄與第六欄平均量的數據以及圖4-9中的平均產量曲線和邊際產量曲線。隨著勞動投入的增加,平均產量先上升,後下降。也就是說,當投入比例(土地—勞動比率K/L)下降時,產出—勞動比率(q/L)先上升,後下降。邊際產量也是先上升,後下降,達到某一點後(在我們的例子中當勞動力投入為7個單位以後)邊際產量為負值。平均產量與邊際產量變化的這些特徵既體現了勞動分工的優越性,又體現了邊際報酬遞減規律。

勞動分工的優越性表明,由兩個人(或多個人)分別專門干兩項(或多項)不同的工作,所產生的生產力要高於由一個人干兩項(或多項)工作所產生的生產力。就農作物的生產來講,若一個人又犁田又播種,其生產力顯然要低於一人犁田、一人播種這兩人合作條件下所產生的生產力。因此,增加勞動投入的最初階段,隨著勞動投入的增加,勞動分工與專業化所產生的生產力不斷提高,表現為平均產量與邊際產量的上升。

邊際報酬遞減規律在相反的方向對產出發生作用。所謂邊際報酬遞減規律(the law of diminishing marginal return)是指,在其他投入不變的情況下,當變動要素投入量增加到一定數量後,繼續增加變動要素的投入會引起該要素邊際報酬遞減。這裡的邊際報酬是指邊際產量。在勞動投入的初期階段,資本—勞動比率(在我們所舉的例子中是土地—勞動比率)較高,隨著勞動投入的增加,不僅產生了分工的優越性,而且,也使固定要素得到較好的利用,因此邊際產量是遞增的。當勞動投入繼續增加到某一點(在我們的例子中,當勞動投入達到3個單位以後),邊際產量開始遞減,若再繼續增加勞動投入,資本—勞動比率將不斷降低。達到某一點後(在我們的例子中,當勞動投入達到4個單位以後),由於固定要素已經得到集約化使用,再進一步增加勞動投入將會使平均產量下降。

二、總產量、平均產量、邊際產量之間的關係

我們先分析總產量與邊際產量之間的關係。我們分別討論了總產量與邊際產量變化的特徵,即總產量先以遞增的速率增加,後以遞減的速率增加,達到某一點後,總產量將會隨勞動投入的增加而絕對地減少;邊際產量先上升,後下降,達到某一點後成為負值。總產量的變化與邊際產量變化方向是一致的,即都會經歷先遞增後遞減的變化過程。當邊際產量上升時,總產量以遞減的速率增加;當邊際產量為負的值時,總產量開始絕對地減少。產生這種結果是毫不奇怪的。因為根據定義,邊際產量是總產量的一階導數,邊際產量恰好就是總產量的變化率。

我們再分析平均產量與邊際產量之間的關係。平均產量與邊際產量都是先上升後下降,但是邊際產量上升的速率與下降的速率都要大於平均產量上升的速率與下降的速率。從圖形上看,這一特徵表現為:當平均產量上升時,邊際產量大於平均產量;當平均產量下降時,邊際產量小於平均產量。因此,恰好有一點,即平均產量的最大值點,使邊際產量等於平均產量。在我們的例子中,勞動投入大約在4個單位時,平均產量達到最大。這時,邊際產量等於平均產量。產生這一特徵是由邊際產量與平均產量的定義所決定的。只要額外增加一單位要素投入所引起的總產量增量大於增加這一單位要素之前的平均產量,那麼增加這一單位要素後的平均產量就大於原來的平均產量。若額外投入一單位要素所引起的總產量增量小於增加這一單位要素前的平均產量,那麼新的平均產

量就小於原來的平均產量。在這二者中間必有一點,即在平均產量達到最大時,平均產量等於邊際產量。這一特徵可以概括為,如果平均產量先上升後下降,那麼與之相對應的邊際產量必須在平均產量的最大值點與平均產量相等。從圖形上看,邊際產量過平均產量的最高點。這一點在數學上證明是不難的。就上述(4.10)式 $AP_L = TP_L/L$ 對變動要素 L 求一階導數,得到

$$\frac{d(TP_L/L)}{dL} = \frac{(dTP_L/dL)L - TP_L}{L^2} = \frac{dTP_L/dL - TP_L/L}{L} = \frac{MP_L - AP_L}{L} \quad (4.12)$$

由於 $L > 0$,所以我們根據 $MP_L - AP_L$ 大於、等於還是小於 0,來判斷平均產量的變化以及它與邊際產量之間的關係。若 $MP_L - AP_L = 0$,表示平均產量 AP_L 達到最大值(極值的必要條件),即在 AP_L 達到最大時,$MP_L = AP_L$;若 $MP_L - AP_L > 0$,表明 $MP_L = AP_L$,此種情況下 AP_L 上升;若 $MP_L - AP_L < 0$,表明 $MP_L < AP_L$,此種情況下 AP_L 下降。

我們還可以根據產出彈性的大小判斷平均產量的變化。勞動的產出彈性 E_{P_L} 表示為

$$E_{P_L} = \frac{dTP_L/TP_L}{dL/L} = \frac{dTP_L/dL}{TP_L/L} = \frac{MP_L}{AP_L} \quad (4.13)$$

若 $E_{PL} > 1$,勞動的平均產量 AP_L 上升,若 $E_{PL} = 1$,AP_L 達到最大值;若 $E_{PL} < 1$,AP_L 下降。

圖 4-10 直觀地給出了總產量、平均產量、邊際產量及其變化的幾何意義。

圖 4-10 的(a)圖顯示的總產量曲線,(b)圖顯示的是平均產量曲線與邊際產量曲線。我們將圖 4-10 的(a)與(b)兩幅圖結合起來看。由定義我們知道,邊際產量是總產量的一階導數值。因此,圖 4-10(b)中要素邊際產量曲線 MP_L 是由(a)中總產量曲線 TP_L 的一階導數值所形成的,也就是說圖 4-10(a)中 TP_L 曲線在每一點切線的斜率形成(b)圖中的 MP_L 曲線。如果 TP_L 曲線有拐點,則 MP_L 曲線有極大值;若總產量達到最大,邊際產量為零。在我們的例子中,TP_L 曲線的拐點是存在的,在圖(a)中,當勞動投入達到 L_1 時,總產量曲線 TP_L 有拐點,為 P_1 點。與該點相對應,圖(b)中的 MP_L 存在最大值點,為 P_1' 點。圖(a)中,當勞動投入達到 L_3 時,總產量達到最大[圖(a)中的 P_3 點],圖(b)中的邊際產量為零(圖(b)中的 P_3' 點)。

是否可以利用圖 4-10(a)中的總產量曲線來描述平均產量呢?回答是肯定的。由平均產量的定義我們知道,平均產量是總產量除以要素投入量即 $AP_L = TP_L/L$。從總產量曲線來看,任一種要素投入量下的平均產量都可以用與該要素投入量相對應的總產量曲線上的點到原點之間的直線的斜率表示。當其中某一條這樣的直線與總產量曲線相切時,與該切點相對應的要素的平均產量達到最大,因為連接總產量曲線上任一其他點與原點的直線的斜率都小於這條過原點的切線的斜率。在圖 4-10 的(a)中,當勞動投入到 L_2 時,平均產量達到最大,對應於總產量曲線上的 P_2 點,與 P_2 相切的切線過原點。可以看出,該切線的斜率大於連接原點到總產量曲線上任一其他點的直線的斜率。與(a)圖中的 P_2 對應,(b)圖中的 P_2' 點是平均產量曲線的最大值點。由於與 P_2 點相切的切線既代表勞動投入為 L_2 時的邊際產量,又代表勞動投入為 L_2 時的平均產量,因此,圖形直觀地反應了在平均產量達到最大時邊際產量與平均產量相等。從圖(b)看,邊際產

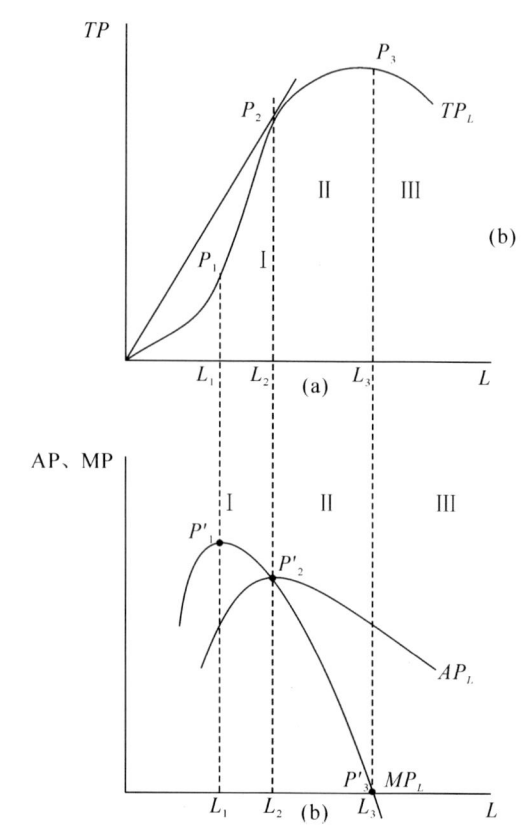

圖 4-10　一種要素可變的產量曲線及生產階段劃分

量曲線過平均產量曲線的最高點[(b)圖中的 P'_2]。

三、生產階段的部分

根據總產量、平均產量、邊際產量的變化，我們把生產劃分為三個階段：Ⅰ、Ⅱ、Ⅲ。在圖 4-10 中，當勞動投入從 0 增加到 L_2 時，平均產量從 0 到最大，這一階段為生產階段Ⅰ。當勞動投入從 L_2 增加到 L_3 時，邊際產量從正的值減少到 0，總產量增加到最大值，這一階段為生產階段Ⅱ。當勞動投入增加到大於 L_3 後，邊際產量為負的值，總產量隨勞動投入的增加而下降，這一階段為生產階段Ⅲ。

對於生產者而言，為了達到技術上的效率，應該把生產推進到第二階段。至於推進到第二階段的哪一點，要看生產要素的價格。如果相對於資本的價格而言，勞動的價格較高，則勞動的投入量靠近 L_2 對於生產者較有利；若想對於資本的價格而言，勞動的價格較低，則勞動的投入量靠近 L_3 點對於生產者較有利。無論如何，都不能將生產維持在第一階段或推進到第三階段。

有不少行業產品的生產都存在這樣三個階段的劃分。這些行業可能不存在邊際產量遞增階段，而邊際產量一直是遞減的。這些行業可能也不存在邊際產量為負值的階

段。儘管其邊際產量是遞減的,但是邊際產量卻始終是正的值。其圖形如圖 4－11 所示。

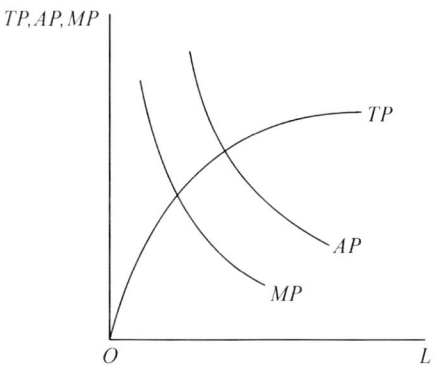

圖 4－11　無遞增報酬的產出曲線

即使對於可以劃分為三個階段的產品生產而言,由於生產只能選擇在第二階段,因此我們在以後的討論中往往不再涉及第一階段與第三階段。在作平均產量與邊際產量的幾何圖形時,我們也往往只畫出第二階段的圖形,如圖 4－12 所示。在涉及邊際產量與平均產量的討論時,人們既可以採用圖 4－11 中那種形式的平均產量與邊際產量圖形,也可以採用圖 4－12 中那種形式的平均產量與邊際產量圖形,因為兩幅圖都表現了邊際產量遞減的特徵。

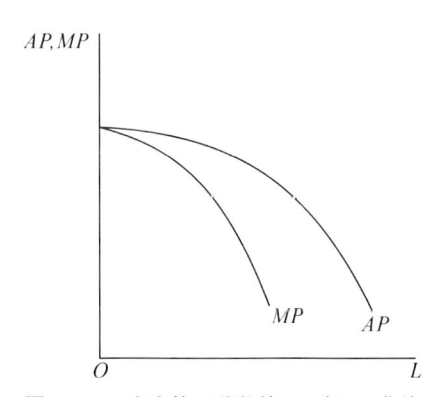

圖 4－12　生產第二階段的 MP 與 AP 曲線

第六節　兩種變動投入要素的生產函數

假定投入生產的所有生產要素都發生變化,產出的變化將會呈現什麼樣的特徵呢?本節我們將討論這一問題。為了使問題簡化,我們假定生產某種產品只投入兩種要素,資本 K 與勞動 L。生產函數為

$$q = f(K, L)$$

如果需要,我們可以很方便地將兩要素投入可變的生產函數的討論推廣到多要素投入可變的討論中去。

一、變動比例投入下的生產

變動比例投入下生產的一個重要的特徵是不同數量的兩種要素的組合可以生產相等的產量水準。我們可以利用等產量曲線(isoquant)來對變動比例投入下的生產進行分析。

等產量曲線定義如下:等產量曲線是兩種投入要素不同比例的組合可以生產出給定產量水準的曲線。圖4-13是等產量曲線圖,圖中的等產量曲線是從三維空間中的等產量點向 $L-K$ 平面投影而來,因此曲線的縱坐標與橫坐標所表示的關係並不是因變量與自變量的關係。L 與 K 都是自變量,產量 q 才是因變量。

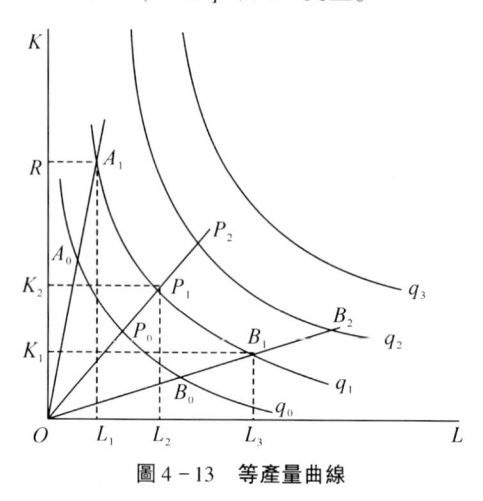

圖4-13 等產量曲線

圖4-13的橫坐標表示勞動投入 L,縱坐標表示資本投入 K。圖中的曲線 $q_0, q_1, q_2 \cdots$ 分別代表不同產出水準的等產量曲線。離開原點越遠的等產量曲線所代表的產出水準越高。

由於等產量曲線所表示的相等的產量水準是由不同比例的要素投入所生產的,因此與等產量曲線密切相關的一個概念是要素投入比例,或稱資本—勞動投入比例(capital-labor input ratio),表示為 K/L。等產量曲線上的每一點都表示某種資本—勞動投入比例。從原點出發的一條射線的斜率規定了不變的資本—勞動投入比例。例如,射線 $OP_0P_1P_2$ 與射線 $OB_0B_1B_2$ 分別表示兩種不同的資本—勞動投入比例。

我們可以對等產量曲線的特徵與原點出發的射線的特徵進行比較。在等產量曲線上產量相等,但是要素投入比例不同;在由原點出發的射線上,要素投入的比例相同,但是產量不同。

二、固定比例投入下的生產

固定比例投入的生產是指生產一定的產出水準所需要投入的要素比例是固定的。若擴大產量,則要求資本與勞動兩種要素以相同的比例擴大。我們分別就單一固定比例投入方法的生產與多固定比例投入方法的生產兩種情況進行討論。

單一固定比例投入方法的生產是指某種產品的生產只存在一種固定比例投入的生產方法。例如生產 100 單位的產量需要投入 2 單位的資本與 3 單位的勞動;若將產出水準擴大為原來的 2 倍,即生產 200 單位,則資本與勞動投入也需要擴大為原來的 2 倍,即投入 4 單位的資本、6 單位的勞動。圖 4-14 描述了單一固定比例投入方法的生產的等產量曲線。

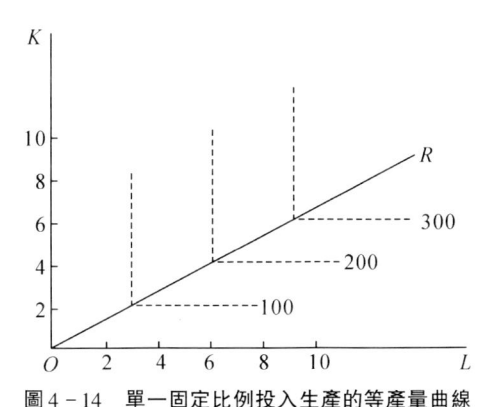

圖 4-14 單一固定比例投入生產的等產量曲線

固定比例投入的生產函數通常被稱為里昂惕夫函數(Leontief function),是以諾貝爾經濟學獎獲得者里昂惕夫(W. W. Leontief)的名字命名的生產函數。其一般表達式為

$$q = \min(K/\alpha, L/\beta) \tag{4.14}$$

其中 α、β 為常數;min 表示取括號內兩個比值中的最小者。

在固定比例投入的生產中,若一種要素的投入固定,而增加另一種要素的投入並不能使產量增加,也就是說要素的邊際產量為零。

多固定比例投入方法的生產是指生產一定量的某種產品存在著多種固定比例投入的方法。例如,生產某種產品有五種可供利用的固定比例投入的方法,詳見表 4-4。

表 4-4　　具有五種固定比例投入方法的生產的數據

射線	資本—勞動比率	資本投入	勞動投入	總產量
OA	11:1	11	1	100
		22	2	200
OB	8:2	8	2	100
		16	4	200

表4－4(續)

射線	資本—勞動比率	資本投入	勞動投入	總產量
OC	5：4	5	4	100
		10	8	200
OD	3：7	3	7	100
		6	14	200
OE	1：10	1	10	100
		2	20	200

依據表4－4中的數據,在圖4－15中畫出了 q＝100 的等產量曲線。該等產量曲線是一條連接 A、B、C、D、E 點的折線,A、B、C、D、E 點分別為五個折點。這些折點表示與折點相對應的資本與勞動的投入組合可以生產100單位的產量。該折線與通產的等產量曲線上每一點都表示可以生產該種產量水準的資本與勞動的某種組合比例。而圖4－15中的等產量曲線表示只存在五種固定比例投入的生產方法。這五種固定比例投入的生產方法只體現在五個折點上。在 AB 之間、BC 之間等不存在生產100單位產量的可行的資本與勞動的投入組合。

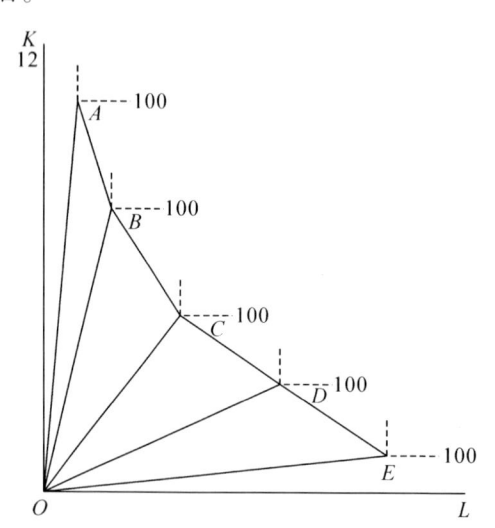

圖4－15 具有五種固定比例投入方法的生產的等產量線

例如,不能通過使用7.25單位的資本與2.5單位的勞動生產方法生產100單位的產量,因為生產過程中根本不存在這樣一種生產方法。

如果企業內只擁有7.25單位的資本與2.5單位的勞動,是否可以利用現有的五種生產方法生產100單位的產品而又不造成資本與勞動的浪費呢？在我們所舉的例子中,恰好是可以的,前提條件是資本與勞動可以分割。若想用7.25單位的資本與2.5單位的勞動生產100單位的產品,只使用一種生產方法是不行的,可以通過使用兩種方法達到目

的。由表4-4或圖4-15可以知道,同時使用8:2比例的生產方法與5:4比例的生產方法,可以利用7.25單位的資本與2.5單位的勞動生產出100單位的產品。具體做法是用8:2比例的生產方法生產75單位的產品,所使用的資本量為6個單位,所使用的勞動量為1.5個單位;用5:4比例的生產方法生產25單位的產品,所使用的資本量為1.25個單位,所使用的勞動量為1個單位。這兩種方法結合使用正好用完7.25單位的資本與2.5單位的勞動,生產的產量為100個單位。

當固定比例投入的生產方法有很多很多甚至趨向於無窮時,固定比例投入的生產就變為變動比例投入的生產,折線形式的等產量曲線就變為光滑的等產量曲線。可以看出,變動比例投入的生產是固定比例投入的生產的極限情形。因此,用連接、光滑的等產量曲線討論問題與現實生活並沒有什麼本質的不同,況且這種討論還可以簡化問題。

三、要素替代

變動比例投入(或者具有多個固定比例投入)的生產的主要特徵,是不同比例的要素組合可以生產同一產量水準。也就是說,在維持同一產量水準時,要素間可以相互替代。研究要素間相互替代關係的一個重要的概念是邊際技術替代率(marginal rate of technical substitution,簡稱 MRTS)。邊際技術替代率用來測度在維持產出水準不變的條件下,增加一單位某種要素投入所能夠減少的另一要素投入量。若用勞動 L 去替代資本 K,邊際技術替代率表示為 $MRTS_{LK}$;若用資本 K 去替代勞動 L,邊際技術替代率表示為 $MRTS_{KL}$。

邊際技術替代率的幾何意義是,等產量曲線上任一點的邊際技術替代率等於該點切線斜率的負值。以勞動替代資本為例,在生產函數連續、可導的情況下

$$MRTS_{LK} = -dK/dL \tag{4.15}$$

在生產函數不連續、不可導的情況下

$$MRTS_{LK} = -\Delta K/\Delta L \tag{4.16}$$

之所以要把邊際技術替代率表示切線斜率的負值,是為了保證邊際技術替代率是一個正的值,因為在兩種要素可以相互替代的情況下,為了維持一定的產出水準,減少一種要素的投入,就必須增加另一種要素的投入,兩要素的增量是反方向變化的。在兩個增量的比值前取負號保證了邊際技術替代率是正的值。我們利用圖4-16來討論邊際技術替代率的幾何意義。

圖4-16中有兩條等產量曲線:q_0、q_1,$q_1 > q_0$。我們來看等產量曲線 q_0。q_1 曲線上有 P、R 兩點。我們討論由 P 點到 R 點在維持產出水準 q_1 不變的條件下用勞動替代資本的邊際技術替代率。生產 q_1 的產量水準,既可以使用 OK_1 單位的資本與 OL_1 單位的勞動(P 點),也可以使用 OK_2 單位的資本與 OL_2 單位的勞動(R 點)。在 P 點,資本—勞動比率 K/L 為射線 OR 的斜率 OK_1/OL_1;在 R 點,資本—勞動比率 K/L 為射線 OR 的斜率 OK_2/OL_2。從 P 點到 R 點,用勞動替代資本的比率為 $-\Delta K/\Delta L = -(OK_2 - OK_1)/(OL_2 - OL_1) = SP/SR$,因為 ΔK 與 ΔL 正負相反,我們在二者比值前加負號是為了保證比率為正的值。根據邊際技術替代率的定義,由(4.16)式可知 $MRTS_{LK} = -\Delta K/\Delta L$。它是弦 PR 的斜率(以弦 PR 的斜率代替弧 PR 的斜率),當 R 點非常接近於 P 點時,弧 PR 的

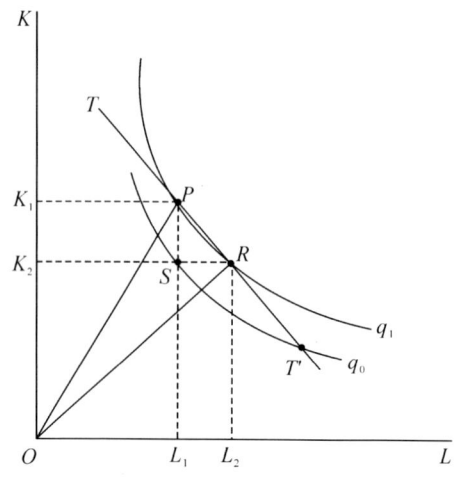

圖 4-16　邊際技術替代率的幾何意義

斜率接近於 P 點的斜率(由切線 TT' 的斜率表示)。在極限情況下,若 P 點的導數值存在,則 $MRTS_{LK} = -dK/dL$。

可以證明,邊際技術替代率等於兩種要素的邊際產量(也稱為要素的邊際生產力)之比。即

$$MRTS_{LK} = MP_L/MP_K \tag{4.17}$$

我們利用圖 4-16 就可以證明(4.17)式。令勞動投入固定為 OL_1,在圖 4-16 中,從 S 點到 P 點位資本的邊際產量,即

$$MP_K = (q_1 - q_0)/(OK_1 - OK_2) = (q_1 - q_0)/SP \tag{4.18}$$

令資本投入固定為 O,圖 4-9 中,從 S 點到 R 點為勞動的邊際產量,即

$$MP_L = (q_1 - q_0)/(OL_2 - OL_1) = (q_1 - q_0)/SR \tag{4.19}$$

用(4.19)式勞動的邊際產量與(4.18)式資本的邊際產量相除,得到邊際技術替代率,即

$$MP_L/MP_K = SP/SR = MRTS_{LK} \tag{4.20}$$

這就證明了(4.17)式。對於熟悉高等數學的讀者來說,用微分的方法證明(4.17)式更為簡便。對於生產函數 $q = q(K,L)$ 而言,用勞動替代資本而維持產出水準不變意味著當勞動投入增加而資本投入增加而資本投入減少時,產出水準保持為

$$q(K,L) = q_0 \tag{4.21}$$

就(4.21)式全微分,得到

$$\frac{\partial q}{\partial L}dL + \frac{\partial q}{\partial K}dK = 0 \tag{4.22}$$

整理(4.22)式得到

$$-dK/dL = \frac{\partial q/\partial L}{\partial q/\partial K} = \frac{MP_L}{MP_K} = MRTS_{LK} \tag{4.23}$$

因此,我們得到了(4.17)式的結果。

如果生產函數是凸函數，則邊際技術替代率是遞減的。從經濟學上講，這一特徵是不難理解的，這是邊際報酬遞減規律作用的結果。由 $MRTS_{LK}=MP_L/MP_K$，我們知道，當用勞動替代資本時，勞動增加，勞動的邊際產量 MP_L 遞減；資本減少，資本的邊際產量 MP_K 遞增。所以 MP_L/MP_K 遞減。邊際技術替代率遞減表示為 $-d^xK/dL^x<0$。

四、生產的經濟區域

在所投入的資本與勞動兩種要素都可以變動的情況下，不存在只有一種變動要素投入情況下那樣的生產三個階段的劃分，但是存在著生產的經濟區域(economic region of production)與非經濟區域的劃分。我們利用圖 4-17 進行討論。

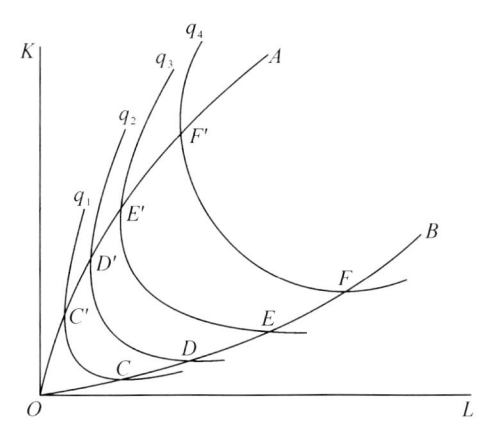

圖 4-17　生產的經濟區域

在圖 4-17 中我們象徵性地畫出了四條等產量曲線：q_1、q_2、q_3、q_4。這四條等產量曲線都很特別。就其中任一條等產量曲線而言，並非在曲線的每一點上斜率都是負值，也就是說並非曲線上每一點的邊際技術替代率都是正的值。

我們用「脊」線(「ridge」line)將等產量曲線上斜率為正值的區域與斜率為負值的區域分開。所謂「脊」線是指連接等產量曲線上邊際技術替代率為 0 的點的線與連接等產量曲線上邊際技術替代率為無窮大的點的線。圖 4-17 中，等產量曲線上 C、D、E、F 點的邊際技術替代率為 0，C′、D′、E′、F′點的邊際技術替代率為無窮大。因此連接 C、D、E、F 點的曲線 OB 線與連接 C′、D′、E′、F′點的曲線 OA 線為「脊」線。

「脊」線以內的區域為生產的經濟區域，也叫做生產的相關段(relevant range of production)。「脊」線以外的區域為生產的非經濟區域。之所以稱為生產的經濟區域是因為如果把生產選擇在這一區域，不會造成資源的浪費。而在生產的非經濟區域進行生產則會造成資源的浪費。由圖 4-17 可以看出，在「脊」線以外的區域，等產量曲線的斜率是正的值。這表明，在「脊」線以外，為了維持既定的產量水準，在增加一種要素的同時必須增加另一種要素，要素之間並不存在替代的關係。若將生產從「脊」線以外的區域移到「脊」線以內的區域，既維持了既定的產出水準，又節約了資本與勞動兩種要素的投入，因此，「脊」線以外的區域是生產的非經濟區域。

第七節　規模報酬

生產要素按相同的比例變動所引起的產出的變動稱為規模報酬(returns to scale) 的變動。我們根據產出變動與投入變動之間的關係將生產函數分為常數規模報酬(constant returns to scale)、遞增規模報酬(increasing returns to scale)、遞減規模報酬(decreasing returns to scale) 三種情況。

一、常數規模報酬

對於生產函數 $q = f(K,L)$ 而言，若 $f(\lambda K, \lambda L) = \lambda f(K,L)$，則該生產函數為常數規模報酬的生產函數。其中 λ 為一常數。圖 4－18 顯示了常數規模報酬生產函數的幾何意義。

圖 4－18　常數規模報酬生產函數

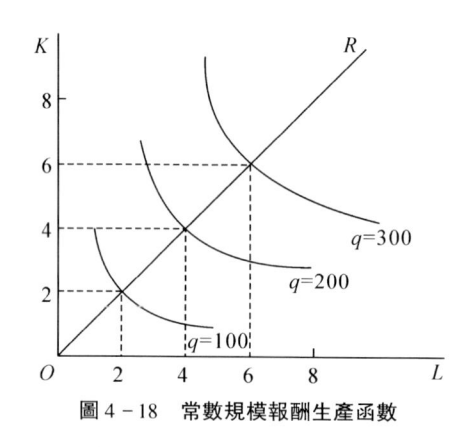

圖 4－18 表明，對於常數規模報酬的生產函數來講，投入擴大某一倍數，產出也擴大相應的倍數。當勞動與資本投入分別為 2 個單位時，產出為 100 個單位；當勞動與資本投入分別為 4 個單位時，產出為 200 個單位。產出與投入擴大了相同的倍數。

二、遞增規模報酬

對於生產函數 $q = f(K,L)$ 而言，若 $f(\lambda K, \lambda L) > \lambda f(K,L)$，則該生產函數為遞增規模報酬的生產函數。圖 4－19 顯示了遞增規模報酬生產函數的幾何意義。

圖 4－19 表明，對於遞增規模報酬的生產函數來講，勞動與資本擴大一個較小的倍數就可以導致產出擴大較大的倍數。當勞動與資本投入分別為 2 個單位時，產出為 100 個單位；但是生產 200 單位的產量所需要的勞動與資本投入分別少於 4 個單位。產出是原來的 2 倍，投入卻不到原來的 2 倍。

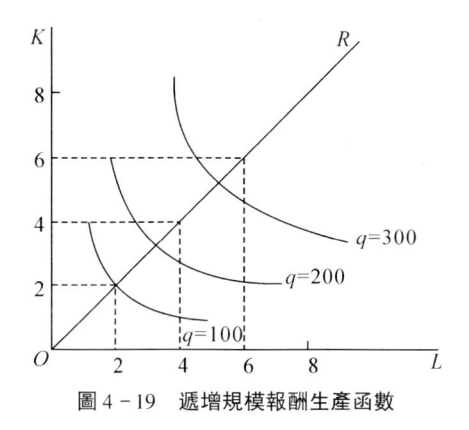

図 4-19　遞增規模報酬生產函數

三、遞減規模報酬

對於生產函數而言，$q = f(K, L)$，若 $f(\lambda K, \lambda L) < \lambda f(K, L)$，則該生產函數為遞減規模報酬的生產函數。圖 4-20 顯示了遞減規模報酬生產函數的幾何意義。

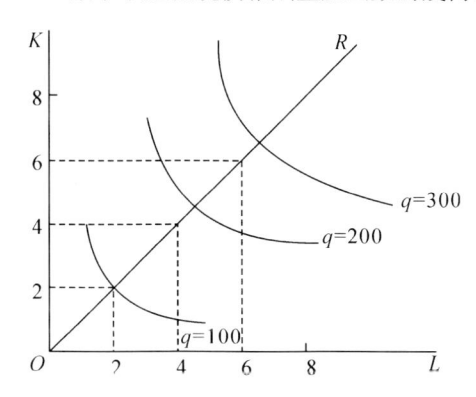

図 4-20　遞減規模報酬生產函數

圖 4-20 表明，對於遞減規模報酬的生產函數來講，勞動與資本擴大一個較大的倍數只能導致產出擴大較小的倍數。當勞動與資本分別投入為 2 個單位時，產出為 100 個單位；但是當勞動與資本分別投入為 4 個單位時，產出水準低於 200 個單位。投入是原來的 2 倍，但是產出卻不到原來的 2 倍。

習題

1. 廠商在生產中達到了技術上的效率是否意味著達到了經濟上的效率？為什麼？
2. 對於生產者而言，什麼樣的要素投入組合才是最優的？怎樣實現要素投入最優組合？
3. 根據表 4-5 中的數據回答下列問題：

表 4-5　　　　　　　　　　勞動、資本投入量與產出量

資本投入量 \ 勞動投入量 產出量	1	2	3
1	50	70	80
2	70	100	120
3	80	120	150

(1) 該表表現的是遞增、遞減還是常數規模報酬的生產函數？

(2) 哪些點在同一條等產量曲線上？

(3) 是否存在邊際報酬遞減？

4. 證明對於 CES 生產函數 $q = A[AK^{-\rho} + (1-\alpha)L^{-\rho}]^{-1/\rho}$ 而言，邊際產量與平均產量以及邊際技術替代率都是資本與勞動比率的函數。

第五章　成本理論

案例導入

上大學的代價是什麼

上大學是要花錢的,這就是上大學的成本。從目前來看,每位大學生大學四年的學費、書費等各種支出約為 4 萬元。這錢要實實在在地支出,稱為會計成本。

但上大學的代價絕不僅是這會計成本。為了上大學,要放棄工作的機會,放棄工作所不得不放棄的工資收入就是上大學的機會成本。例如,一個人如果不上大學而去工作,每年可以得到 1 萬元,這四年的機會成本就是 4 萬元。上大學的代價應該是會計成本 4 萬元與機會成本 4 萬元,共計 8 萬元。對一般人來說,上大學會提高工作能力,有更好的機會,以後收入更多。例如,如果一個沒上過大學的人,一生中每年收入 1 萬元,從 18 歲開始工作到 60 歲退休,42 年共計 42 萬元。一個上過大學的人,一生中每年收入為 1.5 萬元,從 22 歲開始工作,到 60 歲退休,38 年共計 57 萬元。上大學的人一生中總收入比沒上大學的人高出 15 萬元。上大學的會計成本與機會成本之和為 8 萬元。15 萬元減去 8 萬元為 7 萬元。這就是上大學的經濟利潤。所以,上大學是合適的。這就是每個人都想上大學的原因。

但對一些特殊的人,情況就不是這樣的了。比如,一個有籃球天才的美國青年,如果在高中畢業後就去打籃球,每年收入 200 萬美元。這樣,他上大學的機會成本就是 800 萬美元。這遠遠高於一個大學生一生的收入。因此,有這種天才的青年,即使學校提供全額獎學金也不應該去上大學。這就是把機會成本作為上大學的代價。不上大學的決策就是正確的。同樣,有些具備當模特氣質與條件的姑娘,放棄上大學也是因為當模特時收入高,上大學機會成本太大。當你瞭解機會成本後就知道為什麼有些年輕人不上大學的原因了。可見機會成本這個概念在我們日常生活的決策中也是十分重要的。

成本是企業、政府乃至消費者個人進行經濟決策需要考慮的重要因素。廠商要取得最大化的利潤,政府要想實現資源在全社會範圍內的有效配置,個人要想實現資產的有效組合,都必須進行成本與收益的分析。廠商的利潤最大化理論、政府公共工程的評價等,主要是建立在成本分析的基礎之上。本章我們將從廠商決策的角度討論成本理論。我們將在成本分析的基礎上結合收益分析研究廠商的利潤最大化問題。

第一節　成本的概念

經濟學中的成本概念與會計中的成本概念是有區別的。會計中的成本通常是指顯成本(explicit cost)。經濟學中的成本除了顯成本外,還包括隱成本(inplicit cost)。

一、顯成本與隱成本

影響廠商決策的成本是機會成本。關於機會成本的概念,本書第一章中已經進行了討論。使用一種資源的機會成本是指把該資源投入某一特定用途後所放棄的在其他用途中所能夠獲得的最大利益。機會成本包括顯成本與隱成本兩部分。顯成本是廠商購買所需要投入物的實際支出。隱成本是廠商在生產過程中或經營活動中所使用的自己所擁有的投入物的價值。

我們舉一個例子來說明顯成本與隱成本概念。假定某一店主每年花費 40,000 元的資金租賃商店設備。年終該店主從銷售中所獲毛利為 50,000 元。該店主賺了多少錢?從顯成本的角度看,該店主賺了 10,000 元,因為顯成本是 40,000 元。但是從隱成本的角度看,該店主可能一點錢也沒賺。該店主的隱成本是多少?計算隱成本是一件比較複雜的事,我們只能進行粗略的估算。假定市場利率為 10%,該店主從事其他職業所能獲得的收入是 20,000 元,則該店主的隱成本是 24,000 元(20,000 + 40,000 × 10%)。該店主的機會成本是 64,000 元。從機會成本的角度看,該店主不僅沒有賺錢,反倒賠了錢。我們也可以說該店主獲得的會計利潤是 10,000 元,但是獲得的經濟利潤是 -14,000 元(50,000 - 64,000)。會計利潤以會計成本的計算為基礎,經濟利潤以機會成本的計算為基礎。表 5-1 所列的數據有助於我們進一步理解會計成本、機會成本以及經濟利潤之間的關係。

表 5-1　　　　　　　　　　經濟利潤的計算　　　　　　　　　　單位:元

銷售總收益	1,000,000
減:直接成本(原料、勞動、電力等)	650,000
毛利(企業一般管理費用的貢獻)	350,000
減:間接成本(折舊、企業一般管理費用、管理薪金等)	140,000
所得稅前的「淨利潤」	210,000
減:自有資金估算費用等(即隱成本)	100,000
所得稅前的「經濟利潤」	110,000
減:應支付的所得稅	36,300
所得稅後的經濟利潤	73,700

表 5-1 中,直接成本加間接成本為顯成本,也就是通常所說的會計成本。所得稅前

的「淨利潤」為會計利潤，顯成本加隱成本為機會成本，銷售總收益減機會成本等於經濟利潤，對於廠商來講，所謂利潤最大化是指經濟利潤最大化。因此，廠商必須從機會成本的角度考慮問題。廠商從事一項經濟活動不僅要能夠彌補顯成本，還要能夠彌補隱成本。否則，廠商可以從事另一項更能盈利的經濟活動。不同的行業，隱成本包括的範圍不一樣。有風險的行業通常把風險費用也列入隱成本，風險越大，所要考慮的隱成本越大。如果廠商使用自己所擁有的專利進行生產，那麼該項專利也應該列入隱成本之列。我們可以設想，如果廠商不是用自己所擁有的專利進行生產，而是購買別人的專利進行生產，那麼他所支出的是一筆實實在在的成本。

並不是廠商所耗費的所有成本都要列入機會成本之中。只有那些與廠商決策有關的成本才列入機會成本之中，一些與廠商決策無關的成本則不列入。例如，有一種成本，稱為旁置成本(sunk cost)，不列入機會成本之中。旁置成本也叫做沉沒成本，它是已經花費而又無法補償的成本。比方說，某家公司打算將公司總部從 A 市遷往 B 市。該公司去年已經花了 40 萬元錢獲得在 B 市購買某項建築的權力。這 40 萬元支出屬於旁置成本。假定該公司實際購買 B 市的建築物時還需要支付 400 萬元錢。又假定該公司發現另一處同樣的建築物只要花費 420 萬元的總費用就可以獲得其所有權。該公司究竟應該購買哪一座建築物？當然是前一座建築物。儘管前一座建築物前後花費的支出為 440 萬元錢，而後一處建築物只需要花費 420 萬元總支出，但是在進行決策前，公司已經在前一處建築物上花費了 40 萬元錢，公司只需要再花費 400 萬元錢就可以獲得前一處建築物的所有權。而公司若要取得後一處建築物的所有權，還需要花費 420 萬元錢。可見，機會成本是和決策有關的成本。

二、社會成本與私人成本

社會成本(social cost)是從社會整體來看待的成本。社會成本也是一種機會成本，即把社會的資源用於某一種用途就放棄了該資源最有利可圖的其他機會。

私人成本(private cost)是個人活動由他本人負擔的成本。私人經濟活動往往對社會造成影響，從而產生社會成本。在本書的稍後部分的討論中我們會發現，如果不存在外部性，則私人成本與社會成本完全一致。若存在外部性，則私人成本與社會成本不一致。

以下所討論的廠商的成本是從私人成本的角度討論的，所使用的成本的概念是指機會成本，即包括顯成本與隱成本兩個方面。

三、成本函數

如果理解了生產函數，那麼對成本函數的理解並不困難。實際上我們可以從生產函數導出成本函數。考慮一下方程組

$$q = f(K, L) \qquad (生產函數)(5.1)$$
$$C = \gamma K + \omega L \qquad (成本方程)(5.2)$$
$$g(K, L) = 0 \qquad (擴張路線方程)(5.3)$$

求廠商利潤最大化的均衡解，可以把上述三個方程簡化為一個方程。這個簡化的方

程把成本表示成產出水準以及投入的生產要素價格的顯函數。即

$$C = \varphi(q, \gamma, \omega) \tag{5.4}$$

例如,對於柯布—道格拉斯生產函數($q = AK^{\alpha}L^{\beta}$)而言,若給定(5.2)式形式的成本方程,那麼,在既定的產出水準下求成本的最小化,可以最終把成本表示為

$$C = (\alpha + \beta)\left(\frac{\omega^{\beta}\gamma^{\alpha}}{A\alpha^{\alpha}\beta^{\beta}}\right)^{1/(\alpha+\beta)} q^{1/(\alpha+\beta)} \tag{5.5}$$

當 $\alpha + \beta$ 分別小於1、等於1、大於1時,(5.5)式成本函數分別是凸的、線性的、凹的。

如果我們假定生產要素的價格 γ、ω 不變,那麼(5.4)式或(5.5)式的成本函數就只是產出水準 q 的函數。在生產要素的價格 γ、ω 不變的條件下,我們令(5.5)式中的

$$(\alpha + \beta)\left(\frac{\omega^{\beta}\gamma^{\alpha}}{A\alpha^{\alpha}\beta^{\beta}}\right)^{1/(\alpha+\beta)} = \alpha$$

則(5.5)可以表示為

$$C = \alpha q^{1/(\alpha+\beta)} \tag{5.6}$$

個體經濟學在討論成本理論時,通常假定生產函數的價格不變,而把成本看做是產出水準的函數。具體的成本函數可以有各種不同的形式。在經濟分析中,經常運用的成本函數除了柯布—道格拉斯生產函數導出的(5.6)式的成本函數外,還有三次成本函數。三次成本函數的一般公式是

$$C = C(q) = \alpha q^3 + \beta q^x + \gamma q + \delta \tag{5.7}$$

其中 α、γ、$\delta \geq 0$;$\beta < 0$;$\beta^x < 3\alpha\gamma$。δ 代表固定成本。因此,就短期而言,$\delta > 0$;就長期而言,$\delta = 0$。

以下關於成本問題的討論,無論是短期成本函數還是長期成本函數,大多是以三次成本函數為例。之所以如此,是因為三次成本函數的圖形與我們上一章所討論的具有一種可變投入要素下的產出圖形具有對偶的特徵。

第二節　短期成本

一、短期總成本

假定生產要素的價格不變,只把成本看做是產出的函數。短期總成本(short-run total cost,簡稱 STC)是廠商在短期生產中所耗費的全部成本,其中包括總固定成本(total fixed cost,簡稱 TFC)與總變動成本(total variable cost,簡稱 TVC)兩個部分。短期總成本可以簡單表示為 C,其一般形式為

$$C = f(q) + b \tag{5.8}$$

其中,$f(q)$ 為變動成本,b 為固定成本。固定成本(fixed cost)是廠商花費在所有固定投入上的費用,固定成本不隨產量的變化而變化。變動成本(variable cost)是廠商花費在所有變動投入上的費用,變動成本隨產量變化而變化。假定成本函數是(5.7)式表達的三次成本函數,即 $C = \alpha q^3 + \beta q^x + \gamma q + \delta$,我們可以畫出短期總成本、總固定成本、總變動

成本的圖形,見圖 5−1。

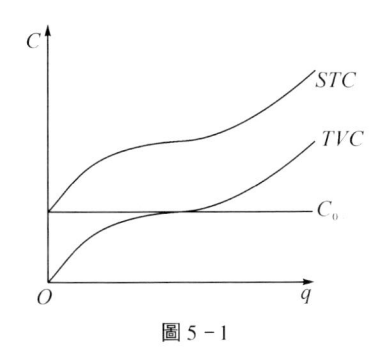

圖 5−1

圖 5−1 中,橫坐標表示產出水準 q,縱坐標表示成本 C。總固定成本是一條與橫坐標軸相平行的直線,表示不管產出水準是多高,這筆成本支出不變,為 C_0。其中變動成本 TVC 隨產出的變化而變化。總變動成本曲線在產出的不同階段呈現不同的變化特徵,先以遞減的速率增加,後以遞增的速率增加。這種變化的特徵與生產函數理論中具有一種可變投入要素的總產量曲線呈現出對偶性。在那裡,隨著變動要素投入量的增加,產出水準先以遞增的速率增加,後以遞減的速率增加,造成這兩種曲線變化呈現對偶特徵的原因是同一個,即邊際報酬遞減規律在起作用。短期總成本曲線 STC 由總固定成本曲線與總變動成本曲線縱向相加而得到。短期總成本曲線的變化與總變動成本曲線的變化呈現相同的特徵。

二、短期平均成本與短期邊際成本

平均成本(average cost)是平均每一單位產量所分攤的成本。對於(5.8)式的成本函數而言,短期平均成本(short-run average cost,簡稱 SAC)表示為

$$SAC = f(q)/q + b/q \tag{5.9}$$

對於(5.7)式的三次總成本函數而言,短期平均成本表示為

$$SAC = \alpha q^x + \beta q + \gamma + \delta/q \tag{5.10}$$

短期平均成本由兩部分構成,一部分是平均變動成本(average variable cost,簡稱 AVC),另一部分是平均固定成本(average fixed cost,簡稱 AFC)。就(5.10)式來講,平均固定成本為

$$AFC = \delta/q \tag{5.11}$$

平均變動成本為

$$AVC = \alpha q^x + \beta q + \gamma \tag{5.12}$$

不管是平均固定成本還是平均變動成本都隨產量的變化而變化。以(5.11)式表示的平均固定成本是一條直角雙曲線,其圖形如圖 5−2 所示。

圖 5-2 平均固定成本

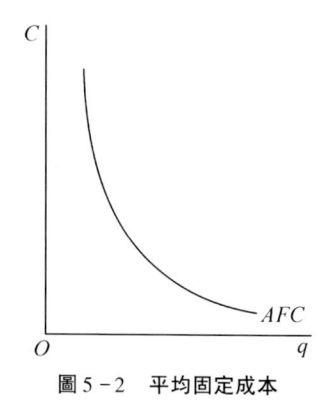

以(5.12)式表示的平均變動成本曲線是一條二次成本曲線，其圖形如圖5-3所示。

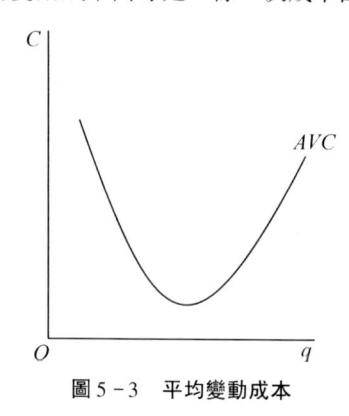

圖 5-3 平均變動成本

合併圖5-2和5-3，得到如圖5-4的短期平均成本曲線。

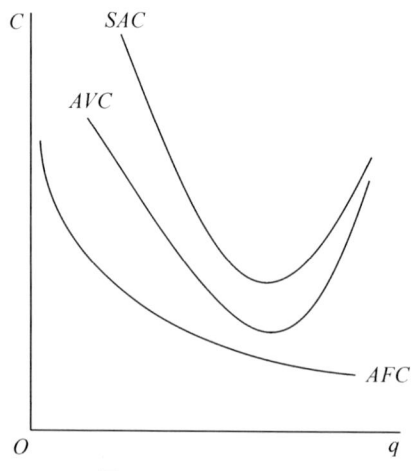

圖 5-4 短期平均成本

圖 5-4 中的短期平均成本曲線 SAC 由平均固定成本曲線 AFC 與平均變動成本曲線 AVC 的垂直相加得到。短期平均成本曲線先下降後上升，這一特徵正好與上一章所討論的平均產量曲線先上升後下降呈對偶的特徵。我們曾經指出，成本函數可以從生產函數導出。平均成本曲線的變化特徵當然也可以從平均產量曲線的變化特徵導出。在要素價格不變的假定下，平均變動成本表示為 $AVC = pv/q$。其中 p 為要素的價格，v 為要素投入量，q 為產量。上式可以進一步表示為

$$AVC = p(v/q) = p(1/AP) \tag{5.13}$$

其中，AP 為要素的平均產量。顯然，平均變動成本與平均產量呈反方向變化。從幾何圖形上看，如果平均產量先上升後下降，那麼平均變動成本就必然先下降後上升。由於平均固定成本隨產量的增加而一直下降，因此短期平均成本曲線與平均變動成本曲線一樣先下降後上升。

我們再來討論短期邊際成本(short-run marginal cost，簡稱 SMC)。短期邊際成本是產量的增量所引起的總成本的增量。即

$$\begin{aligned} SMC &= dTC/dq \quad \text{(在函數連續、可求導的情況下)} \\ &= \Delta TC/\Delta q \quad \text{(在函數不連續、不可求導的情況下)} \end{aligned} \tag{5.14}$$

短期邊際成本隨產出的變化而變化，它與固定成本無關。所以短期邊際成本又可以表示為

$$\begin{aligned} SMC &= d/TVC/dq \quad \text{(在函數連續、可求導的情況下)} \\ &= \Delta TVC/\Delta q \quad \text{(在函數不連續、不可求導的情況下)} \end{aligned} \tag{5.15}$$

如果短期總成本函數是如同(5.7)式的三次成本函數，那麼短期邊際成本為二次成本函數。由(5.7)式的 $C = \alpha q^3 + \beta q^x + \gamma q + \delta$，對 q 求導，可得到

$$SMC = 3\alpha q^x + 2\beta q + \gamma \tag{5.16}$$

與(5.16)是相對應的短期邊際成本曲線如圖 5-5 所示。

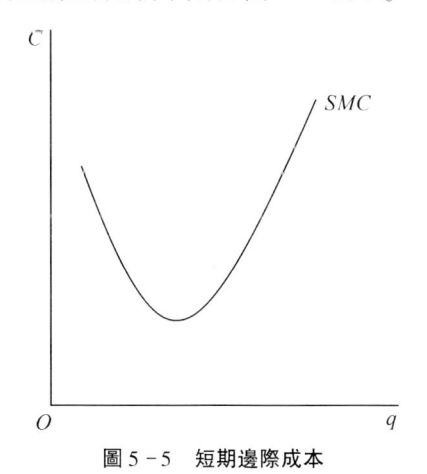

圖 5-5　短期邊際成本

三次總成本函數所對應的邊際成本曲線呈現先下降後上升的特徵。這一特徵正好

與上一章所討論的邊際產量曲線先上升後下降成對偶的特徵。正如平均成本曲線的變化特徵可以從平均產量曲線的變化特徵導出一樣,邊際成本曲線的變化特徵也可以從邊際產量曲線的變化特徵導出。在要素價格不變的假定下,短期邊際成本表示為

$$SMC = dTC/dq = d(pv)/dq$$

其中 P 為要素的價格,v 為要素投入量,q 為產量。上式可以進一步表示為

$$SMC = p(dv/dq) = p(1/MP) \tag{5.17}$$

其中,MP 為要素的邊際產量。顯然,邊際成本與邊際產量反方向變化。從幾何圖形上看,如果邊際產量先上升後下降,那麼邊際成本就必然先下降後上升。

如同在生產理論中邊際產量與平均產量存在密切的關係一樣,在成本理論中邊際成本與平均成本也存在密切的關係。而且邊際成本與平均產量達到最大值時與平均產量相等;邊際成本則是在平均成本達到最小值時與平均成本相等。從幾何圖形上看,短期邊際成本分別過平均變動成本曲線與短期平均成本曲線的最低點,如圖 5-6 所示。

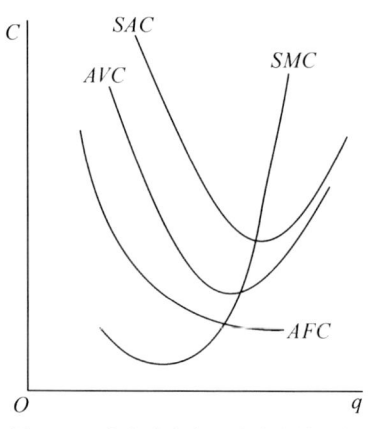

圖 5-6 邊際成本與平均成本的關係

證明邊際成本分別在平均變動成本以及短期平均成本達到最小值時與後二者相等是不困難的。按照求極值的必要條件,我們分別就平均變動成本與短期平均成本對產量求一階導數,並令導數值等於 0,便可以證明這一結果。

由於平均變動成本表示為 AVC = TVC/q,所以

$$\begin{aligned} dAVC/dq &= d(TVC/q)dq = (qdTVC/dq - TVC)/q^x \\ &= (dTVC/dq - TVC/q)/q = (SMC - AVC)/q \end{aligned} \tag{5.18}$$

按照求極值的必要條件,令(5.18)式等於 0,可以推知 $SMC = AVC$,因此,短期邊際成本在平均變動成本達到最小值時與平均變動成本相等。由(5.18)式可以看出,若 $SMC < AVC$,則 $dAVC/dq < 0$,表示短期邊際成本小於平均變動成本時,短期平均變動成本隨產出的增加而下降。若 $SMC > AVC$,則 $dAVC/dq > 0$,表示短期邊際成本大於平均變動成本時,短期平均變動成本隨產出的增加而上升。

同樣,可以證明短期邊際成本在短期平均成本達到最小值時與短期平均成本相等,並且可以證明在短期邊際成本小於短期平均成本時,短期平均成本隨產出的增加而下

降,在短期邊際成本大於短期平均成本時,短期平均成本隨產出的增加而上升。

利用總成本曲線可以直觀地看出短期邊際成本、平均變動成本與短期平均成本的關係。如圖5-7所示。

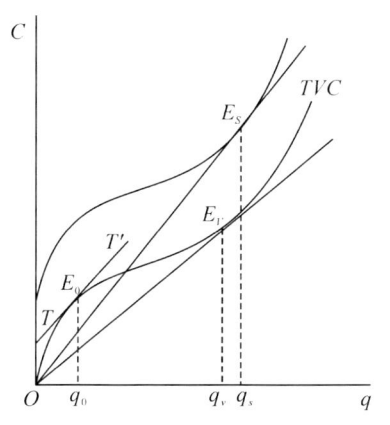

圖5-7 短期各種成本的關係

以總變動成本為例。根據定義,平均變動成本等於總變動成本除以產量。從圖形上看,總變動成本上任一點,比如 E_0 點到原點的直線與橫坐標所構成的角的正切值,代表與 E_0 相對應的產出點 q_0 下的平均變動成本。也就是說 OE_0 線的斜率代表產出水準 q_0 時的平均變動成本。總變動成本上任一點,比如 E_0 點的切線(由 TT' 線表示)的斜率代表與 E_0 點相對應的產出水準 q_0 下的短期邊際成本。在總變動成本曲線上的 E_v 點,該點的切線恰好過原點。因此 OE_v 線的斜率既表示產出水準為 q_v 時的短期邊際成本,又表示產出水準為 q_v 時的平均變動成本。很明顯, OE_v 線的斜率比連接原點與總變動成本曲線上其他任一點的直線的斜率都要小。所以說,短期邊際成本在平均變動成本達到最低時與平均變動成本相等。同理, E_s 點對應於短期平均成本最低點。在該點,短期邊際成本與短期平均成本相等。

第三節　長期成本

長期內,廠商所投入的所有生產要素都可以變動,因而所有的成本都可以變動,不存在固定成本與變動成本之分。長期成本函數的一般公式是

$$C = f(q) \tag{5.19}$$

對於三次成本函數而言,長期成本函數的公式為

$$C = \alpha q^3 + \beta q + q \tag{5.20}$$

其中, $\alpha 、 \gamma > 0, \beta > 0$ 。

我們分別從長期總成本(long-run total cost,簡稱 LTC)、長期平均成本(long-run average cost,簡稱 LAC)、長期邊際成本(long-run marginal cost,簡稱 LMC)等方面討論長

期成本。

一、長期總成本

長期總成本是由眾多條短期總成本構成的。長期總成本曲線是短期總成本的曲線的包絡線(envelope curve)，如圖 5-8 所示。

圖 5-8　長期總成本曲線

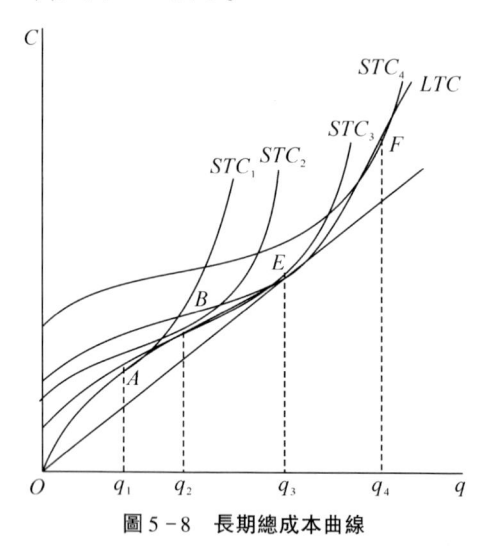

圖 5-8 中，長期總成本曲線從短期總成本曲線的下方包絡眾多條短期總成本曲線(由 STC_1、STC_2 等表示)。長期總成本曲線從原點開始，表示長期總成本完全隨產出的變化而變化的。每一條短期總成本曲線都不是從原點開始，表示一旦從短期的角度看待成本，就總存在一些固定成本，這一部分成本不隨產出的變化而變化，短期總成本曲線在縱坐標軸上的截距越大，代表的企業規模越大，因為較大的企業規模總是產生較高的固定成本。

長期總成本曲線由每一種產出水準下產生最低長期總成本的點構造而成，例如圖 5-8 中的 A、B、E、F 等點，是對應的產出水準 q_1、q_2、q_3、q_4 下產生最低長期總成本的點。在這些點上，短期總成本曲線與長期總成本曲線相切，因此這些點上，對應的產出水準所耗費的短期總成本最小。

由三次成本函數所構造的長期總成本曲線與由三次成本函數所構造的短期總成本曲線具有相似的特徵。長期總成本曲線也是隨產量的增加而上升，並且先以遞減的速率上升，後以遞增的速率上升。二者的形狀相同，區別在於短期總成本比長期總成本多了一個固定成本。

二、長期平均成本

長期平均成本等於長期總成本除以產量。根據(5.20)式的長期總成本函數得到長期平均成本函數

$$AC = \alpha q^x + \beta q + \gamma \tag{5.21}$$

我們曾經指出,長期是企業的計劃期,因此,長期平均成本是企業的計劃平均成本。長期平均成本對於企業的長期決策是至關重要的。追求利潤最大化的廠商在制訂生產計劃時,必須設法把長期平均成本降到最低點。

平均成本的高低與企業規模的大小、產出水準的高低有關。如果用太大的規模生產太低的產量,或者用太小的規模生產太高的產量,都會產生較高的平均成本。如果不考慮其他因素,單就成本決策而言,廠商應該選擇能夠產生最低長期平均成本的生產規模,比如,圖 5-9 中的 E 點。

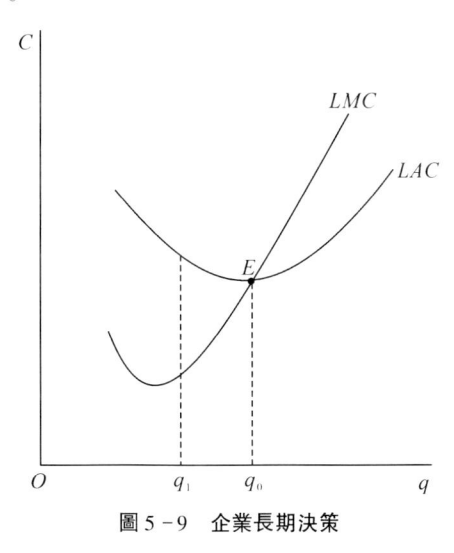

圖 5-9　企業長期決策

圖 5-9 中,長期邊際成本曲線 LMC 過長期平均成本曲線 LAC 的最低點 E 點,這一特徵我們將在下文進行討論。如果不考慮其他因素,企業在做長期計劃時應該把產出水準推進到 q_0,並且用能夠產生 E 點這一最低長期平均成本水準的生產規模進行生產。但是,企業在進行長期決策時還不能僅僅看長期平均成本是否最低,還要看產品的銷路。有時生產 q_0 的產量不一定能銷得出去,市場對於企業產品的需求量可能長期只維持在 q_1 的水準。企業只能以銷定產,來制定生產 q_1 的產出水準。不同的產出水準所需設定的生產規模是不同的。用較大的規模生產較少的產量會造成設備的閒置與浪費,因此,企業在做長期決策時必須依據其產出計劃設定企業規模。

借助於圖 5-10,我們來看看廠商如何選擇生產規模。假定某行業的廠商只能利用大、中、小三種規模進行生產。每一種生產規模都產生相應的短期平均成本曲線。小規模生產所產生短期平均成本曲線為 SAC_1;中等規模生產所產生的短期平均成本曲線為 SAC_2;大規模生產所產生的短期平均成本曲線為 SAC_3。廠商可以根據自己計劃生產的產出水準選擇生產規模。比如,廠商若打算生產 q_1 的產量,就應該選擇能產生短期平均成本曲線 SAC_1 的小規模生產。廠商若打算生產 q_3 的產量,就應該選擇產生短期平均成本曲線 SAC_2 的中等規模生產。廠商若打算生產 q_5 的產量,就應該選擇能產生短期平均

成本曲線 SAC_3 的大規模生產。

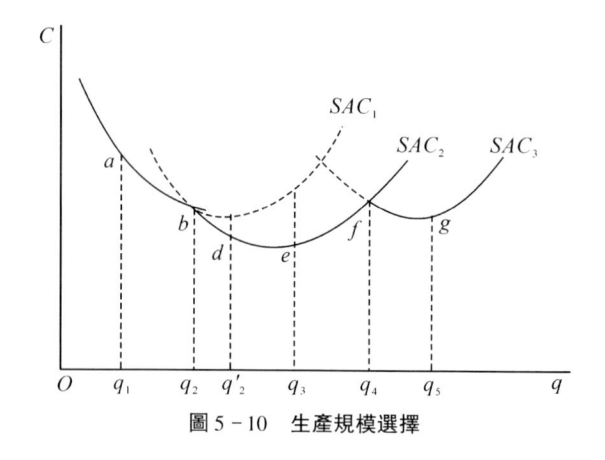

圖 5-10　生產規模選擇

有時某一種產出水準可以用兩種規模中的任一種規模生產,而產生相同的平均成本。例如,q_2 的產出水準既可以用小規模生產,也可以用中等規模生產,二者產生相同的平均成本。廠商究竟選擇用哪一種規模生產,要看長期產品的銷售量是擴張還是收縮而定。若長期產品的銷量會在 q_2 的基礎上進一步擴張,則應該選擇中等生產規模,若長期產品的銷量會在 q_2 的基礎上收縮,則應該選擇小的生產規模。

廠商一旦建立起某種生產規模,所討論的問題便是一個短期的問題。例如,廠商一旦建立起能產生短期平均成本曲線 SAC_1 的較小生產規模後,只有生產較低的產量才會產生較低的平均成本。若廠商要用這種較小的規模生產較高的產量,比如生產 q_3 的產量,就只能用較高的平均成本生產。但是,在長期內,廠商可以通過擴大生產規模使成本降低。

廠商長期決策與短期決策不同。短期內,由於生產規模不能變動,因此廠商要做到在既定的規模下使平均成本降到最低。長期決策則要在相應的產量下使成本最低。例如圖 5-10 中 q'_2 的產出水準,雖然從短期看用小的規模生產這一產出水準達到了 SAC_1 的最低點,但是它仍然高於中等規模下生產這一產出水準的平均成本,儘管用中等規模生產所產生的平均成本並不是在平均成本曲線 SAC_2 的最低點。

長期平均成本曲線與短期平均成本曲線的關係是,長期平均成本曲線是短期平均成本曲線的包絡線。就圖 5-10 所顯示的圖形而言,長期平均成本曲線由圖中的實線組成。由於只存在三種可供選擇的規模,因此圖 5-10 中的長期平均成本曲線並不是一條連續的曲線。在兩條短期平均成本的相交點,例如 b 點,長期平均成本曲線不連續。如果廠商存在無窮多種可供選擇的生產規模,則由這無窮多種短期平均成本曲線的包絡線而形成的長期平均成本曲線是一條光滑連續的曲線,如圖 5-11 所示。

圖 5-11 中,長期平均成本曲線 LAC 是無窮多條短期平均成本曲線的包絡線。其中,產生短期平均成本曲線 SAC_m 的生產規模是最優生產規模。採用這一生產規模可以達到長期平均成本最低點 E 點。至此,我們可以給長期平均成本曲線下一個比較恰當的定義,即長期平均成本曲線是表示生產每一種可行產量水準的最低單位成本曲線。

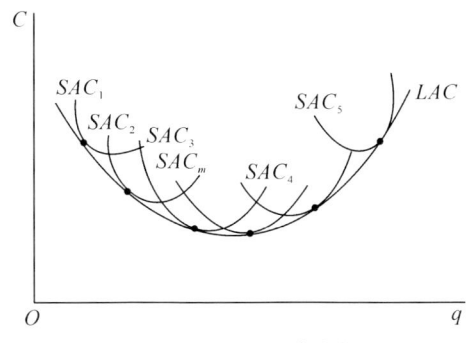

圖 5-11　長期平均成本曲線

長期邊際成本是當產量擴張時所增加的最低數量的成本,或當產量收縮時所能節約的最高數量的成本。根據(5.20)式的長期總成本函數得到長期邊際成本函數

$$LMC = 3\alpha q^x + 2\beta q + \gamma \qquad (5.22)$$

由圖 5-8 的長期總成本曲線可以導出長期邊際成本曲線。如圖 5-9 所顯示的,長期邊際成本曲線是一條過長期平均成本曲線最低點的曲線。

三、包絡線與擴張路線

包絡線上長期平均成本曲線與短期平均成本曲線相切的切點,與第四章生產理論中所討論的擴張路線上的點,是一一對應的。由於擴張路線是每一種產量水準下最低成本點的軌跡,因此,每一點所對應的產量都產生最低的長期總成本。用這一長期總成本除以產量便得到長期平均成本。不在擴張路線上的點的平均成本大於在擴張路線上的點的平均成本,正如不在包絡線上的點的平均成本大於包絡線上的點的平均成本一樣。我們借助於圖 5-12 討論這種對應關係。

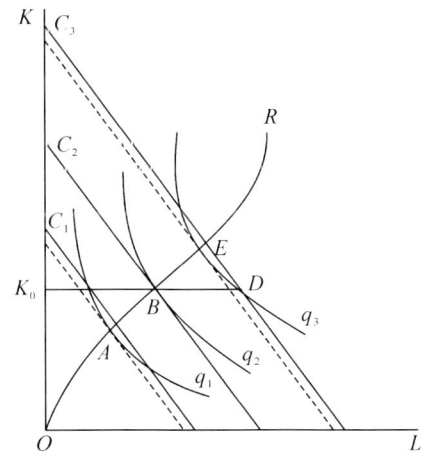

圖 5-12　擴張路線與成本變動

圖 5-12 是我們已經熟悉的擴張路線。我們要說明不在擴張路線上的平均成本大於擴張路線上的平均成本。假定短期廠商的資本投入固定為 K_0，勞動為變動要素投入。在資本投入固定為 K_0 的情況下，能夠產生最低總成本（當然也是最低平均成本）的長期均衡點是 B 點。B 點在擴張路線 OR 上，與 B 點對應的產出水準是 q_2，總成本支出是 C_2，假定廠商想用 K_0 的固定資本投入生產 q_3 的產量，所耗費的總成本支出是 C_3，所使用的生產要素投入組合是在等產量曲線 q_3 上的 D 點。C_3 是生產 q_3 產出水準的短期總成本。如果在長期，生產規模可以調整，廠商應該把生產要素投入的組合調整到等產量曲線 q_3 上的 E 點，與 E 點相切的等成本線肯定低於 C_3，因此 E 點所耗費的平均成本低於 D 點所耗費的平均成本。所以，生產 q_3 的產量，長期平均成本低於短期平均成本。同理，用 K_0 的資本存量生產 q_1 的產出水準也會產生較高的成本（由過 F 點的成本線 C_1 表示）。如果在長期廠商把生產規模調整到擴張路線上的 A 點，則耗費的成本要低於 C_1。擴張路線上的 A、B、E 等點都是產生最低長期平均成本的點。因此，擴張路線上的點與包絡線上即長期平均成本曲線上的點是一一對應的。

四、成本彈性與函數系數

成本彈性（cost elasticity）與函數系數（function coefficient）被用於刻畫產出與投入以及產出與成本之間的關係。

我們先來看成本彈性。成本彈性分為總成本彈性（elasticity of total cost）與平均成本彈性（elasticity of average cost）。

總成本彈性用來測度總成本變動對於產出變動的敏感性。設總成本函數為 $c = f(q)$，假定函數連續、可求導，則總成本彈性（用 k 表示）為

$$k = (dc/c)/(dq/q) = (dc/dq)/(c/q) = MC/AC \tag{5.23}$$

平均成本彈性用來測度平均成本變動對於產出變動的敏感性。對應於 (5.23) 式總成本彈性的平均成本彈性（用 k_a 表示）為

$$k_a = \frac{d(c/q)/(c/q)}{dq/q} = \frac{d(c/q)}{dq}\frac{q^2}{c} = \frac{dc/dq}{c/q} - 1 = \frac{MC}{AC} - 1 = k - 1 \tag{5.24}$$

我們再來討論函數系數。函數系數表示當所有生產要素投入按同一比例變化所導致的產出比例的變化。對於生產函數 $q = f(K, L)$ 而言，假定函數連續可求導，則函數系數（用 μ 表示）為

$$\mu = (dq/q)/\lambda \tag{5.25}$$

其中，λ 為生產要素投入變化的比例。可以證明，函數系數與總成本彈性互為倒數。即

$$\mu = 1/k \tag{5.26}$$

對 (5.26) 式證明如下。用 γ、ω 分別表示資本與勞動的價格；用 C 表示總成本；用 MP_K 與 MP_L 分別表示資本與勞動的邊際產量。就生產函數 $q = f(K, L)$ 全微分得到

$$dq = (\partial q/\partial K)dK + (\partial q/\partial L)dL \tag{5.27}$$

(5.27) 式兩端同除以產量 q，得到

$$dq/q = [(\partial q/\partial K)dK + (\partial q/\partial L)dL]/q \qquad (5.28)$$

對(5.28)式稍加整理得到

$$dq/q = [K(\partial q/\partial K)(dK/K) + L(\partial q/\partial L)(dL/L)]/q \qquad (5.29)$$

假定生產要素投入量按同一比例 λ 變化,則有

$$dK/K = dL/L = \lambda \qquad (5.30)$$

將(5.30)式代入(5.29)式,得到

$$dq/q = \lambda[K(\partial q/\partial K) + L(\partial q/\partial L)]/q \qquad (5.31)$$

結合(5.31)式與(5.25)式得到

$$\mu = (dq/q)/\lambda = (MP_K K + MP_L L)/q = (\gamma MP_K K/\gamma + \omega MP_L L/\omega)/q \qquad (5.32)$$

由於在擴張路線上,$MP_K/\gamma = MP_L/\omega$,所以(5.32)式可以表示為

$$\mu = (MP_K/\gamma)(\gamma K + \omega L)/q \qquad (5.33)$$

$$\mu = (MPK/\gamma)C/q = (C/q)(\gamma/MP_K) = AC/MC = 1/k \qquad (5.34)$$

這就證明了(5.26)式。

函數系數 μ 可用來判斷規模報酬遞增、遞減、還是不變。若 $\mu > 1$,規模報酬遞增;若 $\mu < 1$,規模報酬遞減增;若 $\mu = 1$,規模報酬不變。

根據 μ 與 k 的關係,若 $\mu > 1$,則 $k < 1$。從經濟上看這是顯然的。在生產要素價格不變的條件下,規模報酬遞增表示若生產要素投入擴大 1 倍,則產出擴大大於 1 倍。這意味著產出擴大 1 倍所需要的成本擴大倍數小於 1。同理可知,若 $\mu < 1$,則 $k > 1$ 的經濟原理。

第四節　影響長期平均成本的因素

一、規模經濟與規模不經濟

規模經濟(economics of scale)是指由於生產規模擴大而導致長期平均成本下降的情況。規模經濟與規模報酬不是同一概念。規模報酬是所有要素投入都擴大相同的倍數所引起的產出的變化情況,所涉及的是投入與產出的關係。規模經濟涉及規模大小與成本的關係。不過規模報酬遞增是產生規模經濟的原因之一。

產生規模經濟的主要原因是勞動分工與專業化,以及技術因素。企業規模擴大使得勞動分工更細,專業化程度更高,這將大大地提高勞動生產率,降低企業的長期平均成本。

技術因素是指規模擴大後可以使生產要素得到充分的利用。例如,某企業產品需經過生產與包裝兩道工序。生產車間每臺生產機械每天生產 30,000 件產品。包裝車間每臺包裝機械每天包裝 45,000 件產品。如果只用一臺生產機械與一臺包裝機械的小規模方式生產,會造成包裝機械生產能力的閒置。因此,擴大生產規模,利用三臺生產機械與兩臺包裝機械進行生產會使企業生產能力得到充分利用。從技術上講,與小型機械相

比,大型機械具有許多優越性。一輛能裝載 50 噸貨的大型貨車所花費的成本也許會大大低於 10 臺裝載 5 噸貨物的小型貨車的成本,而且也不需要 10 倍的駕駛員與占用 10 倍的空間。

規模不經濟對長期平均成本所起的作用與規模經濟所起的作用完全相反。規模不經濟(diseconomics of scale)是指企業由於規模擴大使得管理無效而導致長期平均成本上升的情況。規模過大會造成管理人員信息不暢、企業內部公文履行、決策失誤等,這都會造成企業長期平均成本上升。

至於規模經濟與規模不經濟的關係,不同的行業有不同的特點。圖 5-13 顯示了三種可能的情況。

有的行業規模經濟的範圍很小,在規模很小的時候,長期平均成本是下降的。一旦企業的生產規模稍稍擴大,便會出現規模不經濟,長期平均成本呈上升趨勢。一些日常用品修理業,例如鐘表修理業、自行車修理業等都屬於這類行業。圖 5-13 的(a)圖顯示的是這類行業的長期平均成本變動情況。

有些行業在很大的範圍內存在規模經濟。在相當大的區間,企業的長期平均成本都隨著生產規模的擴大遞減。一些自然壟斷行業,例如鐵路業、自來水行業等屬於這種情況。圖 5-13 中的(b)圖顯示了這種情形。

但也有不少行業在相當大的範圍內既不存在規模經濟,也不存在規模不經濟,該行業的長期平均成本在很大的一段區間是水準的,如圖 5-13 中的(c)圖所示。

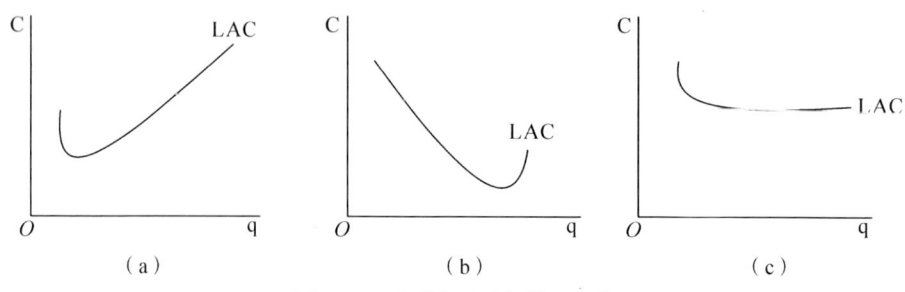

圖 5-13 規模經濟與規模不經濟

二、學習效應

學習效應(learning effects)是引起企業長期平均成本下降的另一重要因素。學習效應是指在長期的生產過程中,企業的工人、技術人員、經理人員等可以累積起產品生產、產品的技術設計以及管理方面的經驗,從而導致長期平均成本的下降。學習效應通常用學習曲線(learning curve)來表示。學習曲線所描述的是企業的累積性產品產量與每一單位產量所需要的投入物數量之間的關係。圖 5-14 描述的是某化工廠累積性化工產品批量(每一產品批數量是相等的,比如每一批產品都是 100 噸)與每一批產品所需的勞動投入量之間的關係。橫坐標軸表示累積性化工產品批量,縱坐標軸表示每一批產品所需的勞動投入量。

每批產品勞動投入量

學習曲線

O　　　　　　累積性化工產品批量

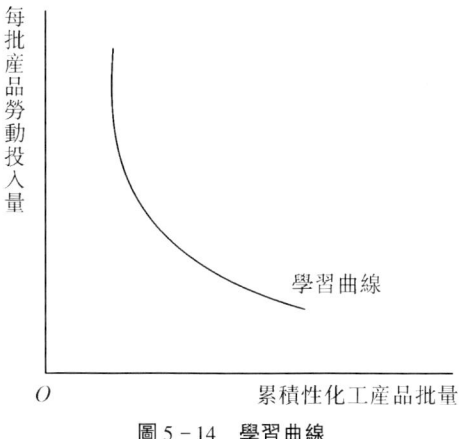

圖 5-14　學習曲線

　　圖 5-14 中向右下方傾斜的曲線是學習曲線，隨著產品生產批量的累積性增加，每批產品所需的勞動投入量在相當大的範圍內呈下降趨勢。由於學習效應而導致的單位產品勞動投入量的下降必然導致產品長期平均成本的下降。當學習效應完全實現後，學習曲線與橫坐標相平行。學習曲線可以由如下關係式表示

$$V = \alpha + bN^{-\beta} \tag{5.35}$$

其中 V 表示每一批產出所需要的勞動投入量，N 表示累積性產品批量，a、b、β 為參數，$a>0$、$b>0$、$0<\beta<1$。當 N 等於 1 時，要素投入等於 $a+b$，這時 $a+b$ 測度生產第一批產出所需要的要素投入。如果 β 等於 0，隨著累積性產品批量的增加，每單位產出所需要的要素投入保持不變，表示不存在學習效應，因此 β 的取值不包括 0。

　　當企業生產了多批產品以後，學習效應有可能全部實現。一旦學習效應全部實現了以後，可以使用通常的成本分析方法進行成本分析。如果企業的生產所採取的是比較新的生產過程，那麼較低產出水準下的相對高的成本以及較高產出水準下的相對低的成本表示存在學習效應，而不存在遞增規模報酬。如果某種產品的生產過程存在學習效應，對於一個成熟的企業來說，不管其生產的規模如何，生產成本都相對較低。如果一個進行批量生產的企業知道在自己產品的生產中存在遞增規模報酬，那麼該企業將擴大規模進行大規模的生產以便降低產品生產的成本。如果存在學習效應，企業將通過增加產品生產的批量降低產品成本。圖 5-15 對學習效應與遞增規模報酬的情況進行了比較。

　　圖 5-15 中 LAC_1 表示具有遞增規模報酬的某一企業的長期平均成本曲線。如果存在學習效應，學習效應將使得長期平均成本曲線向下移動，從 LAC_1 移動到 LAC_2。生產中沿著曲線 LAC_1 從 A 點移動到點 B 所表示的長期平均成本的降低是由遞增規模報酬引起的，由曲線 LAC_1 上點 A 到曲線 LAC_2 上點 C 的移動是由學習效應引起的。

　　學習曲線對於一個企業進入一個新的行業從事新產品生產的決策是非常重要的。當一個企業從事某種新產品的生產時，生產的最初階段產品的成本是很高的，這往往使得不少企業在進入這一新行業時望而卻步。但是若該行業產品生產過程中存在學習效應，則企業不應該被產品生產初始階段較高的生產成本嚇倒。從長期看，進入該行業也許是有利的。

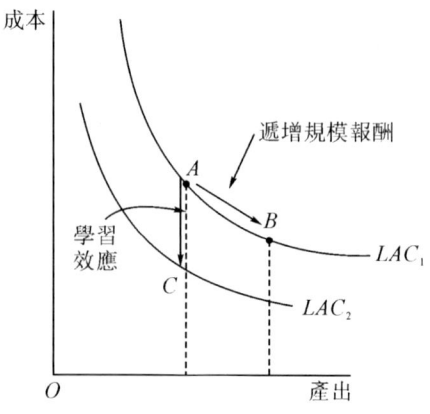

図 5-15　學習曲線與遞增規模報酬

三、範圍經濟

　　範圍經濟(economics of scope)是引起企業長期平均成本下降的又一重要因素。範圍經濟產生於多產品生產、而不是單一產品生產的情況。

　　許多企業同時生產多種產品而不是一種產品。例如機動車輛生產廠既生產卡車也生產客車，煉油廠生產出汽油、柴油等各種成品油。企業同時進行多產品的生產稱為聯合生產。企業採取聯合生產的方式可以通過使多種產品共同分享生產設備或其他投入物而獲得產出或成本方面的好處，也可以通過統一的行銷計劃或統一的經營管理獲得成本方面的好處。例如，某企業生產 x、y 兩種產品，這兩種產品使用同樣的生產設備與其他要素投入。x、y 兩商品的產品轉換曲線(product transformation curve)如圖 5-16 所示。

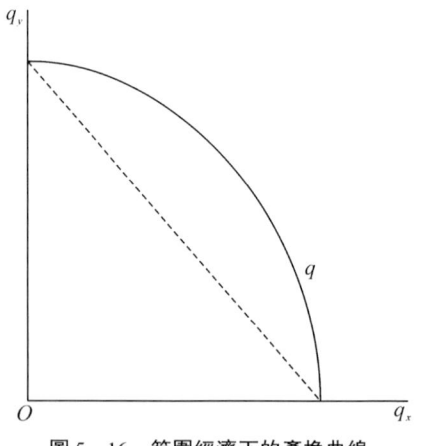

圖 5-16　範圍經濟下的產換曲線

　　圖 5-16 中的曲線表示在技術不變的條件下，使用一定的要素投入可以生產不同數量組合的 x、y 兩種商品。產品轉換曲線具有負的斜率，表示在要素投入為既定的條件下，為了多生產某種產品而必須減少另一種產品的生產。圖 5-16 中，產品轉換曲線凹向原點(或

者說曲線是凹的），表示多產品生產的兩個重要的性質：邊際轉換率遞增與範圍經濟。

邊際轉換率遞增也就是機會成本遞增。它表示若減少一種商品（比如 y 商品）的生產，而增加另一種商品（比如 x 商品）的生產，每增加一單位 x 商品的生產所放棄的 y 商品的數量越來越多。從 y 商品的生產轉換為 x 商品的生產（或者從 x 商品的生產轉換為 y 商品的生產）的機會成本是遞增的。

範圍經濟是指在相同的投入下，由一個單一的企業生產聯產品比多個不同的企業分別生產這些聯產品中每一個單一產品的產出水準要高。圖 5-16 中凹的產品轉換曲線表明了這一點。曲線上任意兩點的連線上所代表的產出水準要低於連線之上的曲線上所代表的產出水準。若產品轉換曲線是一條直線，則不存在範圍經濟。這種情況下，若利用相同的投入，則由一個單一的企業生產聯產品與多個不同的企業分別生產這些聯產品中每一個單一產品的產出水準相同。如果在相同的投入下，由一個單一的企業生產聯產品比多個不同的企業分別生產這些聯產品中每一個單一產品的產出水準要低，則稱該種生產過程為範圍不經濟（diseconomic of scope）。當將不同的產品放在一起生產會發生生產上的衝突時，會造成範圍不經濟。

範圍經濟與遞增規模報酬是兩個不同的概念，二者間並無直接的關係。一個生產多產品的企業其生產過程可能不存在遞增規模報酬，但是卻可獲得範圍經濟。以笛子的生產為例，只有使用高技藝的工人在較小規模的工廠生產笛子才是有效的，利用稍大一點的規模進行生產便會出現遞減規模報酬。但是在一個小的工廠裡同時生產長笛與短笛兩種笛子卻可以產生範圍經濟。同樣，一個工廠用較大的規模只生產某一種產品可能會產生遞增規模報酬，但是同時生產兩種以上的產品卻不會產生範圍經濟。例如，由一個大的工廠同時向某一城市提供自來水與電話服務可能不會產生範圍經濟，而有可能導致範圍不經濟。但是由兩個工廠分別只生產這兩種產品中的其中一種產品，即一個工廠提供自來水服務，另一個工廠提供電話服務，兩個工廠都會出現遞增規模報酬。

範圍經濟的特徵也可以通過研究產品的成本情況加以揭示。如果把圖 5-16 中 x、y 兩產品的產品轉換曲線所揭示的成本特徵表示在圖形上，其成本特徵如圖 5-17 所示。

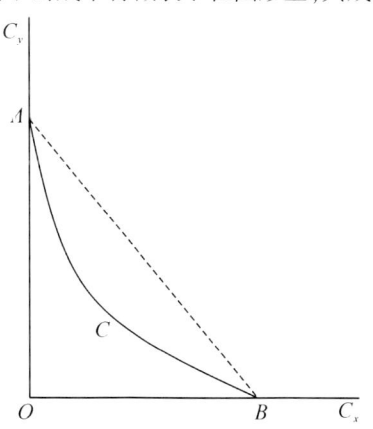

圖 5-17　範圍經濟下的等成本曲線

圖 5-17 中,曲線 C 表示生產 x、y 兩種產品所耗費的總成本。曲線 C 與縱坐標軸的交點 A 表示該企業用既定的資源只生產 y 商品而不生產 x 商品所耗費的總成本,曲線與橫坐標軸的交點 B 表示該企業用既定的資源只生產 x 商品而不生產 y 商品所耗費的總成本。A 與 B 之間的 C 曲線上的任意一點表示用既定的資源所生產的 x 與 y 兩種商品各種不同數量的組合所耗費的總成本。該曲線呈現出與產品轉換曲線對偶的特徵。產品轉換曲線是凹的,而這裡的等成本曲線是凸的。這表明用既定的資源由一個企業同時生產兩種商品比由兩個企業使用這一既定的資源分別只生產其中一種商品所耗費的總成本總量要低。如果等成本曲線是連接 A、B 兩點的直線(圖 5-17 中的虛線),則不存在範圍經濟。這種情況下,對於既定的資源,是由一個企業同時生產兩種產品,還是由兩個企業分別生產兩種產品(每一個企業只生產其中的一種產品),所產生的成本是相同的。

我們可以測度範圍經濟的程度(degree of economic of scope),公式如下:

$$SC = \frac{C(x) + C(y) - C(x+y)}{C(x+y)} \tag{5.36}$$

其中,$C(x)$ 表示用既定的資源只生產 x 商品所耗費的成本,$C(y)$ 表示用既定的資源只生產 y 商品所耗費的成本,$C(x+y)$ 表示用既定的資源同時生產 x、y 兩種商品的聯合生產所耗費的成本。如果 SC 大於零,則存在範圍經濟,表示兩種商品的單一生產所耗費的成本加總額大於兩種商品聯合生產所耗費的成本。如果 SC 小於零,則存在範圍不經濟。如果 SC 等於零,則既不存在範圍經濟,也不存在範圍不經濟。

第五節　收益與利潤最大化

一、收益

收益(revenue)是廠商出售產品的收入。基本的收益概念有三個:總收益(total revenue,簡稱 TR)、平均收益(average revenue,簡稱 AR)和邊際收益(marginal revenue,簡稱 MR)

總收益是廠商出售產品後所得到的全部收入。總收益往往簡單地表示為 R。令廠商的需求函數為

$$P = f(q) \tag{5.37}$$

則總收益表示為

$$R = Pq = f(q)q \tag{5.38}$$

平均收益是平均每一單位產品的銷售收入。

$$AR = R/q = f(q) = P \tag{5.39}$$

即平均收益等於價格。

邊際收益是每增加一單位產品的銷售所引起的總收益的增加值。

$$MR = \Delta R/\Delta q \text{ (在收益函數不連續、不可以求導的情況下)}$$
$$= dR/dq \quad \text{(在收益函數連續、可以求導的情況下)} \tag{5.40}$$

根據收益函數可以繪出收益曲線。收益曲線的形狀由需求曲線的形狀決定。我們分別對價格為常數的需求函數與價格為變數的需求函數兩種情況進行討論。首先討論價格為常數的情況下的需求函數的收益曲線。在價格為常數的情況下,需求函數表示為

$$P = P_0 \tag{5.41}$$

在價格為常數的情況下,總收益為

$$TR = P_0 q \tag{5.42}$$

由於價格為常數,所以總收益線是從原點出發的一條射線。

價格為常數的情況下的平均收益為

$$AR = R/q = P_0 \tag{5.43}$$

價格為常數的情況下的邊際收益為

$$MR = dR/dq = P_0 \tag{5.44}$$

可見,在價格為常數的情況下,平均收益曲線、邊際收益曲線與需求曲線完全重合,見圖 5-18。

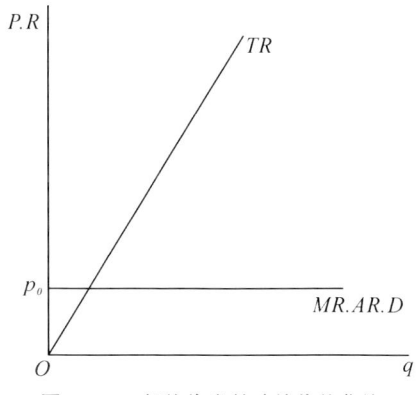

圖 5-18　價格為常數時的收益曲線

圖 5-18 中的橫坐標軸表示產量或銷售量 q,縱坐標軸表示價格 P 或收益 R。總收益曲線的斜率為常數,等於價格,平均收益、邊際收益與需求曲線完全重合,為 $P = P_0$ 的一條直線。

在價格而不是常數的情況下為我們分兩種情況討論收益曲線,一種是線性需求情況下的收益曲線,另一種是非線性需求情況下的收益曲線。

假定線性需求函數的公式為

$$P = \alpha - bq \tag{5.45}$$

該線性需求函數把價格表示為數量的函數,與討論均衡價格理論時把數量表示為價格的函數的表達方式不同,但是二者本質上是相同的。與(5.45)式相對應的總收益為

$$TR = Pq = \alpha q - bq^x \tag{5.46}$$

平均收益為

$$AR = P = \alpha - bq \tag{5.47}$$

邊際收益為

$$MR = \alpha - 2bq \tag{5.48}$$

圖 5-19 是線性需求情況下的收益曲線的幾何圖形。

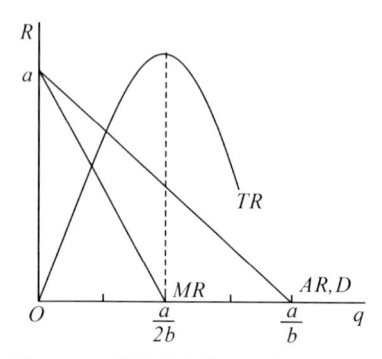

圖 5-19　線性需求情況下的收益曲線

圖 5-19 顯示，需求曲線向右下方傾斜，商品的價格隨銷售量的增加而下降。平均收益與邊際收益都隨銷售量的增加而下降。由於邊際收益遞減，因此總收益曲線是以遞減的速率增加的。也就是說總收益函數是一凹函數。總收益與邊際收益的關係是，當邊際收益等於 0 時，總收益達到最大。從圖形上看，在邊際收益曲線交於橫坐標時，總收益曲線達到最高點並開始下降。邊際收益曲線與平均收益曲線之間的關係是，二者的截距相等，但是從絕對值上講，邊際收益曲線的斜率是平均收益曲線斜率的 2 倍。也就是說從平均收益曲線上任一點向縱坐標軸引垂線並使該垂線與縱坐標軸相交，那麼邊際收益曲線過該垂線的中點。

對於非線性的需求函數來說，由於價格與需求量呈反方向變化，即需求曲線也是向右下方傾斜的，所以平均收益曲線與邊際收益曲線也是向右下方傾斜的。總收益曲線也是一凹函數。非線性需求函數所產生的總收益曲線、平均收益曲線、邊際收益曲線如圖 5-20 所示。

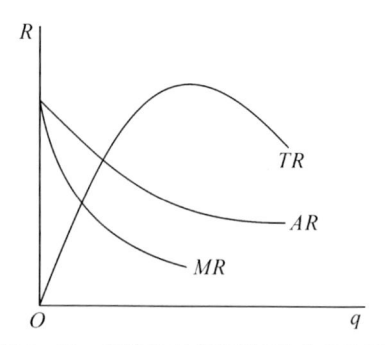

圖 5-20　非線性需求情況下的收益曲線

對於一般的需求函數 $P = f(q)$ 而言，不管是線性的還是非線性的，我們都可以導出邊際收益與價格及需求價格彈性之間的關係。這一關係表示如下：

$$MR = \frac{dR}{dq} = \frac{dP}{dq} \cdot q + P = P\left[\frac{dP}{dq} \cdot \frac{q}{P} + 1\right] \tag{5.49}$$

在價格為既定的情況下,邊際收益與需求價格彈性呈同方向變化,需求價格彈性越大,邊際收益越大,反之越小。

二、利潤最大化均衡

我們知道,利潤等於總收益減總成本,即

$$\pi = TR - TC \tag{5.50}$$

其中 π 為利潤。成本包括顯成本與隱成本。由於收益與成本都是產出的函數,即 $TR = R(q)$,$TC = C(q)$,所以利潤也是產出的函數,即 $\pi = \pi(q)$。就(5.50)式的利潤函數對產出求一階導數,並令該導數值等於 0,可以得到利潤最大化的必要條件。由

$$d\pi/dq = dTR/dq - dTC/dq = 0 \tag{5.51}$$

得到
$$MR = MC$$

其中,$MR = dTR/dq$,為邊際收益;$MC = dTC/dq$,為邊際成本。即廠商達到利潤最大化的必要條件是生產推進到邊際成本等於邊際收益的產量點。圖 5-21 顯示了廠商利潤最大化的必要條件。

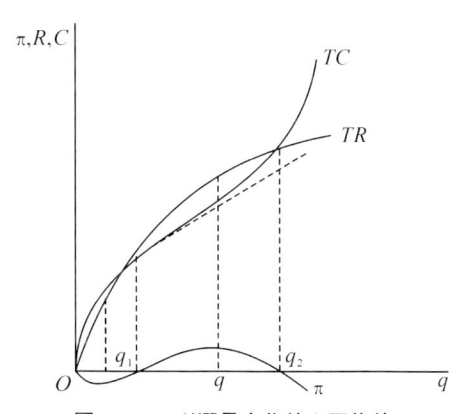

圖 5-21　利潤最大化的必要條件

由圖 5-21 可以看出,當產量達到 q 時,廠商獲得最大化利潤。該點滿足利潤最大化的必要條件。在該產量點,總成本曲線切線的斜率(dC/dq)等於總收益曲線切線的斜率(dR/dq)。但是僅僅滿足利潤最大化的必要條件並不能保證廠商獲得最大化利潤,圖 5-21 中的另一產出水準 q_1 點也滿足利潤最大化的必要條件,但並非達到利潤最大,而是虧損最大。所以除了給出利潤最大化的必要條件外,我們還要給出利潤最大化的充分條件。利潤最大化的充分條件是

$$d^x\pi/dq^x < 0 \tag{5.52}$$

即
$$d^x TR/dq^x < d^x TC/dq^x \tag{5.53}$$

顯然,圖 5-21 中的產量點不僅滿足利潤最大化的必要條件,而且滿足利潤最大化

的充分條件,因此該產出水準可使廠商獲得最大化利潤。而 產量點只滿足利潤最大化必要條件,不滿足利潤最大化的充分條件,因此不是利潤最大化均衡點。

三、停止營業點

根據利潤最大化的條件,邊際收益小於邊際成本,表明廠商是虧本的。但虧本並不一定就意味著要停止生產。

如果企業短期內的銷售收益能夠超過平均變動成本,那麼短期內繼續經營仍然是合算的。在短期的銷售收益超過平均變動成本的情況下,企業不僅彌補了全部的變動成本,還彌補了一部分固定成本。固定成本是即使不生產也必須支出的成本,企業開工後即使只能彌補部分而不是全部固定成本,對於企業的短期經營也是有利的。如果企業短期內所出售產品的收益不僅不能彌補固定成本,甚至連變動成本也彌補不了,則廠商應該停止生產。

平均變動成本與平均收益相等的點,稱為停止營業點(shut-down point)。如果企業所面臨的市場價格(即平均收益)等於或高於平均變動成本,企業在短期內可以繼續經營。如果企業所面臨的市場價格低於平均變動成本,企業在短期內應該停工。

習題

1. 機會成本與會計成本有什麼區別?
2. 社會成本與私人成本有什麼不同?在什麼情況下二者是一致的,在什麼情況下二者不一致?
3. 引起長期平均成本變化的因素有哪些?
4. 廠商實現利潤最大化均衡的條件是什麼?
5. 假定由於不可分性,廠商只可能選擇兩種規模的工廠,每一種規模每年生產500,000單位產品。規模 A 所需年總成本為 $C=500,000+5Q$,規模 B 所需年總成本為 $C=1,000,000+3Q$,其中 Q 為產量。請你畫出長期成本曲線,也就是在場上規模可以變動的情況下,對於每一種產量而言的最低平均成本。如果預期銷售 125,000 單位產品,廠商應選擇何種規模(A 還是 B)?如果預期銷售 375,000 單位產品,廠商應選擇何種規模(A 還是 B)?
6. 假定成本函數 $TC(Q)$ 與收益函數 $TR(Q)$ 分別表示為:

$$TC = Q^3 - 61.25Q^x + 1,528.5Q + 2,000$$
$$TR = 1,200Q - 2Q^x$$

求利潤最大化的產量。

第六章　廠商均衡理論

知識導入

完全競爭市場

完全競爭市場的特點

　　完全競爭市場(Perfect Competition)，又稱純粹競爭市場，是指一種不受任何阻礙、干擾和控制的市場結構，即購買者和銷售者的購買和銷售決策對市場價格沒有任何影響的市場結構。按美國經濟學家張伯倫的觀點，完全競爭就是沒有任何「壟斷因素」的競爭。

　　完全競爭市場的特點主要有以下四個：

　　第一，市場上有無數的買者和賣者。由於市場上有為數眾多的商品需求者和供給者，他們中的每一個人的購買份額或銷售份額，相對於整個市場的總購買量或總銷售量來說是微不足道的，好比是一桶水中的一滴水。他們中的任何一個人買與不買，或賣與不賣，都不會對整個商品市場的價格水準產生任何影響。所以，在這種情況下，每一個消費者或每一個廠商都是市場價格的被動接受者，對市場價格沒有任何控制力量。

　　第二，同一行業中的每一個廠商生產的產品是完全無差別的。這裡的完全無差別的商品，不僅指商品之間的質量完全一樣，還包括在銷售條件、商標、包裝等方面是完全相同的。因此，對消費者來說，購買哪一家廠商的商品都是一樣的。如果有一個廠商提價，他的商品就會完全賣不出去。當然，單個廠商也沒有必要降價。因為在一般情況下，單個廠商總是可以按照既定的市場價格實現屬於自己的那一份相對來說是很小的銷售份額。

　　第三，廠商進入或退出一個行業是完全自由的。廠商進出一個行業不存在任何障礙，所有的資源都可以在各行業之間自由流動。這樣，各行業的廠商規模和廠商數量在長期內是可以任意變動的。但是在短期內，廠商規模和廠商數量仍然是不可變的。

　　第四，市場中每一個買者和賣者都掌握著與自己的經濟決策有關的商品和市場的全部信息。這樣，市場上的每一個消費者或生產者都可以根據自己所掌握的完全的信息，確定自己的最優購買量或最優生產量，從而獲得最大的經濟利益。而且，這樣也排除了由於市場信息不暢通而可能產生的一個市場同時存在幾種價格的情況。

　　顯然，理論分析上所假設的完全競爭市場的條件是很嚴格的。西方學者承認，在現實的經濟生活中，完全競爭的市場是不存在的，通常只是將某些農產品市場看成是比較接近的市場類型。我們之所以要對這一理論上抽象的市場進行分析，是為了理論體系的完整和加深對非完全競爭市場的理解。

完全競爭市場概述

(一)理想的市場結構。

1. 完全競爭市場的定義:交換和競爭沒有任何阻力和干擾的理想化市場
2. 完全競爭市場的假定條件:

(1)每一個產品或服務市場都有眾多的生產者和消費者。

(2)每一項產品或服務是同質的。

(3)所有產品的成本和效益都是內部化的。

(4)生產者和消費者都具有充分信息。

(5)不存在交易成本,任何市場的進入和退出都是無成本的。

(6)所有產品和服務都處在成本遞增階段。

(二)完全競爭市場與生產效率

(1)生產要素的需求者面臨同一要素相對價格,在圖像中表現為預算約束線的斜率。

(2)生產要素的相對價格隨市場需求而變化,直到供給和需求相等。

(3)每一個生產者都追求生產成本最小化,其決策是預算約束線的斜率等於生產者等產量曲線的邊際技術替代率。

(4)在市場均衡情況下必定有每一個生產者的產品邊際技術替代率都等於要素的相對價格,滿足生產效率的要求。

(三)完全競爭市場與交換效率

(1)產品或服務的需求者面臨同一要素相對價格,在圖像中表現為預算約束線的斜率。

(2)產品或服務的相對價格隨市場需求而變化,直到供給和需求相等。

(3)在給定的預算約束條件下每一個消費者都追求效用最大化,其決策是預算約束線的斜率等於該消費者的無差異曲線的斜率。

在市場均衡情況下必定有每一個消費者的邊際替代率都等於產品的相對價格,從而滿足交換效率的要求。

(四)完全競爭市場與交換效率.

(1)在給定的產品數量和結構條件下,市場會產生一個均衡的產品相對價格。

(2)在這個相對價格情況下,生產者為了收入最大化必定滿足產品的邊際轉換率等於相對價格。

(3)如果生產者選擇的這個產品組合與消費者形成現有相對價格的產品組合不符,市場會調整相對價格,直到所形成的相對價格等於產品的邊際轉換率,從而滿足交換效率的要求。

一個小農場和一個大汽車製造廠所面臨的市場是不同的。在農產品市場上,一個小農場和其他無數小農場的激烈競爭;而一個大汽車製造廠則面臨著和它相似的幾個汽車廠的競爭。每個企業都面臨著不同的市場。不同市場上的企業都要思考應該如何確定自己的產量與價格,以便實現利潤最大化。這就是企業的競爭策略。廠商就是企業,廠商理論則是要解決這一問題的。

第一節 市場結構

在分析市場結構時,市場就是指行業,一個行業就是一個市場。例如,汽車行業就是汽車市場,餐飲行業就是餐飲市場。市場結構是指市場的壟斷與競爭程度。不同的企業處於不同的市場,其競爭目標與手段都不同。所以,市場結構對企業戰略影響重大。要瞭解市場結構,首先應該瞭解劃分市場結構的標準。

一、劃分市場結構的標準

各個市場的競爭與壟斷程度的不同形成了不同的市場結構。我們根據三個標準來劃分市場結構。

1. 行業的市場集中程度

市場集中程度指大企業在市場上的控制程度,用市場佔有額來表示。一個行業,企業規模越大,企業的數量越少,大企業的市場佔有份額越大,這些企業對市場控制程度越高,即市場集中程度越高,這個市場的壟斷程度就越高。反之,一個行業,企業規模越小,企業的數量越多,即使找幾個較大的企業,市場佔有份額也不大,這些企業對市場控制程度低,即市場的集中控制程度低,這個市場的競爭程度就高。

一般用兩個標準來判斷一個市場的集中程度。

一是四家集中率,即某一市場中最大的四家企業在整個市場銷售額中所占的比例。如果用 R 代表四家集中率,用 T 代表整個市場的銷售額,A1,A2,A3,A4 分別代表這個市場上最大的企業的銷售額,我們把四家集中率的計算公式是寫為:

$$R = (A1 + A2 + A3 + A4)/T$$

假設某一市場 T = 1000 億元,A1 = 200 億元,A2 = 160 億元,A3 = 140 億元,A4 = 100 億元,則這個行業的四家集中率就是:

$$R = (200 億元 + 160 億元 + 140 億元 + 100 億元)/1000 億元 = 60\%$$

這就是說,這個市場的四家集中佔有率為 60%。如果需要,我們也可以計算 3 家集中率,5 家集中率,或者其他集中率。

二是赫芬達爾—赫希曼指數(英文簡稱為 HHI)。這個指數是計算某一市場上 50 家最大企業(如果少於 50 家就是所有企業)每家企業市場佔有份額的平方和。如果用 Si 表示第 i 家企業的市場佔有額,則這一指數的計算公式是:

$$HHI = \sum Si^2 = S1^2 + S2^2 + \cdots + S50^2$$

假設某個市場上 S1 = 10,S2 = 9,S3 = 8.5…S50 = 0.1,則有:

$$HHI = 10^2 + 9^2 + 8.5^2 + \cdots + 0.1^2$$

顯然,HHI 越大,表示市場集中程度越高,壟斷程度越高。

2. 行業的進入限制

一個行業的進入門檻越低,即進入限制越低,從而競爭程度越高。反之,一個行業的

進入門檻越高,即進入限制越高,從而競爭程度越高,企業進入越困難,從而壟斷程度高。

進入限制來自自然原因和立法原因。自然原因指資源控制與規模經濟。如果某個企業控制了某個行業的關鍵資源,其他企業得不到這種資源,就無法進入該行業。例如,南非德比爾斯公司控制了全世界鑽石資源的80%,其他企業就很難進入鑽石行業。在一些行業中,規模經濟特別重要,只有產量極大,平均成本才能最低。這些行業企業規模很大,只要有幾個這樣的企業就可以滿足整個市場的需求。其他企業要進入這個行業很不容易,進入的限制高。例如,自來水行業只有一家企業時,平均成本才能最低,其他企業就無法進入。再如汽車行業,只有幾家大企業就可以滿足市場的需求,其他企業難以進入並與之競爭。

立法原因是法律限制進入某些行業。這種立法限制主要採取三種形式。一是特許經營,政府通過立法把某個行業的經營權交給某個企業,其他企業不得從事這個行業。例如,許多國家的郵政由國家郵政局獨家特許經營,20世紀80年代前AT&T公司獨家經營美國電信業。二是許可證制度。有一些行業由政府發放許可證,沒有許可證不得進入,這就增加了進入的難度。例如,在一些城市,開出租車要有許可證,在許多國家當開業醫生要有行醫執照,這些都使這些行業進入不易。三是專利制。專利是給予某種產品在一定時期內的排他性壟斷權,其他企業不得從事這種產品的生產,就無法進入該行業。

3. 產品差別

產品差別是同一種產品在質量、牌號、形式、包裝等方面的差別。一種產品不僅要滿足人們的實際需要,還要滿足人們的心理需要。每個人由於收入水準、社會地位、文化教育、宗教信仰、歷史傳統不同,偏好也不同。他們對同一產品的細微差別都有一定要求。例如,同樣的西裝,收入高的人要求穿名牌,以顯示自己的社會身分。他們願意為此支付較高的價格。產品差別正式為了滿足消費者的不同偏好。每種差別的產品都以自己的某些特色吸引消費者。這樣,有特色的產品就在喜愛這一特色的消費者中形成了自己的壟斷地位。正是在這種意義上,經濟學家認為,產品差別引起壟斷,產品差別越大,壟斷程度越高。

產品差別引起壟斷,所以,產品差別高的市場,壟斷越高,產品差別越低的市場,競爭程度越高。這正是產品差別對劃分市場結構的意義。

我們正是綜合這三個標準來判斷一個市場的壟斷與競爭程度,從而確定其市場結構。

二、市場結構類型

根據上述標準,我們可以把市場結構分為四種類型。我們用表6-1表示市場結構的類型。

表6-1　　　　　　　　　　市場結構類型表

市場類型	市場集中程度	進入限制	產品差別	舉例
完全競爭	零	無	無	農產品

表6-1(續)

市場類型	市場集中程度	進入限制	產品差別	舉例
壟斷競爭	零	無	有	餐飲
寡頭	高(四家集中率60%以上,HHI 1800以上)	高	有	汽車
			無	鋼鐵
壟斷	最高(一家集中率達100%,HHI為1萬)	不可能進入	特殊產品	自來水

　　完全競爭是一種競爭不受任何阻礙和干擾的市場結構,這種市場沒有壟斷。形成這種市場的條件是企業數量多,而且每家企業規模都小(由於這種行業的特點是小規模為適度規模),從而市場集中率低,沒有什麼大企業能控制市場。價格由整個市場的供求決定,每家企業不能通過改變自己的產量而影響市場價格。進入無限制和產品無差別這種市場上不會出現壟斷,因為進入有限制,原有企業就可以形成壟斷,產品差別是產生壟斷的重要條件之一,在現實中,農產品市場與這些條件相近,是完全競爭市場的典型。

　　壟斷競爭既有壟斷又有競爭,是壟斷與競爭相結合的市場。這種市場與完全競爭的相同之處是市場集中率低,而且無進入限制。但關鍵差別是完全競爭產品無差別,而壟斷競爭產品有差別。產品有差別就會引起壟斷,即有差別的產品會在喜愛這種差別的消費者中形成自己的壟斷地位。但各種有差別的產品又是同一種產品,相互之間有相當強的替代性,從而仍存在競爭。企業規模小和進入無限制也保證了這個市場上競爭的存在。現實中壟斷競爭這種市場結構廣泛存在,餐飲業就是一個例子。

　　寡頭是只有幾家大企業的市場。這種市場的行業特點是規模大才能實現最低成本。換言之,形成這種市場的關鍵是規模經濟。由於要實現規模經濟,每家企業的規模都很大,大企業在市場上集中程度高,對市場控制力強,可以通過變動產量影響價格。而且,由於這種市場上每家企業規模都大,其他企業就難以進入。已進入這個市場的幾家企業形成幾個寡頭。在這種市場上壟斷程度高,但由於不是一家壟斷,所以,在幾家寡頭之間仍存在激烈競爭。產品差別這一特徵形成寡頭並不重要。有些寡頭市場,如汽車、彩電等行業,產品是有差別的。有些寡頭市場,如鋼鐵、石油等行業,產品是無差別的。無論產品是否有差別,只要規模經濟重要,就會形成寡頭市場。

　　壟斷是只有一家企業控制整個市場的供給。形成壟斷的關鍵條件是進入限制,即任何其他行業無法進入這個市場。這種限制可以來自自然原因,例如,在這個行業中只有一家企業才能實現平均成本最低,或者說該企業壟斷了這個行業的關鍵資源。這種壟斷稱為自然壟斷。進入限制也可以來自立法,例如,特許專營或專利權。這種壟斷稱為立法壟斷。此外,壟斷的另一個條件是沒有相近的替代品,如果有替代品,則有替代品與之競爭。例如,當鐵路、民航和汽車長途運輸之間有替代性時,這些部門就難以真正形成壟斷。

　　這四種市場結構類型是基本類型,還有些市場介於兩種市場結構類型之間。因此,我們要根據劃分市場結構的三條標準和具體情況來確定不同企業所處的市場類型。

三、市場結構與企業行為的關係

企業行為是企業以利潤最大化為目標來確定自己的價格與產量。處於不同的市場結構的企業在確定自己的價格、產量以及競爭目標時,要實現的具體目標和所用的手段應該是不同的。

不同的市場結構類型決定著企業的不同競爭目標。我們說過,企業目標是利潤最大化,但在不同市場上,利潤最大化的形成並不相同。在完全競爭市場上,競爭的最終結果是價格等於平均成本。由於企業數量多,也不可能形成勾結,所以,只能在市場結構為既定時決定產量和進入或退出。從全行業來看,利潤最大化是經濟利潤為零。但價格與平均成本相等時,平均成本是在整個行業的平均成本。如果一家企業效率高,成本低於行業平均成本,則市場價格等於行業平均成本時,成本低於行業成本的企業可以有利潤。因此,現實利潤最大化就在於提高企業內的效率,降低成本。

在壟斷競爭市場上,企業可以以自己的產品差別形成壟斷,從而確定高價格,實現利潤最大化。在寡頭市場上,如果產品無差別,寡頭之間激烈競爭的結果使整個行業的價格下降,這時這些行業稱為微利行業,只能通過大量生產來實現利潤最大化。而在壟斷市場上,企業可以根據市場需求,高價少銷實現利潤最大化,也可以低價多銷實現利潤最大化。壟斷企業是市場價格的決定者,可以在這兩個目標中任選其一。

處於不同的市場結構的企業所用的競爭手段也不同。在壟斷競爭市場上,競爭的重要手段是創造產品差別,使自己的產品不同於同類其他產品。在寡頭市場上價格競爭十分重要。在壟斷市場上關鍵在於如何定價。在不同的市場結構中運用不同的手段才能成功。

廠商均衡理論分析了不同的市場結構,是企業進行成功的行銷策劃和確定競爭戰略的理論基礎。在經濟學中,廠商均衡理論是相當複雜的,包括分析整個行業產量與價格決定的集體均衡,以及分析個別企業產量與價格決定的單個均衡。本章主要介紹單個均衡。

第二節　完全競爭市場上的廠商均衡

如前所述,完全競爭是一種競爭不受任何干擾與限制,沒有一點壟斷的市場結構。在這種市場上企業很多,每家企業規模都很小,無法通過調整產量來影響市場價格。這時我們分析這個市場上一家企業的單個企業均衡時的出發點。

一、完全競爭市場上的價格、需求曲線、平均收益與邊際收益

我們首先要認識到,一個行業與一家企業是不同的。在完全競爭市場上,整個行業和一家企業面臨著不同的需求曲線。

對整個行業來說,需求曲線是一條向右下方傾斜的曲線,供給曲線是一條向右上方傾斜的曲線。整個行業產品的價格就由這種需求與供給決定。

但對個別企業來說情況就不同了。當市場價格確定之後,對個別企業來說,這一價格就是既定的,無論它如何增加產量都不能影響市場價格。換句話來說,在既定的價格

之下，市場對個別企業產品的需求是無限的，即市場對一個企業產品的需求彈性是無限的。因此，市場對個別企業產品的需求曲線是一條由既定市場價格出發的平行線，可用圖6-1來說明市場價格的決定與個別企業的需求曲線。

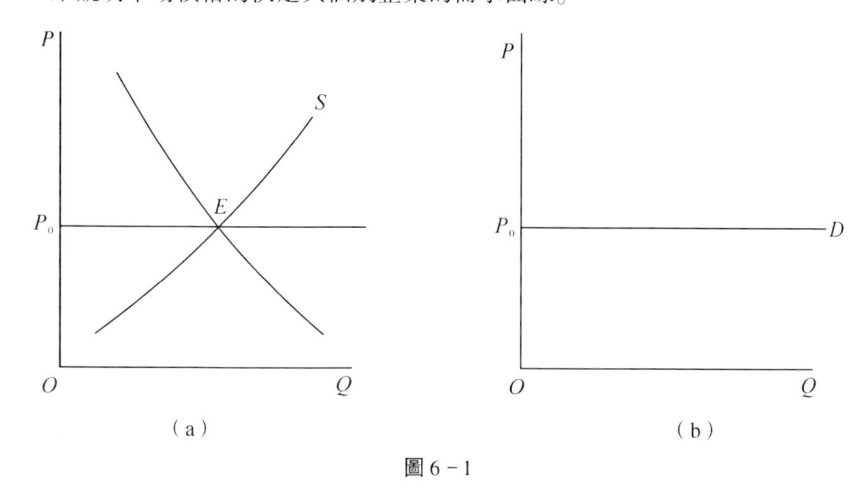

圖6-1

在圖6-1中，(a)圖說明了整個行業的供求如何決定價格，這時的價格水準為P_0。(b)圖為個別企業的情況，這時價格為市場的既定價格P_0，在這種情況下，市場對個別企業的需求是無限的，因此，需求曲線為D。

企業按既定的市場價格出售產品，每單位產品的售價也就是每單位產品的平均收益。所以，價格等於平均收益。

在完全競爭的條件下，個別企業銷售量的變動並不能影響市場價格。這就是說，企業每增加一單位產品的銷售，市場價格仍然不變，從而每增加一單位銷售的邊際收益也不會變，所以，平均收益與邊際收益相等。

設總收益為價格與產量(即銷售量)的乘積，即

$$TR = P \cdot Q$$

平均收益是總收益與銷售量的商，即

$$AR = TR/Q = PQ/Q = P$$

上式說明，平均收益一定等於價格。

邊際收益是增加一單位銷售量所得到的收益，因為對一個企業來說，無論銷售量增加多少，市場價格是不變的，所以：

$$MR = d(TR)/dQ = D(PQ)/dQ = P$$

因為：$AR = P$，$MR = P$

所以：$MR = AR$

必須注意的是，在各種類型的市場上，平均收益與價格都是相等的，因為每單位產品的售價就是平均收益。但只有在完全競爭市場上，對個別企業來說，平均收益、邊際收益與價格才能相等。因為只有在這種情況下，個別企業銷售量的增加才不會影響價格。

可以用表6-2來說明完全競爭市場上，價格、平均收益與邊際收益的相等關係：

表6-2　　　　　完全競爭市場上價格總收益、平均收益與邊際收益表

銷售量	價格	總收益	平均收益	邊際收益
0	10	0	0	0
1	10	10	10	10
2	10	20	10	10
3	10	30	10	10
4	10	40	10	10
5	10	50	10	10
6	10	60	10	10

正因為價格、平均收益和邊際收益都是相等的，所以，平均收益曲線、邊際收益曲線與需求曲線都是同一條曲線，即6-1(b)中的D。這條需求曲線的需求價格彈性係數為無限大，即在市場價格為既定時，對個別企業產品的需求是無限的。

二、完全競爭市場上的短期均衡

在短期內，企業不能根據市場需求來調整產量，因此，從整個行業來看，有可能出現供小於求或供大於求的情況。從整個行業的市場來看，如果供小於求，則價格高；如果供大於求，則價格低。短期均衡就是要分析這兩種情況下個別企業產量的決定與贏利狀況。

圖6-2中，市場價格為ON，對個別企業來說，需求曲線dd是從N引出的一條平行線。這條需求曲線同時也是平均收益曲線AR與邊際收益曲線MR。SMC為短期邊際成本曲線，SAC為短期平均成本曲線。

企業為了實現利潤最大化就要使邊際收益等於邊際成本。因此，邊際收益曲線與邊際成本曲線的交點E就決定了產量為OM。這時，企業的總收益為平均收益乘以產量，即圖中的OMEN。總成本為平均成本乘以產量，當產量為OM時平均成本為OG，所以總成本為圖中的OMKG。從圖上看，總收益大於總成本，即OMEN＞OMKG，所以存在超額利潤，超額利潤就是圖中的GKEN。

然後，我們用圖6-3來分析供給大於需求，價格水準低的情況。

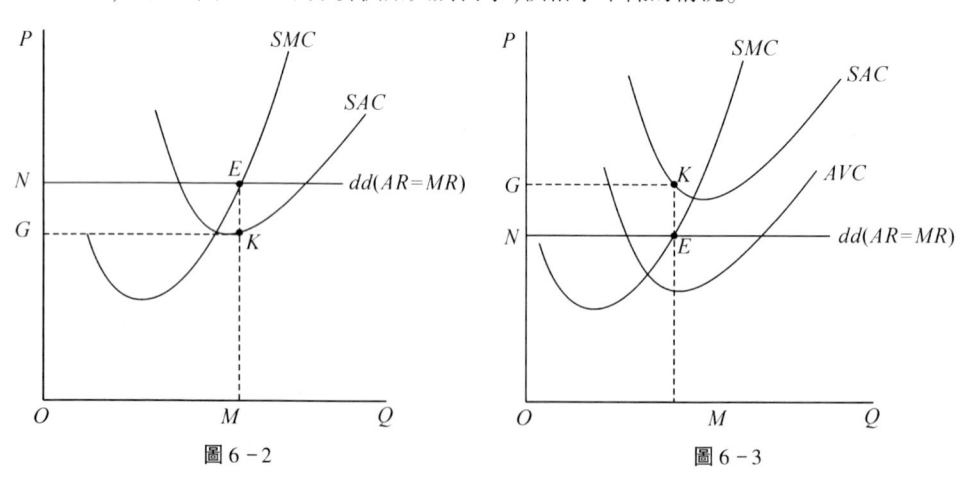

圖6-2

圖6-3

在圖6-3中，價格水準低。這時產量仍由邊際收益曲線與邊際成本曲線的交點決定，即為 OM。企業的總收益仍為平均收益乘產量，即圖中的 OMEN。總成本仍為平均成本乘產量，即圖中的 OMKG。從圖上看，總收益小於總成本，即 OMEN < OMKG，所以存在虧損，虧損就是圖中的 NEKG。

在短期中，企業均衡的條件是邊際收益等於邊際成本，即

$$MR = MC$$

這就是說，個別企業是從自己利潤最大化的角度來決定產量的，而在 MR = MC 時就實現了這一原則。

那麼，如果整個行業供大於求，市場價格低，個別企業處於虧損狀態，它還會生產嗎？這就涉及上一章中所講的停止營業點的問題。我們用圖6-4來說明這一點。

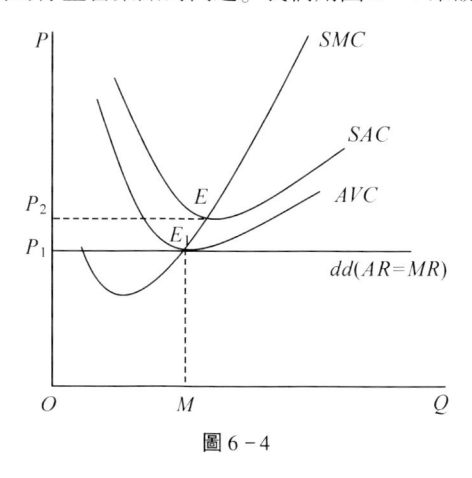

圖6-4

在圖6-4中，市場價格 P_1 低於均衡價格 P_2，企業有虧損。這時，企業是否生產取決於平均可變成本 AVC 的狀況。價格 P_1 所決定的需求曲線 dd 與 AVC 相交於點 E_1，E_1 就是停止營業點。這就是說，當價格為 P_1 時，所得到的收益正好抵償平均可變成本。因為短期中固定成本是不變的，無論是否生產都要支出，所以，只要收益可以彌補可變成本，企業就要生產。這就是 E_1 作為停止營業點的意義。停止營業點是由平均可變成本與價格水準決定的，在這一點上平均可變成本等於價格水準。

三、完全競爭市場上的長期均衡

在長期中，各個企業都可以根據市場價格來調整產量，也可以自由進入或退出該行業。企業在長期中要作出兩個決策：生產多少，以及退出還是進入這個行業。各個企業的這種決策會影響整個行業的供給，從而影響市場價格。具體來說，當供給小於需求，價格高時，各企業會擴大生產，其他企業也會湧入該行業，從而整個行業供給增加，價格水準下降；當供給大於需求，價格低時，各企業會減少生產，有些企業會退出該行業，從而整個行業供給減少，價格水準上升。最終價格水準會達到使各個行業既無超額利潤，又無虧損狀態。這時，整個行業的供求均衡，各個企業的產量也不再調整，於是就實現了長期

149

均衡。可用圖 6-5 來說明這種長期均衡。

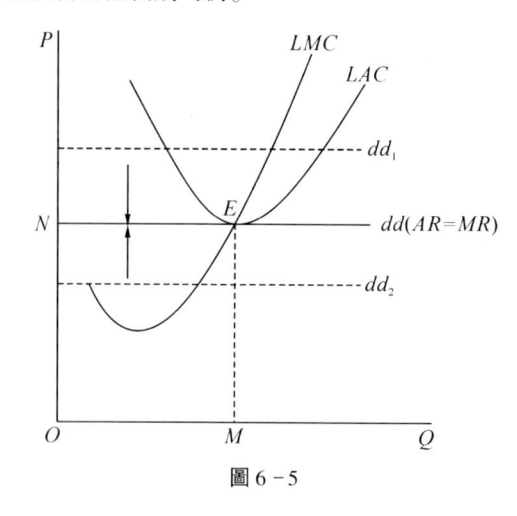

圖 6-5

在圖 6-5 中，LMC 是長期邊際成本曲線，LAC 是長期平均成本曲線。虛線 dd_1 為整個行業供給小於需求時個別企業的需求曲線，虛線 dd_2 為整個行業供給大於需求時個別企業的需求曲線。如上所述，當整個行業供給小於需求時，由於價格高會引起整個行業的供給增加，從而價格下降，個別行業的需求曲線 dd_1 向下移動。當整個行業供給大於需求時，由於價格高會引起整個行業的供給減少，從而價格上升，個別行業的需求曲線 dd_2 向上移動。這種調整的結果使需求曲線最終移動到 dd。這時，邊際成本曲線（LMC）與邊際收益曲線（MR，即 dd）相交於 E 點，決定了產量為 OM。這時總收益為平均收益乘產量，即圖上的 OMEN，總成本為平均成本乘產量，也就是圖上的 OMEN。這樣，總收益等於總成本，企業既無超額利潤又無虧損，因此，也就不再調整產量，即實現了長期均衡。

由圖 6-5 中還可以看出，當實現了長期均衡時，長期邊際成本曲線（LMC）、長期平均成本曲線（LAC）都相交於 E 點。這就表明，長期均衡的條件是：

$$MR = AR = MC = AC$$

在理解長期均衡時要注意兩點：

第一，長期均衡的 E 點就是上一章中所說的收支相抵點，這時成本與收益相等。企業能獲得的只能是作為生產要素之一企業家才能的報酬──正常利潤。利潤作為用於生產要素的支出之一，是成本。所以，收支相抵中就包含了正常利潤在內。在完全競爭市場上，競爭激烈，長期中企業無法實現超額利潤。只要獲得正常利潤就是實現了利潤最大化。

第二，實現了長期均衡時，平均成本與邊際成本相等。我們知道，平均成本與邊際成本相等，也就是兩條曲線相交時，平均成本一定處於最低點。這就說明了，在完全競爭的條件下，可以實現成本最小化，從而也就是經濟效率最高。這正是經濟學家把完全競爭作為最優狀態的理由。

四、對完全競爭市場的評論

經濟學家們根據對完全競爭市場企業均衡的分析提出,在這種完全競爭條件下,價格可以充分發揮其「看不見的手」的作用,調節整個經濟的運行。通過這種調節實現了:第一,社會的供給與需求相等,從而資源得到了最優配置,生產者的成本不會有不足或過剩,消費者的需求也得到了滿足。第二,在長期均衡時所達到的平均成本處於最有效的發揮。第三,平均成本最低決定了產品的價格也是最低的,這對消費者是有利的。從以上內容來看,完全競爭市場是最理想的。

但是,也有許多經濟學家指出,完全競爭市場也有其缺點,這就在於:第一,產品無差別,這樣,消費者的多種需求無法得到滿足。第二,完全競爭市場上生產者的規模都很小,這樣,他們就沒有能力去實現重大的科學技術突破,從而不利於技術發展。第三,在實際中完全競爭的情況是很少的,而且,一般來說,競爭最終也必然引起壟斷。

對完全競爭市場的分析,為我們對其他市場的分析提供了一個理論基礎。

第三節　壟斷市場上的廠商均衡

壟斷是只有一家企業的市場,一個企業就是一個市場,一個行業。因此,壟斷市場的行業均衡與單個均衡是相同的。

一、壟斷市場的需求曲線、平均收益與邊際收益

在壟斷市場上,一家企業就是整個行業。因此,整個行業的需求曲線也就是一家企業的需求曲線。這時,需求曲線就是一條表明需求量與價格呈反方向變動的向右下方傾斜的曲線。在壟斷市場上,每一單位產品的賣價也就是它的平均收益,因此,價格仍等於平均收益。

但是,在壟斷市場上,當銷售量增加時,產品的價格會下降,從而邊際收益減少,這樣,平均收益就不會等於邊際收益,而是平均收益大於邊際收益。如前所述,收益變動規律與產量變動規律相同。根據平均產量與邊際產量的關係,當平均產量或平均收益下降時,邊際產量或邊際收益小於平均產量或平均收益。

可以用表6－3來說明平均收益、價格、邊際收益之間的關係。

表6－3　　　　壟斷市場上價格、總收益、平均收益與邊際收益的關係

銷售量	價格	總收益	平均收益	邊際收益
0	-	0	-	-
1	6	6	6	6
2	5	10	5	4
3	4	12	4	2
4	3	12	3	2
5	2	10	2	-2
6	1	6	1	-4

從表6-3中可以看出，價格隨銷售量增加而下降，價格與平均收益相等，但平均收益並不等於邊際收益。平均收益是下降的，因此，邊際收益小於平均收益。由表6-3還可以看出，需求曲線與平均收益曲線仍然是重合的，是一條向右下方傾的線，而邊際收益曲線則是平均收益曲線之下另一條向右下方傾斜線，如圖6-6。

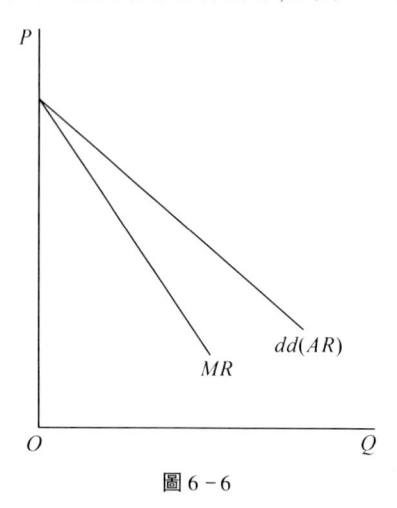

圖6-6

在圖6-6中 $dd(AR)$ 是需求曲線與平均收益曲線，MR 是邊際收益曲線。

二、壟斷市場上的短期均衡

在壟斷市場上，企業可以通過對產量和價格的控制來實現利潤最大化。但居於完全壟斷地位的企業也並不能為所欲為，要受市場需求狀況的限制。如果價格太高，消費者會減少其需求，或購買其他替代品。在短期內，企業對產量的調整也要受到限制，因為，在短期內，產量的調整同樣也要受到固定生產要素(廠房、設備等)無法調整的限制。在壟斷市場上，企業仍然需要根據邊際收益與邊際成本相等的原則來決定產量，這種產量決定後，短期中難以完全適應市場需求進行調整。這樣，也可能出現供大於求或供小於求的狀況，當然也可能是供求相等。在供大於求的情況下，會有虧損；在供小於求的情況下，會有超額利潤；供求相等時，則會有正常利潤。

我們用表6-4來說明完全壟斷市場上企業的產量、價格、總收益、總成本、總利潤、邊際收益與邊際成本的情況：

表 6-4　　　　　　　　　　壟斷市場短期均衡表

產量 Q (1)	價格 P (2)	總收益 TP (3)	總成本 TC (4)	總利潤 TP (5)	邊際收益 MR (6)	邊際成本 MC (7)
0	110	0	120	-120		
1	101	101	154	-53	101	34
2	92	184	183	1	83	29
3	83	249	210	39	65	27
4	74	296	236	60	47	26
5	65	325	265	60	29	29
6	56	336	300	36	11	35
7	47	329	350	-21	-7	40
8	38	304	424	-120	-25	74
9	29	261	540	-279	-43	116

從表 6-4 中可以看出：

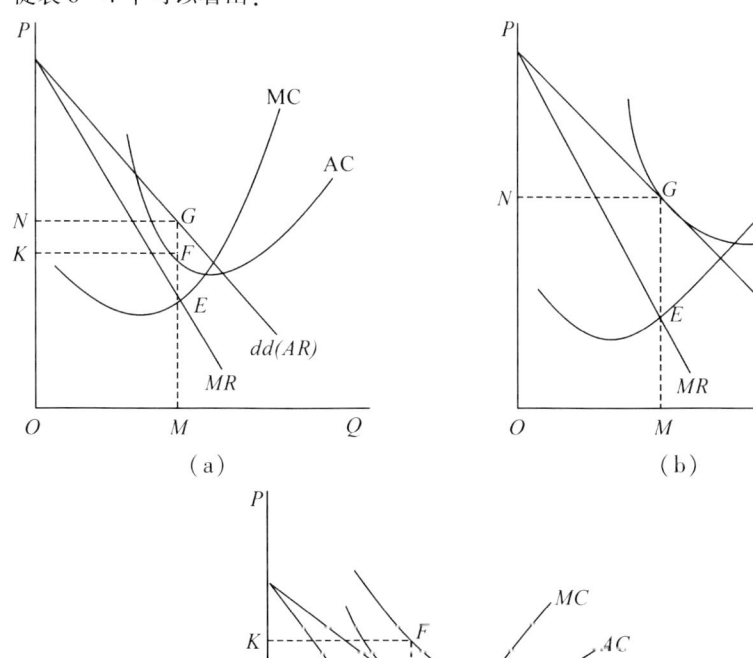

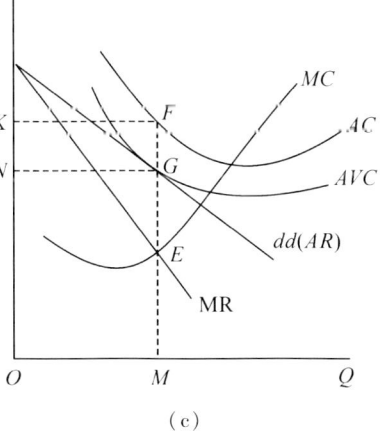

圖 6-7

第一,產量為 5 單位時,邊際收益等於邊際成本,總利潤最大。

第二,當產量大於 7 時,總利潤為負數,即有虧損,這時是否生產仍取決於停止營業點,即總收益可以彌補成本中的可變成本部分。

還可以用圖 6-7(a)、(b)、(c) 來說明有超額利潤、收支相抵、虧損三種情況:

在圖 6-7(a) 中,邊際收益曲線(MR)與邊際成本曲線(MC)的交點 E 決定了產量為 OM 時的供求曲線,它與需求曲線 dd 相交於 G,決定了價格水準為 ON。這時總收益為平均收益(價格)與產量的乘積,即 OMFK,總成本為平均成本與產量的面積,即 OMFK。總收益大於總成本,KFGN 為超額利潤。

在圖 6-7(b) 中,總收益與總成本相等,都為 OMGN,所以收支相抵,只有正常利潤。

在圖 6-7(c) 中,總成本 OMFK 大於總收益 OMGN,虧損為 NGFK。這時只有如圖上所示,平均可變成本曲線 AVC 與 G 點相切,即總成本可以彌補可變成本,才能維持 OM 產量。所以,G 為停止營業點,如果價格再低,就無法再生產了。所以,壟斷市場上短期均衡的條件是:$MR = MC$。

三、壟斷市場上的長期均衡

在長期中,壟斷企業可以通過調節產量與價格來實現利潤最大化。這時企業均衡的條件是邊際收益與長期邊際成本都相等,即:

$$MR = LMC = SMC$$

可以用圖 6-8 來說明這一點:

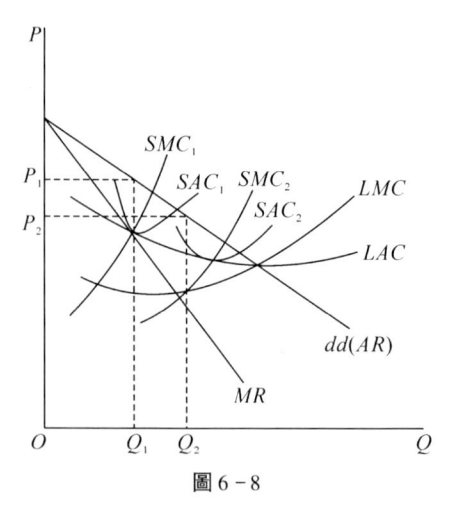

圖 6-8

在圖 6-8 中,在短期平均成本曲線為 SAC_1 時,產量為 SMC_1 與 MR 相交所決定的 OQ_1,價格為 P_1。在產量為 OQ_1 時,$MR \neq LMC$,即邊際收益不等於長期邊際成本,所以,只是短期均衡,而不是長期均衡。在長期內,企業要通過調整產量,實現 $MR = LMC$。假設企業把生產規模調整為短期平均成本曲線 SAC_2,這時短期邊際成本曲線 SMC_2 與邊際收益曲線 MR 相交決定了產量為 Q_2,價格為 P_2,這時 $MR = LMC = SMC_2$,就實現了長

期均衡。

　　這種圖形分析所要說明的是，短期內壟斷企業無法調整全部生產要素，因此不一定能實現利潤最大化。但在長期中，企業可以調整全部生產要素，因此可以實現利潤最大化。這時就存在壟斷利潤了。圖6－8所說明的正是這種調節和最後結果。

四、壟斷企業的定價策略：單一定價與歧視定價

　　在我們以上所分析的情況中，壟斷企業對賣給不同的消費者的同樣產品確定了相同的價格，即賣出的每一單位產品價格都是相同的。這種定價策略稱為單一定價。

　　在壟斷市場上，壟斷企業實現利潤最大化的關鍵是確定一個合理的價格。我們知道，由於壟斷企業完全控制了市場，所以，可以通過改變產量來決定價格，即可以減少產量定高價，也可以增加產量定低價。但壟斷者在定價時必須考慮市場需求，因為需求也是決定價格的重要因素之一。壟斷者可以定高價，但消費者可以拒絕購買，這樣也就無法實現利潤最大化。在市場上，消費者用自己的貨幣「選票」影響價格的決定。在實行單一定價時，壟斷企業可以採用高價少銷，也可以採用低價多銷。採用哪一種定價取決於利潤最大化目標，並受需求與供給的雙方制約。

　　一般來說，當某種產品需求缺乏彈性時，壟斷企業採用高價少銷是有利的。這時儘管銷售少，但價格高，可以通過實現高利潤率實現利潤最大化。因為需求缺乏彈性時，價格上升幅度大而需求量減少的幅度小，高價不會減少多少需求量，從而總收益增加，利潤增加。例如，德比爾斯公司對鑽石就採用高價少銷的辦法。因為消費者對鑽石缺乏彈性。鑽石為高收入者消費，等他們要結婚時，因為對鑽戒的需求缺乏彈性，即使高價也要買。

　　當某種產品需求富有彈性時，壟斷企業採用低價多銷是有利的。這時可以實現薄利多銷。例如，一些補品，在有專利權時是有壟斷的，但市場對這些補品的潛在需求大，有其他替代品，需求富有彈性。如果降價則可以大大增加銷售量，實現薄利多銷。

　　在壟斷市場上還有另一種定價策略——歧視定價。歧視定價就是同樣的商品向不同的消費者收取不同的價格。例如，如果電力部門（自然壟斷者）向所有用電戶收取不同的價格就是單一定價。如果電力部門向工業用戶收取高價，向居民用戶收取低價，同樣的一度電就有兩種不同的價格，這就是歧視定價。

　　歧視定價可以實現更大的利潤，其基本原則是對需求量富有彈性的消費者收取低價，而對需求缺乏彈性的消費者收取高價。這樣，需求富有彈性的消費者在低價時會增加需求量，總收益增加，需求缺乏彈性的消費者在高價時不會減少需求量，總收益也增加。例如，在電力的例子中，工業用戶對電的需求極為缺乏彈性，價格高也無法減少用電量，但居民用戶對電的需求富有彈性（可以用煤氣等替代品），價格低可以增加用電量。這樣，利潤就更多了。

　　一般根據價格差別的程度把價格歧視分為三種類型：

　　一級價格歧視，又稱完全價格歧視。這就是，假設壟斷者瞭解每一消費者為了能購進每一單位產品所願付出的最高價格，並據此來確定每一單位商品的價格。完全價格歧視就是每一單位產品都有不同的價格。例如，一個醫術高超的醫生對每個患者收取不同

的醫療費就是這種情況。在這種情況下,消費者就全部轉變為壟斷者獲得的超額利潤。

二級價格歧視。這就是,壟斷企業瞭解消費者的需求曲線,把這種需求曲線分為不同的段,根據不同購買量確定不同的價格。例如,電力部門對一定量電力(比如說1~100度)實行一種價格,對再增加的電力(比如說101~200度)實行另一種價格,壟斷企業可以把部分消費者剩餘轉變為超額利潤。

三級價格歧視。這就是,壟斷企業對不同市場的不同消費者實行不同的價格。例如,電力部門對工業用電與居民用電實行不同的價格。這種情況下,就可以在實行高價格的市場上獲得超額利潤,即把這個市場上的消費者剩餘變為超額利潤。

在現實中,一級價格歧視比較罕見,常見的是二級價格歧視與三級價格歧視。

與單一定價相比,歧視定價獲得的利潤更多,但為什麼壟斷者並不能普遍採用歧視定價呢?因為實行歧視定價必須有兩個條件。第一,實行歧視定價的商品不能轉售。如果商品可以轉售,歧視定價就沒有意義了,因為低價購買者可以把這種商品再轉手賣出去而獲利,企業就得不到好處。第二,要能用一個客觀標準把消費者分為需求缺乏彈性者和需求富有彈性者。不同消費者對統一客觀標準的需求彈性不同是客觀存在的,問題在於用一種客觀而具有可操作性的方法把這兩類消費者分開。

五、對壟斷市場的評論

許多經濟學家認為壟斷對經濟是不利的,這就因為:

第一,生產資源的浪費。這就表現為,與完全競爭相比,平均成本與價格高,而產量低。可用圖6-9來說明這一點。

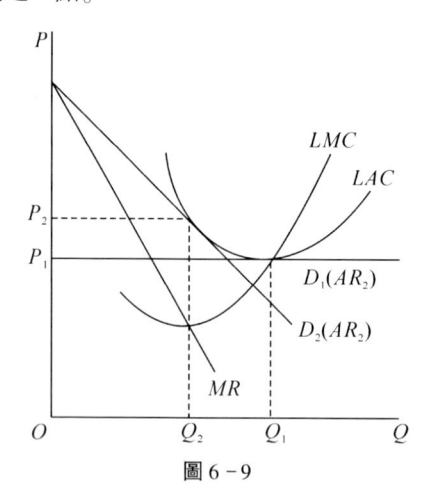

圖6-9

圖6-9綜合了完全競爭市場與壟斷市場的長期均衡狀況。通過這個圖上對兩個市場長期均衡的比較可以看出,在完全競爭市場上,產量為OQ_1,價格為OP_1,而且當產量為OQ_1時,長期平均成本達到最低點;在壟斷市場上,產量為OQ_2,價格為OP_2,產量為OQ_2時,長期平均成本並不是最低點。$OQ_1 > OQ_2$,$OP_1 < OP_2$,說明在壟斷市場上,產量低於完全競爭市場,而價格高於完全競爭,而且長期平均成本無法達到最低水準。所以,

在壟斷市場上,資源浪費嚴重,經濟效率低於完全競爭市場。

第二,社會福利的損失。壟斷企業實行價格歧視,消費者所付出的價格高,就是消費者剩餘的減少。這種減少則是社會福利的損失,可用圖 6-10 來說明這一點。

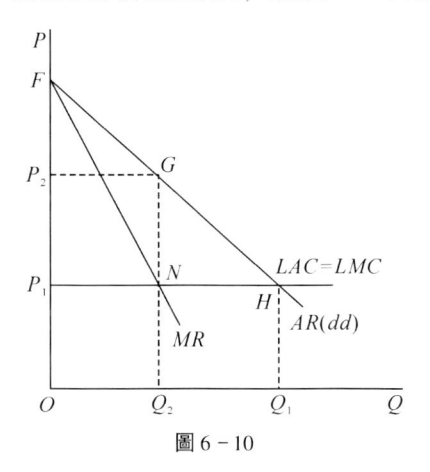

圖 6-10

在圖 6-10 中,完全競爭市場上,價格為 OP_1,產量為 OQ_1,這時消費者得到的消費者剩餘為產量為 P_1HF 這個三角形。在壟斷市場上,價格為 OP_2,產量為 OQ_2,消費者剩餘是 P_2GF 這個小三角形。在 P_1HF 這個大三角形中,P_1NGP_2 這個四方形所代表的消費者剩餘轉變為壟斷企業的超額利潤,而 NHG 這個三角形所代表的是由於壟斷者存在所引起的社會福利的淨損失。這一部分消費者沒有得到,壟斷企業也沒有福利,是由於資源浪費而形成的社會福利的淨損失。

但是,任何事物都有兩面性。許多經濟學家認為,壟斷也有其有利的一面。首先,在一些行業可以實現規模經濟,例如,自來水行業只有在一家企業時才能實現平均成本最低。這種情況屬於規模經濟引起的自然壟斷。其次,壟斷企業可以以自己雄厚的資金與人才實力實現重大的技術突破,有利於技術進步。例如,AT&T(美國電話電報公司)曾長期壟斷美國電信行業。這當然有效率損失,但 AT&T 以自己的資金創辦了貝爾實驗室。這個實驗室自成立以後一共獲得了萬餘項專利、11 次諾貝爾獎、9 次美國國家科學獎章。最後,儘管在一國內是壟斷的,有效率損失,但在國際上有競爭力,有利於一國的世界競爭力的提高。美國政府批准波音公司與麥道合併後,其在美國商用大型客機市場上是壟斷者,但這種合併有利於美國波音公司對歐洲空中客車公司的競爭。

壟斷的是是非非一直是經濟學家爭論的話題,現實中既有打破壟斷(20 世紀 80 年代 AT&T 的解體,由自然壟斷走向競爭),又有加強壟斷(波音與麥道的合併,以及其他大企業的合併)。看來,在哪個行業壟斷利大於弊,在哪個行業壟斷弊大於利,還要進行具體分析。

第四節　壟斷競爭市場上的廠商均衡

　　壟斷競爭是現實中存在最廣泛的一種市場結構。它與完全競爭市場的不同之處在於，每一家生產有差別產品的企業面臨的不是水準的需求曲線，而是向右下方傾斜的需求曲線。這說明每個企業由於產品差別都有一定控制價格的能力，從而價格高，需求少；價格低，需求多。它與壟斷的不同之處在於，市場上企業數量眾多，進入限制極低，從而競爭仍然是激烈的。我們從這個特點入手來分析壟斷競爭市場的情況。

一、壟斷競爭市場上的均衡

　　在短期中每一個壟斷競爭的企業都是一個壟斷者。它以自己的產品差別在一部分消費者中形成壟斷地位。而且，短期中其他企業生產不出與之競爭的有差別產品。這樣壟斷競爭企業就可以像一個壟斷者那樣行事，高價少銷，低價多銷，或歧視定價，以獲得利潤最大化。因此，在短期中企業短期均衡的條件與壟斷市場一樣是：

$$MR = MC$$

　　在長期中，壟斷競爭市場上也存在著激烈的競爭。各個行業可以仿製別人有特色的產品，可以創造自己更有特色的產品，也可以通過廣告來創造消費者的需求，形成自己產品的壟斷地位。當短期中有超額利潤存在時，競爭的結果是存在替代性的各種有差別的產品價格下降。可以用圖 6－11 來說明長期均衡的情況。

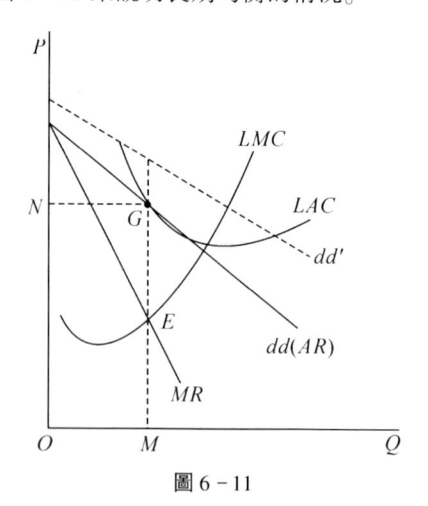

圖 6－11

　　在圖 6－11 中，虛線 dd' 是一家企業在不考慮其他企業價格變動的需求曲線。在長期中，由於各企業競爭激烈，這家企業價格下降，從而需求曲線向右下移動為 dd。這時，企業決定產量的原則仍然是邊際成本等於邊際收益，因此，長期邊際成本曲線（LMC）與邊際收益曲線（MR）的交點 E 決定了產量為 OM。由 M 做一條垂線，即產量為 OM 時的

供給曲線。這條供給曲線與需求曲線 dd 相交於 G，決定了價格水準為 ON。這時，總收益為平均收益（價格）乘以產量，即圖上的 OMGN。總收益與總成本相等，實現了長期均衡。在實現了長期均衡時，邊際收益等於邊際成本，平均收益等於平均成本。所以，壟斷競爭市場上長期均衡的條件仍然是：

$$MR = MC, AR = AC$$

二、壟斷競爭與完全競爭的比較

在經濟學中，壟斷競爭與完全競爭都屬於競爭。但認識這兩種競爭之間的區別有助於我們評價壟斷競爭市場。

我們先用圖 6-12 來比較壟斷競爭與完全競爭下的長期均衡。

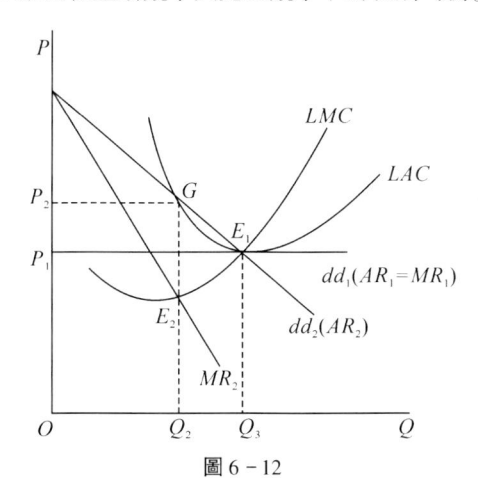

圖 6-12

在圖 6-12 中，$dd_1(AR_1 = MR_1)$ 是完全競爭下的需求曲線，E_1 為完全競爭下的長期均衡點，均衡價格為 OP_1，產量為 OQ_1。$dd_2(AR_2)$ 是壟斷競爭下的需求曲線，MR_2 為這時的邊際收益曲線，E_2 為壟斷競爭下的長期均衡點，均衡價格為 OP_2，產量為 OQ_2。

對比這兩個市場上的長期均衡狀態，可以看出以下四點差別：

第一，需求曲線、平均收益曲線、邊際收益曲線不同。在完全競爭下，這三條線重合為一條與橫軸平行的線（dd_1）。在壟斷競爭下，需求曲線與平均收益曲線重合，但向右下方傾斜，邊際收益曲線則為平均收益曲線下向右下方傾斜的一條線。這反應了收益變動情況不同，在完全競爭下 $AR = MR$，這時 AR 的最高上限，在壟斷競爭下，$AR > MR$，AR 是遞減的。

第二，在長期均衡時，長期平均成本的狀況不同。在完全競爭下實現了長期均衡，產量決定的長期平均成本處於最低點（E_1），而在壟斷競爭下實現了長期均衡時，產量決定的長期平均成本為 G，G 並不是最低點。這說明在壟斷競爭下成本消耗要多，即存在資源浪費。

第三，價格不同。在完全競爭下價格 OP_1 低於壟斷競爭下的 OP_2。

第四，產量不同，在完全競爭下產量 OQ_1 大於壟斷競爭下的 OQ_2。

以上的對比並不能得出完全競爭市場優於壟斷競爭市場的結論。因為儘管競爭市場上平均成本與價格高，資源有浪費，但消費者可以得到有差別的產品，從而滿足不同的需求。而且，壟斷市場上的產量要高於完全壟斷市場，價格卻要低。

在分析壟斷競爭市場的優缺點時，還要注意兩點：第一，壟斷競爭有利於鼓勵進行創新。因為競爭的存在，短期超額利潤的存在激發了企業進行創新的內在動力。通過生產出與眾不同的產品可以在短期內獲得壟斷地位及超額利潤，這就使各企業有進行創新的願望。而長期中的競爭又使這種創新的動力持久不衰。第二，壟斷競爭之下會使銷售成本，主要是廣告成本增加。各企業要使自己的產品成為有特色的產品，必須進行廣告宣傳。這種廣告對生產和消費有促進作用，但同時也增加了銷售成本，增加了總成本和平均成本。許多經濟學家認為，壟斷競爭從總體上是利大於弊的。而在現實中，壟斷競爭也是一種普遍存在的市場結構。

三、壟斷競爭條件下的產品差別競爭

從以上的分析我們看出，在壟斷競爭市場上，長期競爭的結果是經濟利潤為零，但短期中可以憑藉產品特色形成的壟斷地位獲得經濟利潤。因此，想實現利潤最大化的企業就應該把長期變成一個個短期。這樣做的關鍵則是創造產品差別，以不斷變化的產品特色保持自己的壟斷地位。這樣，在壟斷競爭市場上企業的成功取決於產品差別競爭。

有些產品差別是實際產品差別，消費者可以輕而易舉地認知，例如，產品質量、外形、包裝等。企業創造產品差別就要使自己的質量、外形、包裝不同於同類其他產品。同樣的自行車，別的企業質量差，你的企業質量高，這就形成產品差別。同樣的衣服，你的企業生產的樣式不同，這也形成產品差別。在這方面的創新可以是無窮的。這些不同差別的產品滿足消費者的不同偏好，就可以在一部分消費者中形成壟斷地位。

另一些產品差別是消費者不易識別的，甚至產品本身並沒有什麼實際差別，僅僅是消費者認為它有差別。產品差別在許多情況下取決於消費者的認知，無論產品有多大差別，但如果消費者不承認這種差別，這些差別就不存在。反之，儘管產品本身並無差別，但如果消費者認為它有差別，它就有差別。因此，創造產品差別還要使消費者承認這種差別。這就要靠企業通過廣告等行銷手段來創造產品差別。廣告的作用正是要使消費者認識那些不易辨認的產品差別，甚至使消費者承認本無差別的產品有差別。這正是壟斷競爭企業花費巨資做廣告的重要原因。

在產品差別中，品牌是一種重要的產量差別，它既有實際差別，又有消費者對它的認知。這就是說，品牌首先是做出來的，沒有高質量、受消費者歡迎的產品，就沒有名牌。但名牌還要靠廣告宣傳，讓消費者認知。據美國的調查，70%以上的消費者有品牌忠誠的習慣，即在購物時，習慣於購買自己熟悉並一向購買的品牌產品。也許這些產品本身並沒有什麼差別，但僅僅是一個品牌就使消費者認為它有差別。例如，在美國阿司匹林這種藥品的市場上，各種阿司匹林在質量、外形、包裝等方面毫無差別，但由於拜耳是這種藥的名牌，許多消費者寧願多花錢也要購買拜耳牌阿司匹林。這就是品牌引起的產品差別。所以，在壟斷競爭行業中，企業創造品牌是十分重要的。

產品差別是人為創造出來的，企業只要努力就可以創造產品，獲得成功。

第五節　寡頭市場上的廠商均衡

　　寡頭市場是幾家大企業控制的市場。這種市場形成的關鍵原因是規模經濟的存在。這種市場在規模經濟至關重要的行業，如鋼鐵、石油、汽車、家電、電子、民航、香菸等行業廣泛存在在經濟中也是十分重要的。我們對寡頭市場的分析就從寡頭市場的特徵開始。

一、寡頭市場的特徵

　　寡頭市場具有其他市場結構所沒有的一個重要特徵：幾家寡頭之間的相互依存性。在完全競爭與壟斷競爭市場上，企業數量都相當多，各個企業之間並沒有什麼密切的關係，就像一袋互不相關的馬鈴薯一樣。壟斷市場上只有一家企業，並不存在與其他企業有關係的問題。在完全競爭和壟斷競爭市場上，各企業都是獨立地作出自己的決策，而不用考慮其他企業的決策或對自己的決策的反應，在寡頭市場上，企業數量很少，每家企業都佔有舉足輕重的地位，他們各自在價格或產量方面決策的變化都會影響整個市場和其他競爭者的行為。因此，寡頭市場上各企業之間存在著極為密切的關係。每家企業在作出價格和產量的決策時，不僅要考慮到本身的成本與收益情況，而且還要考慮到這一決策對市場的影響，以及其他企業可能作出的反應。這就是寡頭之間的相互依存性。

　　假設某行業有三家寡頭，各自產品的價格為 P_1、P_2、P_3，銷售量為 Q_1、Q_2、Q_3，則各自的需求曲線為：

$P_1 = f_1(Q_1, Q_2, Q_3)$

$P_2 = f_2(Q_1, Q_2, Q_3)$

$P_3 = f_3(Q_1, Q_2, Q_3)$

這說明各寡頭的價格要受三家寡頭銷售量的影響。

　　三家寡頭各自的收益為 R_1、R_2、R_3，則有

$R_1 = R_1(Q_1, Q_2, Q_3)$

$R_2 = R_2(Q_1, Q_2, Q_3)$

$R_3 = R_3(Q_1, Q_2, Q_3)$

這說明各寡頭壟斷的收益要受三家寡頭的銷售量（從而也受價格）的影響。

　　三家寡頭各自的成本為 C_1、C_2、C_3，則有

$C_1 = C_1(Q_1)$

$C_2 = C_2(Q_2)$

$C_3 = C_3(Q_3)$

　　三家寡頭各自的利潤為 π_1、π_2、π_3，則有

$\pi_1 = R_1(Q_1, Q_2, Q_3) - C_1(Q_1)$

$\pi_2 = R_2(Q_1, Q_2, Q_3) - C_2(Q_2)$

$\pi_1 = R_3(Q_1, Q_2, Q_3) - C_3(Q_3)$

以上函數說明了各寡頭企業在銷售量、價格、收益、利潤方面的相互依存關係。這種關係是寡頭市場有別於其他三個市場的基本特徵。

寡頭之間的這種相互依存性對寡頭市場的均衡有至關重要的影響。首先，在寡頭市場上，很難對產量與價格問題作出像前三種市場那樣確切而肯定的答案。這是因為，各個寡頭在作出價格和產量決策時，都要考慮到競爭對手的反應，而競爭對手的反應可能是多種多樣的。在各寡頭都保守自己的「商業秘密」的情況下，這種反應很難捉摸。這就使價格與產量問題難以確定。其次，價格和產量一旦確定後，就有其相對穩定性。這也就是說，各個寡頭由於難以捉摸對手的行為，一般不會輕易變動已確定的價格與產量水準。最後，各寡頭之間的利益又是矛盾的，這就決定了勾結並不能代替或取消競爭。寡頭之間的競爭往往會更加激烈。這種競爭有價格競爭，也有非價格競爭（例如通過廣告進行競爭等等）。

二、傳統寡頭理論

對寡頭的研究可以追溯到19世紀的法國經濟學家古諾。在博弈論運用之前，對寡頭市場的分析都屬於傳統寡頭理論。傳統寡頭理論在假設對手的反應為既定的情況下分析寡頭企業產量與價格的決定。經濟學家根據不同的對手反應假設，得出了關於產量與價格決定的不同答案，成為不同的寡頭模型。我們這裡介紹古諾模型和拐折需求曲線模型。

古諾模型是在一定假設下分析寡頭企業產量決定的。

古諾模型的假設條件是：

第一，只有兩個寡頭A與B，生產完全相同的產品。第二，為了簡單起見，假設生產成本為零。第三，需求曲線是線性的，即需求曲線是一條向右下方傾斜的直線，兩家寡頭分享市場。第四，各方都根據對方的行動作出反應。第五，每家寡頭都通過調整產量來實現利潤最大化。

可以用圖6-13來說明古諾模型：

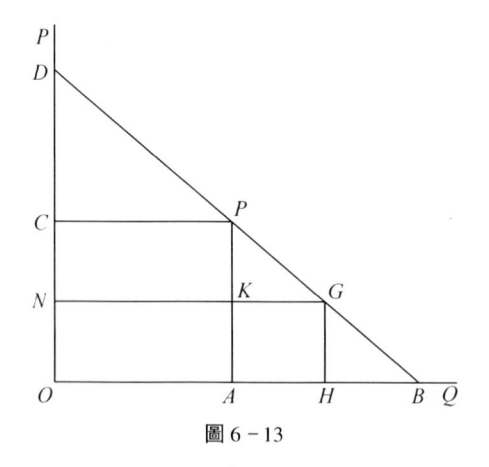

圖6-13

在圖6-13中，DB為兩家寡頭所面臨的需求曲線。當不考慮生產成本時，總產量為OB，價格為零。

在開始時，市場上只有 A 寡頭，他以價格 $AP(OC)$，供給產量 OA，$OA = 1/2OB$。這就是在銷售量為 OA，價格為 OC 時，他可以實現利潤最大化。這時利潤為 $OAPC$（$OAPC$ 為直角三角形 OBD 的最大內接四邊形）。

當 B 寡頭加入後，A 的銷售量仍然為 OA，市場剩餘的需求量為 AB，B 供給 AB 的一半，即 AH，可獲得最大利潤。當 B 供給 AH 時，總供給量增加到 OH，因此，價格下降為 ON（HG）。這時，A 的收益減少為 $OAKN$。假定 A 認為 B 會保持銷售量為 AH，A 為了達到利潤最大化就要供給 $\frac{1}{2}(OB - AH)$。$\frac{1}{2}OB > \frac{1}{2}(OB - AH)$，A 的銷售量減少了。這樣，留下由 B 供給的數量就增加了，B 的供給就要大於 AH，即 B 根據 A 減少銷售量的行動作出的反應是增加自己的銷售量。在雙方對對方行動作出反應的過程中，A 的產量逐漸減少，B 的產量逐漸增加，直至兩個寡頭平均總供給量平衡為止。這時，他們的總銷售量將為 $\frac{2}{3}OB$，每人各為 $\frac{1}{3}OB$。

由此可以推出，當有三個寡頭時，總銷售量為 $\frac{4}{3}OB$，各個寡頭為 $\frac{1}{4}OB$。所以，從雙頭理論的古諾模型所推導出的是：當有 n 個寡頭時，總量為 $n/(n+1)$，每個寡頭的供給量是 $1/(n+1)$。

寡頭壟斷市場上價格具有剛性，即當成本有一定量的改變時價格卻保持不變。這就是說，在這種市場上，一旦價格決定之後，就有一定的相對穩定性，這種情況在鋼鐵、汽車等寡頭市場上存在。美國經濟學家 P. 斯威齊在 1939 年提出了拐折的需求曲線來解釋這種現象。

拐折的需求曲線假設，當一家寡頭提高價格時，它的競爭對手為了增加自己的銷售量並不抬高價格；當一家寡頭降低價格時，它的競爭對手為了不減少銷售量，也降低價格。可以用圖 6-14 來說明拐折的需求曲線。

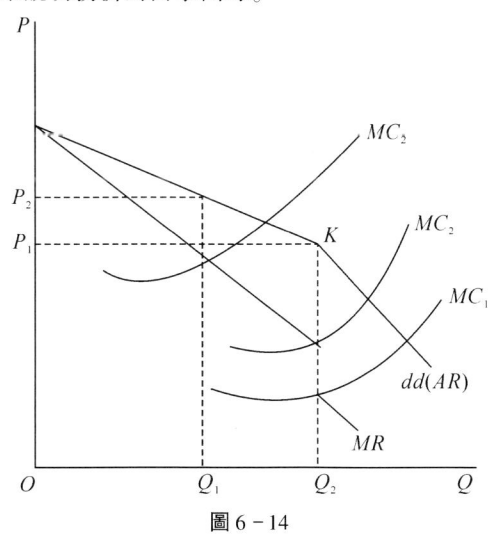

圖 6-14

圖 6-14 中,$dd(AR)$ 就是拐折需求曲線,該曲線在 K 點拐折,即需求曲線分為兩段。MR 是邊際收益曲線,邊際收益曲線在平均收益曲線下方,所以也從 K 點分為兩段,在需求曲線 dd 的拐折處 K,邊際收益曲線出現間斷點,邊際成本曲線 MC_1 與 MC_2 和邊際收益曲線 MR 相交決定了產量為 OQ_1,價格為 OP_1。邊際收益曲線 MR 增加到 MC_3 時,才會引起產量減少為 OQ_2,價格上升為 OP_2。

拐折的需求曲線解釋了寡頭市場上價格具有剛性的原因。但並沒有說明寡頭市場上價格是如何決定的。因此,我們還要進一步分析寡頭市場上價格的決定。

傳統寡頭理論對價格決定分析認為,寡頭市場上價格決定採用了三種形式:價格領先制、成本加成法與勾結定價。

價格領先制又稱價格領袖制,指一個行業的價格通常由某一家寡頭率先制定,其餘寡頭追隨其後,最後得以確定。如果產品是無差別的,價格變動可能相同,即價格變動幅度相同。如果價格是有差別的,價格變動可能相同,也有可能有差別。

成本加成法是寡頭市場上一種最常用的方法,即在估算的平均成本的基礎上加一個固定百分率的利潤。例如,某產品的平均成本為 100 元,利潤率確定為 10%,這樣,這種產品的價格就可以定為 110 元。平均成本可以根據長期中成本變動的情況確定,而所加的利潤比率則要參照全行業的利潤率情況確定。這種定價方法可以避免在降價競爭中各寡頭之間的價格競爭,使價格相對穩定,從而避免在降價競爭中的寡頭兩敗俱傷。從長期來看,這種方法能接近於實現最大利潤,是有利的。

勾結定價是各寡頭勾結起來共同協商定價,各寡頭之間進行公開的勾結,組成卡特爾。卡特爾是寡頭的價格聯盟,共同協商確定價格。例如,石油輸出國組織就是這樣一個國際石油卡特爾。卡特爾共同制定統一的價格,為了維持這一價格必須對產量進行限制。但是,由於卡特爾各成員之間的矛盾,有時達成的協議也很難兌現,或引起卡特爾解體。在不存在公開勾結的情況下,各寡頭還能通過暗中的勾結(又稱默契)來確定價格。

三、現代寡頭理論:博弈論的運用

博弈論是數學的一個分支,研究多個行為主體在各自作出決策而且行為的結構直接相互作用時的決策和結果。20 世紀 40 年代美國數學家維納和經濟學家摩根斯坦合作寫了一本《博弈論與經濟行為》,開創了把博弈論運用於分析經濟問題的新時代,現在博弈論在經濟分析中已得到廣泛運用。

如前所述,寡頭市場的特點是各個寡頭之間的相互依存性。這就是,各個寡頭各自獨立決策,相互之間並不瞭解對方的決策,但一個寡頭的決策要影響到其他寡頭。每個寡頭都要根據其他寡頭的決策來作出自己的決策,各個寡頭的決策相互作用,最後形成市場均衡。因此,現代寡頭理論就是運用博弈論來研究寡頭行為。

我們先通過一個經典例子來說明博弈論的基本思想。完整的博弈過程包括參與者、規則、各自的決策(稱為策略)以及最後結果。我們用「囚犯困境」這個經典例子來說明這一點。

囚犯困境是說 AB 兩個人由於合夥偷一輛汽車被捕。警方懷疑他們還搶劫過銀行,於是將他們分別關押,並告訴每一個人:如果他們兩人都坦白搶銀行的事,各判三年;如

果一方交代另一方不交代,交代者判一年,不交代者判十年;當然,他們都知道,如果誰都不交代,就會由於偷車而判兩年。他們每個人可以選擇的行為有兩種:交代或不交代。他們無法勾結,各自選擇的結果要取決於對方的選擇。他們兩人共有 4 種可能的決策,也有 4 種可能的結果。最後哪一種結果的可能性最大呢?博弈論正是要分析各方決策與結果的。

我們可以用圖 6-15 來說明 4 種可能的戰略與 4 種結果:

	交代	不交代
交代	3 \ 3	10 \ 1
不交代	1 \ 10	2 \ 2

圖 6-15

從圖 6-15 得知,4 種可能的戰略與結果是:
(1) AB 都交代,各判 3 年;
(2) AB 都不交代,各判 2 年;
(3) A 不交代,B 交代,A 判 10 年,B 判 1 年;
(4) A 交代,B 不交代,A 判 1 年,B 判 10 年;

最後的結果會是什麼呢?各方都從個人利益最大化出發,選擇自己的優勢戰略(即對自己最有利的決策)。這樣,A 的選擇就是:

如果 B 不交代,A 有兩種選擇和兩種結果:A 選擇不交代,判 2 年;A 選擇交代,判 1 年。兩者相比,在 B 選擇不交代時,A 選擇交代有利。

如果 B 交代,A 也有兩種選擇和兩種結果:A 選擇不交代,判 10 年;A 選擇交代,判 3 年。兩者相比,在 B 選擇交代時,A 選擇交代有利。

結論是無論 B 選擇交代還是不交代,A 選擇交代都是對自己最有利的優勢戰略。

B 的推理過程與此相同,結論也是無論 A 選擇交代還是不交代,B 選擇交代都是對自己最有利的優勢戰略。

這樣結果,A、B 兩人都選擇了交代,各判 3 年。這就說明,即使兩人合作是有利的(各判 2 年),但這種合作卻是困難的。

我們可以運用這種博弈論的方法分析寡頭市場上的價格勾結行為。我們從簡單的寡頭市場——雙頭進行分析。

假設石油市場上只有兩個寡頭 A 和 B。它們的產量最高可達到各生產 3000 萬桶,共生產 6000 萬桶。這時,生產成本每桶 6 美元,市場價格也為 6 美元,沒有利潤。

如果它們勾結起來,把產量限定為各生產 2000 萬桶,共生產 4000 萬桶。這時,生產成本每桶 8 美元,市場價格每桶 9 美元,各得利潤 2000 萬美元。

如果一方違約生產 3000 萬桶,另一方守約生產 2000 萬桶,共生產 5000 萬桶,市場價格為每桶 7.5 美元。違約一方生產成本為 6 美元,共獲利 4500 萬美元,守約的一方生產成本為 8 美元,虧損 1000 萬美元。

	守約	違約
守約	2000 萬 / 2000 萬	4500 萬 / −1000 萬
違約	1000 萬 / 4500 萬	0 / 0

圖 6-16

它們各有兩種策略:違約與守約,共有 4 種可能的結果,見圖 6-16。

雙頭共有 4 種策略,4 種結果:

(1) A、B 都守約,各獲 2000 萬美元利潤。

(2) A、B 都不守約,各方利潤為零。

(3) A 守約,虧損 1000 萬美元,B 違約獲利 4500 萬美元。

(4) B 守約,虧損 1000 萬美元,A 違約獲利 4500 萬美元。

A 的選擇是:

如果 B 守約,A 選擇守約,利潤為 2000 萬美元;選擇違約,獲利 4500 萬美元。兩者相比,在 B 守約時,A 選擇違約是優勢戰略。

如果 B 違約,A 選擇守約,虧損 1000 萬美元;選擇違約,沒有虧損也沒有盈利。兩者相比,在 B 違約時,A 選擇違約也是優勢戰略。

結論是無論 B 選擇守約還是違約,A 選擇違約都是優勢戰略。

B 的推理過程與此相同,結論也是無論 A 選擇守約還是違約,B 選擇違約都是優勢戰略。

這樣,AB 兩人都選擇了違約,兩方都無利潤。這也說明,即使兩個寡頭勾結是有利的,但這種合作卻是困難的。

這分析的是最簡單的寡頭市場情況。在這種情況下,如果博弈是多次進行,各方採取「一報還一報的策略」,即如果一方這次合作,另一方下次也合作,如果一方這次不合作,另一方下次也不合作,最終仍可實現合作。但如果博弈者不是雙頭而是多頭,合作者不能多次進行,不可能對違約者進行有效的懲罰,合作仍然是困難的。

在現實的寡頭市場上,寡頭是多少不確定,而且每次博弈並不相同,要對違約者進行懲罰並不容易,所以,寡頭市場上就存在激烈的價格競爭。

習題

1. 劃分市場結構的標準有哪些?市場結構一般可以分為哪幾種類型?

2. 簡述市場結構與企業行為的關係。

3. 企業均衡的條件是邊際收益等於邊際成本(即 MR = MC),這就是說,個別企業是從自己利潤最大化的角度來決定產量的,而在 MR = MC 時就實現了這一原則。如果整個行業供大於求,市場價格低,個別企業處於虧損狀態,它還會生產嗎?為什麼?

4. 在長期中,企業可以調整全部生產要素,因此可以實現利潤最大化。為什麼這時

就存在壟斷利潤了呢?
5. 一般根據價格差別的程度把價格歧視分為哪幾種類型?
6. 壟斷競爭條件下的產品差別競爭主要表現在哪些方面?
7. 為什麼寡頭之間的相互依存性對寡頭市場的均衡有至關重要的影響?

第七章　博弈論

案例導入

漂亮與收入

　　美國經濟學家丹尼爾‧哈莫米斯與杰文‧比德爾在 1994 年第 4 期《美國經濟評論》上發表了一份調查報告。根據這份調查報告，漂亮的人的收入比長相一般的人高 5% 左右，長相一般的人又比醜陋一點的人收入高 5%～10% 左右。為什麼漂亮的人收入高？經濟學家認為，人的收入差別取決於人的個體差異，即能力、勤奮程度和機遇的不同。漂亮程度正是這種差別的表現。個人能力包括先天的稟賦和後天培養的能力。長相與人在體育、文藝、科學方面的天才一樣是一種先天的稟賦。漂亮屬於天生能力的一個方面，它可以使漂亮的人從事其他人難以從事的職業，例如當演員或模特。漂亮的人少，供給有限，自然市場價格高，收入高。

　　漂亮不僅僅是臉蛋和身材，還包括一個人的氣質。在調查中，漂亮由調查者打分，實際是包括外形與內在氣質的一種綜合。這種氣質是人內在修養與文化的表現。因此，在漂亮程度上得分高的人實際往往是文化程度高、受教育程度高的人。兩個長相接近的人，也會由於受教育程度不同而表現出來的漂亮程度不同。所以，漂亮是反應人受教育水準的標誌之一，而受教育是個人能力的來源。受教育多，文化高，收入水準高就是正常的。

　　漂亮也可以反應人的勤奮和努力程度。一個工作勤奮、勇於上進的人，自然會打扮得體，舉止文雅，有一種朝氣。這些都會提高一個人的漂亮得分。漂亮在某種程度上反應了人的勤奮，與收入相關也就不奇怪了。

　　最後，漂亮的人機遇更多。有些工作，只有漂亮的人才能從事，漂亮往往是許多高收入工作的條件之一。就是在所有的人都能從事的工作中，漂亮的人也更有利。漂亮的人從事推銷更易於被客戶接受，當老師會更受到學生喜愛，當醫生會使病人覺得可親。所以，在勞動市場上，漂亮的人機遇更多，雇主總愛優先雇傭漂亮的人。有些人把漂亮的人機遇更多，更易於受雇稱為一種歧視，這也不無道理。但應有哪一條法律能禁止這種歧視？這是一種無法克服的社會習俗。

　　漂亮的人的收入高於一般人。兩個各方面條件大致相同的人，由於漂亮程度不同而得到的收入不同。這種由漂亮引起的收入差別，即漂亮的人比長相一般的人多得到的收入稱為「漂亮貼水」。

第一節　博弈問題概述

一、博弈的基本概念

博弈論(game theory)是研究決策主體的行為發生直接相互作用時候的決策以及這種決策的均衡問題。換句話說,博弈論研究當某一經濟主體的決策既受到其他經濟主體決策的影響,而且該經濟主體的相應決策又反過來影響到其他經濟主體時的決策問題和均衡問題。

在前面幾章中,除了寡頭市場外,無論是消費者的個人效應函數,還是廠商的利潤函數,都只依賴於他自己的選擇,而與其他人的選擇無關。在這裡,經濟作為一個整體,各個經濟主體的選擇是相互影響的,所有其他經濟主體的選擇是相互影響的。但對於單個的消費者或廠商來說,所有其他經濟主體的選擇的行為都被包括在一個參數裡。這個參數就是價格。除此以外,經濟主體在決策時,面臨的似乎是一個非人格化的東西。經濟主體既不需要考慮他人的選擇對自己選擇的影響,也無需考慮自己的選擇對他人的影響。而在本章所介紹的博弈論中,消費者的個人效用函數或廠商的利潤函數不僅依賴於自己的選擇,而且依賴於具體的某一個或某一些其他經濟主體的選擇。某一消費者或廠商的最優選擇是其他某一些經濟主體選擇的函數。

博弈論的基本概念包括:參與人、行動、戰略、信息、支付函數、結果、均衡。

參與人是指博弈中選擇行動以最大化自身利益(效用、利潤等)的決策主體(如個人、廠商、國家)。

行動是指參與人的決策變量。

戰略是指參與人選擇行動的規則,它告訴參與人在什麼時候選擇什麼行動。例如,「人不犯我,我不犯人;人若犯我,我必犯人」是一種戰略。這裡,「犯」與「不犯」是兩種不同的行動。戰略規定了什麼時候選擇「犯」,什麼時候選擇「不犯」。

信息是指參與人在博弈中的知識,特別是有關其他參與人(對手)的特徵和行動的知識。

支付函數是參與人從博弈中獲得的效用水準,它是所有參與人戰略或行動的函數,是每個參與人真正關心的東西。

結果是指博弈者感興趣的要素的集合。

均衡是所有參與人的最優戰略或行動的組合。

上述概念中,參與人、行動、結果統稱為博弈規則。博弈分析的目的是使用博弈規則決定均衡。

一、博弈的分類

可以從不同的角度對博弈進行分類。

根據博弈者選擇的戰略,可以將博弈分成合作博弈(cooperative games)與非合作博弈

169

(non-cooperative games)。合作博弈與非合作博弈之間的區別，主要在於博弈的當事人之間能否達成一個有約束力的協議。如果有，就是合作博弈；反之，就是非合作博弈。例如，如果幾家寡頭通過訂立並實行協議，限制產量，制定壟斷高價，則稱這種博弈為合作博弈。若寡頭們在市場競爭中沒有達成有約束力的協議，每個企業僅僅是在考慮到競爭對手可能採取的行為的條件下，獨立地進行產量與價格的決定，則稱這種博弈為非合作博弈。

根據參與人行動的先後順序，可以將博弈分成靜態博弈(static game)與動態博弈(dynamic game)。靜態博弈是指博弈中參與人同時選擇行動，或者雖非同時行動，但行動在後者並不知道行動在先者採取了什麼具體行動。動態博弈是指參與人的行動有先後順序，而且行動在後者可以觀察到行動在先者的選擇，並據此作出相應的選擇。

根據參與人對其他參與人的瞭解程度，可以將博弈分成完全信息博弈(games of complete information)和不完全信息博弈(games of incomplete information)。完全信息博弈是指在每個參與人對所有其他參與人(對手)的特徵、戰略和支付函數都有精確瞭解的情況下所進行的博弈。如果瞭解得不夠精確，或者不是對所有的參與人都有精確的瞭解，在這種情況下進行的博弈就是不完全信息博弈。

在以下的幾節中，主要介紹非合作博弈。而非合作博弈的介紹又分為四種情況分別介紹。這四種情況是：完全信息靜態博弈、完全信息動態博弈、不完全信息靜態博弈和不完全信息動態博弈。有關合作博弈的內容，則在介紹完全信息動態博弈時，同時進行介紹。

第二節　完全信息靜態博弈

一、占優戰略均衡

一般來說，由於每個參與人的效用(支付)是博弈中所有參與人的戰略的函數，因而每個參與人的最優戰略選擇依賴於所有其他參與人的戰略選擇。但在一些特殊的博弈中，一個參與人的最優戰略可能並不依賴於其他參與人的戰略選擇。換句話說，不論其他參與人選擇什麼戰略，他的最優戰略是唯一的，這樣的最優戰略被稱為「占優戰略」(dominant strategies)。

以博弈論中最著名的囚徒困境(prisoner's dilemma)為例。兩個合夥作案的犯罪嫌疑人被抓住了。警方懷疑他們作了許多案子，但除了其中的一小部分外，警方手中並沒有他們作案的確切證據，因而對這兩個犯罪嫌疑人犯罪事實的認定及相應量刑取決於他們自己的供認。假定警方對兩名犯罪嫌疑人實行隔離審訊，二者無法訂立攻守同盟。同時警方明確地分別告訴這兩名犯罪嫌疑人，他們面臨著來以下後果：

如果犯罪嫌疑人與其同夥都供認其全部犯罪事實，那麼，由於其罪行的嚴重性，兩人各判8年徒刑。

如果某一犯罪嫌疑人供認其全部犯罪事實，而其同伙抵賴，則供認者坦白從寬，從輕

判處1年徒刑,而不供認者抗拒從嚴,從重判處10年徒刑。

如果兩個犯罪嫌疑人都不供認警方不知道的犯罪事實。那麼,根據已經掌握的證據,只能判處他們每人2年徒刑。

這兩個犯罪嫌疑人所面臨的後果可以用圖7-1來表示。7-1中,正數值表示參與人有所得,負數值表示參與人有所失。

		囚徒 B	
		坦白	抵賴
囚徒 A	坦白	-8, -8	-1, -10
	抵賴	-10, -1	-2, -2

圖7-1　囚徒困境

在圖7-1中,每個犯罪嫌疑人都有兩種可供選擇的戰略:坦白或抵賴但不論同伙選擇什麼戰略,每個犯罪嫌疑人的最優戰略是坦白。以犯罪嫌疑人A為例。當犯罪嫌疑人B選擇坦白時,A如也選擇坦白,則被判處8年徒刑,A如選擇抵賴,則將被判處10年徒刑。因而A選擇坦白比選擇抵賴好。當犯罪嫌疑人B選擇抵賴時,A選擇坦白,則被判處1年徒刑,A如選擇抵賴,則將被判處2年徒刑。因而A選擇坦白還是比選擇抵賴好。因此,坦白是犯罪嫌疑人A的占優戰略。對於犯罪嫌疑人B來說,坦白同樣也是他的占優戰略。

在博弈中,如果所有的參與人都有占優戰略存在,因而博弈將在所有參與人的占優戰略的基礎上達到均衡,這種均衡稱為占優戰略均衡。在圖7-1中,「A坦白,B也坦白」就是占優戰略均衡。

應該指出的是,占優戰略均衡只要求所有的參與人是理想的,而並不要求每個參與人知道其他參與人也是理性的。因為,不論其他參與人是否理性,占優戰略總是一個理性參與人的最優選擇。

在圖7-1中,如果每個犯罪嫌疑人都選擇抵賴,則每個人將被判處2年徒刑。對於兩個犯罪嫌疑人來說,這顯然比每人被判處8年徒刑要好。但由於AB兩人均從個人角度出發,如果不存在某種約束,他們不可能在「A和B一起抵賴」的基礎上達到均衡。

囚徒困境反應了一個深刻的問題,這就是個人理性與團體理性的衝突個體經濟學的基本觀點之一,是可以通過市場機制這只「看不見的手」,在人人追求自身利益最大化的基礎上達到全社會資源的最優配置。囚徒困境是對上述基本觀點的挑戰。

二、重複剔除的占優戰略均衡

在絕大多數博弈中,占優戰略均衡是不存在的。儘管如此,在有些博弈中,我們仍然可以用占優的邏輯找出均衡。

以博弈論中另一個著名的智豬博弈(boxed pigs game)為例。豬圈裡有兩頭豬,大豬和小豬。豬圈的一頭有一個豬食槽,另一頭安裝著一個控制著豬食供應的按鈕。按一下

按鈕,將有 8 個單位的豬食進入豬食槽,供兩頭豬食用。可供大豬和小豬選擇的戰略有兩種,自己去按按鈕,或者等待另一頭豬去按按鈕。如果某一頭豬作出自己去按按鈕的選擇,它必須付出下列代價:第一,它需要支付相當於 2 個單位豬食的成本,第二,由於按鈕遠離豬食槽,它將成為豬食槽邊的後到者,從而減少能夠吃到的豬食數量。具體情況如表 7 - 1 所示。

表 7 - 1　　　　　　　　　　按按鈕對於吃食量的影響

按按鈕的豬	吃到的豬食數量	
	大豬	小豬
大豬	4 單位	4 單位
小豬	7 單位	1 單位
兩豬同時	5 單位	3 單位

智豬博弈的後果如圖 7 - 2 所示。表中的數字表示不同情況下每頭豬所吃到豬食數量減去按按鈕的成本之後的淨支付水準。

		小豬	
		按按鈕	等待
大豬	按按鈕	3,1	2,4
	等待	7,-1	0,0

圖 7 - 2　智豬博弈

圖 7 - 2 表明,在這個博弈中,無論大豬選擇什麼戰略,小豬的占優戰略均為等待。而對大豬來說,其最優戰略依賴於小豬的選擇。如果小豬選擇等待,大豬的占優戰略是按按鈕;如果小豬選擇按按鈕,則大豬的占優戰略是等待。換句話說,大豬沒有占優戰略。

什麼是這一博弈的均衡解呢?假定小豬是理性的,它肯定會選擇自己的占優戰略——等待。再假定大豬知道小豬是理性的,則大豬會正確地預測到小豬會選擇等待,根據小豬的這一選擇,大豬選擇了在此前提下自己的最優戰略——按按鈕。在這種情況下大豬和小豬的支付水準分別是 2 單位和 4 單位。這是一個多勞不多得、少勞不少得的均衡。

在尋找智豬博弈的均衡解時,我們所使用的做法可以歸納如下:首先找出某一博弈參與人的嚴格劣戰略,將它剔除掉,重新構造一個不包括已剔除戰略的新的博弈;然後繼續剔除這個新的博弈中某一參與人的嚴格劣戰略;重複進行這一過程,直到剩下唯一的參與人戰略組合為止。這個唯一剩下的參與人戰略組合,就是這個博弈的均衡解,稱為「重複剔除的占優戰略均衡」(iterated dominance equilibrium)。

這裡所說的劣戰略(dominated strategies),是指在其他博弈參與人戰略為既定的條件下,某一參與人可能採取的戰略中,對自己相對不利的戰略。嚴格劣戰略(strictly dominated strategies)則是指,無論其他博弈參與人採取什麼戰略,某一參與人可能採取的戰略中

對自己相對不利的戰略。

在智豬博弈中,我們首先剔除了小豬的嚴格劣戰略「按按鈕」。在剔除掉小豬的這一選擇後的新的博弈中,小豬只有等待一個戰略,而大豬有兩個戰略可供選擇。我們再剔除新博弈中大豬的嚴格劣戰略「等待」,從而達到重複剔除的占優戰略均衡。

在現實生活中有許多智豬博弈的例子。例如,在股份公司中,股東承擔著監督經理的職能。但不同的股東從監督中得到的收益大小不一樣。在監督成本相同的情況下,大股東從監督中得到的收益顯然多於小股東。因此,股份公司中監督經理的責任往往由大股東承擔,小股東則搭大股東的便車。

與前面討論的占優戰略均衡相比,重複剔除的占優戰略均衡不僅要求博弈的所有參與人都是理性的,而且要求每個參與人都瞭解所有的其他參與人都是理性的。在上例中,如果大豬不能排除小豬按按鈕的可能性,按按鈕就不一定是大豬的最優選擇。

三、納什均衡

納什均衡(Nash equilibrium)是指這樣一種均衡,在這一均衡中,每個博弈參與人都確信,在給定其他參與人戰略策略決定的情況下,他選擇了最優戰略。納什均衡是完全信息靜態博弈解的一般情況。

在占優戰略均衡中,無論所有其他參與人選擇什麼戰略,一個參與人的占優戰略都是他的最優戰略。顯然,這一占優戰略也必定是所有其他參與人選擇某一特定戰略時該參與人的最優戰略。因此,占優戰略均衡一定是納什均衡。在重複剔除的占優戰略均衡中,最後剩下的唯一戰略組合,一定是在重複剔除嚴格劣戰略過程中無法被剔除的戰略組合。因此,重複剔除的占優戰略均衡也一定是納什均衡。

納什均衡所包括的情況遠不止占優戰略均衡和重複剔除的占優戰略均衡。以博弈論中經常提到的性別戰(battle of the sexes)為例。談戀愛中的男女通常是希望共度週末而不願意分開活動的,但對於週末幹什麼,男女雙方各自有著自己的偏好。男方喜歡看足球比賽,女方喜歡逛商店。不同選擇下男女雙方的得失見圖7-3。

		女方	
		看足球	逛商店
男方	看足球	3,1	0,0
	逛商店	0,0	1,3

圖7-3 性別戰

在這個博弈中,存在著兩個納什均衡。男女雙方或者一起去看足球,或者一起去逛商店。如果沒有進一步的信息,我們無法確定男女雙方在上述博弈中會作出什麼選擇。

與重複剔除的占優戰略均衡一樣,納什均衡不僅要求博弈的所有參與人都是理性的,而且要求每個參與人都瞭解所有的其他參與人都是理性的。

第三節 完全信息動態博弈

一、子博弈精煉納什均衡

在動態博弈中,參與人的行動有先後順序,而且後行動的參與人在自己行動之前可以觀測到先行動者的行動,並選擇相應的戰略。由於先行動者擁有後行動者可能選擇戰略的完全信息,因而先行動者在選擇自己的戰略時,就可以預先考慮自己的選擇對後行動者選擇的影響,並採取相應的對策。

以某一房地產開發博弈為例,圖7-4顯示了靜態條件下雙方參與人的得與失。房地產開發商A是先行動者。在行動之前,A對競爭者B的戰略進行了預測。

在行動開始前的A看來,如果不計得失,B有四種戰略可選擇。

(1) 無論A是否開發,B都要開發。
(2) 如果A開發,B也開發;如果A不開發,B也不開發。
(3) 如果A開發,B就不開發;如果A不開發,B就開發。
(4) 無論A是否開發,B必定不開發。

將B可能採取的選擇與圖7-4中博弈雙方相應選擇的得失結合起來,可以得出圖7-5。

		B	
		開發	不開發
A	開發	-3,-3	1,0
	不開發	0,1	0,0

圖7-4 房地產開發博弈(靜態)

		B			
		開發,開發	開發,不開發	不開發,開發	不開發,不開發
A	開發	-3,-3	-3,-3	1,0	1,0
	不開發	0,1	0,0	0,1	0,0

圖7-5 A對B的預測

在圖7-4中,存在著兩個納什均衡,即(A開發,B不開發)和(A不開發,B開發)。而在B可能選擇的戰略中,戰略(1)雖然包括了上述後一種納什均衡,但沒有包括前一種納什均衡;戰略(4)雖然包括了上述前一種納什均衡,但沒有包括後一種納什均衡;至於戰略(2),則上述兩種納什均衡都沒有包括;只有戰略(3)包括了上述兩種納什均衡。換句話說,如果B選擇戰略(3),那麼,不論A作出什麼選擇,B的回應都達到納什均衡。而

在給定 B 會採取戰略(3)(即如果 A 開發,B 就不開發;如果 A 不開發,B 就開發)來回應 A 的選擇的前提下,開發是 A 的占優戰略。因而 A 選擇了開發。

以上的分析方法,稱為子博弈精煉納什均衡(sub-game perfect Nash equilibrium)。

子博弈是原博弈的一部分,它本身可以作為一個獨立的博弈進行分析。例如,在圖 7-4 中,每一列或每一行都是一個子博弈。任何博弈本身則被稱為自身的一個子博弈。

只有當某一戰略組合在每一個子博弈(包括原博弈)上都構成一個納什均衡時,這一戰略組合才是子博弈精煉納什均衡。

仍然以前面提到的房地產開發博弈為例,在 A 先例採取行動後,B 對 A 的回應構成包括原博弈在內的三個子博弈。在 A 選擇了開發之後,B 的回應構成了子博弈甲,如圖 7-4 的第一行,這裡的納什均衡是 A 開發,B 不開發。在 A 選擇了不開發之後,B 的回應也構成了子博弈乙,如圖 7-4 的第二行,這裡的納什均衡是 A 不開發,B 開發。而整個圖 7-4,則表示 A 在有可能選擇開發或不開發的情況下,B 的回應。它既是原博弈,又是自身的子博弈。這裡存在著本段中提到的兩個納什均衡。而前面提到的 B 的四種戰略中,只有戰略(3)在子博弈甲、乙中都構成納什均衡,其他戰略至少在子博弈甲、乙之中不構成納什均衡,因而這一博弈中唯一的子博弈精煉納什均衡,就是(開發,{不開發,開發}),即作為後行動者的 B 選擇戰略(3),而作為先行動者的 A 選擇開發。

就特定情況而言,除了(開發,{不開發,開發})之外,參與人也可以選擇其他戰略。在上述房地產開發博弈中,在 A 選擇開發時,無論 B 選擇戰略(3)還是戰略(4)(即,無論 A 是否開發,B 必定不開發),其結果——A 開發,B 不開發——都是構成納什均衡的。而子博弈精煉納什均衡方法所要剔除的,正是這種只在特定情況下是合理的,而在其他情況下不合理的戰略的組合。

二、重複博弈

以上討論的動態博弈有這樣一個特點,這就是,參與人在前一個階段的選擇將決定隨後的子博弈的結構。在上述房地產開發博弈中,子博弈甲不同於子博弈乙。當 A 選擇了開發後,子博弈乙就被排除了。這樣的動態博弈稱為序貫博弈(sequential games)。動態博弈中另外一類是所謂的重複博弈(repeated games)。顧名思義,重複博弈是指同樣結構的博弈重複許多次,其中的每次博弈稱為階段博弈(stage game)。

影響重複博弈均衡結果的主要因素,是博弈重複的次數和信息的完備性。重複次數的重要性來自參與人在短期利益和長期利益之間的權衡。當博弈只進行一次時,每個參與人都只關心一次性的支付;但如果博弈重複多次,參與人可能會為了長遠利益而犧牲眼前利益,從而選擇不同的均衡戰略。就信息的完備性而論,當一個參與人的支付函數還不為其他參與人所知時,該參與人可能有積極性建立一個良好的聲譽以換取長遠利益。在這裡,我們只討論博弈重複的次數。

我們用一個產品定價博弈的例子來分析重複博弈。圖 7-6 顯示了這一博弈的有關情況。圖 7-6 表明,在一次性的完全信息靜態博弈中,兩個參與人 A 與 B 均有占優優勢,占優戰略均衡為雙方都定低價。而一次性博弈意味著沒有人能夠對其他參與人的行

為進行獎勵或報復。而在動態的重複博弈中,所有參與人過去的行為都是觀測得到的,因而某一參與人可以通過自己在本階段博弈中的選擇,來回應其他參與人在以前的階段博弈中的行為。以產品定價博弈為例。如果上一次階段博弈中,B選擇了高價,使得也選擇了高價的A得到了好處,那麼A可以在本階段博弈中繼續選擇高價作為對B的獎勵。如果在上一次階段博弈中,B選擇了高價,使得也選擇了高價的A得到了好處,那麼A可以在本階段博弈中繼續選擇高價作為對B的獎勵。如果在上一次階段博弈中,B選擇了低價,使得選擇了高價的A受到了損失,那麼A可以在本階段博弈中選擇低價作為對B的報復。

博弈重複的次數對參與人的選擇有什麼樣的影響呢?我們分兩種情況來討論。

先看博弈重複次數無限時的情況,見圖7-6。

		B	
		低價	高價
A	低價	24,24	40,8
	高價	8,40	32,32

圖7-6 產品定價博弈

以圖7-6所舉的產品定價博弈為例。如果B選擇與A合作維持產品高價,則B各階段所得是(32,32,32,32,…);如果B選擇不與A合作,並在第一階段通過選擇低價使得選擇高價的A受到損失,A則在以後各階段的博弈中選擇低價以報復,則B各階段所得為(40,24,24,24…)。換句話說,B在第一階段博弈中因不與A合作而得到的額外好處,將因為A在以後各階段所採取的報復性選擇而抵消。重複博弈若干次後,B的不合作態度將導致得不償失的後果。

在這裡,A所採取的戰略稱為冷酷戰略(grim strategies)。按照這種戰略,A起初選擇合作;但如果B在某一階段博弈中選擇不合作的話,A將永遠選擇不合作。A這樣做的理由是:選擇不合作(低價),他各階段的所得是24;而選擇合作(高價),他各階段的所得少於24,因為B在某一階段博弈中的不合作排除了雙方合作獲得雙贏的可能性。因此,A有堅持冷酷戰略的積極性。而為了減少損失,也就只能一直不合作下去。換句話說,冷酷戰略意味著任何一個參與人的一次性不合作將觸發永遠的不合作。在這種情況下,重複博弈的所有參與人懾於冷酷戰略的嚴重後果,又會積極性地維持合作。

再看博弈重複次數有限時的情況。

博弈重複次數有限,意味著存在所有參與人都可以預測到的「最後一次」。在最後的階段博弈中,如果某一參與人選擇了自己的占優戰略,給其他參與人造成損失,則其他參與人不可能報復。所有的參與人都明白這一點,因而在最後一次博弈中都會選擇占優戰略——給自己的產品制定低價,從而構成與完全信息靜態博弈相同的占優戰略均衡。

所有參與人在最後階段博弈中都會不約而同地選擇低價戰略,這意味著無論B在倒數第二階段,即最後階段以前的那個階段的博弈中採取什麼戰略,A在最後階段都將採

取低價戰略。因此,在倒數第二階段中,B 就沒有必要因為擔心 A 的報復而採取高價戰略。換句話說,在給定最後階段所有參與人都會選擇占優戰略的前提下,所有的參與人在倒數第二階段的博弈中也都會選擇占優戰略。

由此從最後的階段開始,逐個階段進行推理,可以得出以下結論:在階段博弈有唯一的納什均衡時,n 次重複博弈的唯一子博弈精煉納什均衡結果,是階段博弈的納什均衡重複 n 次。這就是說,每個階段博弈出現的都是一次性博弈的均衡結果。

在這裡,階段博弈納什均衡的唯一性是一個重要條件。如果納什均衡不是唯一的,上述結論就不一定成立。

三、動態博弈戰略行動

在動態博弈中,參與人為了使得其他參與人的選擇對自己有利,往往採取一些行動來影響其他參與人對於自己行為的預期。這些行為稱為戰略行動(strategic move)。

以下是一些戰略行動的例子。

(一)首先行動優勢

首先行動優勢(first-mover advantage)是指,在博弈中首先作出戰略選擇並採取相應行動的參與人可以獲得較多的利益。例如,在前面提到的性別戰中,存在著兩個納什均衡,即兩人一起看足球比賽或逛商店。男方偏好看足球比賽,而女方偏好逛商店。在這種情況下,男方僅僅提出要看足球比賽是不夠的,他應該採取行動,先買好足球票。從而使女方因感到「男朋友十分想看這場比賽」或因感到「買球票不容易,不看可惜」而接受兩人一起看足球比賽的選擇。

(二)確實可信的威脅

確實可信的威脅(credible threat)是指,博弈的參與人通過某種行動改變自己的支付函數,從而使得自己的威脅顯得可信。參與人為改變博弈結果而採取的措施稱為承諾(commitment)。

我們再來看前面提到過的房地產開發博弈。在這一例子中,B 所選擇的戰略一(無論 A 是否開發,B 都要開發)之所以不是子博弈精煉納什均衡,是因為存在著如圖 7-4 和圖 7-5 所表示的支付函數。如果 A 在作出選擇之前,B 與某一客戶簽訂合同,規定 B 在一定期限內向客戶交付一定面積的住房,如果 B 不能按時履約,則賠償客戶 5 單位貨幣。有了這樣一個承諾,情況就變成如圖 7-7 所示,在完全信息靜態博弈下,B 就有了占優戰略——開發。因而 B 的第一種戰略——無論 A 是否開發,我都要開發——就成為確實可信的威脅。A 對 B 的猜測如圖 7-8 所示,因而這一博弈的子博弈精煉納什均衡,也就從原來的(開發,{不開發,開發})變成了現在的(不開發,{開發,開發})。

		B	
		開發	不開發
A	開發	−3, −3	1, −3
	不開發	0, 1	0, −5

圖 7-7　房地產開發博弈（B 承諾後）

		B			
		開發,開發	開發,不開發	不開發,開發	不開發,不開發
A	開發	−3, −3	−3, −3	1, −5	1, −5
	不開發	0, 1	0, −5	0, 1	0, −5

圖 7-8　A 對 B 的預測（B 承諾後）

第四節　不完全信息靜態博弈

前面介紹的博弈都包含一個基本假設，即完全信息假設。按照這一假設，每個參與人對所有其他參與人（對手）的類型、戰略和支付函數都有精確的瞭解。但是，在許多情況下，參與人對對手的瞭解往往是不夠精確的。這種情況下的博弈就是不完全信息博弈。

舉例來說，某一市場原來被 A 企業所壟斷。現在 B 企業考慮是否進入。B 企業知道，A 企業是否允許它進入，取決於 A 企業阻撓 B 企業進入所花費的成本。如果阻撓的成本低，那麼，如圖 7-9 後半部分所示，A 企業的占優戰略是阻撓，博弈有重複剔除的占優戰略均衡——A 阻撓，B 不進入。如果阻撓的成本高，那麼，如圖 7-9 前半部分所示，A 企業的占優戰略是默許 B 進入，博弈有重複剔除的占優戰略均衡——A 默許，B 進入。B 企業所不知道的，是 A 企業的阻撓成本是高是低。這裡，某一參與人本人知道，其他參與人則不知道的信息稱為私人信息。在上述例子中，阻撓成本就是 A 的私人信息。高阻撓成本和低阻撓成本則是兩種不同的類型。

		A			
		高成本		低成本	
		默許	阻撓	默許	阻撓
B	進入	40, 50	−10, 0	30, 100	−10, 140
	不進入	0, 300	0, 300	0, 400	0, 400

圖 7-9　市場進入博弈

顯然，在這裡，B 所遇到的，是不確定性條件下的選擇問題。因為 B 不僅不知道 A 的類型（是高還是低），而且不知道不同類型的分佈概率。

解決這類問題的方法之一，就是把不確定性條件下的選擇轉換為風險條件下的選擇。在風險條件下，B 雖然不知道 A 的類型，但可以知道不同類型的分佈概率。將不確定性條件下的選擇轉換為風險條件的選擇，稱為海薩尼轉換（the Harsanyi transformation）。

按照海薩尼的方法，所有參與人的真實類型都是給定的。其他參與人雖然不清楚某一參與人的真實類型，但知道這些可能出現的類型的分佈概率，而且這種概率是公共知識。用上例來說，公共知識不僅意味著 B 企業知道 A 企業高阻撓成本與低阻撓成本的分佈概率，而且意味著 A 也清楚 B 知道這一概率。

通過海薩尼轉換，不完全信息博弈變成了完全但不完美信息博弈（games of complete but imperfect information）。這裡的不完美信息，就是指其他參與人只知道某一參與人某些方面類型的分佈概率，而不知道該參與人在這些方面的真實類型。

在上述轉換的基礎上，海薩尼提出了貝葉斯納什均衡（Bayesian Nash equilibrium）。對此，可以做如下解釋：在不完全信息靜態博弈中，參與人同時行動，沒有機會觀察到別人的選擇。給定其他參與人的戰略選擇，每個參與人的最優戰略依賴於自己的類型。由於每個參與人僅知道其他參與人有關類型的分佈概率，而不知道其真實類型，因而，他不可能知道其他參與人實際上會選擇什麼戰略。但是，它能夠正確地預測到其他參與人的選擇與其各自有關類型之間的關係。因此，該參與人的決策目標是：在給定自己的類型，以及給定其他參與人的類型與戰略選擇之間關係的條件下，使得自己的期望效用最大化。貝葉斯納什均衡是一種類型依賴型戰略組合。在給定自己的類型和其他參與人類型的分佈概率的條件下，這種戰略組合使得每個參與人的期望效用達到了最大化。

回到上面提到的市場進入的例子。在這個例子裡，對於挑戰者 B 來說，原壟斷者 A 在阻撓成本方面，存在著兩種可能：高成本和低成本。B 不知道 A 的阻撓成本究竟是高是低，但他知道 A 在這兩種不同阻撓成本下會作出的選擇，以及不同阻撓成本（類型）的分佈概率。假定高成本的概率為 x，則低成本的概率為 $(1-x)$。如果 A 的阻撓成本高，A 將默許 B 進入市場；如果 A 的阻撓成本低，A 將阻撓 B 進入市場。在這兩種情況下，如圖 7-9 所示，B 進入的支付函數分別是得到 40 和失去 10。因此，B 選擇進入所得到期望利潤為 $40x+(-10)(1-x)$，選擇不進入的期望利潤為 0。簡單的計算表明，當 A 阻撓成本高的概率大於 20% 時，挑戰者 B 選擇進入得到的期望利潤大於選擇不進入的期望利潤。此時，選擇進入是 B 的最優選擇。此時的貝葉斯納什均衡為，挑戰者 B 選擇進入，阻撓成本高的情況下原壟斷者選擇默許，阻撓成本低的情況下原壟斷者選擇阻撓。

第五節　不完全信息動態博弈

在動態博弈中，行動有先後次序，後行動者可以通過觀察先行動者的行為，來獲得有關先行動者的信息，從而證實或修正自己對先行動者的判斷。

如上所述，在不完全信息條件下，博弈的參與人知道其他參與人可能有哪幾種類型，也知道不同的類型與相應戰略選擇之間的關係。但他們並不知道其他參與人的真實類型。在不完全信息靜態博弈中，我們是通過海尼薩轉換，即通過假定其他參與人知道某一參與人的所屬類型的分佈概率，來得出博弈的貝葉斯納什均衡結果的。而在不完全信息動態博弈中，問題變得更加簡單。博弈開始時，某一參與人既不知道其他參與人的真實類型，也不知道其他參與人所屬類型的分佈概率。他只是對這一概率分佈有自己的主觀判斷，即有自己的信念。博弈開始後，該參與人將根據他所觀察到的其他參與人的行為，來修正自己的信念，並根據這種不斷變化的信念，做出自己的戰略選擇。

對應於不完全信息動態博弈的均衡概念是精煉貝葉斯均衡（perfect Bayesian equilibrium）。這個概念是完全信息動態博弈的子博弈精煉納什均衡與不完全信息靜態均衡的貝葉斯納什均衡的結合。具體來說，精煉貝葉斯均衡是所有參與人戰略和信念的一種結合。它滿足如下條件：第一，在給定每個參與人有關其他參與人類型的信念的條件下，該參與人的戰略選擇是最優的。第二，每個參與人關於其他參與人所屬類型的信念，都是使用貝葉斯法則從所觀察到的行為中獲得。

貝葉斯法則是概率統計中的應用所觀察到的現象對有關概率分佈的主觀判斷（即先驗概率）進行修正的標準方法。採用中國著名的成語故事——黔驢技窮的例子，可以講貝葉斯法則的分析思路表述如下。

老虎從來沒見過驢，因而不知道自己比驢弱還是強。老虎的戰略是：如果自己弱，那就只能躲；如果自己強，那就吃了驢。對於自己並不瞭解的驢，老虎的做法是不斷試探，通過試探，修改自己對驢的看法。如果驢表現得比較凶狠厲害，老虎就認為驢是強敵的概率比較大；如果驢表現得溫順無能，老虎就認為驢是弱者的概率比較大。起初，驢沒有反應，老虎認為驢不像強敵，膽越來越大。後來，驢大叫，老虎以為驢要吃它，嚇得逃走了。但後來想想，又覺得不一定，於是繼續試探，直到驢踢老虎，老虎才最後確定驢「只此技耳」，於是採取自己強於驢時的最優行動——吃了驢。

我們還可以採用上一節的例子，將貝葉斯法則的分析思路量化表達如下。

挑戰者 B 不知道原壟斷者 A 屬於高阻撓成本類型還是低阻撓成本類型，但 B 知道，如果 A 屬於高阻撓成本類型，B 進入市場時 A 進行阻撓的概率 20%（此時 A 為了保持壟斷帶來的高利潤，不計成本地拼命阻撓）；如果 A 屬於低阻撓成本類型，B 進入市場時 A 進行阻撓的概率是 100%。博弈開始時，B 認為 A 屬於高阻撓成本企業的概率是 70%，因此，B 估計自己在進入市場時，受到 A 阻撓的概率為：

$$0.7 \times 0.2 + 0.3 \times 1 = 0.44$$

0.44 是在 B 給定 A 所述類型的先驗概率下，A 可能採取阻撓行為的概率。

當 B 進入市場時，A 確實進行阻撓。使用貝葉斯法則，根據阻撓這一可觀察到的行為，B 認為 A 屬於高阻撓成本企業的概率變成：

0.7（A 屬於高成本企業的先驗概率）×0.2（高成本企業對新進入市場的企業進行阻撓的概率）÷0.44≈0.32

根據這一新的概率，B 估計自己在進入市場時，受到 A 阻撓的概率為：

$$0.32 \times 0.2 + 0.68 \times 1 = 0.744$$

如果 B 再一次進入市場時，A 又進行了阻撓。使用貝葉斯法則，根據在此阻撓這一可觀察到的行為，B 認為 A 屬於高阻撓成本企業的概率變成：

0.32（A 屬於高成本企業的先驗概率）×0.2（高成本企業對新進入市場的企業進行阻撓的概率）÷0.744≈0.86

這樣，根據 A 一次又一次的阻撓行為，B 對 A 所屬類型的判斷逐步發生變化，越來越傾向於將 A 判斷為低阻撓成本企業了。B 最終可能放棄進入市場的行動。

以上例子表明，在不完全信息動態博弈中，參與人所採取的行為具有傳遞信息的作用。儘管 A 企業有可能是高阻撓成本企業，但 A 企業連續進行的市場進入阻撓，給 B 企業以 A 企業是低阻撓成本企業的印象，從而使得 B 企業停止了進入當地市場的行動。

應該指出的是，傳遞信息的行為是需要成本的。假如這種行為沒有成本，誰都可以效仿，那麼，這種行為就達不到傳遞信息的目的。只有在行為需要相當大的成本，因而別人不敢輕易效仿時，這種行為才能起到傳遞信息的作用。

傳遞信息所支付的成本是由信息的不完全性造成的。但不能因此就說不完全信息就一定是壞事。研究表明，在重複次數有限的囚徒困境博弈中，不完全信息可以導致博弈雙方的合作。理由是：當信息不完全時，參與人為了獲得合作帶來的長期利益，不願過早地暴露自己的本性。這就是說，在一種長期的關係中，一個人干好事還是干壞事，常常不取決於他的本性是好是壞，而在很大程度上取決於其他人在多大程度上認為他是好人。如果其他人不知道自己的真實面目，一個壞人也會為了掩蓋自己壞的本性而在相當長的時期內做好事。

習題

1. 什麼是占優策略均衡？什麼是重複剔除的占優策略均衡？什麼是納什均衡？
2. 什麼是子博弈精煉納什均衡？重複博弈與一次性博弈有何不同？
3. 假定兩寡頭生產同質產品，兩寡頭的邊際成本為 0。兩寡頭所進行的是產量競爭。對於寡頭產品的市場需求曲線為 $P = 30 - Q$，其中 $Q = Q_1 + Q_2$，Q_1 是寡頭 1 的產量，Q_2 是寡頭 2 的產量。

(1) 假定兩個寡頭所進行的是一次性博弈。如果兩寡頭同時進行產量決策，兩個寡頭各生產多少產量？各獲得多少利潤？

(2) 假定寡頭 1 先於寡頭 2 進行產量決策，兩個寡頭各生產多少產量？各獲得多少利潤？寡頭 1 是否獲得了首先行動的優勢？

(3) 假定兩個寡頭所進行的是十輪博弈，每一輪博弈都是兩個寡頭同時進行產量決策，每個寡頭都試圖使十輪博弈所獲得的利潤總額達到最大。在這種前提下，第一輪博弈每個寡頭各生產多少產量？第十輪博弈各生產多少產量？第九輪、第八輪……每個寡頭各生產多少產量？

(4) 假定兩個寡頭所進行的仍然是十輪博弈，但是每輪博弈寡頭 2 都先於寡頭 1 進行產量決策，那麼每輪博弈兩個寡頭的產量各自是多少？

第八章 分配理論

案例導入

全球經濟一體化與收入分配趨勢

當前經濟全球化成為一種不可阻擋的歷史趨勢。這將給各國經濟帶來重大的影響。從收入分配的角度看,在長期中,經濟全球化會帶動各國經濟的發展,有利於各國收入和福利的增加。韓國、新加坡以及亞洲和拉丁美洲國家正是在全球經濟一體化的過程中成長為新型工業化國家,實現了由窮變富。但應該看到,全球經濟一體化也會給各國收入分配帶來不利影響,在一定時期內使各國之間和一國內不同階層之間的收入差距拉大。

從全球情況來看,在經濟一體化過程中,一方面是一些原來落後的國家經濟得到迅速發展,它們與發達國家之間的收入差距縮小了。但另一方面,一些世界上最落後的國家其經濟發展和收入水準與發達國家差距更大了。這是馬太效應在全世界範圍內發生作用的結果。因此,經濟全球化導致各國之間收入差距拉大的結果。這正是一些人反對經濟全球化的重要原因之一。

就一國內部而言,經濟全球化也有擴大收入差距的作用。全球化對一國經濟各部門之間的影響是不一樣的。一些部門在全球化過程中發展迅速,從而這些部門的人的收入迅速提高。比如出口部門或為出口服務部門就是這種情況。另一些部門則受到進口的打擊,處於衰落狀態,成為夕陽產業,這些部門的人的收入會減少,這就加劇了國內收入差距。以美國為例,20世紀80年代以後,由於經濟全球化的影響,收入差距正在擴大。20世紀90年代克林頓執政時期,美國經濟增長迅速,但低收入者的實際收入水準並未提高,甚至還略有下降。經濟發展使高收入者收入迅速增加,但低收入者收入沒有增加,收入差距顯然擴大了。經濟學家認為,這種收入差距的擴大與全球經濟一體化相關。美國的高科技出口部門迅速增長,從而這些部門人收入增加,但紡織、鋼鐵之類傳統產業受國外競爭而衰落,從而這些部門的人收入減少。這種情況也出現在其他國家。

全球化過程中各國之間和一國內收入分配差距拉大是一個值得注意的現象,只有妥當地解決這一問題才能使經濟全球化給人類帶來更大的福利。

分配理論要解決為誰生產的問題,即生產出來的產品按什麼原則分配給社會各階級。分配問題之所以重要還在於它涉及經濟學中一個最基本的問題——效率與公平。

市場經濟中,分配的原則是按貢獻原則,即每種生產要素在生產中作出了多大貢獻,就得到多少報酬。各種生產要素的報酬取決於生產要素的數量與價格,所以,分配理論首先要解決生產要素的價格決定問題。生產要素的價格與產品的價格一樣,是由供求關

係決定的。這就是說,生產要素的需求與供給決定了生產要素的價格。因此,分配理論是價格理論在分配問題上的應用,分配是由價格決定的。本章從生產要素的需求與供給入手,然後介紹工資、利息、地租和利潤理論,最後,從社會的角度來研究分配問題及收入分配平等化的有關政策。

第一節　收入分配的原理

為了說明生產要素價格的決定,我們首先要瞭解生產要素需求與供給、價格與生產要素收入的決定。

一、生產要素的需求

生產要素的需求是一種派生的需求。這就是說,是由於對產品的需求而引起了對生產要素的需求。企業之所以需要生產要素是為了用它生產出各種產品,實現利潤最大化。

生產要素的需求也是一種聯合的需求或相互依存的需求。這就是說,任何生產行為所需求的都不是一種生產要素,而是多種生產要素。這樣各種生產要素之間就是互補的。如果增加一種生產要素而不增加另一種,就會出現邊際收益遞減現象。而且,在一定的範圍內,各種生產要素也可以互相代替。生產要素相互之間的這種關係說明它的需求之間是相關的。

由以上生產要素需求的性質可以看出影響生產要素需求的主要有這樣一些因素:

第一,市場對產品的需求及產品的價格。這兩個因素影響的生產與企業的利潤,從而也就要影響生產要素的需求。一般而言,市場對某種產品的需求越大,該產品的價格越高,則生產這種產品所用的各種生產要素的需求也就越大。反之,亦成立。

第二,生產技術狀況。生產的技術決定了對某種生產要素需求的大小。如果技術是資本密集型的,則對資本的需求大;如果技術是勞動密集型的,則對勞動的需求大。

第三,生產要素的價格。各種生產要素之間有一定程度的替代性,如何進行替代在一定範圍內取決於各種生產要素本身的價格。企業一般要用價格低的生產要素替代價格高的生產要素,從而生產要素的價格本身對需求就有重要的影響。

生產要素需求的聯合性與派生性,決定了它的需求比產品的需求要複雜得多,在分析生產要素需求時要注意這樣一些問題:

第一,產品市場結構的類型是完全競爭還是不完全競爭。

第二,一家企業對生產要素的需求與整個行業對生產要素需求的聯繫與區別。

只有一種生產要素變動與多種生產要素變動的情況。生產要素本身的市場結構是完全競爭還是不完全競爭的。我們首先分析,當生產要素市場為完全競爭時,一家企業對一種生產要素的需求。企業購買生產要素是為了實現利潤最大化。這樣,它就必須使購買最後一單位生產要素所支出的邊際成本與其所帶來的邊際收益相等。在完全競爭市場上,邊際收益等於平均收益,即等於價格。因此,企業對生產要素的需求就是要實現

邊際收益,邊際成本與價格相等。即

$$MR = MC = P$$

在完全競爭市場上,對一家企業來說,價格是不變的。由此可見,企業對生產要素的需求就取決於生產要素的邊際收益。生產要素的邊際收益取決於該要素的邊際生產力。在其他條件不變的情況下,增加一單位某種生產要素所增加的產量(或者這種產量所帶來的收益)就是該生產要素的邊際生產力。如果以實物來表示生產要素的邊際生產力,則稱為邊際物質產品。如果以貨幣來表示生產要素的邊際生產力,則稱為邊際收益產品或邊際產品價值。

根據邊際收益遞減規律,在其他條件不變的情況下,生產要素的邊際生產力是遞減的。因此,生產要素的邊際收益曲線是一條向右下方傾斜的曲線。這條曲線也是生產要素的需求曲線。如圖 8 - 1 所示:

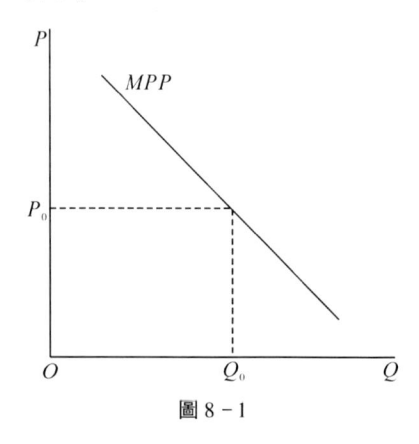

圖 8 - 1

在圖 8 - 1 中,橫軸 OQ 為生產要素需求量,縱軸 OP 為生產要素價格,MPP 為邊際物質產品曲線,即向右下方傾斜的邊際生產力曲線,也就是生產要素需求曲線。當生產要素的價格為 OP_0 時,生產要素的需求量為 OQ_0,這時使用的生產要素量可以實現 $MR = MC$。如果生產要素價格高,就是 $MR < MC$,從而減少生產要素需求;如果生產要素價格低,就是 $MR > MC$,從而增加生產要素需求。

整個行業的生產要素需求是各個企業需求之和,也是一條向右下方傾斜的線。

在不完全競爭(即壟斷競爭、完全壟斷、寡頭壟斷)市場上,對一個企業來說,價格也並不是不變的。因此,邊際收益不等於價格。邊際收益取決於生產要素的邊際生產力與價格水準。這時,生產要素需求仍要取決於 $MR = MC$,因此,生產要素的需求曲線仍然是一條向右下方傾斜的線。這兩種市場上的差別在於生產要素需求曲線的斜率不同,從而在同一生產要素價格時,對生產要素的需求量不同。一般而言,同一價格時完全競爭市場上的生產要素需求量大於不完全競爭市場。

二、生產要素的供給

生產要素有各種各樣,不同種類的生產要素各有自己的特點。一般來說,可以把生

產要素分為三類。第一類是自然資源。在經濟分析中假定這類資源的供給是固定的。第二類是資本品。資本品是利用其他資源生產出來的,也是和其他產品一樣的產品。在經濟中,這一行業的產品往往就是另一行業的生產要素。因此,這種生產要素的供給與一般產品的供給一樣,與價格同方向變動,供給曲線向右上方傾斜。第三類是勞動。正如我們在分析家庭決策時所說的,勞動供給取決於工資變動所引起的替代效應和收入效應。隨著工資增加,由於替代效應的作用,家庭用工作代替閒暇,從而勞動供給增加。同時,隨著工資增加,由於收入效應的作用家庭需要更多閒暇,從而勞動供給減少。當替代效應大於收入效應時,勞動供給隨工資增加而增加;當收入效應大於替代效應時,勞動供給隨工資增加而減少。一般規律是,當工資較低時,替代效應大於收入效應;當工資達到某個較高水準時,收入效應大於替代效應。因此,勞動供給曲線是一條向後彎曲的供給曲線。向後彎曲的勞動供給曲線起先隨工資上升,勞動供給增加,當工資上升到一定程度之後,勞動供給減少。如圖 8-2 所示。

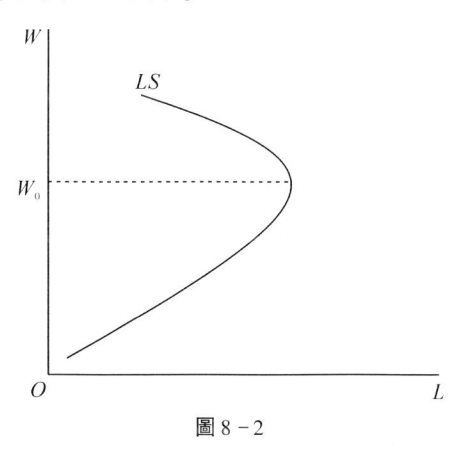

圖 8-2

在圖 8-2 中,橫軸 L 代表勞動供給量,W 代表工資率(每小時 勞動的工資),LS 為勞動供給曲線。當工資水準低於 W_0 時,替代效應大於收入效應,勞動供給隨工資增加而增加,勞動供給曲線向右上方傾斜。當工資水準高於 W_0 時,收入效應大於替代效應,勞動供給隨工資增加而減少,勞動供給曲線向左上方傾斜。LS 是一條向後彎曲的曲線。

三、生產要素價格的決定

生產要素的價格與物品的價格一樣,在完全競爭市場上是由要素的供求所決定的。根據以上對生產要素供求的分析,一般而言,生產要素的需求曲線向右下方傾斜,供給曲線向右上方傾斜,這樣,就可以用圖 8-3 說明生產要素價格的決定。

在圖 8-3 中,生產要素的需求曲線 D 與供給曲線 S 相交,決定了生產要素的價格為 P_0,數量為 Q_0。這與物品價格與數量的決定完全一樣。

但各種要素有不同的需求與供給特徵,也有不同的市場結構。因此,各種要素價格與收入的決定亦有不同。以下介紹各種生產要素收入的決定。

圖 8-3

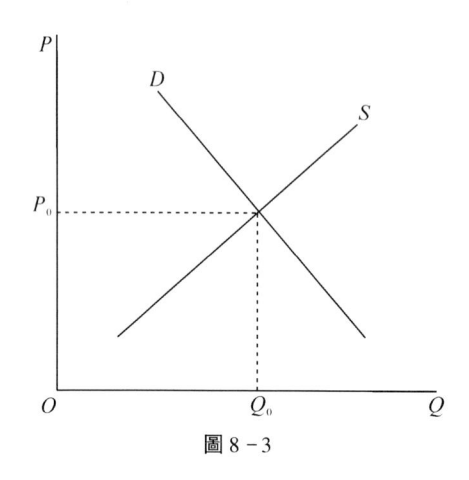

四、生產要素收入——工資、利率、地租、利潤理論

(一) 工資理論

工資是勞動力所提供的勞務的報酬，也是勞動這種生產要素的價格。勞動者提供了勞動，獲得了作為收入的工資。可以從不同的角度把工資分為不同的種類。從計算方式分，可以分為按勞動時間計算的計時工資與按勞動成果計算的計件工資。從支付手段來分，可以分為以貨幣支付的貨幣工資和以實物支付的實物工資。從購買力來分，可以分為按貨幣單位衡量的名義工資 (或稱為貨幣工資) 與按實際購買力來衡量的實際工資。

在工資理論中我們是分析貨幣工資的決定與變動。

在完全競爭的勞動市場上，工資是由勞動的供求關係決定的。企業對勞動的需求取決於多種因素，例如，市場對產品的需求勞動的價格，勞動在生產中的重要性，等等。但勞動的需求主要還是取決於勞動的邊際生產力。勞動的邊際生產力是指在其他條件不變的情況下，增加一單位勞動所增加的產量。勞動的邊際生產力是遞減的。企業在購買勞動時要使勞動的邊際成本 (即工資) 等於勞動的邊際產品。如果勞動的邊際產品大於工資，勞動的需求就會增加，如果勞動的邊際產品小於工資，勞動的需求就會減少。因此，勞動的需求曲線是一條向右下方傾斜的曲線，表明勞動的需求量與工資呈反方向變動。

如前所述，勞動的供給取決於工資變動引起的替代效應和收入效應，勞動的供給曲線是一條向後彎曲的曲線。勞動的需求與供給共同決定了完全競爭市場上的工資水準。可用圖 8-4 來說明這一點。

在圖 8-4 中，勞動的需求曲線 D 與勞動的供給曲線 S 相交於 E，這就決定了工資水準為 W_0，這一工資水準等於勞動的邊際生產力。這時勞動的需求量與供給量都是 L_0。20 世紀 30 年代前的西方經濟學家認為，當勞動的需求小於供給時，工資會下降，從而減少勞動的供給，增加勞動的需求。正如價格的調節使商品市場實現供求相等一樣，工資的調節也使勞動市場實現供求相等，並保證充分就業。

不完全競爭是指勞動市場上存在著不同程度的壟斷。這種壟斷有兩種情況，一種是

圖 8-4

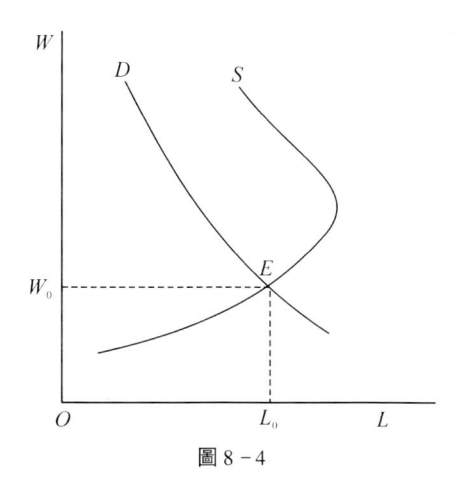

勞動者對勞動的壟斷，即勞動者組成工會，壟斷了勞動的供給，另一種是企業對勞動購買的壟斷。當然，這兩種情況的結合就是雙邊壟斷，即賣方與買方都有一定的壟斷。在不完全競爭的市場上，工資可能高於或低於勞動的邊際生產力。這裡我們主要分析工會的存在(即勞動市場上賣方壟斷)對工資決定的影響。

在西方國家中，工會是工人自己的組織，是在與資金方進行各種形式經濟鬥爭，爭取更好的工作條件與工資水準的鬥爭中成立和發展起來的。工會一般是按行業組織的，例如，美國的汽車工人聯合會；也有的是跨行業的組織，例如，美國的勞聯——產聯。工會不受政府或政黨操縱，完全是獨立的，它也不是像政黨那樣的政治組織，而只是維護工人權益的經濟組織。在社會中，工會、政府、企業被認為是三個並列的組織。在工資決定中，工資水準一般是由工會與企業間協商確定的，政府在其間只起一種協調作用。因為工會控制了入會的工人，而且工會的力量相當強大，所以，在經濟學中被作為勞動供給的壟斷者，並以這種壟斷來影響工資的決定。

工會影響工資的方式主要有三種：

增加對勞動的需求。在勞動供給不變的條件下，通過增加對勞動的需求的方法來提高工資，不但會使工資增加，而且可以增加就業。工會增加企業對勞動需求的方法最主要的是增加市場對產品的需求，因為勞動需求是由產品需求派生而來的。增加對產品的需求就是要通過議會或其他活動來增加出口，限制進口，實行保護貿易政策。在增加對產品需求這一點上，工會與企業是共同的。在議會中代表這兩個利益集團的議員往往會在要求保護貿易或擴大出口這類問題上站在同一立場上。此外，機器對勞動的代替是勞動需求減少的一個重要原因。因此，工會也會從增加對勞動的需求這一目的出發，反對用機器代替工人，尤其在早期，這一方法被廣泛使用。

減少勞動的供給。在勞動需求不變的條件下，通過減少勞動的供給同樣也可以提高工資，但這種情況會使就業減少。工會減少勞動供給的方法主要有：限制非工會會員受雇，迫使政府通過強制退休、禁止使用童工、限制移民、減少工作時間的方法等。

最低工資法。工會迫使政府通過立法規定最低工資。最低工資法是規定企業支付

給工人的工資不能低於某個水準(最低工資)的法律。這樣,在勞動的供給大於需求時也可以使工資維持在一定的水準上。

工會對工資決定的影響是有一定限度的。從勞動的需求來看要受到三種因素的影響:

產品的需求彈性。勞動的需求也是一種派生需求,它取決於對產品的需求。如果產品的需求彈性大,則工資增加引起產品價格上升,會使產品需求量大幅度減少,從而工資無法增加。如果產品需求彈性小,則工資增加較為容易。

勞動在總成本中所占的比例。如果勞動在總成本中占的比例大,則工資增加引起總成本增加得多,工資的增加就有限。如果勞動在總成本中所占比例小,工資增加對總成本影響不大,則工資增加較易。

勞動的可替代性。如果勞動不易被其他生產要素代替,則提高工資容易。如果勞動可以較容易地被其他生產要素代替,則工資提高就有限。

從勞動的供給來看,也要受到以下三種因素的影響:

工會所控制的工人的多少。如果控制的工人多,工會力量強大,則易於增加工資。這也就是說,工會的壟斷程度越高,要求增加工資的力量越大。

工人的流動性大小。如果工人流動性大,某一行業或地區可以從其他來源得到工人,則工會難於增加工資。

工會基金的多少。如果工會保證罷工期間工人生活的基金多,提高工資就較容易一些。

工會提高工資的鬥爭能否成功在很大程度上還要取決於整個經濟形勢的好壞,勞資雙方的力量對比,政府干預的程度與傾向性,工會的鬥爭方式與藝術,社會對工會的同情和支持程度,等等。工會只有善於利用各方面的有利條件,才能在爭取提高工資的鬥爭中取得勝利。從西方國家的歷史與現實來看,工會在維護工人權益方面還是起了重要作用的。當然,在勞動市場上還有廠商買方的壟斷因素。當企業的壟斷程度高時,企業就會竭力把工資壓低到勞動的邊際生產力之下。這一點不詳細論述了。應該說,儘管勞動市場上的壟斷因素對工資的決定有相當大的影響,但從長期來看,還是勞動的供求狀況在起決定性作用。勞動的供求是決定工資的關鍵因素。

(二)利息理論

利息是資本這種生產要素的價格。資本家提供了資本,得到了利息。利息與工資計算的方式不同,它不是用貨幣的絕對量來表示,而是用利息率來表示,利息率是利息在每一單位時間內(例如一年內)在貨幣資本中所占的比率。例如,貨幣資本為 10,000 元,利息為一年 1000 元,則利息率為 10%,或稱年息 10%。這 10% 就是貨幣資本在一年內提供生產性服務的報酬,即這一定量貨幣資本的價格。經濟學家在解釋利息時說明了為什麼要給資本支付利息,以及為什麼資本可以帶來利息。

為什麼對資本應該支付利息呢? 他們認為,人們具有一種時間偏好,即在未來消費與現期消費中,人們是偏好現期消費的。換句話說,現在多增加一單位消費所帶來的邊際效用大於將來多增加這一單位消費所帶來的邊際效用。之所以有這種情況,是因為未來是難以預期的,人們對物品未來效用的評價總要小於現在的效用。例如,人們對現在或 5 年後購買同一輛汽車所在購買這輛汽車能給他帶來效用,5 年之後則沒有用了。也許他現在更

加需要汽車,5 年之後則不如現在這樣需要,因此,這輛汽車帶來的現在效用比未來大。也許,他會認為未來汽車不如現在這樣稀缺,所以,未來汽車的效用不如現在,等等。人們總是喜愛現期消費,因此,放棄現期消費把貨幣作為資本,就應該得到利息作為報酬。

為什麼資本也能帶來利息呢？經濟學家用迂迴生產理論來解釋這一點。迂迴生產就是先生產生產資料(或稱資本品),然後用這些生產資料去生產消費品。迂迴生產提高了生產效率,迂迴生產的過程越長,生產效率越高。例如,原始人直接去打獵是直接生產,當原始人先製造弓箭而後用弓箭去打獵,這就是迂迴生產。用弓箭打獵比直接打獵效率要高。如果延長迂迴生產的過程,先採礦、煉鐵、造機器,然後製造出獵槍,用獵槍打獵,那麼,效率就會更高。現代生產的特點就在於迂迴生產。但迂迴生產如何能實現呢？這就必須有資本。所以說,資本使迂迴生產成為可能,從而就提高了生產效率。這種由於資本而提高的生產效率就是資本的淨生產力。資本具有淨生產力是資本能帶來利息的根源。

利息率取決於對資本的需求與供給。資本的需求主要是企業投資的需求,因此,可以用投資來代表資本的需求。資本的供給主要是儲蓄,因此,可以用儲蓄來代表資本的供給。這樣就可以用投資與儲蓄來說明利息率的決定。

企業借入資本進行投資,是為了實現利潤最大化,這樣投資就取決於利潤率與利息率之間的差額。利潤率與利息率的差額越大,即利潤率越是高於利息率,純利潤就越大,企業也就越願意投資。反之,利潤率與利息率的差額越小,即利潤率越接近於利息率,純利潤就越小,企業也就越不願意投資。這樣,在利潤率既定時,利息率就與投資呈反方向變動,從而資本的需求曲線是一條向右下方傾斜的曲線。

人們進行儲蓄,放棄現期消費是為了獲得利息。利息率越高,人們越願意增加儲蓄,利息率越低,人們就越要減少儲蓄。這樣,利息率與儲蓄呈同方向變動,從而資本的供給曲線是一條向右上方傾斜的曲線。

利息率是由資本的需求與供給雙方共同決定的。可用圖 8–5 來說明利息率的決定。

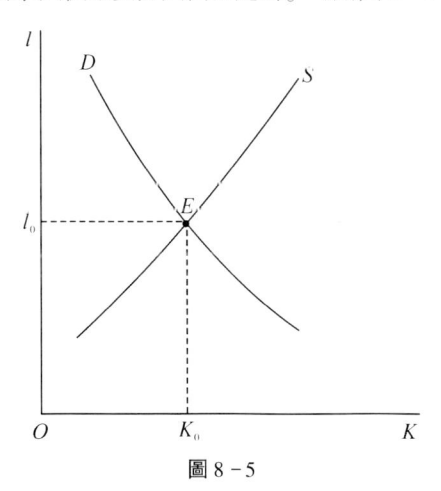

圖 8–5

在圖 8–5 中,橫軸 OK 代表資本量,比軸 Oi 代表利息率,D 為資本的需求曲線,S 為資本的供給曲線,這兩條曲線相交於 E,決定了利息率水準為 i_0,資本量為 K_0。

還可以用可貸資金的需求與供給來說明利息率的決定。可貸資金的需求包括企業的投資需求、個人的消費需求與政府支出的需求，可貸資金的供給包括個人與企業的儲蓄，以及中央銀行發行的貨幣。可貸資金的需求與利息率呈反方向變動，可貸資金的供給與利息率呈同方向變動。可貸資金的需求與供給決定利息率的原理和投資與儲蓄決定利息率相同。

(三) 地租理論

地租是土地這種生產要素的價格。地主提供了土地，得到了地租。如前所述，土地可以泛指生產中使用的自然資源，地租也可以理解為使用這些自然資源的租金。

地租的產生首先在於土地本身具有生產力，這就是說地租是利用「土壤的原始的、不可摧毀的力量」的報酬。其次，土地作為一種自然資源具有數量有限、位置不變，以及不能再生的特點。這些特點與資本和勞動不同，因此，地租的決定就有自己的特點。

地租的產生與歸屬是兩個不同的話題。地租產生於以上兩個原因，這就是說，無論在什麼社會裡，實際上都存在地租。但不同社會裡，地租的歸屬不同。在私有制社會裡，地租歸土地的所有者所有。在公有制社會裡，地租歸國家所有。在社會團體的所有制社會裡，地租歸某一擁有土地的社會團體所有。正因為土地有地租，所以土地不能無償使用。有償使用土地正是地租存在的表現。

地租由土地的需求與供給決定。土地的需求取決於土地的邊際生產力，土地的邊際生產力也是遞減的。所以，土地的需求曲線是一條向右下方傾斜的曲線。這樣，土地的供給曲線就是一條與橫軸垂直的線。地租的決定總有一定的限度。這樣，土地的供給曲線就是一條與橫軸垂直的線。地租的決定可以用圖 8-6 來說明。

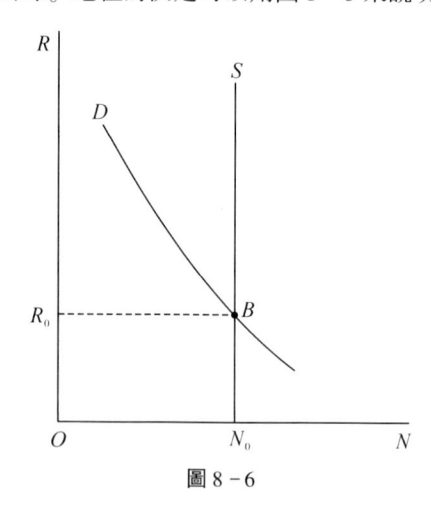

圖 8-6

在圖 8-6 中，橫軸 ON 代表土地量，縱軸 OR 代表地租，垂線 S 為土地的供給曲線，表示土地的供給量固定為 N_0，D 為土地的需求曲線，D 與 S 相交於 E，決定了地租為 R_0。

隨著經濟的發展，對土地的需求不斷增加，而土地的供給不能增加，這樣，地租就有不斷上升的趨勢。這一點可用圖 8-7 來說明。

图 8-7

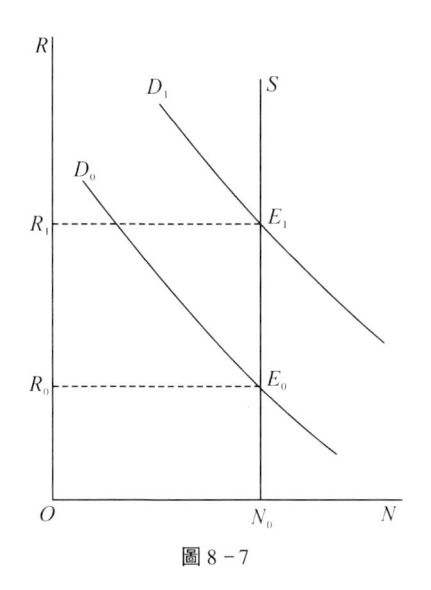

在圖 8-7 中,土地的需求曲線由 D_0 移動到 D_1,就表明土地的需求增加了,但土地的供給仍為 S,S 與 D_1 相交於 E_1,決定了地租為 R_1。R_1 高於原來的地租 R_0,說明由於土地的需求增加,地租上升了。

從對地租的分析中還引申出了兩個重要的經濟概念:準地租與經濟租。準地租又稱準租金或準租,是英國經濟學家 A. 馬歇爾提出的一個概念。準地租是指固定資產在短期內得到的收入,因其性質類似地租,而被馬歇爾作為準地租。在短期內,固定資產是不變的,與土地的供給相似。不論這種固定資產是否取得收入,都不會影響其供給。只要產品的銷售價格能夠補償平均可變成本,就可以利用這些固定資產進行生產。在這種情況下,產品價格超過其平均可變成本的餘額,代表固定資產的收入。這種收入是由於產品價格超過彌補其可變平均成本的餘額而產生的,其性質類似地租。可用圖 8-8 來說明準地租。

在圖 8-8 中,如果價格為 OP_1,產量為 OQ_1,則收益只能彌補平均可變成本,這是不存在準地租。如果價格上升為 OP_2,產量為 OQ_2,這時,收益除了彌補平均可變成本外尚有剩餘,剩餘部分(即圖上的陰影部分)就是準地租。

這裡要注意的是,準地租只在短期內存在。在長期內固定資產也是可變的,固定資產的收入就是折舊費及其利息的收入。這樣,也就不存在準地租了。

如果生產要素的所有者所得到的實際收入高於他們所得到的收入,則超過這部分收入就被稱為經濟租。這種經濟租類似消費者剩餘,所以也稱為生產者剩餘。

例如,勞動市場上有 A、B 兩類工人各 100 人。A 類工人素質高,所要求的工資為 200 元,B 類工人素質低,所要求工資為 150 元。如果某種工作 A、B 兩種工人都可以擔任,那麼,企業在雇傭工人時,當然先雇傭 B 類工人。但在 B 類工人不足時,也不得不雇傭 A 類工人。假設某企業需要工人 200 人,他就必須雇傭 A、B 兩種工人,在這種情況下,企業必須按 A 類工人的工資要求支付 200 元的工資。這樣,B 類工人所得到的收入就超過了他

圖 8-8

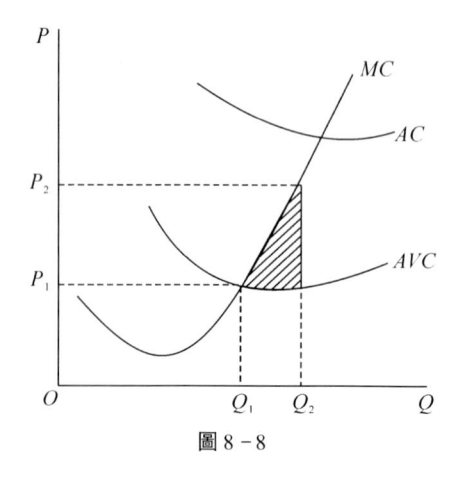

們的要求。B 類工人所得到的高於 150 元的 50 元收入就是經濟租。其他生產要素所有者也可以得到這種經濟租。可用圖 8-9 來說明經濟租。

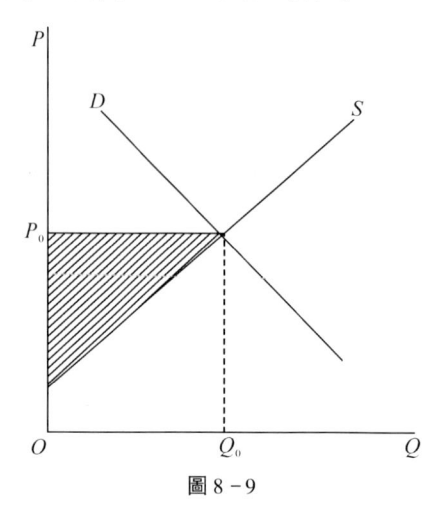

圖 8-9

在圖 8-9 中，供給曲線表示了每增加一個單位供給所要求的價格，市場價格為 OP_0，在此以下的各單位生產要素都得到了經濟租，經濟租總額就是圖上的陰影部分。

準地租與經濟租是不一樣的，準地租僅在短期內存在，而經濟租在長期中也存在。

(四) 利潤理論

利潤是企業家才能這種生產要素的報酬。企業家不僅從事企業生產經營中的管理工作，而且要進行創新和承擔風險。一般把利潤分為正常利潤與超額利潤。

正常利潤是企業家才能價格，也是企業家才能這種生產要素所得到的收入。它包括在成本之中，其性質與工資類似，也是由於企業家才能的需求與供給所決定的。

如前所述，對企業家才能的需求是很大的，因為企業家才能是生產好壞的關鍵。使勞動、資本與土地結合在一起生產出更多產品的決定性因素是企業家才能。而企業家才

能的供給又是很少的。並不是每個人都具有企業家的天賦,並能受到良好的教育。只有那些有膽識、有能力,又受過良好教育的人才具備企業家才能。所以,培養企業家才能所耗用的成本也是很高的。企業家才能需求與供給的特點,決定了企業家才能的收入——正常利潤必然是很高的。可以說,正常利潤是一種特殊的工資,其特徵性就在於其數額遠遠高於一般勞動所得到的工資。

超額利潤是指超過正常利潤的那部分的利潤,又稱為純粹利潤或經濟利潤。在完全競爭的條件下,在靜態社會裡,不會有這種利潤產生。只有在動態的社會中和不完全競爭條件下,才會產生這種利潤。動態的社會涉及創新和風險。不完全競爭就是存在著壟斷。

創新是指企業家對生產要素實行新的組合。它包括五種情況:第一,引入一種新產品;第二,採用一種新的生產方法;第三,開闢一個新市場;第四,獲得一種原料的新來源;第五,採用一種新的企業組織形式。

這五種形式的創新都可以產生超額利潤。引進一種新產品可以使這種產品的價格高於其成本,從而產生超額利潤。採用一種新的方法和新的企業組織形式,都可以提高生產效率降低成本,獲得一種原料的新來源也可以降低成本。這樣,產品在按市場價格出售時,由於成本低於同類產品成本,就獲得了超額利潤。開闢一個新市場同樣也可以通過提高價格而獲得超額利潤。

創新是社會進步的動力,因此,由創新所獲得的超額利潤是合理的,是社會進步必須付出的代價,也是社會對創新者的獎勵。風險是從事某項事業時失敗的可能性。由於未來具有不確定性,人們對未來的預測有可能發生錯誤,風險的存在就是普遍的。在生產中,由於供求關係的變動難以預測,由於自然災害、政治動亂,以及其他偶然事件的影響,因而存在著風險,而且並不是所有的風險都可以用保險的方法加以彌補。這樣,從事具有風險的生產就應該以超額利潤的形式得到補償。

由壟斷而產生的超額利潤,又稱為壟斷利潤。壟斷的形式可以分為兩種:其一,賣方壟斷也稱為壟斷或專賣,指對某種產品出售權的壟斷。壟斷者可以抬高銷售價格以損害消費者的利益而獲得超額利潤。在廠商理論中分析的壟斷競爭的短期均衡、完全壟斷的短期與長期均衡,以及寡頭壟斷下的超額利潤,就是這種情況。其二買方壟斷也稱專買,指對某種產品或生產要素購買權的壟斷。在這種情況下,壟斷者可以壓低收購價格,以損害生產者或生產要求供給者的利益而獲得超額利潤。

第二節　社會收入分配

在市場經濟中,按生產要素在生產中所作出的貢獻大小,由市場決定的收入分配是第一次分配或初始分配。由於每個人擁有的生產要素數量與質量不同,市場經濟中的分配必然引起收入不平等,甚至兩極分化。本節說明衡量社會收入分配平等狀況的標準,以及造成收入分配不平等的原因。衡量社會收入分配狀態的標準;勞倫斯曲線與基尼系統勞倫斯曲線是用來衡量社會收入分配(或稱財產分配)平均程度的曲線。如果在社會

中把社會上的人口分為五個等級,各占人員的20%,按他們在國民收入中所占份額的大小可以做出表8-1:

表 8-1　　　　　　　　　　　　人口與收入分佈表

級別	占人口的百分比(%)	合計(%)	占收入的百分比(%)	合計(%)
1	20	20	6	6
2	20	40	12	18
3	20	60	17	35
4	20	60	24	59
5	20	100	41	100

根據表8-1可以作圖8-10。在圖8-10中,橫軸 OP 代表人員百分比,縱軸 OI 代表收入百分比。OY 為45度線,在這條線上,每20%的人口得到20%的收入,表明收入分配絕對平等,稱為絕對平等線。OPY 表示收入絕對不平等,是絕對不平等線。根據上表所做的反應實際收入分配狀態的勞倫斯曲線介於這兩條線之間。勞倫斯曲線與 OY 越接近,收入分配越平等。勞倫斯曲線與 OPY 越接近,收入分配越不平等。如果把收入改為財產,勞倫斯曲線反應的就是財產分配的平均程度。

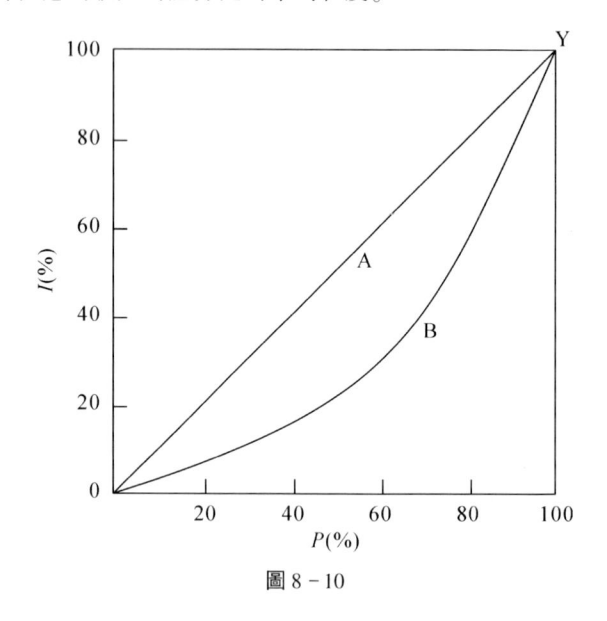

圖 8-10

根據勞倫斯曲線可以計算出反應收入分配平等程度的指標,這一指標稱為基尼系數。

如果我們把圖8-10中實際收入線與絕對平均線之間的面積用 A 來表示,把實際收入線與絕對不平均線之間的面積用 B 來表示,則計算基尼系數的公式為:

$$基尼系數 = A/(A+B)$$

當 $A=0$ 時,基尼系數等於0,這時收入絕對平均。

當 $B=0$ 時,基尼系數等於1,這時收入絕對不平均。

實際基尼系數總是大於 0 而小於 1。基尼系數越小，收入分配越平均；基尼系數越大，收入分配越不平均。

按國際上通用的標準，基尼系數小於 0.2 表示絕對平均，0.2～0.3 表示比較平均，0.3～0.4 表示基本合理，0.4 為臨界點，0.4～0.5 表示差距較大，0.5 以上表示收入差距懸殊，即存在兩極分化。改革開放後，中國的收入不平等程度在加大。在 1978—1990 年間，城鎮個人收入的基尼系數從 0.185 提高到 0.23，農村個人收入的基尼系數從 0.212 提高到 0.31，而且基尼系數還在提高。這說明自從改革開放之後，中國改變了過去收入平均分配的格局，收入分配的不平等在加劇。

運用勞倫斯曲線與基尼系數可以對各國收入分配的平均程度進行對比，也可以對各種政策的收入效應進行比較。作為一種分析工具，勞倫斯曲線與基尼系數是很有用的。

在圖 8-11 中有 a, b, c 三條勞倫斯曲線。

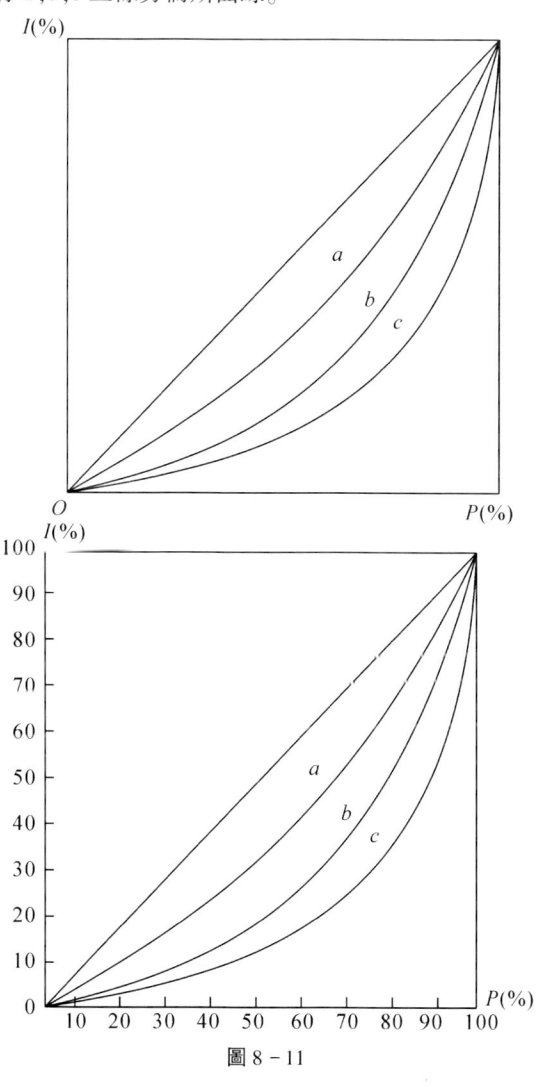

圖 8-11

我們如果把 a,b,c 這三條勞倫斯曲線分別作為 A, B, C 三個國家的勞倫斯曲線,那就可以看出,A 國收入分配最平均,B 國收入分配平均程度次之,C 國收入分配最不平均。

如果我們把 a,b 這兩條勞倫斯曲線作為實施一系列政策前後的勞倫斯曲線,那就可以看出,在實施該項政策後,收入分配更不平等了。

同樣,我們還可以根據勞倫斯曲線計算的基尼系數來進行比較。除了勞倫斯曲線和基尼系數之外,衡量社會收入分配狀況的指數還有庫茲涅茨指數、阿魯瓦利亞指數和收入不良指數。庫茲涅茨指數是最富有的 20% 的人口在收入中所占的份額,這一指數最低值為 0.2,指數越大,收入差別越大。阿魯瓦利亞指數是最窮的 40% 的人員在收入中所占的份額,這一指數最高值為 0.4,指數越低,收入差別越大。收入不良指數為最高收入的 20% 人口與最低收入的 20% 人員在收入分配中份額之比,這一指數最低值為 1,指數越高,收入差別越大。這些指數衡量的結果與基尼系數表示相同的趨勢。

引起收入分配不平等的原因是什麼?

在任何一個社會都存在程度不同的收入分配不平等,市場經濟社會中這一問題更突出。各個社會引起收入分配不平等的原因既有共同之處,又有不同之處。研究引起收入分配不平等的原因,對解決這一問題是十分必要的。

首先,收入分配不平等的狀況與一個社會的經濟發展狀況相關。根據美國經濟學家庫茲涅茨的研究,一個社會收入分配狀況變動的規律是,在經濟開始上昇時,收入分配不平等隨經濟發展而加劇,只有發展到一定程度之後,收入分配才會隨經濟發展而較為平等。他根據一些國家的資料做出了反應這種收入分配變動規律的庫茲涅茨曲線。庫茲涅茨曲線是表示隨經濟發展收入分配不平等程度加劇,但經濟發展到一定程度時,隨經濟發展收入分配逐漸平等的一條曲線。

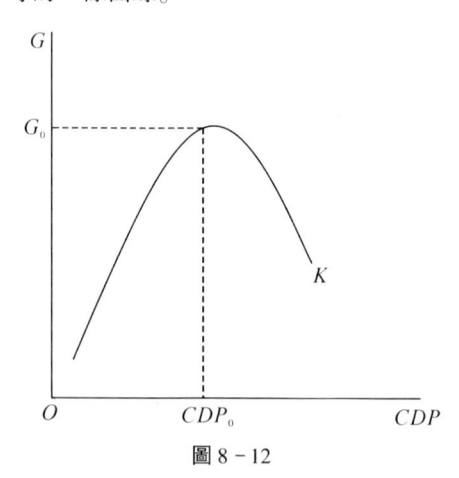

圖 8－12

在圖 8－12 中,橫軸用 GDP 代表經濟發展狀況,縱軸用 G 代表基尼系數,表示收入分配狀況。在 GDP 達到 GDP_0 之前,基尼系數隨 GDP 增加而上升,表示隨著經濟發展,收入分配不平等加劇。在 GDP 為 GDP_0 時,基尼系數 G_0 最高,收入分配不平等最為嚴重。在 GDP 超過 GDP_0 之後,基尼系數隨 GDP 增加而下降,表示隨著經濟發展,收入分配趨

向平等。圖 8-12 中的 K 就是庫茲涅茨曲線。因為這條曲線像一個倒過來的英文字母 U，所以，又稱庫茲涅茨曲線為「倒 U 曲線」。

對於庫茲涅茨曲線學術界有不同看法。在發達國家，第二次世界大戰之前收入分配不平等較為嚴重，但第二次世界大戰後收入分配有平等的趨勢，這與庫茲涅茨曲線表示的趨勢大體相同。在 20 世紀 80 年代以後，發達國家儘管經濟發展較快，但收入分配不平等卻加劇了，這與庫茲涅茨曲線並不一致。在發展中國家，隨著經濟發展，的確都呈現出收入分配狀況的不平等加劇。但這種收入分配狀況是否完全是由於經濟發展的作用，學者們仍有不同的看法。由此看來，經濟發展程度的確與收入分配狀況相關，但是否能成為收入分配平等或不平等的原因還要具體分析。不過在經濟發展過程中，各國都出現過收入分配不平等加劇的現實。這的確是事實。

還應該指出的是，當今在由計劃經濟轉向市場經濟的各國，無論經濟發展狀況如何，都出現了較為嚴重的收入分配不平等，甚至是兩極分化。俄羅斯等國在轉型過程中，經濟發展並不快，曾出現過較長時期的停滯，甚至負增長，但收入分配不平等卻極為嚴重。中國在轉型過程中，經濟發展相當迅速，與此同時也出現了收入分配不平等加劇的現象。學者們對這種現象有不同的解釋。這其中有打破計劃經濟下平均主義分配的進步，對經濟發展有促進作用。但也存在由於腐敗引起的官員掠取原來的國有資產、以權謀私等問題，也存在由於法律與制度不完善引起的問題。

其次，各國收入分配不平等也與制度上存在的問題相關。比如，一些國家存在的戶籍制度、受教育權利的不平等，等等。由於制度或社會習俗，一部分人對另一部分人的歧視。例如，許多國家普遍存在對婦女的歧視，美國白人對黑人的歧視，等等。在發達國家，工會制度的存在也是引起不平等的原因，工會會員受工會保護獲得較高工資，而非工會會員則無力與雇主抗爭，工資較低。

最後，引起收入分配不平等的還有個人原因。這就是說，收入分配不平等與人的個體差異是相關的。每個人的能力、勤奮程度、機遇並不相同。就能力而言，既有先天的才能（即天賦大小不一樣），也有後天受教育程度的不同。經濟學家認為，人的受教育程度與個人收入之間有強烈的相關性。受教育越多，能力越強，收入水準越高，這已是一個不爭的事實。在現實中，有的人吃苦耐勞而又勤奮，願意從事較為艱苦的工作，願意從事較多的工作，收入自然也高。也有些人怕苦、怕累或在工作中懶惰，這也引起收入不同。此外，不可否認有的人運氣好，趕上了好機會，而另一些人沒有發揮才能的機會，或者是有機會自己沒抓住，這也引起收入差別。當一個經濟體開始發展時，總有少數能力強，勤奮，又善於抓住機會的人成功了，成為富人。在市場競爭中，能力差，不勤奮，又不善於抓住機會的人，會相對窮下去。這就是每一個社會在經濟發展初期貧富差距較大的重要原因。作者在第七章首頁案例「漂亮與收入」中對每個人個體差異引起收入分配不平等的現象進行瞭解釋。

總之，收入差距拉大，既有社會原因，又有個人原因，對不同社會、不同階層的人的收入差別及原因要進行具體分析。

第三節　收入再分配政策

　　收入分配不平等是合理的,但應有一定限度。如果收入差距過大,甚至出現貧富兩極分化,既有損於社會公正的目的,又成為社會動亂的根源。因此,各國都採用收入再分配政策解決收入分配中較為嚴重的不平等問題。

　　任何一個社會都應該實現公平是人類的理想,但對於什麼是公平,人們卻眾說紛紜。在收入分配問題上有兩種公平論。過程公平論根據分配的機制或手段來判斷是否公平。換而言之,無論結果如何,只要機制是公平的,就實現了公平。在收入分配問題上,這種觀點強調的是決定收入的機制是否公平。這種觀點的主要代表是美國哲學家羅伯特·諾齊克,其代表作是《無政府、國家與烏托邦》。這種觀點認為,收入分配是否公平,關鍵在於決定分配的機制。在市場經濟中,重要的是制度上的公平,而這種公平要以私有產權和自願交易為基礎。人們通過交易來實現私有財產的轉移。只要交易是公平的,產生的結果就是公平的。在生產中,私有產權制度保證了每個人的要素由個人所擁有,各自交換自己的要素,這種交易的自願性與平等性決定了分配的公平性。例如,一個歌手舉行演唱會,每張門票100元,聽眾自願購買,如果有1萬個人購票,歌手得100萬元。這種收入固然很高,但只要沒有強迫歌手唱歌和聽眾買票,歌手與聽眾是自願的交易,歌手的高收入就沒有什麼不合理之處,他與其他人的收入差別就是公平的。根據這種觀點,只要分配機制保證了私有權,保證了自願交易,每個人都以平等的權利參與市場交易,無論分配的結果如何,分配都是公平的。

　　結果公平論根據分配的結果來判斷收入分配是否公平。換而言之,只有結果的平等才實現了公平。這種觀點的主要代表是美國哲學家羅爾斯,代表著作是《正義論》。這種觀點認為,如果最窮的人可以通過從任何一個其他人那裡得到收入而增加福利,那麼,公平就是要求進行這種分配。按這個標準,最公平的分配應該是完全平等的分配。但實際上並非如此,因為這種分配引起效率損失,會使所有人的福利減少。所以,結果公平論並不是主張完全平等的分配,而是關注最窮的人的狀況,通過收入再分配來增加他們的收入。這兩種觀點反應了人們對收入分配的不同看法。在現實中,無論持什麼觀點,都認為需要某種形式的收入再分配政策來保證社會的某種程度的公平與社會穩定。如上所述,在市場經濟中,是按效率優先的市場原則進行個人收入分配的。但每個人在進入市場之前所擁有的生產要素量不同,即每個人的能力與資產不同。在市場競爭中,每個人的機遇也不同。這樣收入差別懸殊,甚至貧富對立是不可避免的。這種分配狀態,不合乎人們公認的倫理原則,也不能讓社會安定。因此,就要通過政府收入政策來緩和收入分配不公平的現象以在一定程度上實現收入分配平等化。這裡介紹一些主要的收入再分配政策。

　　各國的收入再分配政策中首先是稅收政策。市場經濟各國出於各種目的而徵收稅收。其主要目的還是通過稅收為政府各種支出籌資。在宏觀經濟政策中,政府運用稅收來調節宏觀經濟。在收入分配中,政府也運行稅收來實現收入分配的公平。主要手段是

徵收個人所得稅,此外還有徵收遺產稅、財產稅、贈予稅等。個人所得稅是稅收的一項重要內容,它通過累進所得稅制度來調節社會成員收入分配的不平等狀況。累進所得稅制就是根據收入的高低確定不同的稅率,對高收入者按高稅率徵稅,對低收入者按低稅率徵稅。以美國為例,按收入的高低分為 14 個稅率等級。最低的稅率(單身年收入在 2300～3300 美元,夫婦年收入 3400～5500 美元,有撫養人口的戶主納稅人的年收入 2300～4400 美元)為 11%,最高稅率(單身年收入在 55,300 美元以上,夫婦年收入在 109,400 美元以上,有撫養人口的戶主納稅人的年收入在 81,800 美元以上)為 50%。其他各國的所得稅也是這種累進稅制,只是具體的稅率規定有所不同。這種累進所得稅,有利於糾正社會成員之間收入分配不平等的狀況,從而有助於實現收入的平等化。但這種累進所得稅不利於有能力的人充分發揮自己的才幹,對社會來說也是一種損失。

此外,在個人所得稅方面,還區分了勞動收入稅與非勞動收入稅。勞動收入稅按低稅率徵收,而對非勞動收入稅(股息、利息等收入)按高稅率徵收。

除了個人所得稅之外,還有遺產稅和贈予稅以及財產稅,是為了解決財產分配的不平等。財產分配的不平等,是收入分配不平等的重要根源,徵收這些稅,也有利於收入分配的平等化。

如果說稅收政策是要通過富人徵收重稅來實現分配收入平等化的話,那麼,社會福利政策則是要通過給窮人補助來實現收入分配平等化。因此,我們把社會福利政策作為收入分配平等化的一項重要內容。

社會福利政策的歷史很長,早在 18 世紀的英國,就有了「濟貧法」。但它作為一項重要的經濟政策,是在 20 世紀 30 年代才形成的。第二次世界大戰後,社會福利政策有了迅速的發展,許多國家,尤其是北歐與西歐一些國家,實行了「從搖籃到墳墓」的社會保障福利制度。

從當前西方各國的情況看,社會福利政策主要有這樣一些內容:

第一,各種形式的社會保障與社會保險。包括失業救濟金制度,即對失業工人按一定標準發放其維持生活的補助金;老年人年金制度,即對退休人員按一定標準發放年金;殘疾人保險制度,即對失去工作能力的人按一定標準發放補助金;對未成年子女的家庭的補助;對收入低於一定標準(即貧困線)的家庭與個人的補助。這些補助金主要是貨幣形式,也有發放食品券等實物形式的。這些資金的來源,或者是個人和企業繳納的保險金,或者是政府的稅收。

第二,向貧困者提供大量就業機會與培訓。收入不平等的根源在於貢獻的大小,而貢獻的大小與個人的機遇和能力相關。這樣,政府就可以通過改善窮人就業的能力與條件,來實現收入分配的平等化。在這方面,主要是現實機遇均等,尤其是保證所有人的平等就業機會,並按同工同酬的原則支付報酬。其次是使窮人具有就業的能力,包括進行職業培訓,實行文化教育計劃(如掃盲運動),建立供青年交流工作經驗的青年之家,實行半工半讀計劃,使窮人有條件讀書,等等。這些都有助於提高窮人的文化技術水準,使他們能從事收入高的工作。

第三,醫療保險與醫療援助。醫療保險包括住院費用保險、醫療費用保險以及出院後部分護理費用保險。這種保險主要由保險金支付。醫療援助則是政府出錢資助醫療

衛生事業,使每個人都能得到良好的醫療服務。

第四,對教育事業的資助。包括興辦國立學校,設立獎學金和大學生貸款制度,幫助學校改善教學條件,資助學校的科研,等等。從社會福利的角度來看,對教育事業的資助有助於提高公眾的文化水準與素質。這樣也是有利於收入分配平等化的。

第五,各種保護勞動者的立法。包括最低工資法和最高工時法,以及環境保護法、食品和醫療衛生法等。這些有利於增進勞動者的收入,改善他們的工作與生活條件,從而減少了收入分配不平等的程度。

第六,改善住房條件。包括以地方租向窮人出租國家興建的住宅;對私人出租的房屋實行房屋限制;資助無房者建房,如提供低利息的長期貸款,或低價出售國家建造的住宅;實行住房房租補貼;等等。這種政策改善了窮人的住房條件,也有利於實現收入分配平等化。

第四節　平等與效率——一個永恆的難題

收入分配要兼顧平等與效率,平等是指各社會成員收入分配平均,效率是指資源配置有效,並得到充分利用。

經濟學家認為,收入分配有三種標準:第一是貢獻標準,即按社會成員的貢獻分配國民收入。這也是我們在分配理論中介紹過的,按生產要素的價格進行分配。這種分配標準能保證經濟效率,但由於各成員能力、機遇的差別,又會引起收入分配的不平等。第二個是需要標準,即按社會成員對生活必需品的需要分配國民收入。第三個是平等標準,即按公平的準則來分配國民收入。後兩個標準有利於收入分配的平等化,但不利於經濟效率的提高。有利於經濟效率則會不利於平等,有利於平等則會不利於經濟效率,這就是經濟學中所說的平等與效率的矛盾。

收入分配有利於經濟效率的提高,則要按貢獻來分配,這樣,有利於鼓勵每個社會成員充分發揮自己的能力,在競爭中取勝。這就是效率優先的分配原則。但這種分配方式使不平等加劇,甚至會出現嚴重的貧富分化。因此,在收入分配中,不僅要效率優先,而且要兼顧公平。效率優先,兼顧公平是許多國家收入分配的原則。但在現實中做起來頗為困難。以收入分配平等化為例。應該承認,各種收入平等化政策對於縮小貧富之間的差距,對改善窮人的地位和生活條件,提高他們的實際收入水準,確實起到了相當大的作用,對於社會的安定和經濟的發展也是有利的。但是,這些政策有兩個嚴重的後果,一是降低了社會生產效率。二是增加個人所得稅和各種政府的負擔。從美國來看,1980 年福利支出在聯邦政府支出中已到 56.8%,超過了軍費支出的比例,在國民生產總值中占了 18.7%。近年來,聯邦政府和地方政府用於福利支出的錢已達到 4000 億美元左右。以 1975 年不變的價格計算,每戶美國公民所得到的社會福利支出已達 2279 美元。再以最著名的國家瑞典為例,公眾支出 1981 年已占國民生產總值的 66%,這種巨額的福利支出成為各國財政赤字的主要原因。

收入平等化政策的必要性與所引起的問題,使平等與效率的矛盾又一次被提出。如

何解決這一問題，已成為經濟學研究的中心之一。

習題

1. 從生產要素需求的性質中分析影響生產要素需求的主要因素有哪些？
2. 生產要素收入的決定主要受哪些因素影響？
3. 為什麼資本能帶來利息呢？
4. 當今在由計劃經濟轉向市場經濟的各國，無論經濟發展狀況如何，為什麼都出現了較為嚴重的收入分配不平等，甚至是兩極分化？

第九章　生產要素定價理論

知識導入

如何有效地使用債券收益率散點圖分析

債券收益率散點圖分析是債券市場最基本的分析工具,透過這項分析工具我們可以瞭解債券收益率與剩餘年期分佈的情形、判別價格異常狀況、察覺市場投資機會。紅頂金融工程研究中心於2002年在市場上提出債券收益率與收益率曲線散點圖的分析,並與多家投資機構探討了這個領域的技術。

什麼是債券收益率散點圖

債券收益率散點圖是個二維空間圖,把債券剩餘年期與到期收益率的關係以散點形式標明出來,同時繪製收益率曲線。這樣的圖形便叫做債券收益率散點圖。

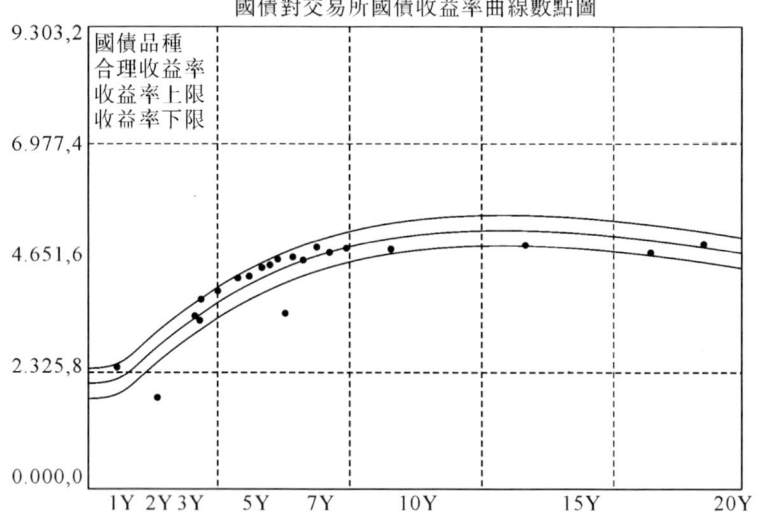

國債對交易所國債收益率曲線數點圖

債券收益率散點圖有什麼用處

無論用什麼數量方法做出來的收益率曲線一定要具備:①代表性;②解釋性;③可操作性。

代表性是指收益率曲線必須代表市場上看不到的利率與期限之間的關係,解釋性是指收益率曲線必須能解釋債券市場上的價格成因,可操作性就是指收益率曲線上各年期的利率是投資人可以在該年期的債券品種上以曲線上的到期收益率進行買賣。

代表性與可操作性通常反應在市場上流動性較高的債券品種上,只有這些流動性好

的債券才有代表性。

因此如果某個債券利率的散點落於曲線的下方,代表該債券的流動性不佳卻要求較低的收益率(較高的價格),因此是相對價格不合理的債券。

相反的,如果債券的利率的散點落於曲線的上方,代表該債券的流動性不佳,因此求較高的收益率(較低的價格),只要是利率在一定範圍以內,就是價格相對合理的債券。

因此債券收益率曲線的散點圖可以說明哪些債券是價格相對合理、哪些是相對不合理。

債券收益率散點圖的分析法

債券收益率散點圖有三種分析法:

1. 合理價格區間法

投資人可以在債券收益率散點圖設定上下合理利率範圍(如範例圖中的綠色曲線),當債券的收益率散點落於該曲線範圍內,則價格視為合理。如果落於曲線範圍之外,代表相對不合理,便有了介入的機會(因為至少當下立即賣掉債券可以買入同年期、收益率更高的債券,或是當下持有到期比從市場上另外買入同年期的債券獲得更高的收益率)。

2. 浮動利率債券分析法

由於國內的浮動利率債券票面基礎利率是按照一年期定期存款利率設定的,該利率是人民銀行所規定、非市場交易的結果,因此常常市場利率大幅波動時定期存款利率並不會改變。

但是正向浮動利率債券(Positive Floaters)卻可以在未來利率上升時獲得票面的補償、彌補利率上升時的跌價損失,反向的浮動利率債券(Negative Floaters)則可以在未來利率下降時獲得票面的補償、增加利率上升時的升值空間,因此浮動利率債券搭配債券收益率散點圖會對國內這種基礎利率不變動的情形起很大的指導作用。

將浮動利率債券的基礎利率按照當前基礎利率推算,使之成為一個固定利率債券,按照當前市價可以推算出一個到期收益率,把這個到期收益率與債券剩餘年限的關係以散點形式畫在散點圖上,如果是一個正向浮動利率債券、散點落於曲線下方,代表著價格較高,則投資人會普遍會有未來利率上升的期待。反之如果散點在曲線上方,則代表未來有降息的可能。

3. 分段利率機會分析法

分析收益率曲線的形狀與散點可以推測出額外的投資機會。以當前上交所國債與國債收益率曲線的散點圖來看,10年以上的四個債券收益率散點幾乎成為水準線,這代表著10年至20年的區段可能有了投資的機會。

按照預期理論與風險回報關係來看,如果要投資20年,先投資10年券、十年後再投資10年券與當下直接投資20年券,顯然先投資10年券就可以獲得與直接投資20年券相同的收益率(暫時忽略課稅考量),那後來的10年投資都是額外賺得的收益(假設無再投資風險)。

至於如何決策,則可按照前面所講的收益率曲線與散點的關係下手。

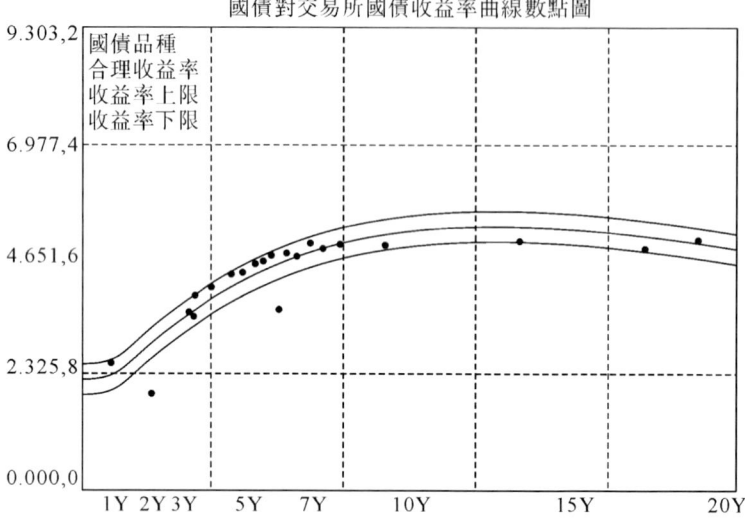

國債對交易所國債收益率曲線數點圖

國債品種
合理收益率
收益率上限
收益率下限

　　生產要素定價理論所探討的是生產要素的價格是如何決定的。由於對生產要素定價的過程也就是生產要素所有者取得收入的過程。因此,生產要素定價理論也成為收入分配理論。

　　生產要素的價格決定與商品的價格決定沒有什麼兩樣,也是由市場供求決定,但是在決定二者供求背後所包含的意義有所不同。消費者對於商品的需求主要取決於商品的邊際效用;廠商對於生產要素的需求主要取決於生產要素的邊際生產力,商品的供給取決於生產商品的成本與商品的價格;對於一般非勞動要素而言,其供給與商品供給沒有什麼兩樣,對於勞動供給來講則有些特殊,勞動供給由勞動者對於收入與閒暇的選擇決定。不過,在勞動者對於收入與閒暇的偏好既定的條件下,勞動的供給與其他生產要素的供給沒有什麼兩樣,其供給量與其價格同方向變化。

　　像商品定價可以分為完全競爭、完全壟斷、不完全競爭這幾種市場情況進行討論一樣,生產要素定價也可以分為這幾種市場類型進行討論。為了簡化起見,在生產要素定價理論中,我們分完全競爭與不完全競爭兩種情況討論生產要素市場的定價。並討論在商品定價理論中未曾討論過的帶有時間因素的資本定價和自然資源定價問題。

第一節　完全競爭市場的生產要素定價

　　生產要素的價格由生產要素供給與需求兩個方面決定,尤其是生產要素的需求對於生產要素的定價與收入分配尤為重要。因此,我們重點討論生產要素的需求,並在此基礎上討論生產要素均衡價格的決定。

一、單個廠商對於生產要素的需求

　　影響單個廠商對生產要素的需求的因素很多,其中主要有生產要素的邊際生產力、

廠商聯合投入的其他生產要素的價格與投入量、廠商的技術條件以及投入生產要素所生產的商品的價格。其中生產要素的價格是最重要的因素。邊際生產力是指廠商每增加一單位生產要素投入所增加的生產力。生產要素的邊際生產力有兩種表示方式。一種是用實物形式，表現為生產要素投入的邊際產量。另一種使用價值形式表示，表現為邊際產量的價值或邊際收益產量。我們分單要素投入與多要素投入兩種情況討論單個廠商對於生產要素的需求。

(一) 單要素投入下廠商對生產要素的需求

單要素投入是指廠商只使用一種生產要素進行生產。由於假定某生產要素市場是完全競爭的市場，因此廠商面臨的生產要素供給曲線具有無窮大的彈性，表示在既定的市場價格下，單個廠商可以得到源源不斷的該種生產要素的供給。顯然單個廠商對於生產要素的需求是有限的，其需求量的大小取決於要素邊際生產力的大小。在要素市場為完全競爭的條件下，單要素投入的邊際生產力如何表示？它表示為生產要素邊際產量的價值 (value of marginal product，簡稱 VMP)。生產要素邊際產量的價值等於生產要素所生產的產品價格乘以生產要素的邊際產量，即

$$VMP = P \cdot MP \tag{9.1}$$

其中 P 為商品的價格，MP 為生產要素的邊際產量。

邊際產量的價值所反應的是要素投入與該要素投入所生產的產品收益之間的關係。它不同於邊際產量。因為邊際產量所反應的是投入與產出之間的實物關係。它也不同於邊際收益，因為邊際收益所反應的是收益與銷售量(或稱產量)之間的關係。我們在討論 VMP 時，實際上是把收益 R 視為生產要素投入的函數，然後通過 R 對要素投入求一階導數而得到 VMP。令 L 為要素投入，q 為廠商的產量，$q = f(L)$，P 為產品的價格，由於假定市場完全競爭，所以廠商所面臨的價格 P 是一常數，$P = P_0$。廠商的總收益 R 與邊際產量的價值 VMP 分別表示為

$$R = Pq = P_0 f(L) \tag{9.2}$$

$$VMP = dR/dL = P_0 df(L)/dL = P_0 MP_L \tag{9.3}$$

在完全競爭的條件下，邊際產量的價值決定廠商對於要素投入的需求。廠商要素投入量達到什麼樣的水準才達到均衡？為了實現利潤最大化的目標，廠商的要素投入量必須達到這樣一點，在這一點要素邊際產量的價值等於要素的價格，即

$$VMP = \omega \tag{9.4}$$

其中，ω 為生產要素的價格。表 9-1 描述了要素投入量、產量、總收益、邊際產量價值等變量之間的關係以及使廠商利潤最大化的要素投入均衡點。

表 9-1　　　　　　　　邊際產量的價值以及均衡的要素投入

要素投入量 L	總產量 q	邊際產量 MP	產品價格 P(元)	總收益 R	邊際產量價值 VMP	要素價格 ω(元)	變動成本 VC	毛利 R-VC
0	0	-	5.00	0	-	20.00	0	0
1	10	10	5.00	50	50	20.00	20	30
2	19	9	5.00	95	45	20.00	40	55
3	27	8	5.00	135	40	20.00	60	75
4	34	7	5.00	170	35	20.00	80	90
5	40	6	5.00	200	30	20.00	100	100
6	45	5	5.00	225	25	20.00	120	105
7	49	4	5.00	245	20	20.00	140	105
8	52	3	5.00	260	15	20.00	160	100

表9-1顯示,使廠商利潤最大化的要素投入量有兩個,一個是要素投入為6個單位,另一個是要素投入為7個單位(兩個點都產生105元的毛利)。這是要素投入量的變動不連續的結果。如果生產要素的投入是連續變動的,則只應該有一個點使廠商的利潤最大化。廠商應該將要素投入增加到7個單位,因為這時生產要素的價格與邊際產量的價值相等。

實際上,我們也可以通過對廠商利潤函數求導數的方法,求出使廠商利潤最大化的要素投入均衡點。廠商的利潤函數為

$$\pi = P_0 q - \omega L - F \tag{9.5}$$

其中 F 為廠商的固定成本。就(9.5)的利潤函數對要素投入量 L 求一階導數並令導數值等於0,得到

$$P_0 M P_L = \omega \tag{9.6}$$

結合(9.3)式與(9.6)式便得到(9.4)式。

圖9-1顯示了使廠商利潤最大化的均衡要素需求量。

圖9-1中橫坐標表示生產要素投入量,縱坐標表示生產要素的價格。向右下方傾斜的 VMP 線說明隨著要素投入量的增加,要素邊際產量的價值遞減,表示要素的邊際生產力是遞減的。VMP 線實際上就是完全競爭市場條件下但要素投入廠商的要素需求曲線,因為追求利潤最大化的廠商總是將要素投入量推進到要素邊際產量的價值與要素的價格相等的點。一旦要素的價格確定了,在技術不變的條件下,廠商對於生產要素的需求量就確定了。例如,VMP_0 代表某種既定技術下的要素市場價格從 ω_0 降到 ω_1,廠商對要素的需求量將增加到 L_1。技術進步將會使得 VMP 線向右上方移動,比如由 VMP_0 移動到 VMP_1,表示由於技術進步而提高了要素的邊際生產力。在要素的邊際生產力提高後,同樣的要素價格下,廠商對要素的需求量比原來要大。

圖 9-1 完全競爭單要素

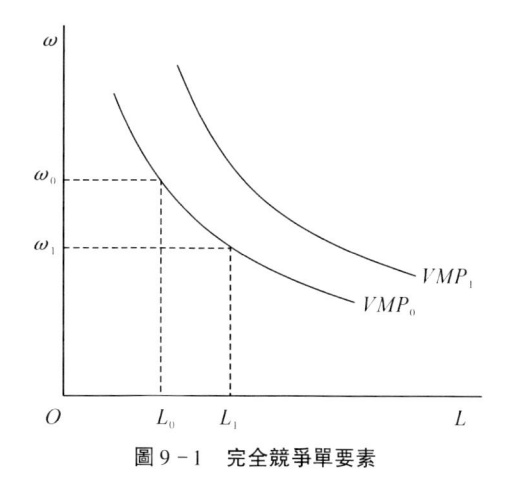

(二) 多要素投入下廠商對生產要素的需求

瞭解了單要素投入下廠商對生產要素的需求後，我們來討論多要素下廠商對於生產要素的需求。多要素投入是指廠商使用兩種或兩種以上生產要素進行生產。在多要素投入的情況下，如果要素間可以相互替代，則廠商對任一種要素的需求曲線不再是 VMP 線。我們看看多要素投入下廠商的要素需求曲線將是何種形狀。

假定廠商所投入的是兩種生產要素，資本 L 與勞動 K。資本與勞動可以相互替代。我們以廠商對勞動的需求為例，討論隨著勞動價格變化，廠商對勞動的需求會發生什麼變化。假定勞動的價格下降。我們知道，在生產要素的價格下降後，將會產生兩種效應，一種是產出效應，一種是替代效應。這兩種效應都會對生產要素的需求產生影響，而且影響的方向是相反的。

我們先討論替代效應對要素需求的影響。勞動降價後由於廠商用勞動替代資本，在其他條件不變的情況下，廠商使用的勞動量增加，使用的資本量減少。這將使得勞動的邊際產量遞減，從而使廠商對勞動的需求量下降。

我們再來討論產出效應的影響。產出效應使得既定的成本支出所購買的資本與勞動兩種生產要素的數量都增加了。資本投入量的增加將提高勞動的邊際產量，從而使廠商增加對勞動的需求。

生產要素降價後，替代效應引起廠商對要素需求量的減少，產出效應引起廠商對要素需求量的增加。勞動的價格下降後導致對勞動需求量的增加量是多還是少，要看絕對值上產出效應大還是替代效應大。若產出效應大，則勞動價格下降後總的效應使廠商對勞動的需求量大幅度增加；若替代效應大，則勞動價格下降後總的效應是使廠商對勞動的需求量增加得較少。我們利用圖 9-2 分析資本與勞動兩要素投入情況下勞動降價後廠商對拉動需求量的變化。

在勞動降價後廠商對勞動的需求曲線不再是拉動的 VMP 曲線，但是，需求曲線仍然可以從 VMP 曲線導出。勞動的價格下降後，例如從 ω_0 下降到 ω_1 後，產出效應與替代效應作用的結果將引起 VMP 曲線的移動。在勞動降價後，替代效應使得勞動投入量增加，

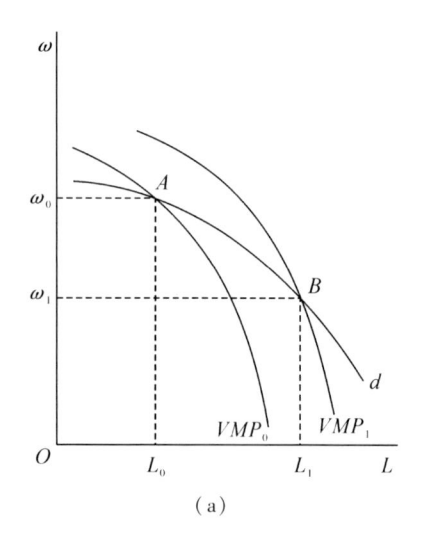

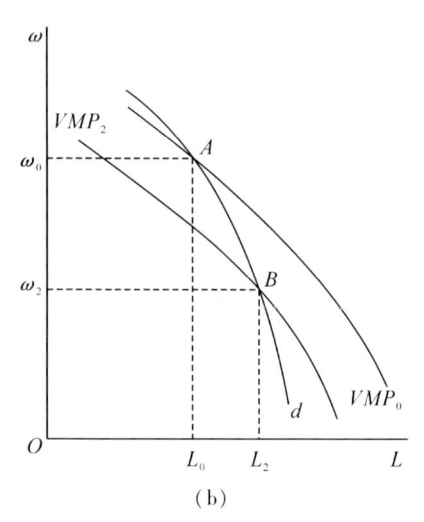

圖 9-2　完全競爭多要素投入下廠商對生產要素的需求

資本投入量減少,這將使勞動的 VMP 下降,但是產出效應使勞動的 VMP 上升;如果從絕對值上講,由產出效應而引起的 VMP 變動量大於由替代效應而引起的 VMP 變動量,則 VMP 曲線將向右移動,由 VMP_0 移到 VMP_1,如圖 9-2(a) 所示;如果由產出效應而引起的 VMP 變動量小於由替代效應而引起的 VMP 的變動量,則 VMP 曲線將向左移動,由 VMP_0 移到 VMP_2,如圖 9-2(b) 所示。連續變動勞動的價格,可以得到多條與不同的勞動價格相對應的 VMP 曲線。對於勞動的每一種價格,都可以找到與這一價格相對應的 VMP 曲線上的一點,例如圖 9-2(a) 中與勞動價格 ω_0 相對應的是 VMP_0 曲線上的 A 點;與勞動價格 ω_1 相對應的是 VMP_1 曲線上的 B 點;等等。連接這些點便得到多要素投入下廠商的需求曲線。由圖 9-2 可以看出,在勞動價格下降後,不管 VMP 曲線向左移動還

是向右移動,所到之處的需求曲線都是向右下方傾斜的,表明廠商對要素的需求量與要素的價格呈反方向變化。

二、生產要素的市場供求及生產要素價格的決定

通過對單個廠商對生產要素需求的加總可以得到生產要素的市場需求。對單個廠商對要素需求的加總是一件非常複雜的事,不是簡單的加總。單個廠商對要素的需求曲線是在假定其他條件,包括其他廠商對該要素的使用量不變的條件下導出的。如果經濟的擴張或收縮造成所有使用該要素的廠商同時增加或減少該要素的使用量,將會引起要素價格的變化,這將改變每一個廠商的 VMP 曲線,從而改變單個廠商對要素的需求。在這種情況下,要導出要素的市場需求是很困難的。但無論單個廠商對要素的需求如何變化,所導出的要素市場需求曲線通常都是向右下方傾斜的,討論商品需求時的需求法則同樣適用於要素需求。

一般來講,無論是單個要素所有者的要素供給還是要素的市場供給,要素供給量都是隨著要素價格的提高而增加。尤其對長期而言更是如此。但是在短期,不同生產要素的供給呈現不同的特徵。以勞動供給為例,不管哪一個部門,那些非專門化、非技術性的勞動供給卻難以隨工資的提高而增加。短期內即使把生物工程技術人員的工資提得很高,生物工程技術人員的供給也不會增加。不過從長期來看,即使是技術性再強的工作,只要提高從事該工作的技術人員的工資,就會使其技術人員的供給增加,因為高工資可以吸引其他部門的勞動者通過技術再培訓轉入該行業,或者吸引青年人通過人力投資進入該行業。近年來從事計算機軟件開發的人員的增加就是該職業高工資吸引的結果。因此,可以說一般生產要素的市場供給曲線也是向右上方傾斜的。

生產要素市場的均衡分析建立在對生產要素的需求分析與生產要素的供給分析的基礎上。我們只需要把生產要素的需求與生產要素的供給結合起來就可以求出生產要素市場的均衡解。圖 9－3 直觀地顯示了生產要素市場的均衡狀況。

圖 9－3　生產要素市場的均衡

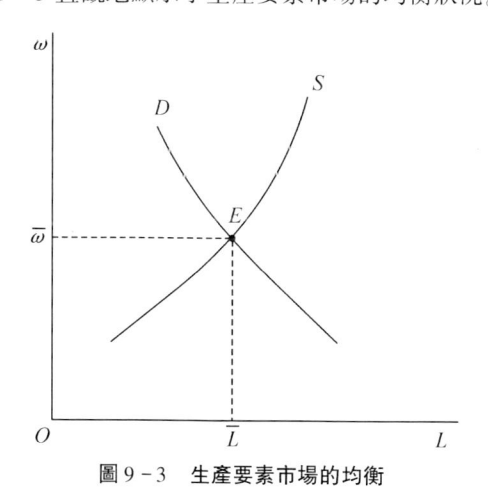

圖 9－3 所顯示的生產要素市場的均衡與通常的商品市場的均衡沒有什麼兩樣,均

衡點都是在供求曲線的交點達到。在這一交點,決定了生產要素的均衡數量 $\overline{L}$ 與均衡價格 $\overline{\omega}$。

三、生產要素供求的短期均衡與長期均衡

在個體經濟學中,收入分配理論的核心是生產要素的所有者根據生產要素的邊際生產力取得報酬。生產要素主要是按照其邊際生產力定價的。收入分配理論與本書所討論的消費者選擇理論、生產理論、成本與收益理論一樣都是重邊際分析的。邊際分析只適用於變量的情況,不適用於常量的情況。也就是說邊際生產力的概念只對變動要素才適用,對固定要素不適用。就長期分析來講,所有的生產要素都可以變動,所有的要素都按照其邊際生產力來確定價格。但是就短期分析而言,存在固定要素與變動要素之分,並且固定要素確實在生產中發揮了作用。固定要素的價格如何確定?下面分別就長期與短期兩種情況討論生產要素價格的決定。

如果市場是完全競爭的,生產函數是一次齊次生產函數,並且所有的生產要素都是按照其邊際生產力取得收入,那麼可以證明,在長期均衡的條件下,所有生產要素所取得的報酬總量等於社會所生產的產品總量。這一結果被稱為克拉克—威克斯蒂德產量耗盡定理(Clark – Wicksteed product – exhaustion theorem)。假定一國使用資本 K 與勞動 L 兩種生產要素,生產的總產量為 Q。若生產函數 $Q = f(K, L)$ 為一次齊次生產函數,則克拉克—威克斯蒂德產量耗盡定理表示為:

$$K \cdot MP_K + L \cdot MP_L = Q \tag{9.7}$$

在短期,變動要素根據其邊際生產力取得收入,生產要素創造的全部收入中減去變動要素收入後剩餘的部分便屬於固定要素的收入。由於不存在固定要素的邊際生產力,我們把固定要素的收入稱為準租(quasi rent)。我們利用圖 9-4 來描述準租的概念。

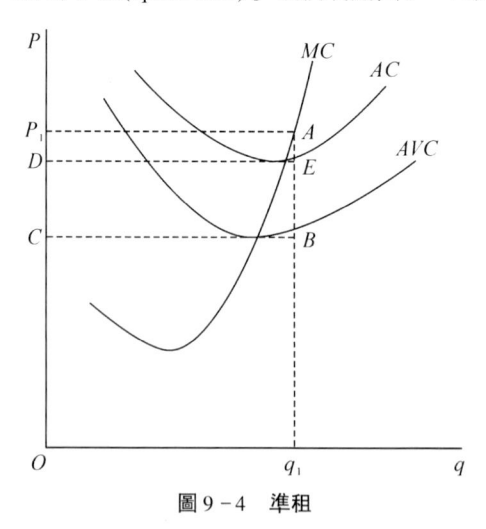

圖 9-4 準租

準租等於總收益減總變動成本,即 $TR - TVC$。準租的大小依賴於廠商出售產品價格的高低與廠商所耗費的平均變動成本的大小。商品的價格越高,平均變動成本越小,準

租越大。就圖 9-4 來講,當產品的價格為 P_1 時,準租為矩形 P_1ABC 的面積。準租又可以分為兩個部分,一部分為固定要素投入該部門的機會成本,另一部分是固定要素投入該部門的經濟利潤。在圖 9-4 中矩形 $CDEB$ 為固定要素投入該部門的機會成本,矩形 DP_1AE 為固定要素投入該部門的經濟利潤。經濟利潤不一定是正的值,當產品的市場價格較低,廠商獲得的平均收益低於平均成本時,經濟利潤是負的值。準租總是正的值。一旦市場價格低於平均變動成本,從而使準租消除時,廠商就該關門停產了。

準租的概念由馬歇爾於 19 世界末提出,租(rent)的概念產生的年代更早。早期的經濟學家是根據生產要素的供給在長期會不會隨其價格變化而變化來確定租的概念的。之所以把固定要素的收入稱為準租,是因為儘管在短期這些生產要素供給不隨其價格變化而變化,但是在長期供給量也會隨價格變化而變化。對於那些在長期供給量不發生變化的生產要素所取得的收入稱為租,例如地租。租的概念在現代已經被經濟學家推廣。凡是超出生產要素競爭性收入的部分都稱為租。所謂競爭性收入是指在競爭的市場上能夠吸引生產要素的所有者提供其生產要素的最低收入,超出這一競爭性收入的部分便是租。例如,歌星所獲高收入的大部分屬於租。假設某女歌星年收入是 20 萬元,若不當歌星,其他行業至少要付她 5,000 元的年薪才可以吸引她供給勞動,則她獲得的準租是 195,000 元。

租的概念還被用於討論人為地尋求某種壟斷的行為,尋租(rent seeking)行為便是重要的一種。尋租行為是指個人或團體所進行的佔有或獲取具有固定供給量的生產要素的要求權的努力。例如,出租汽車公司通過種種活動使政府限制發放出租汽車司機營業執照的數量、維持較高的出租車計程價格便是一種尋租行為。尋租行為是一種非生產行為,它耗費了大量的稀缺資源,但卻不會使社會財富總量增加,而只會改變既定財富的分配。因此尋租對社會資源純粹是一種浪費。

第二節　不完全競爭市場的生產要素定價

我們分兩種情況討論不完全競爭市場的生產要素定價。一種是商品市場不是完全競爭而生產要素市場是完全競爭情況下的生產要素定價;另一種是商品市場與生產要素市場都不是完全競爭情況下的生產要素定價。

一、商品市場不是完全競爭而要素市場是完全競爭情況下的生產要素定價

我們以生產要素市場是完全競爭而商品市場是壟斷的情況為例,討論生產要素的定價。在商品市場為壟斷的情況下,廠商所面臨的需求曲線是向右下方傾斜的,表示價格隨著銷量的變化而變化,不像完全競爭市場那樣,價格是常數。邊際收益也不再像完全競爭情況下那樣與商品的價格相等,邊際收益隨銷售量的增加而遞減。因此,我們不可能從邊際產量的價值 VMP 導出生產要素的需求曲線,因為 VMP 的概念是建立在價格為常數的基礎之上的。

在生產要素市場是完全競爭而商品市場不是完全競爭的情況下,我們利用另一個概

念,即邊際收益產量(marginal revenue production,簡稱 MRP)的概念來討論作為生產要素定價理論基礎的生產要素的需求。

邊際收益產量是生產要素投入的增量所引起的總收益的增量,它等於邊際收益與邊際產量的乘積,即:

$$MRP = MR \cdot MP \tag{9.8}$$

邊際收益產量既不同於邊際收益,也不同於邊際產量。邊際產量所反應的是產出與生產要素投入間的關係;邊際收益反應的是總收益與銷售量之間的關係;而邊際收益產量所反應的總收益與生產要素投入之間的關係。但是由(9.8)式可以看出這三者之間又存在著緊密的聯繫。

要證明(9.8)式是不困難的。(9.8)式由總收益函數導出。由於廠商出售產品的價格隨銷售量的變化而變化,所以廠商的需求函數可以表示為

$$P = h(q) \tag{9.9}$$

生產函數表示為

$$q = f(L) \tag{9.10}$$

其中 L 為變動要素的投入。收益函數為

$$R = Pq = h[f(L)]f(L) \tag{9.11}$$

總收益 R 是變動要素投入 L 的複合函數。總收益函數與生產函數連續、可求導,就(9.11)式對要素投入 L 求一階導數便得到(9.8)式。

表 9-2 直觀地反應了要素投入量的變化怎樣通過影響邊際產量與邊際收益而影響邊際收益產量。

表 9-2　　　　　　　　　要素投入量與邊際收益產量

要素投入量	總產量 Q	邊際產量 MP	產品價格 P(元)	總收益 R	邊際收益 MR	邊際收益產量 MRP
0	0	——	——	——	——	——
1	10	10	10.00	100	10	100
2	19	9	9.05	172	8	72
3	27	8	8.44	228	7	56
4	34	7	7.94	270	6	42

表 9-2 中的生產要素投入量是一個離散變量,在此基礎上所建立的生產函數與收益函數是不連續的。對於不連續的生產函數與收益函數,通過這種列表方法就可以計算出(9.8)式的邊際收益產量。對於連續、可求導的生產函數與收益函數而言,可以通過對函數的求導計算(9.8)式的邊際收益產量。根據(9.8)式或根據表 9-2 可推知,邊際收益產量曲線是一條向右下方傾斜的曲線,如圖 9-5 所示。

由於隨要素投入的增加,要素的邊際產量與出售產品的邊際收益都是遞減的,所以,圖 9-5 中的邊際收益產量曲線也隨要素投入量的增加而下降。

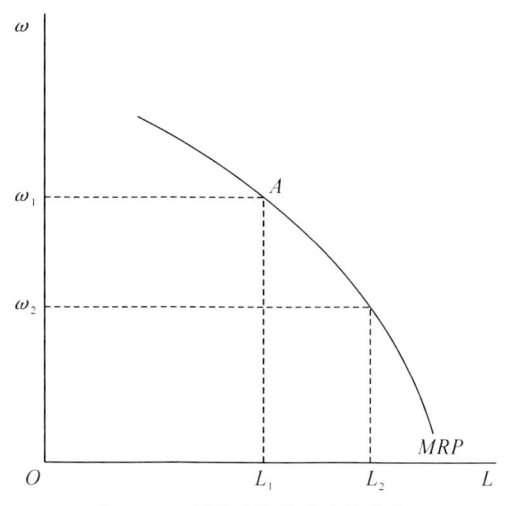

圖 9-5 要素邊際收益產量曲線

在不完全競爭的市場條件下,邊際收益產量是影響廠商對生產要素需求的重要因素。像分析完全競爭市場條件下廠商對生產要素的需求那樣,我們分單要素投入與多要素投入兩種情況討論不完全競爭條件下廠商對要素的需求。下面仍然以壟斷廠商為例進行討論。

在生產要素市場為完全競爭的情況下,對於單要素投入的壟斷者而言,要素的邊際收益產量曲線 MRP 就是它的需求曲線。這可以通過壟斷者的利潤最大化條件得到證明。

假定壟斷者的需求函數、生產函數以及收益函數分別表示為(9.9)、(9.10)、(9.11)的形式,則壟斷者的利潤函數為

$$\pi = Pq - \omega L - F = h[f(L)]f(L) - \omega L - F \qquad (9.12)$$

其中 ω 為要素的價格,F 為固定成本。就(9.12)式的利潤函數對要素投入 L 求一階導數,並令導數值等於 0. 可以得到壟斷者利潤最大化的必要條件

$$MRP = \omega \qquad (9.13)$$

廠商對於生產要素的需求曲線所反應的是要素需求量與要素價格之間的對應關係。邊際收益產量曲線所表示的是要素的使用量與要素的邊際收益產量之間的關係。由於在均衡時邊際收益產量等於要素的價格,因此,單要素投入下,要素的邊際收益曲線就是廠商對於生產要素的需求曲線。在圖 9-5 中,在要素的市場價格為 ω_1 時,廠商對要素的需求量為 L_1,因為在 L_1 的要素投入量下,要素的邊際收益產量(由邊際收益產量曲線上的 A 點表示)正好等於 ω_1。因為隨要素投入量的增加要素的邊際收益產量遞減,所以,如果要廠商增加生產要素的投入,必須降低生產要素的價格。比如,若要求廠商將生產要素的投入量從圖 9-5 中的 L_1 增加到 L_2,就必須將要素的價格從 ω_1 降到 ω_2。

由(9.13)式可以導出要素價格、商品價格、需求價格彈性以及生產函數之間的關係。我們知道 $MR = (1 - 1/E_d)$,MP 是生產函數對要素投入的一階導數,即 $MP = f'(L)$。所

以,(9.13)可以表示為

$$P(1-1/E_d)f'(L) = \omega \qquad (9.14)$$

(9.14)表明生產要素定價問題並不是一個孤立的問題。它是與商品的價格、市場需求情況、生產的技術特徵密切聯繫的。

如果廠商生產中所使用的是多種生產要素,而不是一種生產要素,則邊際收益產量曲線不再是要素需求曲線。價格的變化將會引起生產要素之間的替代,替代效應與產出效應將改變要素的邊際收益產量曲線。不過我們仍然可以像分析完全競爭市場多要素投入的需求曲線那樣分析不完全競爭市場多要素投入的需求曲線。分析的結果如圖9-6所示。

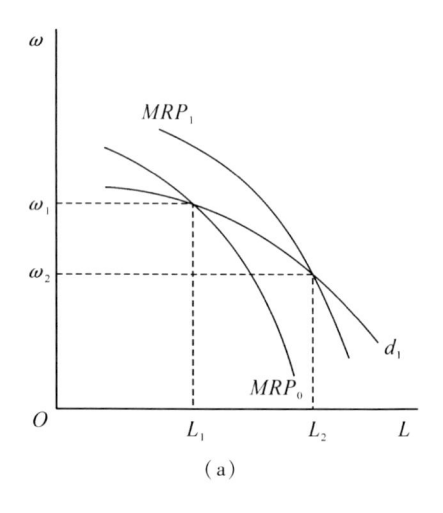

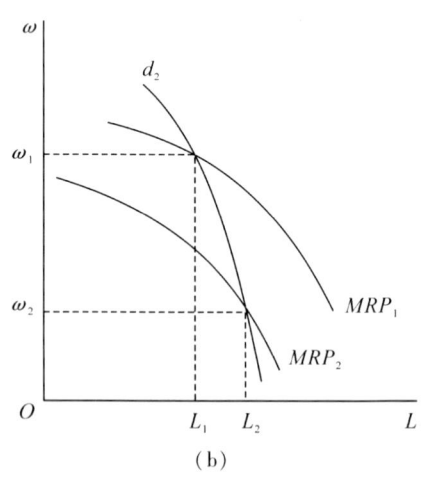

圖9-6 非完全競爭市場多要素投入下廠商對要素的需求

在生產要素的價格下降後(圖9-6中由ω_1降到ω_2),如果從絕對值上講,產出效應大於替代效應,則邊際收益產量曲線向右移動,由此導出的需求曲線為d_1,如圖9-6(a)

所示。如果從絕對值上講,產出效應小於替代效應,則邊際收益產量曲線向左移動,由此導出的需求曲線為 d_2,如圖 9-6(b) 所示。

在導出廠商對要素的需求曲線後,通過對所有廠商要素需求的加總可以得到要素的市場需求曲線。結合要素的市場供給曲線可以得到要素的均衡價格與均衡數量。

二、生產要素市場不是完全競爭條件下的要素定價

如果生產要素市場不是完全競爭市場,那麼廠商可能面臨的市場狀況有三種,這三種類型的市場分別類似於商品市場中的完全壟斷、壟斷競爭、寡頭三種市場。如果生產要素市場上只有一個買主,即生產要素市場是完全壟斷的(注意:市場是壟斷還是競爭,是從廠商的角度劃分),則成為獨買(monopsony)。如果生產要素市場只有少數幾家買主,則稱為寡買(oligopsony)。當要素市場不是完全競爭的時候,廠商所面臨的要素供給曲線不再具有無窮大的彈性,廠商所面臨的要素價格不再是一個常數。我們以生產要素市場是獨買的情況為例,討論廠商所面臨的要素供給曲線的形狀,並結合廠商對生產要素的需求曲線討論要素均衡價格的決定。

在生產要素市場是獨買的情況下,生產要素的購買者所面臨的要素供給曲線是向右上方傾斜的,表示壟斷的買者只要提高生產要素的價格,就可以得到較多的生產要素的供給。要素的價格與要素的供給量 L 之間的關係可以表示為

$$\omega = g(L) \tag{9.15}$$

要素的價格與要素的供給量是呈同方向變化的,即 $g'(L) > 0$。由於要素的價格隨要素供給量的變化而變化,所以要素投入的邊際成本 MCI(marginal cost of input)將是一個變量,而不像要素市場是完全競爭情況下那樣要素投入的邊際成本是常數($MCI = \omega_0$)。由產生的成本函數

$$C = \omega L + F \tag{9.16}$$

可以導出投入的邊際成本

$$MCI = dC/dL = g'(L)L + g(L) = (d\omega/dL)L + \omega \tag{9.17}$$

由 $d\omega/dL > 0$,所以 $MCL > \omega$。如果從圖 9-7 上看,要素投入邊際成本曲線 MCI 在要素供給曲線 $\omega = g(L)$ 的上端,如圖 9-7 所示。

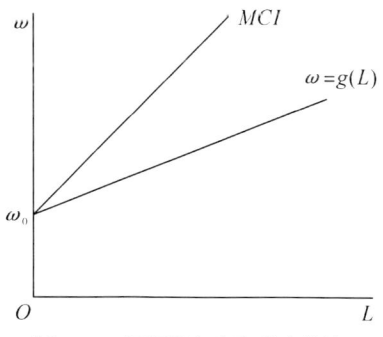

圖 9-7 要素投入邊際成本曲線

圖9-7所顯示的要素供給曲線與要素投入邊際成本曲線的圖形特徵和商品需求曲線與邊際收益曲線的圖形特徵正好相反，邊際收益曲線在商品需求曲線的下端。表9-3隨意列舉的要素價格與要素投入邊際成本的幾組數值有助於我們理解要素供給曲線與 MCI 曲線的關係。

表9-3　　　　　　　　要素價格與 MCI 關係表

要素供給量 L	要素價格 ω(元)	變動成本	MCI
1	2.00	2.00	——
2	2.50	5.00	3.00
3	3.00	9.00	4.00
4	3.50	14.00	5.00

表9-3表明，在每一種要素供給量下，MCI 都大於 ω，ω 實際上代表了要素的供給，所以 MCI 線位於供給曲線的上端。

在分析了生產要素壟斷購買者的供給曲線與要素投入邊際成本曲線後，我們來討論壟斷條件下生產要素的均衡價格與均衡數量的確定，還是分單要素投入與多要素投入兩種情況進行討論。

在廠商投入的生產要素為單要素的情況下，假定我們所討論的廠商既是商品的壟斷者，又是生產要素的壟斷買者。作為商品生產的壟斷者，它對於生產要素的需求曲線等於要素的邊際收益產量曲線 MRP；作為生產要素的壟斷買者，它的 MCI 曲線位於要素供給曲線的上端。壟斷者利潤最大化的均衡點是

$$MCI = MRP \qquad (9.18)$$

即要素投入的邊際成本等於要素投入所產生的邊際收益產量。這一均衡點的幾何意義如圖9-8所示。

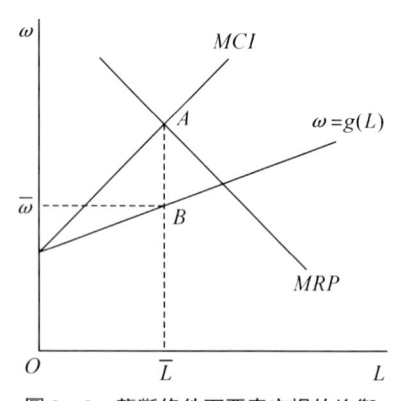

圖9-8　壟斷條件下要素市場的均衡

圖9-8中 MCI 曲線與 MRP 曲線的交點 A 決定壟斷條件下生產要素市場的均衡。與交點 A 相對應，要素供給曲線上有一點 B，與 B 點相對應的要素價格 $\bar{\omega}$ 為均衡的要素

價格;與 B 點相對應的要素數量 $-L$ 為均衡時的要素數量。

由(9.9)式的產品需求函數、(9.10)式的生產函數、(9.15)式的要素供給函數、(9.16)式的成本函數可以構造下列利潤函數:

$$\pi = Pq - \omega L - F = h[f(L)]f(L) - g(L)L - F \quad (9.19)$$

式中,F 為固定成本。求(9.19)式利潤函數的最大值,根據利潤最大化的必要條件便可以導出(9.18)式。

如果壟斷者所使用的生產要素是多種而不是一種,則均衡的條件不同於(9.18)式。在多要素投入的情況下,要素間的相互替代不僅會影響要素的邊際收益產量,也會影響要素投入的邊際成本。壟斷者必須比較各種不同要素的相對邊際成本與相對邊際收益產量,在此基礎上決定均衡的要素投入量,從而決定要素的均衡價格。我們以壟斷者使用資本與勞動兩種生產要素為例,討論廠商的均衡。假定壟斷者的產品需求函數仍舊如(9.9)式所示,為 $P = h(q)$,

生產函數為:

$$q = f(K, L) \quad (9.20)$$

勞動的供給函數為:

$$\omega = \varphi(L) \quad (9.21)$$

資本的供給函數為:

$$\gamma = \psi(K) \quad (9.22)$$

其中,ω 為勞動價格,γ 為資本價格。根據這些條件,得到壟斷者的利潤函數:

$$\pi = Pq - \omega L - \gamma K = h(q)q - \varphi(L)L - \psi(K)K \quad (9.23)$$

求(9.23)式利潤的最大值,可以得到壟斷者要素投入的均衡條件:

$$MCI_L / MCI_K = MP_L / MP_K \quad (9.24)$$

壟斷者根據這一均衡條件確定生產要素的價格與生產要素的投入量。

我們可以將(9.24)的均衡條件與本書生產理論一章中所討論的最優要素投入組合的條件 $\omega/\gamma = MP_L/MP_K$ 進行比較。二者的差別在於等式的左端。最優要素投入組合的條件是在生產要素價格不變的條件下導出的。因為要素價格不變,所以要素投入的邊際成本不變,即 $MCI_L = \omega$,$MCI_K = \gamma$。這裡,我們放棄了要素價格不變的假定,因此 ω 與 γ 都不再是常數。由於要素間的相互替代,會導致 MCI_L 與 MCI_K 的變化。實際上 $\omega/\gamma = MP_L/MP_K$ 僅是 $MCI_L/MCI_K = MP_L/MP_K$ 的一個特例。

第三節 資本市場與利率的決定

嚴格地講,資本市場(capital market)不同於生產要素市場。資本市場是與商品市場、生產要素市場相並列的市場。資本市場在廣義上講又可稱為可貸資金市場(loanable fund market)。資本市場所探討的是資金的定價問題,即利率的決定問題。但是資本市場與生產要素市場又是緊密聯繫的。在生產要素定價理論中,資本定價是其中的一個重要

部分。不過在生產要素定價理論中我們是從靜態的角度探討資本的定價,假定資本投入生產過程後像勞動投入一樣立即可取得收入。事實上資本投入生產過程後,可能要在多年後才能取得收入。在分析帶有時間因素的資本與投資市場時,以靜態條件下邊際生產力的要素定價理論為依據是具有局限性的。為此,我們在本節專門討論資本市場與利率的決定。

一、投資收益的折現值與投資決策

資本投入不同於勞動投入,一筆資本投入後可能很快取得回報,例如原材料等的投入,也可能若干年後取得回報,例如廠商的設備等類投資。例如,某廠商在第一年花費1,000萬元購置一套生產設備,這套設備在今後10年內每年給投資者帶來100萬元的收益,10年後這套設備完全報廢。廠商購買這套設備合適嗎?顯然是不合適的,每一位投資者都知道一年以後的100萬元、兩年以後的100萬元⋯⋯10年以後的100萬元加起來總額雖然也是1,000萬元,但是與現在的1,000萬元是不等值的。現在投資1,000萬元,今後收回多少萬元對投融資者才是合適的?要回答這一問題,我們必須先瞭解投資未來收益的折現值問題。

折現值(present discounted value,簡稱PDV)是將未來的一筆錢按照某種利率折為現值。折現值的計算公式如下:

$$PDV = V/(1+R)^t \tag{9.25}$$

其中 V 代表未來某年的一筆貨幣額,t 代表年限,R 代表用於折現的利率。例如,如果 $V=1$,用於折現的利率 $R=10\%$,那麼距今一年的1元錢的現值約為0.909元 $[1/(1+10\%)]$;距今兩年的1元錢的現值約為0.826元 $[1/(1+10\%)^x]$。也就是說一年後的1元錢相當於現在的0.909元;兩年後的1元錢相當於現在的0.826元。

利用折現值的計算公式,我們可以計算廠商未來的投資收益。一般而言,廠商從事一筆投資後,並不是在某一年取得一次性收入,而是在以後若干年每一年都獲得一筆收益,稱為支付流(payment streams)。支付流現值(PDVPS)的計算公式為

$$PDVPS = V_1/(1+R) + V_2/(1+R)^x + \cdots + V_n/(1+R)^n \tag{9.26}$$

其中 $V_t/(1+R)^t$ 代表第 t 年所獲得收益的折現值,R 為利率。如果廠商每一年所獲收益相等,即 $V_1 = V_2 = \cdots = V$,而且其投資所獲收益是永久性的,即 n 趨向於無窮大,則支付流現值表示為

$$PDVPS = V/(1+R) + V/(1+R)^x + \cdots + V/(1+R)^n = V/R \tag{9.27}$$

支付流現值的確定為廠商進行投資決策提供了依據。通常廠商投資決策的標準時淨現值標準(net present value criterion),淨現值記為 NPV,表示如下:

$$NPV = -C + \pi_1(1+R) + \pi_2/(1+R)^x + \cdots + \pi_n/(1+R)^n \tag{9.28}$$

其中,C 為購買資本的成本開支;π_t 為第 t 年所獲利潤;R 為折現率。廠商投資的準則是,若 $NPV \geq 0$,則投資可行,否則投資不可行。

投資者如何選擇折現率 R?R 的選擇依賴於投資者可以選擇的其他相似的投資機會。所謂相似的投資機會是指相似的收益率、相似的風險等。因此,投資者所選擇的折

現率可以是市場利率,也可以是其他收益率,例如某種債券利率等。

二、債券投資與債券有效收益率

企業或個人都可以從事債券投資。這些債券可能是政府發行的,也可能是公司發行的。投資於債券會給投資者帶來收益。債券的投資與長期資本投資一樣不是一次性立即獲得收益,而是分散在今後較長的時期獲得收益。作為一種可供選擇的投資機會,投資者往往將從事債券投資的收益率與從事其他投資的收益率進行比較,以便選擇一種有利的投資機會。債券的收益率應如何計算?由於從事債券投資如同從事任何一項長期資本投資一樣,會在投資以後的若干年內,每一年都獲得一筆收入,因此可以利用上述支付流計算公式,來計算債券的收益率。

我們討論兩種不同形式的債券,一種是具有到期日的債券,另一種是無到期日的債券。首先討論如何把這兩種債券的未來收益折合為現值。

對於具有到期日的債券而言,購買債券者從購買債券之日起,至到期日止,每年都可以得到一筆利息收入,債券到期時還可以收回本金。假定某人在年初購買了 100 元的五年期國庫券。每一元國庫券每年可獲一角錢利息,則五年期國庫券收益的現值為:

$$PDVPS = 10/(1+R) + 10/(1+R)^x + \cdots + 10/(1+R)^5 + 100/(1+R)^5 \quad (9.29)$$

對於無到期日的債券而言,購買債權者可以永久性地每一年都獲得一筆固定的利息。假定某人購買了 100 元無到期日債券,每一元債券每年也可以獲得一角錢利息,則該種債券未來收益的現值為

$$PDVPS = 10/(1+R) + 100/(1+R)^x + \cdots + 10/(1+R)^n = 10/R \quad (9.30)$$

(9.29)與(9.30)式中 R 式將債券的未來收益折為現值的折現率。(9.30)式中的 n 為無窮大,因此不存在償還本金的問題。

債券通常可以在市場上進行交易,在市場交易中所確定的是債券的價格。債券的價格隨債券供求的變化而變化。對於進行債券投資的人來講,為了便於和其他資產投資的收益率進行比較,他往往需要瞭解債券的收益率,而不是將債券的利息收入折合為現值。於是討論問題的角度與計算未來收益的現值不同。債券投資者所考慮的問題是,在指導債券價格(相當於(9.29)與(9.30)兩式中的 PDVPS)的條件下,如何計算債券收益率。

如果知道了債券的市場價格,利用(9.29)式與(9.30)式就可以求出債券的收益率。尤其是對於無到期日債券而言,計算其收益率更為方便。假定無到期日債券的價格 $P = 100$,根據(9.30)式,該種債券的收益率為 $R = 10/P = 10\%$。對於具有到期日的債券而言,計算債券收益率不是特別方便,但是根據債券價格與債券收益率之間的關係

$$P = V/(1+R) + V/(1+R)^x + \cdots + V/(1+R)^n \quad (9.31)$$

可以求出債券的收益率。式中債券市場價格 P 與債券每年的利息收入 V 以及債券的到期日都是已知的,通過插值法或查表可以計算債券的收益率。在已知債券的價格、債券的利息以及債券的期限的條件下所解出的債券收益率稱為債券的有效收益率(effective yield)或回報率(rate of return)。有效收益率被定義為使得債券支付流現值與債券市場價格相等的利率。通過比較債券有效收益率與其他投資的回報率,例如股票的盈利

率,投資者可以正確地選擇投資機會。

三、投資風險與折現率的調整

不管是個人,還是企業,投資都是要承擔一定風險的。有些投資風險大些,有些投資風險小些。有些投資近乎無風險,例如購買保值的政府債券就是一種近乎無風險的投資。如果有風險投資的回報率與無風險投資的回報率相同,那麼人們通常會選擇無風險的投資。這說明人們在進行投資決策時,所選擇的折現率應該因投資風險不同而不同。如果投資者所從事的是無風險投資,就應該選擇無風險資產的收益率,比如國庫券利率作為折現率。如果投資者所從事的是風險大的投資,則應該在無風險資產的收益率上再加上一筆風險溢價(該項投資的期望回報率減無風險投資的期望回報率),並以此作為高風險投資收益的折現率。但是相對於無風險投資而言,從事較高風險投資的投資者究竟應該選擇多高的折現率?我們利用資本資產定價模型(the capital asset pricing model,簡稱CAPM)討論這一問題。

在未介紹資本資產定價模型之前,我們先簡單地討論風險的分類。風險一般可以分為兩種。一種是可分散風險(diversifiable risk),或稱為非系統風險(nonsystematic risk);另一種是不可分散風險(nondiversifiable risk),或稱為系統風險(systematic risk)。就投資的風險而言,可分散風險是指投資者通過投資種類的選擇而使風險有所分散。例如,如果投資者把自己的全部資金只用於購買一家公司的股票可能要承擔很大的風險,如果他把這筆資金分散購買多家公司的股票則可以分散風險。不可分散風險屬於整體性的風險,它依賴於總體經濟運行情況,投資者無法通過分散投資而分散風險。例如,在經濟高漲時期,公司的盈利狀況是不確定的,經濟衰退時幾乎所有的公司盈利都將下降,因此通過購買多家公司的股票是不可能分散這類風險的。

在區分了可分散風險與不可分散風險後,我們來討論資本資產定價模型。資本資產定價模型通過比較某種特定股票的期望收益率與整個股市的期望收益率而測度對於該種特定股票投資的風險溢價。假定某人對股票的投資有兩種選擇。一種選擇是投資於整個股票市場,比如通過購買共同基金(mutual fund)而投資於整個股票市場;另一種選擇是投資於某一種特定的股票。如果投資於整個股票市場,他不存在可分散風險的問題,因為這種風險已經通過購買多種股票而分散了。但是他卻要承擔不可分散的風險,因為股票市場投資的回報率隨整個經濟的波動而波動。所以投資者要求在股票市場投資的回報率高於無風險資產投資的回報率,以作為所冒風險的補償。股票市場投資回報率高於無風險資產回報率的部分就是風險溢價。

如果投資者投資於某種特定股票,即購買某家公司的股票,如何測度該種股票不可分散的風險?我們可以通過分析該種股票的回報率與整個股市的回報率之間的相關程度來測度該股票不可分散的風險。如果某個公司股票的期望回報率獨立於整個股市的波動而呈現出較強的穩定性,則該種股票不存在不可分散的風險,該股票類似於無風險資產。其股票的期望回報率等於無風險資產期望回報率。如果另一家公司股票的期望回報率與整個股市狀況高度相關,甚至其波動比整個股市的波動還要大,則該種股票存在較高的不可分散的風險。該股票所獲期望回報率應該高於整個股市的期望回報率。

資本資產定價模型描述了某種特定股票期望回報率與整個股市期望回報率之間的關係。資本資產定價模型可表示如下：

$$R_i - R_f = \beta(R_m - R_f) \tag{9.32}$$

（9.29）式所描述的關係不僅適用於股票，也適用於其他任何類型的資本資產，所以稱為資本資產定價模型。該式表明，某種資產的風險溢價與市場的風險溢價是成比例的。其比例為常數 β，稱為資產貝塔（asset beta）。β 用於測度某種特定資產對於市場波動的敏感性，因而測度了該種資產不可分散的風險。如果整個資產市場價格提高 1% 導致某種特定資產價格提高 2%，則 $\beta = 2$；如果整個資產市場價格提高 1% 導致某種特定資產價格提高 1%，則 $\beta = 1$；如果整個資產市場價格的變化不會引起某種特定資產價格的變化，則 $\beta = 0$。β 值越大，某一特定資產不可分散的風險越大，該種資產的期望回報率也應該越高。

給定 β 值後，我們可以計算某種特定資產的折現率 R。計算公式如下：

$$R = R_f + \beta(R_m - R_f)$$

即折現率等於無風險資產回報率加反應不可分散風險的資產風險溢價。

當資產是股票時，通常可以從統計上估計 β 的數值。但是如果資產是新的工廠，要確定 β 值是非常困難的，從而難以計算折現率。在這種情況下，廠商可以利用公司的資本作為折現率。公司資本成本是公司股票期望回報率與公司所支付債務利率的加權平均值。採用這一做法要求所從事的投資在風險程度上對於整個公司而言具有代表性。如果所從事的投資在不可分散的風險方面高於或低於整個公司不可分散的風險，則不宜採取這種方法。

四、均衡利率的決定

利率也是一種價格，它是可貸資金的價格。借方由於使用了貸方的錢而向貸方支付這一價格——利率。正因為利率也是一種價格，所以它與商品價格以及生產要素價格的決定沒有什麼兩樣，也是由供給與需求決定。利率決定於可貸資金的供給與需求。

可貸資金的供給來源於家庭的儲蓄。因為儲蓄可以獲得利息，所以現在儲蓄意味著將來可以獲得更多的消費。可貸資金的供給與利率同方向變化。

可貸資金的需求分為兩個部分。 部分是居民的需求，例如居民購買大件物品（如小汽車等耐用消費品）時向金融機構貸款。居民的貸款需求與利率呈反方向變化，利率越高，居民借款成本越高，借款的慾望越低，借款量越少。另一部分是企業的需求。企業借款主要是用於投資。廠商的投資意願依賴於投資淨現值 NPV 的大小。由（9.28）式我們知道投資的淨現值的大小與所選擇的用於折現未來投資收益的利率 R 有關，利率 R 越大，淨現值越小，廠商的投資意願越低，對可貸資金的需求量越小。因此，廠商對於可貸資金的需求量也與利率呈反方向變化。由居民需求與廠商需求的加總而得到的可貸資金的市場需求與利率是呈反方向變化的。

結合可貸資金的供給與需求兩個方面，我們可以求出市場均衡利率，如圖 9－9 所示。

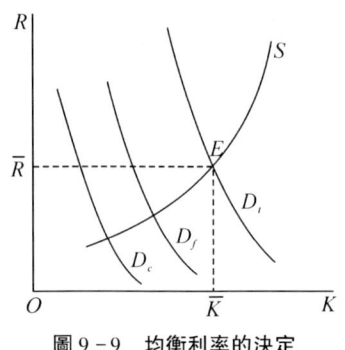

圖9-9 均衡利率的決定

圖9-9中，D_c代表居民對於可貸資金的需求；D_f代表廠商對於可貸資金的需求；D_t代表市場對於可貸資金的總的需求，D_t通過對D_c與D_f的水準加總而得到；S代表可貸資金的市場供給。可貸資金市場需求與可貸資金市場供給的交點E決定了均衡的市場利率$\bar{R}$與可貸資金的均衡數量$\bar{K}$。

在求出資金市場的均衡利率後，像對商品市場進行比較靜態分析一樣，我們可以對資金市場進行比較靜態分析。例如，在經濟衰退時期，廠商的預期利潤下降，廠商將減少對可貸資金的需求，可貸資金需求曲線向左移動，在可貸資金供給不變的條件下，將會降低市場均衡利率。在可貸資金需求不變的條件下，政府增加貨幣供應量將會使可貸資金供給曲線向右移動，這將會壓低市場均衡利率。

圖9-9中所描述的市場均衡利率是一種抽象的理論分析，我們不能由此認為只存在一種均衡的市場利率，所有的借貸者都按照這一種均衡的利率進行借貸。市場利率是多種多樣的。不僅政府債券利率與公司債券利率存在差別，即使就政府債券而言，也因期限不同而存在利率的差別。長期債券的利率高於短期債券的利率。至於公司債券利率差別更大，隨著期限與風險的不同，利率也不同。有些公司在發行股票的同時還發行一種可轉換為股票的債券，可以按一定條件轉換為股票，其風險與收益高於政府債券，而低於股票。例如中國寶安集團仿照美國一些公司的做法在國內首次發行的寶安轉換券就屬此種。

習題

1. 決定廠商對於生產要素需求的因素有哪些？不完全競爭市場廠商對於要素的需求與完全競爭市場廠商對要素的需求有什麼不同？

2. 什麼是債券的有效收益率？怎樣計算債券的有效收益率？為什麼一些公司債券的有效收益率比較高，而另一些公司債券的有效收益率比較低？

3. 某完全競爭廠商可以按每月300元的價格雇傭工人，企業生產函數如表9-4所示：

表 9－4　　　　　　　　某完全競爭廠商的生產函數

工人數	0	1	2	3	4	5
產量	0	80	150	210	260	300

如果每單位產品售價為 5 元，廠商每月應雇傭多少工人？

4. 假定有 A、B 兩種類型的資產可供投資者選擇，兩種資產都是產生兩年期的收益。資產 A 一年後可以給投資者帶來 1,000 元的收益，兩年後可以給投資者帶來的收益仍是 1,000 元。資產 B 一年後可以給投資帶來 800 元的收益，兩年後可以給投資者帶來 1,223 元的收益。如果市場利率是 10%，投資者應該選擇哪一種資產？如果市場利率是 15%，投資者應該選擇哪一種資產？

第十章　一般均衡理論與福利經濟學

案例導入

從帕累托效率到卡爾多

1. 帕累托效率

經濟學人之間用手機互發的祝福短信，常常是這樣的：「祝您邊際收益遞增，邊際成本遞減，超額利潤最大，機會成本最小，預算線總是右移，恩格爾系數不斷降低，阿羅不可能定律失效，而帕累托效率永遠最優。」雖是戲言，但「帕累托效率」在經濟學人心目中的崇高地位確實是令人向往的。

「帕累托效率」是義大利經濟學家維弗雷多・帕累托（1848—1923）在100多年前的20世紀初提出來的，它是經濟學中的一個重要概念，也是經濟學所向往的一種美好的境界。

有些人總是以為經濟學是教人不擇手段地追逐個人利益的，是不那麼光彩和高尚的學問，這當然是誤解。明白「帕累托效率」的概念，有助於幫助我們懂得經濟學是為個人利益的追求設置了邊界的，在這種邊界之內，每個人對個人利益的追求，在「看不見的手」的作用下，就能促進社會公共利益，因而它在道德上也是無可非議的。

「帕累托效率」可以這樣來定義：如果沒有一個人可以在不使任何其他人的處境變差的前提下而使自己的處境變得更好，那麼，這種狀態就是「帕累托最優」，它被認為是一種最有效率的資源配置狀態，所以也叫「帕累托效率」。能夠朝著這個帕累托最優狀態方向前進的行為，叫做「帕累托改進」，而只要存在「帕累托改進」的餘地，那麼，「帕累托效率」就還沒有達到。

通俗地講，就是我們每一個人，如果在不損害別人利益的前提下還能有可能來爭取自己的利益，那就還不是帕累托最優狀態，每一個人還盡可以去努力追求自身利益，但如果你要爭取自己的利益就必然要損害別人的利益了，那麼這時就已經達到了「帕累托效率」，你就不能再這麼做了。前者是一個「把蛋糕做大」的事，你把自己的蛋糕做大並不減小別人的蛋糕，而後者只是一個重新「瓜分蛋糕」的事，你自己的蛋糕的增大是因為減小了別人的蛋糕。

以交換為例。若你有一個蘋果，我有一個梨，這樣的資源配置狀態是否帕累托最優呢？這要看你我的偏好。若你喜歡蘋果甚於梨，而我喜歡梨甚於蘋果，那麼，我們不必改變現狀，即不用交換，它已是「帕累托效率」。

若你喜歡我的梨，而我喜歡你的蘋果，那麼，我們相互交換就能使各自都能增加效用，這種交換就是「帕累托改進」。

若你喜歡我的梨,而我無所謂,這時就沒有到達「帕累托效率」,因為我們相互交換的話,也能在不損害我的利益的前提下使你的效用增加;反之也一樣。

但是,若你我都更喜歡蘋果,而不喜歡梨,拿著梨的我強行與你交換的話,我的效用增加使得你的效用減小了,這種交換就不是「帕累托改進」;反之也一樣。

因此,一切法律禁止和道德指責的損人利己的行為,比如偷竊、搶劫、坑蒙拐騙、貪污腐敗等,都是要在損害別人利益的前提下來爭取自己的利益,因而都是不符合「帕累托效率」的。而一切「向生產的深度和廣度進軍」,從而在不損害別人利益的前提下創造出新的利益的活動,都能夠朝著帕累托最優狀態方向前進,都是「帕累托改進」。

「帕累托效率」只是一種理想的境界,因為我們總是能夠不斷地找到「帕累托改進」的途徑。但它為我們在追求自身利益時設置了必要的邊界:你不可以損人而利己。

2. 卡爾多—希克斯效率

然而,在現實生活中,某些人的自利行為免不了要損害另一些人的利益,假如某種變革可以使受益者的收益大於受損者的損失,那麼總的利益還是增大了。這種變革叫「卡爾多—希克斯改進」。若嚴格遵從「帕累托效率」原則,那麼這種能使總利益增加的變革就不能進行,這就未免使人感到遺憾,浪費了本該可以增加人們利益的可能性。

但這絕不是說,我們可以為了避免這樣的浪費和遺憾就可以不顧他人了。計劃經濟的邏輯往往就是如此,為了某種冠冕堂皇的理由(其中之一便是為了整體利益),就不惜犧牲若干個人的利益。其思想淵源或許與英國著名哲學家和社會改革家傑里米·邊沁(1748—1832)追求的「最大多數人的最大利益」有干系,這種被稱為功利主義的思想在歷史上是對只謀取少數人利益的君主制的反叛,因而具有進步意義;但在現代社會,對於相互平等的個人來說,每一個人的利益不比另一個人的利益更重要或更不重要,每一個人的利益都不應該被忽視。

所以,如果存在著這種「卡爾多—希克斯改進」的機會的話,必須要使其中的利益受損者得到應得的補償。此時,只要實行了必要的補償,就也可以在不損害他人利益的前提下創造出新的利益,所以它實際上也是「帕累托改進」。與「帕累托效率」的定義類似,如果某種狀態下已經沒有任何「卡爾多—希克斯改進」的餘地了,那麼,這種狀態就是達到了「卡爾多—希克斯效率」。

卡爾多和希克斯都是英國經濟學家,其中的約翰·希克斯(1904—1989),作為一般均衡理論模式的創建者,以其《價值與資本》一書在 1972 年獲得諾貝爾經濟學獎。

以分配為例。若在狀態 A 下,甲得 100,乙也得 100,而在狀態 B 下,甲得 105,乙得 99,那麼,從狀態 A 到狀態 B 就不是「帕累托改進」,因為甲的利益的增加會引起乙的利益的減少。

但此時存在「卡爾多—希克斯改進」,比如實行狀態 C:甲從得到的 105 中取出 1 補償給乙,自得 104,收益有所增進,而乙仍得 100,不減少收益。

甚至實行狀態 D:甲得 103,乙得 101,讓乙也分享一點變革的好處,以減少他反對變革的阻力,從而使總體利益得以擴大,每個人的利益也都得以增加。

當然,一般也不適宜實行狀態 E:甲得 102,乙得 102。干事的人與不干事的人平均獲得變革的好處,這本身違背了公平原則,同時也違背了效率原則,甲因不能從他的努力變

革中得到好處，也就沒了變革的積極性，最後大家退回到狀態 A。

3.「卡爾多—希克斯改進」的實現機制

在當今中國社會這場巨大的經濟改革和發展中，我們需要實行「帕累托改進」和「卡爾多—希克斯改進」。實行「帕累托改進」是指要在公平的前提下不斷提高效率，而實行「卡爾多—希克斯改進」則是在堅持「帕累托改進」基本原則的基礎上，尋求各種現實的可能性，因而是更為值得實行者們關注的。

在現實中，每個人的利益是十分複雜的，並不是像上面所描述的那樣可以用一個簡單的數字來表現。

以現在盛行的拆遷為例。比如一幢住宅樓，裡面住著十戶人家，其中九戶希望拆遷，有一戶人家不願拆遷。我們不能採取「少數服從多數」的民主原則，按照九戶意願而不顧那一戶人家的意願，強行拆掉房子，這肯定不是「帕累托改進」。或者反過來，十戶人家中有一戶人家要拆遷，而有九戶人家不希望拆遷，我們當然更不能屈從「多數服從少數」的獨裁原則，強行拆掉房子，這也肯定不是「帕累托改進」。

這時我們需要尋找「卡爾多—希克斯改進」的可能性。如果要拆遷人的利益中願意拿出一塊來補償不願拆遷人，而不願拆遷人也接受了補償而同意了，那麼「卡爾多—希克斯改進」就實現了。

這裡，雙方當事人自己的態度是最重要的。因為我們旁人並不知道其中的要拆遷人獲得的利益到底有多大，也不知道不願拆遷人失去的利益有多少，他們各自的數額是不同的，因為他們各自的效用函數各不相同。但是，就同商品買賣一樣，只要他們各自的底線之間存在交互的區間，他們就有成交的可能；如果沒有交互的區間，他們的談判就不會成功，而這就說明不存在「卡爾多—希克斯改進」的可能性——或者說，他們已經達到了「卡爾多—希克斯效率」。

所以，「卡爾多—希克斯改進」只有在尊重產權、交易自由的市場經濟中才能得以實現。計劃經濟者們的一切善意的用心和周密的計算，都不能代替「貧民窟」裡的居民自己做出是否拆遷的決定。

在前面章節中，我們介紹了局部均衡分析與一般均衡分析方法。但到目前為止，我們所採用的都是局部均衡分析方法，即在假定其他條件不變的前提下，討論某一種商品或某一種生產要素價格的決定。本章我們採用一般均衡分析方法，即在承認經濟主體決策行為相互影響的前提下，分析所有商品與生產要素價格之間是如何相互影響，最終同時達到均衡的，並在此基礎上討論福利經濟學問題。

為了使問題簡化，我們討論兩人利用兩種生產要素生產兩種產品的經濟。我們可以很容易地將這種兩人、兩要素投入、兩商品生產的經濟模型推廣到多人、多要素投入、多商品生產的經濟中去。

為了便於對一般均衡理論的理解，我們分別對交易的一般均衡與生產的一般均衡進行分析，在此基礎上分析交易與生產同時達到均衡的情況。

第一節　交易的一般均衡

一、交易的一般均衡的含義與條件

交易的一般均衡(general equilibrium of exchange)是指在社會生產狀況既定、收入分配狀況既定(生產要素的稟賦既定)的條件下,通過要素所有者之間的交易使得交易者達到效用最大化的均衡狀況。

可以證明,要達到交易的一般均衡,必須滿足的條件是,任意兩種商品 X、Y 的邊際替代率(MRS_{XY})對於每一個參加交易的人來說都是相同的。我們以兩人兩商品的交易為例說明這一均衡條件。假定所討論的是 A、B 兩人,進行 X 與 Y 兩商品的交易。A、B 兩人都追求效用的最大化。我們用艾奇沃斯盒狀圖(Edgeworth box diagram)描述 A、B 兩人間的交易。艾奇沃斯盒狀圖是經濟學家艾奇沃斯於 19 世紀末建立的,因此而得名。見圖 10-1。

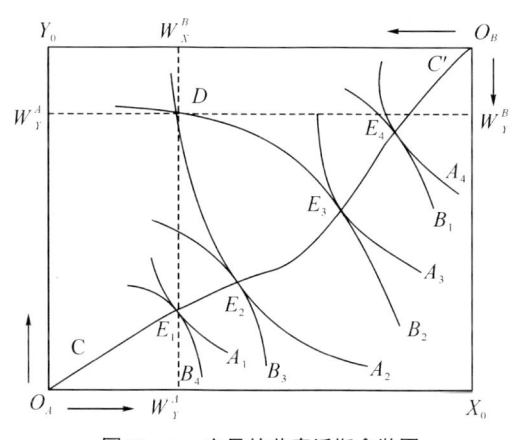

圖 10-1　交易的艾奇沃斯盒裝圖

圖 10-1 的橫坐標表示 X 商品的數量,縱坐標表示 Y 商品的數量。圖 10-1 是將 A、B 兩人的無差異曲線圖合併到一起而得到的結果。A 的無差異曲線與我們在效用理論中所畫的通常的無差異曲線沒有什麼兩樣,無差異曲線的原點是 O_A。B 的無差異曲線有點特別,它是將通常的無差異曲線旋轉 180°而得到的。B 的無差異曲線的原點為 O_B。

對於 A、B 兩人來講都是離開原點越遠,其無差異曲線所代表的效用水準越高。因此有 $A_1 < A_2 < \cdots < A_n$；$B_1 < B_2 < \cdots < B_n$。

社會所生產的 X 與 Y 兩商品總產量既定,分別為 X_0、Y_0。既定的產品總量 X_0、Y_0 在 A、B 兩人之間分配。假定 A、B 兩人對於 X、Y 兩商品的最初擁有狀況位於圖 9-1 中的 D 點,D 點稱為要素的稟賦點,該點位於 A 的無差異曲線 A_2 與 B 的無差異曲線 B_2 的交點上。在 D 點,A 所擁有的商品 X 的數量為 W_X^A,B 所擁有的商品 X 的數量為 W_X^B,$W_X^A +$

$W_X^B = W_X = X_0$；A 所擁有的商品 Y 的數量為 W_Y^A，B 所擁有的商品 Y 的數量為 W_Y^B，W_Y^A + $W_Y^B = W_Y = Y_0$。D 點是不均衡的。所謂不均衡是指在 D 點通過交易使 A、B 雙方獲利的機會還存在，雙方會通過交易使得至少一方的效應水準提高而不會同時降低另一方的效應水準。在 D 點，A、B 兩人邊際替代率不相等。A 用 X 商品替代 Y 商品的邊際替代率 $MRSAX_Y$ 的數值相對較高，B 用 X 商品替代 Y 商品的邊際替代率 $MRSBX_Y$ 的數值相對較低。A 願意以較多的 Y 交換較少的 X，B 願意以較多的 X 交換較少的 Y。通過交換至少可以使一方獲益而另一方不會受損，例如，從 D 點開始，沿著 B 的無異曲線 B_2 進行交易，達到 E_3 點，B 的效用水準沒有變化，但是 A 的效用水準卻由 A_2 提高到了 A_3。如果沿著 A 的無差異曲線 A_2 進行交易，達到 E_2 點，A 的效用水準沒有變化，但是 B 的效用水準卻由 B_2 提高到了 B_3。交易也可能位於 E_2 與 E_3 中間的某一點，因此使 A、B 兩人都得到好處。究竟 A、B 兩人在交易中誰得到的好處多一些，依賴於二人談判的能力。談判能力強的一方將會從交易中得到較多的好處。如果二人談判能力相等，二人將均分交易的利益。從 D 點出發，交易的結果一旦達到 E_2 點或 E_3 點，繼續進行交易而獲利的機會就不再存在。如果再繼續交易下去只會在使一方受益的同時使另一方受損，或者使雙方都受損。E_2 點或 E_3 點都是 A、B 二人無差異曲線相切的切點，表示在達到交易的一般均衡的情況下，A、B 兩人的邊際替代率是相等的。

要證明 E_2 點或 E_3 點是 A、B 兩消費者效用最大化的均衡點是不困難的。用 $U^A(X^A, Y^A)$ 表示消費者 A 的效用函數，$U^B(X^B, Y^B)$ 表示消費者 B 的效用函數。給定的效用水準為 $-U$，我們要在 B 的效用既定的條件下求 A 的效用的最大化。約束條件是：

$$U^B(X^B, Y^B) = -U \tag{10.1}$$

$$X^A + X^B = W_X \tag{10.2}$$

$$Y^A + Y^B = W_Y \tag{10.3}$$

其中 $W_X = W_X^A + W_X^B$，是 X 產品總量；$W_Y = W_Y^A + W_Y^B$ 是 Y 產品總量。根據目標函數與約束條件，得到下列拉格朗日函數：

$$L = U^A(X^A, Y^A) - \lambda[U^B(X^B, Y^B) - U] - \mu_1(X^A + X^B - W_X) - \mu_2(Y^A + Y^B - W_Y) \tag{10.4}$$

其中，λ 是效用約束的拉格朗日乘數，μ_1、μ_2 是禀賦約束的拉格朗日乘數。就(10.4)式對變量 X^A、X^B、Y^A、Y^B 求一階偏導數，並令偏導數值等於 0，得到以下四個一階條件：

$$\partial L/\partial X^A = \partial U^A/\partial X^A - \mu_1 = 0 \tag{10.5}$$

$$\partial L/\partial X^A = \partial U^A/\partial X^A - \mu_2 = 0 \tag{10.6}$$

$$\partial L/\partial X^B = -\lambda \partial U^B/\partial X^B - \mu_1 = 0 \tag{10.7}$$

$$\partial L/\partial Y^B = -\lambda \partial U^B/\partial X^B - \mu_2 = 0 \tag{10.8}$$

由(10.5)、(10.6)、(10.7)、(10.8)式得到：

$$\partial U^A/\partial X^A = \mu_1 \tag{10.9}$$

$$\partial U^A/\partial Y^A = \mu_2 \tag{10.10}$$

$$-\lambda \partial U^B/\partial X^B = \mu_1 \tag{10.11}$$

$$-\lambda \partial U^B/\partial Y^A = \mu_2 \qquad (10.12)$$

用(10.9)式比(10.10)式,用(10.11)式比(10.12)式,得到:

$$MRS_{XY}^A = \frac{\partial U^A/\partial X^A}{\partial U^A/\partial Y^A} = \frac{\mu_1}{\mu_2} \qquad (10.13)$$

$$MRS_{XY}^B = \frac{\partial U^B/\partial X^B}{\partial U^B/\partial Y^B} = \frac{\mu_1}{\mu_2} \qquad (10.14)$$

結合(10.13)與(10.14)兩式,便得到交易的一般均衡條件:

$$MRS_{XY}^A = MRS_{XY}^B \qquad (10.15)$$

顯然,E_2點或E_3點都符合這一均衡條件。E_2點或E_3點,或者這兩點之間的任一個均衡點都是在假設 A、B 二人所擁有的要素禀賦點為 D 點的情況下有要素禀賦狀態下達到的。對應不同的要素禀賦狀況,交易的結果會達到不同的均衡點。連接所有要素禀賦狀態下的所有可能的交易均衡點,得到一條曲線,稱為契約曲線。該契約曲線與寡頭市場上寡頭間通過勾結行為所達成的契約曲線含義有所不同。這裡契約曲線的產生並不需要交易者之間採取勾結的行為。契約曲線上任一點 A、B 二人的邊際替代率都是相等的。只要交易雙方通過教育達到契約曲線上的點,便達到了交易的一般均衡。由於契約曲線是連接 O_A 與 O_B 兩點間所有的 A、B 二人邊際替代率相等的點,因此,均衡點是不唯一的。事實上有無窮多個均衡點。交易雙方一旦達到契約趨向上某一點後,通過交易而使雙方獲利的機會就不再存在。繼續交易的結果只會在使一方受益的同時使另一方受損。

交易最終所達到的均衡狀態稱為交易的帕累托最優(pareto optimality)或帕累托效率(pareto efficiency)。帕累托最優是指這樣一種狀態,在這種狀態下,任何使得某些人狀況變好的變化都會使得另一些人的狀況變壞。換言之,當且僅當不存在任何能夠使得某些人狀況變好的同時而不使另一些人的狀況變壞的變化時便達到了帕累托最優。契約曲線上的點都是帕累托最優點。

有什麼條件可以保證交易達到契約曲線上的點所代表的均衡狀態? 在不存在外部性與公共產品的情況下(外部性與公共產品將在下一章討論),完全競爭的市場可以保證這一點。由消費者行為的分析我們知道,在消費者效用最大化的均衡點,消費者所消費的任意兩商品的均衡邊際替代率等於兩商品的價格比率,即 $MRS_{XY} = P_X/P_Y$。在完全競爭的市場上,所有消費者對同一種商品所支付的是同樣的價格,因此,我們有 $MRSA_{XY} = P_X/P_Y = MRSB_{XY}$。這恰好符合帕累托效率條件。完全競爭市場價格機制的作用最終會調整到帕累托效率點,因此完全競爭的市場是有效率的。

二、效用可能性邊界線

由圖 10-1 的契約曲線可以導出消費者的效用可能性曲線或稱效用可能性邊界線(utility-possibility frontier),如圖 10-2 所示。

圖 10-2 的橫坐標表示 A 的效用,縱坐標表示 B 的效用。圖中的效用可能性邊界線 $G_S G_S'$ 是從圖 10-1 中的契約曲線導出的。效用可能性邊界線上的點與契約曲線上的點

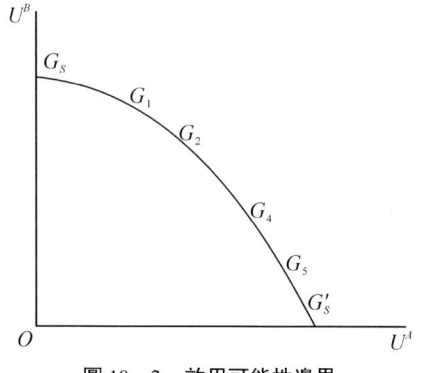

图 10－2　效用可能性邊界

相對應，例如 G_1 與 E_1 相對應，G_2 與 E_2 相對應，等等。效用可能性邊界線表示在給定一個人的滿足程度的情況下，另一個人可能達到的最大的滿足程度。在效用可能性邊界線與縱坐標的交點 G_S 點，B 獲得的效用最大，A 獲得的效用為 0，表示社會所生產的全部商品量 X_0、Y_0 都被 B 消費了，A 的消費量為 0。在效用可能性邊界線與橫坐標的交點 G'_S 點，A 獲得的效用最大，B 獲得的效用為 0，表示社會所生產的全部商品量 X_0、Y_0 都被 A 消費了，B 的消費量為 0。沿著 G_S 點向 G'_S 點逐漸移動，B 所獲得的效用越來越小，A 所獲得的效用越來越大。

圖 10－2 中的效用可能性邊界線 $G_S G'_S$ 是在社會的產出水準 X_0、Y_0 時，社會成員可能達到的最高的效用水準。除非 X 或 Y 產品的產出水準提高，否則社會成員的效用水準不可能超出這　效用可能性邊界線。不過，改變資源的配置狀況，從而改變 X 與 Y 的相對產出水準將會改變效用可能性邊界線的形狀。在分析了生產的一般均衡以後，對此就可以有明確的瞭解。

第二節　生產的一般均衡

一、生產的一般均衡的含義與條件

生產的一般均衡是指在技術與社會生產資源總量既定的情況下，社會對於資源的配置使得產品產量達到最大的狀況。若產品的產量沒有達到最大，通過重新配置資源將會使之達到最大。達到生產的一般均衡的條件是任意兩種生產要素的邊際技術替代率 MRTS 對於使用這兩種要素而生產的商品來說都是相等的。

假定社會用 K 與 L 兩種資源生產 X 與 Y 兩種商品，我們用艾奇沃斯盒狀圖討論社會如何配置資源才能使產品的產量達到最大。

圖 10－3 是生產的艾奇沃斯盒狀圖。圖的橫坐標表示勞動資源的數量，縱坐標表示資本資源的數量。社會所擁有的勞動資源總量為 L_0，所擁有的資本資源總量為 K_0。圖 10－3 是將生產 X 產品的等產量曲線與生產 Y 產品的等產量曲線合併而得到的。X 產

品的等產量曲線與我們在生產理論中所討論的等產量曲線沒什麼兩樣,表示 X 產品等產量曲線的坐標原點是 O_X。Y 產品的等產量曲線是將通常的等產量曲線旋轉 180°而得到的,表示 Y 產品等產量曲線的坐標原點是 O_Y。由於離開原點越遠的等產量曲線所代表的產量水準越高,因此,對於 X 產品而言,$X_1 < X_2 < \cdots < X_n$;對於 Y 產品而言,$Y_1 < Y_2 < \cdots < Y_n$。

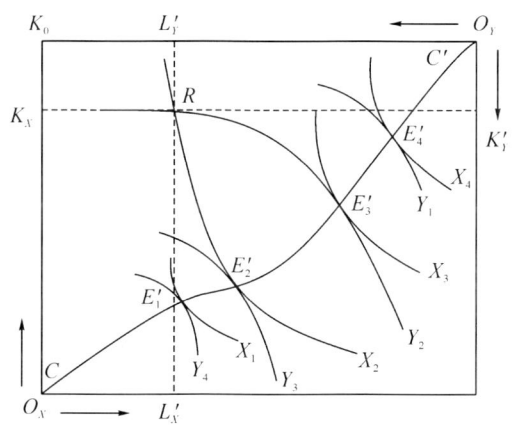

圖 10-3 生產的艾奇沃斯盒狀圖

假定社會最初的資源配置狀態位於圖 10-3 中的 R 點,社會用 L_2X 單位的勞動資源與 K_2X 單位的資本資源生產 X 商品,所生產的 X 商品的產出水準由等產量曲線 X_2 表示;用 L_2Y 單位的勞動資源與 K_2Y 單位的資本資源生產 Y 商品,所生產的 Y 商品的產出水準用等產量曲線 Y_2 表示。R 點不是資源配置的有效點,因為在 R 點用於 X 產品與 Y 產品生產的資本與勞動兩要素的邊際技術替代率不相等。對於 X 商品生產而言,用勞動替代資本的邊際技術替代率 $MRTS_{LK}^X$ 數值較高,即 MP_{XL}(用勞動生產 X 產品所獲得的邊際產量)數值相對較大,MP_{XK}(用資本生產 X 產品所獲得的邊際產量)數值相對較小。對於 Y 商品生產而言,用勞動替代資本的邊際技術替代率 $MRTS_{LK}^Y$ 數值較低,即 MP_{YL} 數值相對較小,MP_{YK} 數值相對較大。對於 X 商品生產而言,用少量的 L 資源就可以替代較多的 K 資源,從而抽出大量的 K 資源,投入少量的 L 資源,就可以維持產量不變。對於 Y 商品生產而言,情況正好相反,由於資本的邊際產量 MP_{YK} 相對較高,用少量的 K 資源就可以替代較多的 L 資源,從而抽出大量的 L 資源,投入少量的 K 資源,就可以維持產量不變。將 Y 商品生產中抽出的 L 資源用於 X 商品的生產,將 X 商品生產中抽出的 K 資源用於 Y 商品的生產,這將同時提高 X、Y 兩種商品的產量,或者至少提高一種商品的產量。資源配置將繼續下去,直至達到 X 產品的等產量曲線與 Y 產品的等產量曲線相切為止。在切點,勞動 L 與資本 K 兩種生產要素的邊際技術替代率對於使用該兩種生產要素而生產的 X 與 Y 兩種商品而言都是相等的。例如,從圖 10-3 中 R 點的資源無效配置狀態出發,對資源進行重新配置,直至達到 E_2' 點或 E_3' 點,或者這兩點中任一滿足 X、Y 兩商品等產量曲線相切的條件的點。達到 X、Y 兩種產品等產量曲線相切的點後,資源配置的效率不可能得到進一步改進。在任一切點上若試圖重新配置資源,只會在增加一種產品

產量的同時減少另一種產品的產量。

從生產的艾奇沃斯盒狀圖中任一非資源配置均衡點出發,都可以通過資源的重新配置達到均衡點。這樣的均衡點有無窮多個。連接這無窮多個均衡點便得到一條契約曲線 CC' 線。在契約曲線上,X、Y 兩商品生產中所使用的 L 與 K 兩種生產要素的邊際技術替代率是相等的。因此,圖 10-3 中契約曲線上所有的點都是生產的最優均衡點。

在生產中資源配置最終所達到的均衡狀態稱為生產的帕累托最優。生產的帕累托最優狀態是指這樣一種狀態,在這種狀態下對生產進行任何形式的重新組織都只會在增加某種產品產量的同時而減少另一種產品產量的可能。凡是在生產的契約曲線上的點都是生產的帕累托最優點。

二、生產的一般均衡與生產可能性曲線

在本書第一章中,我們已經介紹了生產可能性曲線。在瞭解了生產的一般均衡以後我們來重新探討這一概念。

圖 10-4 的生產可能性曲線 TT′ 是從圖 10-3 中生產的契約曲線 CC′ 導出的。從圖 10-3 到圖 10-4,我們從生產要素的投入空間變換到產品轉換空間。生產可能性曲線用轉換函數:

$$T(X,Y) = 0 \tag{10.16}$$

表示。轉換函數說明在既定資源下,社會從 X 商品的生產轉換為 Y 商品生產,或從 Y 商品的生產轉換為 X 商品生產的可能性。從一種產品生產轉換為另一種產品生產的難易程度用邊際轉換率(marginal rate of transformation,簡稱 MRT)表示。例如,從 X 產品轉換為 Y 產品生產的邊際轉換率表示為

$$MRT_{XY} = -\frac{dY}{dX} = \frac{\partial T/\partial X}{\partial T/\partial Y} \tag{10.17}$$

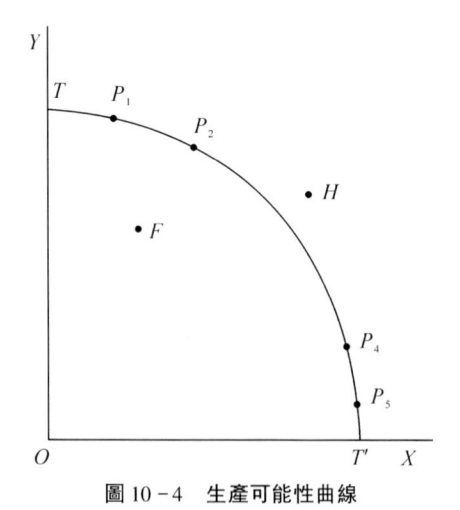

圖 10-4　生產可能性曲線

邊際轉換率反應了產品轉換的機會成本。MRT_{XY} 表示為了抽出足以多生產一單位 X

的生產要素,社會不得不減少的 Y 產品的產量。產品轉換曲線凹向原點的特徵表明邊際轉換率是遞增的。

生產可能性曲線上每一點都對應著生產的契約曲線上的點。因為生產契約曲線上的每一點都是有效率的點,所以生產可能性曲線上的點是社會在既定資源和技術條件下可能達到的最大產出點。生產可能性曲線以外的點,例如 H 點,是不可能達到的點;曲線以內的點,如 F 點,是資源配置無效率的點。

第三節　生產與交易的一般均衡

一、生產與交易的一般均衡的含義與條件

生產與交易的一般均衡是指生產與交易同時達到均衡情況。生產達到均衡並不能保證交易同時達到均衡;交易達到均衡也不能保證生產同時達到均衡。要使交易與生產同時達到均衡所需要具備的條件是:任意兩種商品在生產中的邊際轉換率等於對於每一位消費者來說這兩種商品在消費中的邊際替代率,即:

$$MRT_{XY} = MRSAX_Y = MRSBX_Y \qquad (10.18)$$

我們借助於幾何圖形分析交易與生產同時達到均衡的情況。

我們從社會既定的資源出發。假定社會資源已經達到了最優配置,於是得到生產的艾奇沃斯盒狀圖中那條契約曲線。我們將這樣一條契約曲線轉換為圖 10-5 中的生產可能性邊界線 TT′線。生產可能性曲線上的任一點都表示在給定一種產品(比如 X 產品)產量的前提下,另一種產品(Y 產品)所能夠達到的最高產量。儘管生產可能性曲線上的每一點都是資源配置的最優點,但是每一點 X、Y 兩種產品的相對產量不同。也就是說,生產可能性曲線上的每一點都決定一個交易的艾奇沃斯盒狀圖。

我們在生產可能性曲線上選擇任一點,比如 S 點,討論交易與生產同時達到一般均衡的情況。與 S 點相對應,X 產品的產出水準為 X_0,Y 產品的產出水準為 Y_0。我們用 O_A 作為消費者 A 無差異曲線的坐標原點;用 O_B 作為消費者 B 無差異曲線的坐標原點,消費者 B 無差異曲線的原點實際上就是我們所選擇的生產可能性曲線上的 S 點。S 點有一條切線 R′R′,該切線斜率的負值為生產可能性曲線在 S 點的邊際轉換率。如果在交易的一般均衡中能夠找到一個均衡點,使該點的邊際替代率等於 S 點的邊際轉換率,便達到了交易與生產的一般均衡。

在給定了生產可能性曲線上的 S 點以後,我們可以構造一個交易的艾奇沃斯盒狀圖,並得到一條相應的契約曲線 CC′。如果僅僅就交易的一般均衡而言,契約曲線上任一點都滿足交易的一般均衡的條件。但是並非每一點的邊際替代率都等於 S 點的邊際轉換率。要使生產與交易同時達到均衡,我們必須在契約曲線 CC′上找一個邊際替代率與 S 點的邊際轉換率相等的點。找這樣的點並不困難。在圖 10-5 中,滿足這一條件的點是契約曲線上的 E_3 點。在 E_3 點,消費者 A 所消費的 X 商品的數量為 X_0^A,所消費的 Y 商品的數量為 Y_0^A;消費者 B 所消費的 X 商品數量為 X_0^B,所消費的 Y 商品的數量為 Y_0^B。

在 E_3 點,消費者 A 達到的效用水準由無差異曲線 A_3 表示,消費者 B 達到的效用水準由無差異曲線 B_2 表示。兩條無差異曲線在 E_3 點相切,切線的斜率與生產可能性曲線上 S 點切線的斜率相等(RR' 線與 PP' 線平行),表明 $MRT_{XY} = MRS^A_{XY} = MRS^B_{XY}$。因此,在 X 與 Y 兩產品的總產出水準分別為圖 10-5 中的 X_0、Y_0 時讓消費者 A 消費 X^A_0 數量的 X 商品,消費 Y^A_0 數量的 Y 商品,讓消費者 B 消費 X^B_0 數量的 X 商品,消費 Y^B_0 數量的 Y 商品,可以達到交易與生產的一般均衡。

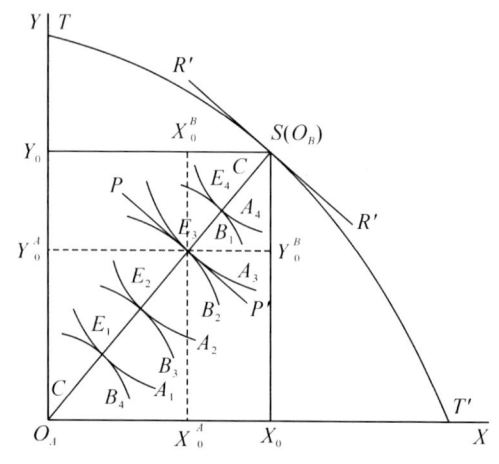

圖 10-5　交換與生產的一般均衡

之所以把 $MRT_{XY} = MRS^A_{XY} = MRS^B_{XY}$ 作為一般均衡的條件,是因為只有符合這一條件,才能促使生產滿足消費者的需要。若 MRT_{XY} 不等於 MRS^A_{XY} 與 MRS^B_{XY},例如,若 $MRS = 2$,$MRT = 1$,表明消費者願意放棄兩單位 Y 商品而得到一單位 X 商品。但是生產中為多生產 1 單位 X 商品僅需要放棄 1 單位 Y 商品的生產,說明重新配置資源以增加 X 商品的生產是必要的。只要 MRT 與 MRS 不等,重新配置資源就會使消費者受益。

實際上,我們可通過求消費者的效用最大化行為,並結合社會轉換函數,導出消費中的邊際替代率與生產中的邊際轉換率相等的條件。令 A 消費的 X 商品的數量為 X^A,A 消費的 Y 商品的數量為 Y^A;B 消費的 X 商品的數量為 X^B,B 消費的 Y 商品的數量為 Y^B。我們有下列關係式:

$$X = X^A + X^B \quad (10.19)$$

$$Y = Y^A + Y^B \quad (10.20)$$

即 A、B 兩人各自消費的 X、Y 商品數量加總分別等於這兩種商品的總量。用 $U^A(X^A, Y^A)$ 表示 A 的效用函數,$U^B(X^B, Y^B)$ 表示 B 的效用函數。所給定 B 的效用函數如(10.1)式所示,即:

$$U^B(X^B, Y^B) = \overline{U}$$

可以在給定的(10.16)式的轉換函數與(10.1)式 B 的效用函數的限制下求 A 的效用函數的最大化。根據所求的目標函數與所給出的約束條件,可得到以下拉格朗日函數:

$$L = U^A(X^A, Y^A) - \lambda[U^B(X^B, Y^B) - \overline{U}] - \mu[T(X, Y) - 0] \qquad (10.21)$$

其中,λ、μ 為拉格朗日乘數,就(10.21)式對 X^A、Y^A、X^B、Y^B 分別求一階偏導數,並令這些偏導數值分別等於 0,得到四個一階條件:

$$\partial L/\partial X^A = \partial U^A/\partial X^A - \mu(\partial T/\partial X) = 0 \qquad (10.22)$$
$$\partial L/\partial Y^A = \partial U^A/\partial Y^A - \mu(\partial T/\partial Y) = 0 \qquad (10.23)$$
$$\partial L/\partial X^B = -\lambda(\partial U^B/\partial X^B) - \mu(\partial T/\partial X) = 0 \qquad (10.24)$$
$$\partial L/\partial Y^B = -\lambda(\partial U^B/\partial Y^B) - \mu(\partial T/\partial Y) = 0 \qquad (10.25)$$

由(10.22)、(10.23)、(10.24)、(10.25)四式得到:

$$\partial U^A/\partial X^A = \mu(\partial T/\partial X) \qquad (10.26)$$
$$\partial U^A/\partial Y^A = \mu(\partial T/\partial Y) \qquad (10.27)$$
$$-\lambda \partial U^B/\partial X^B = \mu(\partial T/\partial X) \qquad (10.28)$$
$$-\lambda \partial U^B/\partial Y^B = \mu(\partial T/\partial Y) \qquad (10.29)$$

用(10.26)式比(10.27)式,用(10.28)式比(10.29)式,得到:

$$(\partial U^A/\partial X^A)/(\partial U^A/\partial X^A) = (\partial T/\partial X)(\partial T/\partial Y) \qquad (10.30)$$
$$(\partial U^B/\partial X^B)/(\partial U^B/\partial X^B) = (\partial T/\partial X)(\partial T/\partial Y) \qquad (10.31)$$

結合(10.30)式與(10.31)式便得到(10.18)式交易與生產的一般均衡條件。

二、實現一般均衡的經濟機制

上述數學證明的過程與結論表明,在給定產品轉換函數、消費者的效用函數以及假定消費者追求效用最大化的條件下,達到交易與生產的一般均衡時,從數學特徵上看是很完美的。從經濟上講,什麼樣的經濟機制才能實現交易與生產的一般均衡?綜合所學過的個體經濟學理論,可以證明,競爭的市場機制可以實現與生產的一般均衡。由第八章的生產要素定價理論可知:

$$\omega - P_X(MP_L)_X = P_Y(MP_L)_Y \qquad (10.32)$$
$$\gamma = P_X(MP_K)_X = P_Y(MP_K)_Y \qquad (10.33)$$

其中,ω 為勞動的價格,γ 為資本的價格;P_X 為 X 商品的價格,P_Y 為 Y 商品的價格;$(MP_K)_X$、$(MP_K)_Y$ 分別表示用資本 K 生產 X、Y 兩商品的邊際產量;$(MP_L)_X$、$(MP_L)_Y$ 分別表示用勞動 L 生產 X、Y 兩商品的邊際產量。在均衡的條件下:

$$\omega/\gamma = MRTS_{LK} \qquad (10.34)$$

由第三章所討論的消費者均衡條件,我們有:

$$P_X/P_Y = MRS_{XY} \qquad (10.35)$$

將(10.35)式代入(10.33)式,(10.34)式代入(10.32)式,得到:

$$\gamma = P_Y MRS_{XY}(MP_K)_X \qquad (10.36)$$
$$\omega = \gamma MRTS_{LK} = P_Y MRS_{XY}(MP_K)_X MRTS_{LK} \qquad (10.37)$$

對於資源配置而言,重要的是確定商品與要素的相對價格。因此,我們可以確定一種商品的價格,比如 Y 商品的價格,令 $P_Y = 1$,便可以根據商品的邊際替代率、要素的邊際技術替代率確定各種商品的價格。由(10.13)式、(10.14)式以及(10.35)式,我們有:

$$MRS_{XY}^A = MRS_{XY}^B = \mu_1/\mu_2 = P_X/P_Y \qquad (10.38)$$

(10.38)式說明了商品的市場價格與效率條件中拉格朗日乘數起相同的作用，競爭的市場可以起到有效配置資源的作用。

第四節　福利問題

經濟學的一項重要任務是研究如何增進社會福利。社會福利的增進體現在消費者效用的提高上。如果按照某一種標準，社會每一個成員的效用水準都提高了，我們就可以說社會福利增進了。如果能夠通過某一種途徑使社會福利達到最大，當然是一件幸事。但是什麼是社會福利最大化？用什麼標準來測度社會福利？經濟學家在這些問題上存在極大的分歧。本節我們將介紹幾種有關福利問題的主要觀點。本節所討論的問題大多屬於規範分析的問題，而非實證分析的問題。

一、福利最大化

我們先不考慮福利函數的具體形式及其含義，假定存在某種福利函數，該福利函數是個人效用函數的函數。社會福利函數的一般形式為

$$W = W(U_1, U_2, \cdots, U_n) \qquad (10.39)$$

該社會福利函數是個人效用函數的增函數，即滿足 $\partial W/\partial U_i > 0 (i = 1, 2, \cdots, n)$。從交易與生產的一般均衡出發，一旦給出了(10.39)式社會福利函數的具體形式，就可以找到社會福利最大化的均衡解。

我們仍然以兩人使用兩種資源生產兩種產品為例討論社會福利最大化問題。利用本章前幾節討論的結果作為我們分析問題的起點。在社會資源為有效配置的情況下，我們得到一條社會生產可能性曲線。生產可能性曲線上的任意一點，例如圖10-5中的S點，都代表X、Y兩產品的某種產出水準X_0、Y_0。這一既定的產出水準決定了一個交易的艾奇沃斯盒狀圖。根據交易的最優均衡狀態我們可以導出類似於圖10-2中的效用可能性曲線 $G_S G'_S$ 線。我們把 $G_S G'_S$ 線繪在圖10-6中。

如果在生產可能性曲線上確定一個不同於S點的另一點，比如R點，則得到一組不同於X_0、Y_0的X、Y兩產品的產量。與R點相對應的那個的X、Y產品的產出水準決定了一個新的交易的艾奇沃斯盒狀圖。從這一新的交易的艾奇沃斯盒狀圖可以導出一條新的效用可能性曲線 $G_R G'_R$ 線。在生產可能性曲線上每確定一點，我們都可以用導出 $G_S G'_S$ 線與 $G_R G'_R$ 線的方法導出與之對應的效用可能性曲線。生產可能性曲線上的每一點都相應地產生一條效用可能性曲線。在每一條效用可能性曲線上都可以找到這樣一點，該點滿足交易與生產的一般均衡條件，即滿足 $MRS_{XY}^A = MRS_{XY}^B = MRT_{XY}$。假定 $G_S G'_S$ 線上的S點滿足這一條件，$G_R G'_R$ 線上的R點滿足這一條件，其他各效用可能性曲線上都有一點滿足這一條件。連接各條效用可能性曲線上所有滿足交易與生產的一般均衡條件的點便得到圖10-6中的VV'線，VV'線稱為最大效用可能性曲線。

圖 10-6　社會福利最大化

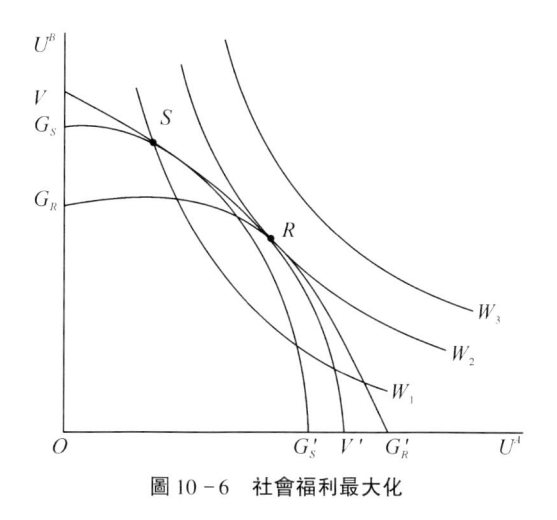

根據(10.39)式的社會福利函數，我們構造出圖 10-6 中的社會福利曲線 W_1、W_2 等等。社會福利曲線又稱為社會無差異曲線。離開原點越遠的社會無差異曲線代表的社會福利水準越高。社會福利曲線與最大效用可能性曲線相切的切點，比如圖 10-6 中的 R 點，便是社會福利最大化的均衡點。顯然這一點是滿足帕累托效率的。事實上，給定個人效用函數、建立在個人效用函數基礎之上的社會福利函數以及轉換函數，通過求個人效用最大化的方法可以導出與交易和生產的一般均衡中所導出的相同的帕累托效率條件，即 $MRS_{XY}^{A} = MRS_{XY}^{B} = MRT_{XY}$。利用對競爭市場的分析，可以得出這樣的結論，所有的福利最大化都是競爭的均衡，所有的競爭均衡都是某種福利函數的福利最大化。

二、社會福利與個人偏好

社會福利的最大化是以社會福利函數的存在為前提條件的。是否存在一種為經濟學家公認的社會福利函數？答案是否定的。不同的經濟學家對社會福利函數有不同的理解。因此，最大化的對象是不同的。

社會福利函數建立在個人的偏好基礎之上，但是，又不同於個人的偏好函數。在討論個人偏好時，我們知道，個人偏好具有若干良好的性狀，例如完備性、傳遞性，等等。正是基於個人偏好這些良好的性狀，我們才可以對個人的偏好進行排序，通過這種排序而瞭解對於任意多組商品組合，消費者可以確定它們是無差別的，還是一種組合優於另一種組合。沒有這些前提條件，我們就無法建立消費者的無差異曲線。在個人偏好基礎上建立起來的社會福利函數是否也具備個人偏好所具有的那種良好性狀？可以肯定地說，已經不具備這些優良性狀了。以傳遞性而言，只要所選擇的商品組合超出三組以上，就無法在對個人偏好進行加總的基礎上建立一個具有傳遞性的社會偏好，因為個人的偏好是不同的。阿羅不可能性定理(arrow impossibility theorem)證明，只要有超出三種以上的選擇，就不存在一種可靠的機制將具有完備性與傳遞性的個人偏好轉換為符合民主制度要求的社會偏好。

阿羅不可能性定理告訴我們,在個人偏好不一致的條件下,在此基礎上所建立的社會偏好不可能和社會所有成員的偏好一致。因此要建立一種與每一個人的偏好都一致的社會福利函數是不可能的。由此可知,所謂社會福利最大化,也就不可能使社會每一個成員的效用都達到最大化。

既然連建立一個與社會每一個人偏好都一致的社會福利函數都不可能,經濟學家所感興趣的社會福利最大化的含義是什麼?如果說效率問題是一個實證的問題,那麼社會福利問題則是一個規範的問題。經濟學家在實證問題上能夠達成某些共識,在規範問題上則存在巨大的分歧,對於社會福利問題的看法也是如此。不同的經濟學家對社會福利的見解不同,所使用的社會福利函數也不同。這裡介紹幾種有代表性的福利函數。

假定社會有 n 個人,有 m 種商品——$X_1, X_2, \cdots, X_m$,在 n 個人中間分配,m 種商品的分配滿足下列條件:

$$\sum_{i=1}^{n} x_j^i = X_j \tag{10.40}$$

其中,x_{ij} 表示第 i 個人所獲得的第 j 種商品。個人的效用是個人所消費的商品的函數,即:

$$U^i = U^i(xi1, xi2, \cdots, xim) = U^i(x) \tag{10.41}$$

從這些條件出發,我們討論以下幾種社會福利函數。

第一種是平均主義者(egalitarian)的社會福利函數。平均主義者認為,只有將所有的社會產品在社會成員間平均分配,才最有利於全社會的利益。其社會福利函數如下:

$$W = (U^1, U^2, \cdots, U^n) = W[U^1(\bar{X}), U^2(\bar{X}), \cdots, U^n(\bar{X})] \tag{10.42}$$

其中,$\bar{X}$ 是每一個人獲得的商品集,$\bar{X} = (X_1/n, X_2/n \cdots, X_m/n)$,$n$ 為社會成員數目。

第二種是功利主義者(utilitarian)的社會福利函數,其奠基者是 18 世紀末至 19 世紀初的功力主義哲學家邊沁(Jeremy Bentham)。功利主義者把社會福利函數看作是個人效用函數的加總。功利主義的社會福利函數形式為:

$$W(U^1, U^2, \cdots, U^n) = \sum_{i=1}^{n} a_i U^i \quad (i = 1, 2, \cdots, n) \tag{10.43}$$

其中,a_i 是表示每一個社會成員的效用在整個社會福利中重要性的權數。如果每個社會成員的權數相等,即 $a_i = 1$,則社會福利是社會每個成員效用的簡單加總。可以看出,如果社會每一個成員的偏好都是相同的,則功利主義社會福利函數等同於平均主義社會福利函數。

第三種,羅爾斯(Rawlsian)社會福利函數,是根據當代倫理哲學家羅爾斯(J. Rawls)的名字命名的,羅爾斯在其名著《正義論》中提出,社會福利最大化標準應該是使境況最糟的社會成員的效用最大化。所以羅爾斯社會福利的標準又稱為最大最小標準。羅爾斯社會福利函數的形式如下

$$W(U^1, U^2, \cdots, U^n) = \min(U^1, U^2, \cdots, U^n) \tag{10.44}$$

借助於圖 10-7,我們可以對這三種有代表性的社會福利函數進行比較。

圖 10-7 中橫坐標代表 A 的效用水準,縱坐標代表 B 的效用水準。曲線 VV' 是社會可以達到的效用可能性曲線。從原點出發的 45°射線上的點是 A、B 二人效用水準相等

圖 10-7 社會福利函數的比較

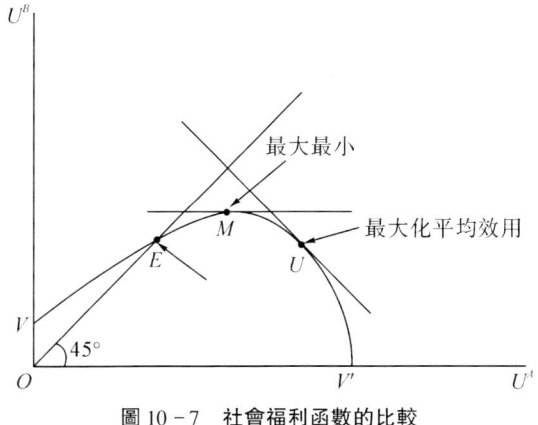

的點。按照平均主義的福利觀，圖中的 E 點應該是最優點，因為 45°線過這一點，按照羅爾斯的福利觀，圖中的 M 點是社會福利最優點。因為在 E 點的右端，效用可能性曲線在 45°線的下端，說明 A 的狀況好於 B 的狀況，而 M 點是境況較差者 B 的效用最大化點，所以 M 符合羅爾斯的福利標準。按照功利主義效用觀，圖中 U 點是社會福利最優點。在這一點，與效用可能性曲線相切的切線的斜率等於 -1，說明要使 A、B 二人中任一方的效用增加 1 個單位就會使另一方的效用減少 1 個單位。

三、社會福利、效率與平等

比較一下上述幾種典型的福利函數，我們可以明確，社會福利不僅涉及效率問題，也涉及平等(equity)的問題。每一位欲求社會福利最大化的經濟學家都在自己所採用的社會福利函數中加進了效率與平等的因素，不管他是強調效率，還是強調平等。

從平等的觀點來看，平均主義的福利函數最強調平等。在極端的情況下，強調社會產品絕對平均分配將導致絕對的平均主義。與平均主義福利函數不同的是，羅爾斯福利函數並不要求社會產品在各個成員間平均分配，為了不影響效率，允許社會成員在產品分配上有差別。但是它與功利主義福利函數又存在重要的差別。按照功利主義福利函數，不管社會成員中誰的效用提高了，只要加總的社會成員效用總量提高了，就說明社會福利增進了。而按照羅爾斯福利函數，即使加總的社會成員效用總量提高了，但是如果其中有一個原來境況最糟的成員在社會成員效用總量提高後境況變得更糟了，則說明社會福利下降了。舉個極端的例子來說，在一個具有眾多成員的社會中，那種大家都是百萬富翁而其中一個成員只獲得 300 元錢的社會福利狀況比那種大家都拿 400 元錢而其中境況最差者可得 301 元錢的社會福利狀況要差。功利主義的福利函數顯然把效率放在了較重要的位置上。

在資源配置與收入分配上，平等與效率是一個兩難的選擇。如果只強調效率而忽視平等將會影響社會安定。可以設想一種極端的情況，在圖 10-7 中的 A 點，是一個資源配置的效率點，但是社會所有的財富為 A 一人所得，社會顯然不會選擇一種分配狀態。如果只強調平等而忽視效率，就會限制經濟的增長，導致普遍的貧窮。社會最好能夠選

擇一種兼顧平等與效率的分配。為了區別於平均主義的分配,我們把這種分配稱為公平(fairness)。符合這種公平分配標準的一種分配方式是無妒忌分配(envy-free allocation)。所謂無妒忌分配是指分配的最終結果使得社會沒有一個人會覺得對別人所擁有的產品的偏好勝過對自己所擁有的產品的偏好。讓我們從最平等的分配出發看看無妒忌分配的結果。假定社會將 60 公斤大米與 60 公斤面粉均等地分配給 A、B 兩人,每人獲得的大米與面粉都各是 30 公斤。這種分配對於 A、B 兩人可能都不是最佳分配。因為 A 偏愛大米,B 偏愛面粉。假定允許 A、B 兩人自由交易,則最終達到的競爭均衡將是一種無妒忌狀況。而這種競爭的均衡恰好又在契約曲線上,因此最終的結果是有效率的。

四、洛倫茨曲線和基尼系數

在判斷某一社會收入(或財產)分配的平均程度時,洛倫茨曲線圖是最常用的工具,基尼系數是最常用的指標。

圖 10-8 就是洛倫茨曲線圖。圖 10-8 中,橫軸 OP 代表人口累積百分比,縱軸 OI 代表收入(或財產)累積百分比。累積是從收入(或財產)最少的人開始計算的。

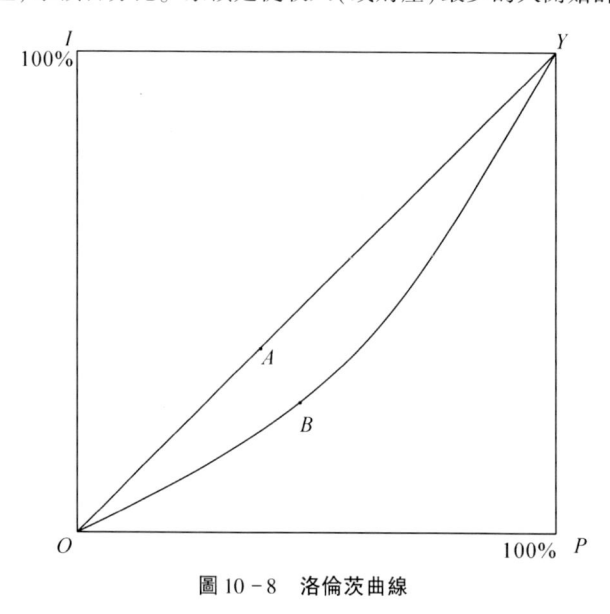

圖 10-8　洛倫茨曲線

圖 10-8 中,連結原點與對角的 45° 直線 OY 是絕對平均曲線。在這條線上,任何一點的橫坐標和縱坐標都相等。這意味著從社會上最窮的人開始計算,總人口中最窮的 5% 人口擁有全社會總收入(或總財產)的 5%,總人口中最窮的 10% 人口擁有全社會總收入(或總財產)的 10%,等等。總而言之,社會中最窮人口所擁有的收入(或財產)在全社會總收入(或總財產)中所占的比例,與這些人口在總人口中所占的比例是相同的。這意味著社會的收入(或財產)分配是絕對平均的。

圖 10-8 中,由下邊和右邊兩條邊構成的曲線 OPY,稱為絕對不平均曲線。OP 曲線上任何一點的縱坐標都等於 0,這意味著除了 PY 曲線代表的最後一個人以外,其他人的

收入(或財產)都是0,所有的收入(或財產)都歸最富有的那一個人所擁有。

實際的收入(或財產)分配曲線位於絕對平均與絕對不平均曲線之間,即位於OPY三點構成的三角形區域中。在這一區域,橫坐標的數值大於縱坐標的數值,意味著從最窮的人開始算起,社會中最窮人口所擁有的收入(或財產)在全社會總收入(或總財產)中所占的比例,小於這些人口在總人口中所占的比例。

實際收入(或財產)分配曲線與絕對平均曲線越接近,社會收入(或財產)分配越平均。

在圖10-8中,如果用A表示實際收入(或財產)分配曲線與絕對平均曲線之間的面積,B表示實際收入(或財產)分配曲線與絕對不平均曲線之間的面積,那麼,基尼系數 = $A(A+B)$。如果 $A=0$,則基尼系數也等於0,收入(或財產)分配絕對平均;如果 $B=0$,則基尼系數等於1,收入(或財產)分配絕對不平均。實際的基尼系數位於0與1之間。基尼系數越小,收入(或財產)分配越平均;基尼系數越大,收入(或財產)分配越不平均。

利用洛倫茨曲線和基尼系數,可以分析收入(或財產)分配的平均程度,但前提是明確多大的收入(或財產)差距是合理的。

習題

1. 什麼是交易的一般均衡?什麼是生產的一般均衡?達到交易和生產一般均衡的條件是什麼?

2. 什麼是帕累托效率?為什麼說在不存在外部性與公共產品的情況下完全競爭的市場可以達到帕累托效率?

3. 什麼是社會福利函數?它是否具有同個人效用函數同樣良好的性狀?

4. 張某有8瓶汽水與2塊麵包,李某有2瓶汽水與4塊麵包。張某用汽水替代麵包的邊際替代率為3,李某用汽水替代麵包的邊際替代率為1。請問商品在張、李二人之間的這種分配方式是否符合帕累托效率?如果不符合帕累托效率,如何通過交易達到帕累托效率?

5. 某國用資本與勞動兩種資源生產X、Y兩種產品,兩種產品按照固定的貿易條件進行交易。在均衡的條件下,生產一單位X商品需要6單位勞動與4單位資本,而生產一單位Y商品需要2單位勞動與2單位資本。假設該國共擁有50單位的勞動與40單位的資本。

(1) 如果該國的資源已經充分利用,且國內消費者消費相同數量的X商品與Y商品,那麼該國應該出口X商品還是Y商品?

(2) 如果該國擁有50單位的勞動與60單位的資本,均衡的狀況是怎樣的?該國應該如何安排生產與貿易?

第十一章　市場失靈與政府調節

案例導入

政府干預是解決市場失靈的有效手段

　　縱觀近百年來全球金融市場的發展歷史,歷經無數次的危機與災難。每一次災難都源自人性的貪婪,但每一次人類也都用智慧與勇氣戰勝災難。神奇的市場擁有超強的修復能力,往往被稱作「看不見的手」,指揮著個體的行為。然而,市場不是萬能的,由於信息不對稱等原因的存在,市場經常會出現失靈的現象。當金融市場出現危機並有可能進一步引發更大危機的時候,各國政府都會進行直接或間接的干預。不管是在發達的金融市場還是欠發達的金融市場,無一例外。與市場這只「看不見的手」相比,政府干預就是一只「看得見的手」。當「看不見的手」失靈的時候,通過「看得見的手」來進行矯正,當然是最有效的手段。

　　當前,中國經濟雖然出現了一定的困難,但並非瀕臨崩潰。經濟增長依舊維持在較快水準,通脹則明顯開始回落,因為房地產市場價格下跌和海外投資引發的壞帳與損失亦沒有相關媒體或市場傳聞誇大的那麼嚴重。儘管經濟轉型會是一個漫長的過程,但完全可以實現經濟軟著陸。相反,A股市場的估值水準卻已經達到歷史低點,部分股票開始跌破淨資產。市場失靈的現象已經出現,短時期內不可能具備自我修復的能力。這個時候,需要政府負起責任,採取有效措施干預市場,恢復市場參與主體的信心。

　　從美國陷入次債風波並引發更為嚴重的信貸危機的過程來看,美國政府從來沒有停止過政府干預行為。而且,與歷次金融危機的應對手段相似,美國政府依然採取了以直接向金融市場註資為主的救市舉措。註資是美國走出歷次金融危機中不可或缺的一個環節。通過政府的引導和干預,市場開始逐步實現自身的修復功能,並最終渡過危機。儘管這次的危機被格林斯潘稱作「百年一遇」,但我們仍舊相信,一切危機和災難終將成為歷史。

　　再看我們的A股市場,下跌的時間和空間均已超過美國市場。此次應對A股市場的崩盤式暴跌,代表國家的中央匯金公司直接購入國有銀行股票,無疑是提振市場信心的有效途徑。

　　當然,政府干預是解決市場失靈的有效手段,但並非包治百病的良藥,尤其對於中國這樣一個半封閉的金融市場而言更是如此。考慮到中國市場的半封閉性以及規模尚且偏小,此次政府干預幾乎不可能失敗。相反,我們需要注意政府干預的力度。如果力度過小,可能效果難以顯現;如果力度過大,政府可能變成一個大莊家,缺少其他主體的博弈行為。其中的火候,將充分考驗管理層運籌帷幄的藝術性。

　　(案例來源:趙迪,股市動態分析 2010-07-17)

前面各章中,我們用了大量的篇幅論證市場機制在調節社會資源配置與產品產量中的作用。這些論證表明,市場機制可以調節產品的供求數量,可以調節生產要素的供求數量並決定收入分配,可以調節資金的供求並指導人們在現在與未來之間進行選擇。特別地,如果存在一個沒有外部性的完全競爭的市場,市場機制能夠使資源達到有效的配置。正因為市場機制具有這些無可替代的作用,使得重視資源有效配置與經濟發展的國家不斷建立與擴大市場。但是,市場機制不是萬能的,它不可能調節人們經濟生活的所有領域。市場機制在某些領域不能起作用或不能起有效作用的情況,稱為市場失靈(market failure)。市場失靈是指市場在這種場合不能提供符合社會效率條件的商品或勞務。導致市場失靈的原因主要有這樣幾種:非對稱信息(asymmetric information)、外部性(externalities)、公共產品(public goods)及壟斷。本章將就上述幾種情況,以及政府是否應該進行調節,進行討論。

第一節　非對稱信息

非對稱信息是指市場上買方與賣方所掌握的信息是不對稱的,一方掌握的信息多一些,另一方所掌握的信息少一些。有些市場賣方所掌握的信息多於買方,例如某些商品與生產要素市場上。照相機的賣方一般比買方更瞭解照相機的性能;藥品的賣方比買方更瞭解藥品的功效;勞動力的賣方比買方更瞭解勞動的生產力;等等。而另一些市場買方所掌握的信息多於賣方,保險與信用市場往往就是這種情況。醫療保險的購買者顯然比保險公司更瞭解自己的健康狀況;信用卡的購買者當然比提供信用的金融機構更瞭解自己的信用狀況。本章之前,無論是討論商品市場的均衡,還是生產要素市場的均衡,或者是所有市場同時達到一般均衡,我們都是假定供求雙方所掌握的信息是對稱的。在供求雙方都能接受的價格下,供給者出售了他願意並且能夠出售的數量,需求者購買了他願意並且能夠購買的數量。買賣雙方的意願在價格機制的作用下通過市場的自由交易而實現。一旦供求雙方所掌握的信息不對稱,市場將出現問題,在此情況下所導致的均衡結果對社會來講將是一種無效率的狀況。本節我們將就非對稱信息下所導致的逆選擇(adverse selection)、敗德行為(moral hazard)、委託人—代理人問題(principal－agent problem)等進行討論,並探討由這些問題而產生的效率損失。

一、次品與逆選擇

逆選擇是指在買賣雙方信息不對稱的情況下,差的商品總是將好的商品驅逐出市場。當交易雙方的其中一方對於交易可能出現的風險狀況比另一方知道得更多時,便會產生逆選擇問題。下面以舊車市場的交易模型為例來說明逆選擇問題。

在舊車交易中,總是次品(lemons)充斥市場。美國著名經濟學家阿克洛夫(George A. Akerlof)對這種情況作了理論分析。下面對阿克洛夫的舊車市場模型作一簡單介紹。

設想某個舊車市場有200個賣者,每個賣者欲出售一輛舊車,共有200輛舊車待出售。市場上恰好有200個車輛購買者,每個買者欲購買一輛舊車。假定200輛舊車中質

量較好的車為 100 輛,質量較差的車(稱為次品)也是 100 輛,二者各占一半。假定購買者對質量較好的車願意出 100,000 元的價格購買,對質量較差的車願意出 50,000 元的價格購買。出售者對質量較好的車願意接受的最低價格是 80,000 元,對質量較差的車願意接受的最低價格是 40,000 元。若買賣雙方的信息是對稱的,即買者與賣者雙方都知道欲進行交易的車的質量,則市場達到供求相等的有效均衡是沒有問題的。100 輛質量較好的車每輛都將在 80,000~100,000 元的價格之間成交;100 輛質量較差的車每輛都將在 40,000~50,000 元的價格之間成交。市場既不存在過剩的供給,也不存在過剩的需求。

但是,實際上買賣雙方關於舊車質量的信息是不對稱的。賣者知道自己車的質量,買者並不知道所要購買的舊車的質量。買者只知道在待出售的 200 輛舊車中有一半質量是較好的,另一半質量是較差的。因此每一個舊車購買者買到好車差車的概率各為 0.5。在這種情況下,每一位買者對所購的舊車願意支出的價格是 75,000 元(100,000 元 $\times 0.5 + 50,000$ 元 $\times 0.5$)。我們看看 75,000 元的價格對供給會產生什麼影響。哪一個賣者願意以 75,000 元的價格出售舊車?毫無疑問,只有那些擁有較差質量舊車的人願意按 75,000 元的價格出售舊車。

由於具有較好質量的舊車的出售者願意接受的最低價格是 80,000 元,因此在 75,000 元的價格水準,不會有一輛質量較好的舊車成交。如果舊車的購買者知道,在 75,000 元的價格水準不會有一個出售者出售質量較好的舊車,而只有質量較差的舊車可供購買,他願意支付的價格就不是 75,000 元,而是 50,000 元。所以舊車市場最終只能是 100 輛質量較差的車在 40,000 元到 50,000 元的價格間成交,次品充斥市場。顯然,因非對稱信息而導致的舊車市場最終均衡從社會角度看是無效率的,因為最終成交的數量低於供求雙方想要成交的數量。

舊車市場次貨將好貨逐出市場的原因是買賣雙方信息的不對稱。舊車市場因非對稱信息而導致的逆選擇問題在其他市場也存在,最典型的是保險市場。以老年人的健康保險為例,任何一個國家,即使是市場經濟最發達的國家,要想建立起老年人健康保險的私人市場都是困難的,原因在於保險的買賣雙方所掌握的信息是不對稱的。每一位欲購買健康保險的老年人最瞭解自己的健康狀況,而保險公司並不瞭解每個老年人的健康狀況。如果由私人保險公司為老年人提供健康保險,由於保險公司並不能確知每一位老年人的健康狀況,而只知道他們的平均健康狀況,因此保險公司只能根據老年人的平均健康狀況或者說平均的患病率收取保險費。事實上每一位老年人的健康狀況是不同的。我們把老年人簡單地分為健康者與不健康者兩種。在保險公司按照平均健康狀況收取保險費的情況下,誰會購買保險?當然是那些身體不健康的老年人,那些身體健康的老年人不會購買保險。這將減少保險公司的收入而增加保險公司的支出。保險公司將提高老年人的保險費,按照這些不健康老年人的平均健康狀況收取保險費。假定這些不健康的老年人又可分為患病率較高者與患病率較低者,於是保險公司會進一步提高保險費,這又使購買保險者進一步減少。這一過程不斷進行下去的結果是最終只有那些身體狀況最糟的老年人才購買保險,致使保險公司無利可圖。因此難以建立起老年人健康保

險市場。

二、如何解決非對稱信息下出現的問題

不同的市場上因非對稱信息而產生問題性質不同,需要採取不同的方法解決。可以通過政府解決,也可以不通過政府解決。

因非對稱信息而出現的老年人健康保險市場的逆選擇問題,說明市場在這一領域的調節是無效率的。老年人需要健康保險,但這類為老年人所需要的東西卻無法通過市場調節而獲得。這一領域非對稱信息所產生的問題的嚴重性遠比舊車市場非對稱信息所產生的問題的嚴重性大得多。人的生命與健康畢竟比滿足人的通常慾望要重要得多。因此,在老年人健康保險領域或與此相類似的職工醫療保險領域所出現的市場失靈通常需要政府干預。例如,政府可以出資解決老年人的健康保險。與此問題類似,政府、企業、個人可以共同出資為個人投保醫療保險,以消除這一領域的逆選擇問題。

非對稱信息問題在許多領域都存在。但是並不一定都是導致逆選擇問題,也並非在非對稱信息出現的場合總需要政府的干預。事實上有許多市場會存在非對稱信息,但是通過某些有效的制度安排或有效措施的實施可以消除因非對稱信息而產生的逆選擇問題,因為無須政府的干預。以上述的舊車市場為例,次品充斥市場是因為購買者並不確知舊車的質量,因而只願出較低的價格購買舊車。這導致賣者只願拿次品出售。如果出售者能夠向購買者發送某些有關產品質量的信號,使購買者能夠確知其舊車的質量,則不會產生舊車市場的逆選擇問題。例如向舊車購買者提供有關舊車的質量證明書,一旦買者在某一期限內使用的舊車出現質量問題,賣者將負責賠償或保修,這種措施將有助於消除舊車市場的逆選擇問題。賣者以某種方式向買者傳遞產品質量信息以消除因非對稱信息而產生的逆選擇問題稱為向市場發送信號(market signaling)。向市場發送信號的概念由斯潘思(Michael Spance)首先建立。斯潘思最初用一個模型分析了勞動力市場發送信號的問題。這一模型的要旨是勞動者的受教育水準(用受教育的年限、獲得的文憑來表示)可以作為勞動力賣者向其買者發送的有關勞動力質量的市場信號,勞動力買者根據這一信號區分高質量的勞動力與低質量的勞動,並將其作為支付勞動報酬的依據。我們對這一模型作一簡要的介紹。

假定有兩種類型的勞動者,一種是生產力比較高的勞動者,另一種是生產力比較低的勞動者,生產力較高的勞動者的邊際產量與平均產量相等並且分別是生產力較低的勞動者邊際產量與平均產量的兩倍。兩類勞動者各占勞動供給的一半。假定市場是完全競爭的,因此廠商按照勞動者邊際產量的價值支付勞動的報酬。由於假定平均產量等於邊際產量,因此勞動者所獲報酬是其平均產量被出售後的收益。假定每個高質量勞動者年平均產量價值為 10,000 元,每個低質量勞動者平均產量價值為 5,000 元。如果按照勞動者的實際生產力支付報酬,高質量勞動者年薪應該是 10,000 元,低質量勞動者的年薪應該是 5,000 元。如果雇主能夠準確地識別這兩類勞動者,勞動力市場不會存在任何問題。高質量勞動者將獲得 10,000 元的年薪,低質量勞動者將獲得 5,000 元的年薪。勞動的供給將等於勞動的需求。如果雇主無法識別這兩類勞動者,從利潤最大化的要求出發,雇主只能按照這兩類勞動者生產力的加權平均支付勞動者報酬,不管是高質量勞動

者還是低質量勞動者,每人的年薪都是 7,500 元。如果高質量勞動者與低質量都願意接受這一工資,勞動市場不會出現逆選擇問題。顯然高質量勞動者不會接受這一工資水準。但是高質量勞動者要想讓雇主知道自己確實是高質量勞動者,他必須向雇主發出市場信號。其中受教育程度是一個重要的市場信號。受教育程度高是高質量勞動者的象徵,受教育程度低是低質量勞動者的象徵。

為了方便討論,我們把勞動者的受教育程度分為兩類,一類是高等教育,另一類是非高等教育。雇主按照勞動者受教育程度支付工資,向受過高等教育的勞動者支付 10,000 元年薪,向未受過高等教育者支付 5,000 元的年薪,並期望對每一種類型的勞動者雇傭期為 10 年。勞動者所面臨的問題是在接受或不接受高等教育之間進行選擇。

假定兩種類型的勞動者受教育的成本不同。接受高等教育的成本包括支付的學費、學習期間所損失的工資與獎金收入、為了獲得好成績而支付的輔導費或其他費用等。假定高質量勞動者接受高等教育所花費的成本較低,低質量勞動者接受高等教育所花費的成本較高。這種假定具有某種程度的合理性,因為高質量勞動者是生產力較高的勞動者。生產力較高的勞動者在學習上效率一般也是較高的。他們可能具有許多有助於接受高等教育的素質,比如智商較高、理解力較強、反應敏捷等。這些因素都有利於降低接受高等教育的成本。比起低質量勞動者,高質量勞動者至少可以減少許多額外的輔導費用。假定兩類勞動者接受高等教育的成本分別表示為

$$C_h = 10,000D \qquad (11.1)$$

$$C_l = 20,000D \qquad (11.2)$$

其中,C_h 為高質量勞動者接受高等教育的成本,C_l 為低質量勞動者接受高等教育的成本;D 為接受高等教育的程度。勞動者接受教育的成本將決定均衡的特徵。

為了使問題簡化,我們做一個極端的假定,假定受教育程度對勞動者的生產力根本不發生影響,而純粹是一種區分兩類不同勞動者的信號。我們看看勞動者如何就接受高等教育問題進行決策。

假定雇主作出雇傭工人決策時採用下列決策規則,如果勞動者所受的高等教育達到或超過某種程度 D^*,則說明他是高質量的勞動者,雇主將支付給他 10,000 元的年薪;如果勞動者所受的高等教育低於某種程度 D^*,則說明是低質量的勞動者,雇主將支付給他 5,000 元的年薪。雇主所選擇的 D^* 是任意的。但是由於 D^* 是影響勞動力供給的重要因素,因此雇主在選擇 D^* 時必須慎重。

勞動者在選擇受教育程度時要進行成本與利益分析。只有當接受高等教育的成本小於利益時,勞動者才選擇接受高等教育。假定勞動者要做 10 年的成本與收入分析。勞動者接受高等教育所獲得的利益 $B(D)$ 等於不同教育程度下的工資收入與未接受高等教育情況下所獲工資收入的差額。如果勞動者受教育程度低於 D^*,他工作 10 年所獲的總收入為 50,000 元,得自高等教育的利益 $B(D)=0$;如果勞動者接受高等教育的程度達到或超過 D^*,他工作 10 年所獲的總收入為 100,000 元,得自高等教育的利益 $B(D)=50,000$ 元。

勞動者應該選擇獲得多高的教育程度?顯然勞動者選擇是在不接受高等教育($D=$

0)與只獲得 D^* 的高等教育二者之間進行。因為只要接受高等教育程度低於 D^*,勞動者得自高等教育的利益與不接受高等教育一樣,都等於 0。而當勞動者接受高等教育的程度超出 D^* 後,其得自高等教育的利益與接受 D^* 程度的高等教育一樣,都等於50,000,而他接受高等教育的成本卻隨著教育程度的提高而提高。通過對接受高等教育的成本與利益進行對比,勞動者可以對接受教育的程度進行選擇。如果接受 D^* 程度的高等教育後,勞動者得自高等教育的利益大於成本,則有必要接受 D^* 程度的高等教育;如果接受 D^* 程度的高等教育後,勞動者得自高等教育的利益小於成本,則沒必要接受高等教育。不管是高質量勞動者還是低質量勞動者,只要獲得 D^* 的高等教育,得自高等教育的利益都是 50,000 元,但是兩種類型的勞動者受教育的成本不同。對於高質量勞動者而言,只要 $10,000D^* < 50,000$,或 $D^* < 5$,就可以接受 D^* 程度的教育。對於低質量勞動者而言,只要 $20,000D^* > 50,000$,或 $D^* > 2.5$,就無須接受高等教育。

對兩種類型勞動者決策分析的結果表明,均衡的 D^* 在 2.5 與 5 之間,假定 D^* 代表勞動者接受高等教育的年限(或獲得的學位)。如果雇主把 D^* 確定為 4,則高質量勞動者將選擇接受 4 年的高等教育,而低質量勞動者無須接受任何高等教育。如圖 11-1 (a)、(b)所示。

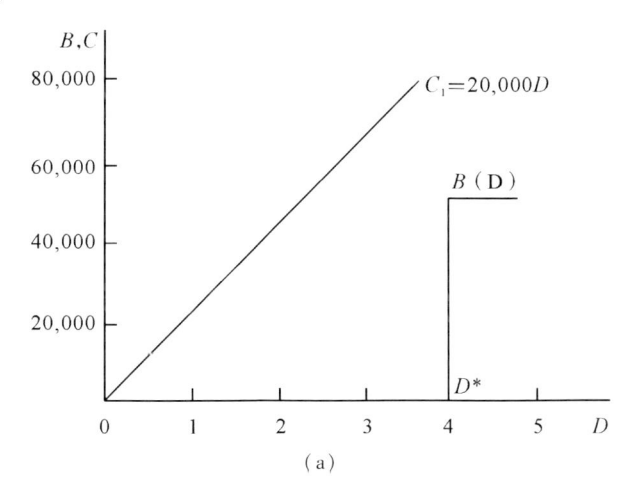

圖 11-1(a)、(b)中,橫坐標表示勞動者接受高等教育的程度,縱坐標表示勞動者接受高等教育的利益與成本。在雇主將 D^* 確定為 4 的情況下,只有高質量勞動者才接受高等教育,而且只接受 4 年的本科教育。他們可以因此而獲得 10,000 元的利益。由於低質量勞動者接受 4 年本科教育的成本大大超出所獲的利益,因此他們乾脆不接受任何高等教育。

以上討論中我們使用了一個極端的假定,即高等教育對提高勞動生產率不起任何作用,高質量勞動者接受高等教育純粹是為了通過這種教育向雇主發送信號,以示自己不同於低質量勞動者。實際上,高等教育肯定會提高勞動者的生產力,否則企業就不會以高薪雇傭有大學文憑的勞動者了。

賣者向買者發送市場信號不僅僅限於勞動力市場,在其他具有非對稱信息特徵的市

$$B,C$$

（图中所示：纵轴 B,C，数值 20,000、40,000、60,000、80,000；横轴 D，数值 0 到 5；直线 $C_h=10{,}000D$；点 $B(D)$；D^* 位于 $D=4$ 处）

(b)

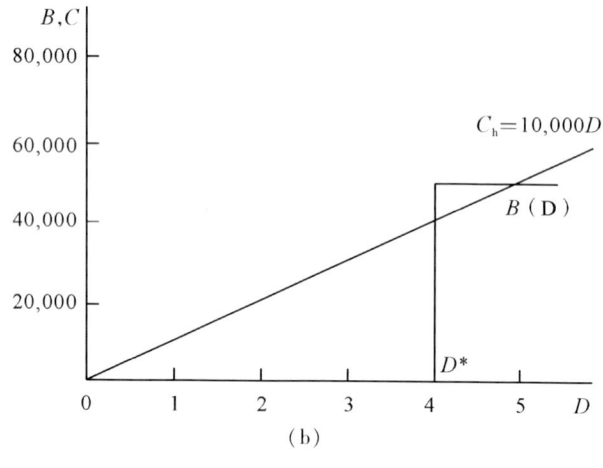

圖 11-1　勞動力市場發送信號

場也存在。例如一些耐用消費品市場，比如冰箱、空調機等市場，消費者對於各廠家產品的質量並不真正瞭解，廠家往往通過向消費者提供質量保證書來向消費者發送市場信號。

　　賣者向買者發送市場信號的辦法說明，只要有適當的措施，非對稱信息的市場並不一定導致老年人健康保險市場那樣的逆選擇問題，也並不總是需要政府的干預。在修理業、餐飲業等也存在非對稱信息問題。但是這些行業在沒有政府直接干預的情況下照樣順利運轉，原因在於買者或賣者自己設計了某些有效的制度保證了交易的正常進行。例如，家用電器、自行車等用品的修理中，只有維修者知道維修的質量如何，顧客並不確知自己物品維修的情況如何。但維修者可以採取提供保修期的方法保證交易的正常進行。顧客也可以請熟悉的人維修產品，這也可以解決逆選擇問題。在非對稱信息所產生的問題很嚴重，以至於使市場無法正常運行時，政府有必要進行干預，或通過法律解決問題。例如，藥品市場因非對稱信息而產生的假藥充斥市場的問題需要政府出面干預，對假藥生產者和出售者繩之以法。

三、敗德行為

　　敗德行為也稱為道德公害，指在協議達成後，協議的一方通過改變自己的行為，來損害對方的利益。敗德行為產生的原因是非對稱信息。因為在信息非對稱的情況下，達成協議的另一方無法準確地核實對方是否按照協議辦事。敗德行為會破壞市場的運行，嚴重的情況下會使得某些服務的私人市場難以建立。

　　例如，在個人沒有購買家庭財產保險的情況下，個人會採取多種防範措施以防止家庭財產失竊。比如個人會裝上防盜門，家人盡量減少同時外出的機會，在遠離家門時，委託親戚、朋友、鄰居照看等。因此家庭財產失竊的概率較小。假定此種情況下家庭財產損失的概率為 0.01。向保險公司購買了家庭財產保險後，由於家庭財產失竊後由保險公司負責賠償，個人有可能不再採取防範性措施，從而導致家庭財產損失的概率增大，比方

說提高到 0.1。

我們看看這種敗德行為對保險公司的影響以及對整個市場運行的影響。假定某保險公司為某一地區的 10,000 戶居民提供完全的家庭財產保險。即家庭財產一旦遭受損失,保險公司將給予百分之百的賠償。假定每個家庭的財產額相同,都是 100,000 元。保險公司按照平均每個家庭財產損失的概率為 0.01 收取家庭財產保險費。每戶收取 1,000 元的保險費。保險公司共收取 10,000,000 元的保險費。由於家庭財產發生損失的概率平均為 0.01,所以這 10,000 個家庭的財產總額中將遭受 10,000,000 元的損失(相當於 100 個家庭財產完全遭受損失)。對於保險公司而言,收支相抵(我們在這裡對問題作了簡化,事實上保險公司收取的保險費要高於 0.01,以獲得正常利潤)。但是,一旦每個家庭在購買了家庭財產保險後都出現了敗德行為,結果將如何?顯然,敗德行為將使保險公司遭受巨大的損失。假定敗德行為使每個家庭財產損失的概率由 0.01 提高到 0.1,那麼保險公司要對這 10,000 個家庭支付 1 億元賠償費(相當於 1,000 個家庭的財產遭受完全損失)。保險公司所發生的淨損失是 90,000,000 元。如果沒有有效的措施對付敗德行為,將不會有任何私人願意投資從事家庭財產保險。

敗德行為的後果不僅是導致保險公司遭受損失,也妨礙市場有效地配置資源。我們以醫療保險為例說明敗德行為造成的資源配置效率損失。假定醫療保險機構每年按照個人看病的概率向個人收取醫療保險費。個人在頭一年看病次數多,醫療費用支出大,醫療保險公司就在下一年增加個人的醫療保險費。因此個人負擔的醫療成本將隨著他看病次數與醫療費用的增加而增加,個人不會無節制地增加對醫療服務的需求。其需求是符合資源配置效率要求的。假定個人的醫療保險費與個人的就醫次數與實際醫療支出毫無關係,無論就醫次數多少、花費的醫療費用高低,都向醫療保險公司支付相同的保險費,那麼個人將無節制地增加對於醫療服務的需求。顯然,這種無節制的需求是不符合資源配置效率要求的。在中國傳統的公費醫療制度下,政府充當了醫療保險公司的角色,對每一個享受公費醫療的人實行全額的醫療保險。享受公費醫療者的敗德行為一方面造成醫療的大量浪費,另一方面使得對於醫療服務的需求大大超過供給。

敗德行為是在承保人無法覺察或監督投保人行為的情況下所發生的。解決的辦法只能是通過某些制度設計投保人自己約束自己的行為。例如,在家庭財產保險中,保險公司並不對投保人實行全額保險,而規定某些最低數量的免賠額。一旦投保人的財產發生損失,投保人自己也將負擔一部分損失。醫療保險公司根據參加醫療保險的人實際就醫情況經常調整醫療保險費用,以便消除投保人的敗德行為。即使由政府統籌解決個人的醫療保險問題,也要讓個人承擔相應的份額,否則個人的敗德行為將會使任何形式的政府醫療保險方案難以維繫。

四、委託人—代理人問題

個體經濟學中所討論的資源配置的效率是在個體經濟行為主體都追求最大化的假定下達到的。例如,我們假定消費者追求效用的最大化,生產者追求利潤的最大化。如果個體經濟行為主體都不採取最優化行為,就不可能達到資源的有效配置。關於消費者追求效用最大化的假設,經濟學家的爭論不多。但是,有關廠商利潤最大化的假設卻存

在諸多爭論,因為廠商是一個抽象化概念,它由企業所有者、經理、工人等組成。所謂廠商追求利潤最大化究竟是這個抽象體中的誰在追求利潤最大化？一旦企業偏離了利潤最大化的目標,就不可能達到社會範圍內資源的有效配置。當代美國經濟學家萊賓斯坦(H. Leibenstein)所提出的 X-非效率(X-inefficiency)問題主要表現在廠商沒有達到最優化的目標,所謂 X-非效率是指廠商在給定資源下所生產的實際產量低於它能夠達到的最大產量。產生 X-非效率的重要原因之一就是廠商內部各微觀經濟行為主體並沒有按照利潤最大化的目標行事。比如,經理人員可能並沒有充分發揮其管理才能,工人也沒有努力幹活,這都會降低資源配置的效率。

之所以在廠商內部產生各經濟行為主體之間目標的差異,原因在於企業內部存在委託人—代理人(principal—agent)問題。

產生委託人—代理人問題的條件是：

第一,委託人利益的實現取決於代理人的工作。

第二,委託人的目標不同於代理人的目標。

第三,有關代理人工作情況的信息是非對稱的。委託人所掌握的情況少於代理人自身掌握的信息。

在企業內部,企業所有者是委託人,企業的雇員包括經理與工人都是代理人。利潤最大化是資本所有者或者說是企業財產所有者的目標。而這一目標需要通過經理人等代理人的行為來實現。但是,代理人有自身的目標。經理人可能追求企業規模的擴張以擴大自己對企業的控制力；工人可能追求工資收入的最大化,或者在工資收入既定的條件下追求閒暇的最大化,因而可能在工作時偷懶、怠工。企業主當然可以在經理與工人的工作時間監督他們,但他不能完全知道經理或工人是否以百分之百的努力在工作。只有經理或工人本人才知道他自己工作努力的程度到底有多大。正是由於企業所有者與經理或工人所追求的目標不同,並且他們所掌握的信息不對稱,而產生了委託人—代理人問題。所謂委託人—代理人問題是由於委託人不能確知代理人的行為而產生的問題。它是指經理或工人可能為追求他們自己的目標而以犧牲企業主的利益為代價。

一旦企業出現委託人與代理人問題,其後果不僅是企業所有者的利潤受損,也使社會資源配置的效率受損,因為在不發生委託人—代理人問題的情況下,社會將生產出較高的產品產量。

由委託人—代理人問題而導致的效率損失不可能通過政府的干預解決,因為企業主所無法觀察或監督的經理與工人的行為,政府也無法觀察與監督。但是企業所有者在支付給生產要素提供者的報酬上作出某些改進,有助於解決委託人—代理人問題。我們分別就經理與工人兩種類型的生產要素提供者討論如何解決委託人—代理人為題來討論。

首先討論企業所有者或者說股東與經理之間的委託人—代理人問題。一般而言,企業外部的競爭,例如企業間的收購或兼併、經理市場的建立,以及企業內部的約束,例如董事會的監督、股東拋出股票的威脅會對企業的經理造成一種壓力,迫使經理必須為企業贏利。但是這些因素只是外在的壓力,而不能調動經理內在的積極性,使他主動為實現企業利潤最大化作出努力,因而不能解決企業所有者與經理之間的委託人—代理人問

題。要解決這一問題,企業所有者必須使經理從他努力工作所獲得的成果中得到好處。具體地講,企業所有者可以在企業利潤分配上採取某些有效的措施調動經理的積極性,我們介紹其中兩種。一種是根據企業盈利情況給經理發獎金,另一種是讓經理參與利潤分享。

我們來看企業所有者如何通過獎金形式促使經理努力工作。經理的努力程度是影響企業盈利的重要因素,但不是唯一的因素。工人積極性的發揮也是其中一種重要的因素。除了工人積極性的發揮外,企業盈利還受一些偶發性因素的影響,例如機器的運轉情況、各種投入物的質量、原材料的供應情況等。我們可以設想工人積極性的發揮也依賴於經理的努力。但是偶發事件的出現卻不是經理所能左右的。因此,不論經理是否盡力,偶發事件都會影響企業的盈利。為了簡化分析過程,我們把企業的盈利情況概括為受兩種因素影響,一種是經理的努力程度,另一種是偶發事件。我們把經理的努力程度簡單地分為盡力與不盡力;把偶發事件分為發生與不發生,發生的概率 P 與不發生的概率 q 各為 0.5。在這些假定下我們得到企業下列盈利情況表:

表 11－1　　　　　　　　　企業盈利情況

	偶發事件發生(p=0.5)	偶然事件不發生(q=0.5)	期望利潤
不盡力	60,000 元	100,000 元	80,000 元
盡力	100,000 元	500,000 元	300,000 元

如果經理不盡力工作,他無須付出額外的代價。如果他盡力工作,則需要付出額外代價,例如所損失的在別處兼職的收入,體力與精力的過度消耗等。假定他額外付出的代價為 20,000 元。如果在年終至少要使經理獲得 30,000 元的獎金才能使經理盡力工作,那麼,企業的所有者可採取下列獎勵辦法調動經理的積極性。如果企業盈利 60,000 或 100,000 元,經理得不到任何獎金。如果企業盈利 500,000 元,獎勵經理 110,000 元。這種獎勵辦法既能使經理努力工作,又能使企業的所有者獲得較高的利潤。對於經理而言,如果他不盡力,一點兒獎金也沒有。如果他盡力工作,雖然在發生偶發事件的情況下他也得不到分文獎金,但是在不發生事件的情況下,他可以得到 110,000 元的獎金,綜合偶發事件發生與不發生的兩種情況,其獎金的期望值是 55,000 元,從中減去因盡力工作而額外付出的 20,000 元代價,還剩 35,000 元期望獎金額,超過促使經理努力工作所需要的 30,000 元。對於企業所有者而言,採取這種獎勵辦法,他可以獲得 300,000 元的期望利潤,其淨利潤是 245,000 元。

企業所有者也可以同經理採取利潤分享的方式調動經理的積極性。可以採取下列利潤分享方案。在利潤的期望值超出 80,000 元的情況下,經理分享的利潤份額 B 為

$$B = 0.25(\pi - 80,000)$$

其中,π 為期望盈利額。很明顯,在經理盡力工作的情況下,這種利潤分享方案與發放獎金的方案產生相同的結果。該分享方案中,分享系數為 0.25。

對於因工人不努力工作而產生的委託人—代理人問題可以實行一種稱之為效率工資(efficiency wage)的方案解決。效率工資是高於市場工資率、同時又使雇員不發生偷懶

行為的工資。這一方案最初由伊倫(L. Yellen)於1984年提出。這一方案的基本思想是，由於非對稱信息，雇主不確知雇員的生產力，為了防止雇員工作時偷懶，雇主發給雇員效率工資。效率工資高於市場均衡工資率。因此，在效率工作下，將會導致一部分工人失業。失業工人的存在對在業工人構成一種潛在威脅。在業工人偷懶行為一旦被發現，就將被解雇，其工作崗位將被原失業者替代。失業的威脅使在業者必須盡力工作，不敢偷懶。

第二節　外部性與政府干預

一、外部性及其後果

外部性是指個人(包括自然人與法人)經濟活動對他人造成了影響而又未將這些影響計入市場交易的成本與價格之中。外部性分為有利的外部性(正外部性)與有害的外部性(負外部性)。有利的外部性是指某個經濟行為主體的活動使他人或社會受益，而受益者又無須花費代價。有害的外部性是指某個經濟行為主體的活動使他人或社會受損，而造成負外部性的人卻沒有為此承擔成本。

消費活動或生產活動都有可能產生外部性。消費者在自己的住宅周圍養花種樹淨化環境會使他的鄰居受益，但是他的鄰居並不會為此向他作出任何支付。消費者在公眾場合抽菸、扔垃圾則會影響他人健康，但他並不會因此向受害者支付任何形式的補償。生產中的外部性更是不乏其例。果園主擴大果樹種植面積會使養蜂者受益，養蜂者無須向果園主付費。在果樹授粉期養蜂者同樣使果園主受益，果園主也無須向養蜂者付費。化工、鋼鐵、煉油等污染嚴重行業的廠家在生產過程中排放的廢水、廢氣等污染物會給其他生產者與消費者造成損害，但是污染物的排放者卻沒有給受害者以應有的賠償。凡此種種均屬外部性問題。

在競爭市場的分析中，帕累托效率是在經濟活動不存在外部性的假定下達到的。一旦經濟行為主體的經濟活動產生外部性，經濟運行的結果將不可能滿足帕累托效率條件。外部性使競爭市場資源配置的效率受到損失，因此外部性是導致市場失靈的一個重要原因。

下面以生產中的外部不經濟為例討論外部性問題及其後果。假定靠近農田的某化工廠排放的污水與廢氣損害了周圍的農田，使農民遭受損失。農民遭受損失的程度與化工廠的產品產量呈同方向變化。化工廠生產的產量越多，排放的污染物越多，農民遭受的損失越大。農民的損失是化工廠生產活動所造成的社會成本。我們用幾何圖形來表示化工廠生產活動的均衡情況與後果，見圖11-2。

圖11-2中，橫坐標表示化工廠產品產量，縱坐標表示成本與化工廠產品的價格。圖中，D_H是化工廠所面臨的產品需求曲線。假定市場是完全競爭的，因此D_H曲線具有無窮大的彈性。MC_H是化工廠生產化工產品所支出的邊際成本曲線，也稱為廠商的邊際私人成本(marginal private cost)曲線。MC_E是化工廠生產化工產品所造成的邊際外部成

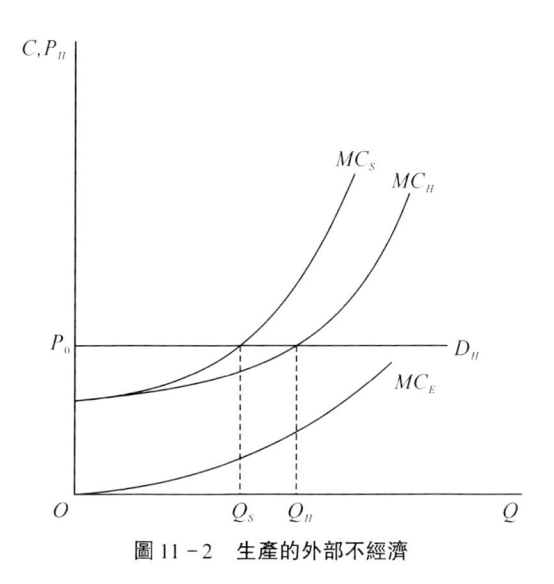

[图 11-2 生产的外部不经济]

本(marginal external cost)曲线,表现为给农民造成的损失。MC_S是边际社会成本(marginal social cost)曲线,$MC_S = MC_H + MC_E$。化工厂在进行生产决策时并不考虑它的行为给他人造成的影响,而只计算自身的成本与收益。对於化工厂而言,它的最优产出水准是Q_H,因为在这一产出水准,化工厂生产产品的边际成本等於出售产品的边际收益。但是Q_H的产出水准并非是社会最优产出水准,因为该产出水准并没有把化工产品生产所造成的社会成本考虑进去。对於社会来讲,QD_HD_{HH}的产出水准太高,造成的污染太多。符合社会最优的产出水准是Q_S,因为在Q_S的产出水准边际社会成本等於生产者的边际收益。在Q_S的产出水准,生产者承担了决策的社会成本。由於Q_S低於Q_H,所以Q_S产出水准造成的污染小於Q_H产出水准所造成的污染。

我们可以对上述污染所造成的外部性问题加以公式化,并进行最优化分析。假定化工厂的成本函数为:

$$D_H = C_H(Q_H, W) \tag{11.3}$$

其中,Q_H表示化工厂的产出水准,W表示污染物排放量。$\partial C_H/\partial Q_H > 0$,表示化工产品产量的增加将会引起化工厂成本的增加。$\partial C_H/\partial W \leq 0$,表示污染的增加将会使化工厂成本下降。假定农场的成本函数为:

$$C_A = C_A(Q_A, W) \tag{11.4}$$

其中,Q_A表示农场的产出水准,$\partial C_A/\partial Q_A > 0$,表示农产品产量的增加将会引起农场成本的增加。$\partial C_A/\partial W > 0$,表示污染的增加将会使农场成本增加。

化工厂与农场的利润函数分别是

$$\pi_H = P_H Q_H - C_H(Q_H, W) \tag{11.5}$$

$$\pi_A = P_A Q_A - C_A(Q_A, W) \tag{11.6}$$

其中,P_H与P_A分别代表化工产品与农产品的价格。分别求化工厂与农场的利润最大化,得到化工厂与农场利润最大化的必要条件。对於化工厂来讲,利润最大化的两个

必要條件是：

$$\partial C_H(Q_H,W)/\partial Q_H = P_H \tag{11.7}$$

$$\partial C_H(Q_H,W)/\partial W = 0 \tag{11.8}$$

對於農場來講，利潤最大化的必要條件是：

$$\partial C_A(Q_A,W)/\partial Q_A = P_A \tag{11.9}$$

由於農場只受化工廠所排放的污染物數量 W 損害而不可能控制這一污染量，因此農場利潤最大化的必要條件只有一個。

(11.7)、(11.8)、(11.9)三式表示，在利潤最大化的均衡點，生產者所生產產品的價格等於該種產品的邊際成本。對於化工廠而言，它所生產的產品有兩種，一種是化工廠產品，另一種是污染物。由於污染物的價格等於0，所以直到化工廠製造污染的邊際成本等於0之前，化工廠的污染會一直繼續下去。但是，通過圖 11-2 的分析我們看到，化工廠所製造的污染越嚴重，農民遭受的損失越大。從社會角度看，必須對化工廠的污染進行控制。控制的方法可以是政府干預，也可以在確立產權的基礎上通過市場解決。我們分別就這些控制方法進行討論。

二、政府干預

政府干預的方法主要有兩種，一種是對污染的企業徵收排污費，另一種方法是頒布污染物排放標準。政府無論採取哪一種方法控制污染，它都必須知道把污染控制在什麼程度才是合適的，所謂合適是指符合社會最優。在討論政府頒布污染標準與收費標準之前，我們先來討論最優的污染程度。

從理論上講，污染程度為零是最優。但是在一定的技術水準下，某些產業只要進行生產，就不可避免地造成污染，要想徹底消除污染，除非該產業的企業全部停產。因此，最優的污染程度只能是較輕的污染程度。用什麼標準來衡量這一較輕的污染程度？如果說對於一個企業而言其產出的最優條件是邊際私人成本等於邊際私人收益。那麼對於整個社會而言，產出的最優條件是邊際社會成本等於邊際社會收益。由於污染也是一種產品，只不過是一種有害產品，所以其產出的最優條件也是邊際社會成本等於邊際社會利益。

污染的邊際社會成本與污染邊際社會收益是什麼？我們知道，在廠商的生產不產生外部性的情況下，不存在私人成本與社會成本的區別。其私人成本就是社會成本。一旦廠商的行為產生外部性，廠商的私人成本就不再等於社會成本。在化工產品生產的例子中，化工廠產生的污染給農民造成損失，化工廠產品生產的全部成本應該是化工廠在生產中所耗費的成本加上其污染給農民造成的損失。為了便於分析最優污染程度的確定，我們單獨討論污染的邊際社會成本與邊際社會收益。圖 11-3 描繪了污染的邊際社會成本與邊際社會收益以及最優污染程度。

圖 11-3 中，橫坐標表示化工產品生產中排放的污染量，縱坐標表示污染造成的邊際成本或者降低污染所花費的成本。MSC_E 曲線表示污染造成的邊際社會成本，MSC_E 曲線等同於圖 11-2 中的 MC_E 曲線。MSC_E 曲線向右上方傾斜，表示污染程度越嚴重，

圖 11－3　最優污染程度

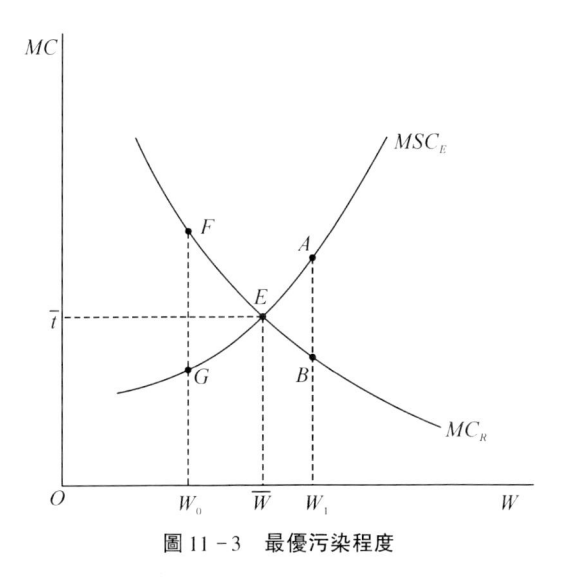

農民所遭受的邊際損失越大。MC_R曲線表示降低污染所花費的邊際成本。降低污染的工作可以由企業做,也可以由政府做。例如,企業可以安裝降低污染的裝置或採用新的技術減少污染,政府可以在污染產生後清除污染等。不管降低污染的工作由企業做還是由政府做,都要花費成本。在不同的污染程度下,降低污染所花費的邊際成本不同。在污染比較嚴重時,要使污染降低一個單位所花費的邊際成本較小。隨著污染程度的降低,每減少一單位污染所發生的成本增量越來越大。可以設想,當污染已經降低到還剩下最後一單位時,要徹底清楚這最後一單位污染所耗費的成本增量將是驚人的。所以MC_R曲線向右下方傾斜。MC_R曲線也可以解釋為降低污染給社會帶來的邊際利益曲線,因為農民將會從化工廠污染的降低中受益。

顯然,污染所造成的邊際社會成本與降低污染所產生的邊際社會利益相等時,污染程度就是最優污染程度。因此,均衡點是圖 11－3 中 MSC_E 曲線與 MC_R 曲線的交點 E 點,對應於該點的社會最優污染量是 $\overline{W}$。E 點之後,污染程度較嚴重,污染所造成的邊際社會成本大於邊際社會利益,繼續降低污染是有利的。例如,當污染量為 W_1 時,邊際社會成本高出邊際社會利益的高度為 AB,繼續降低污染將使社會受益。E 點之左,污染程度很輕,清楚污染的邊際成本(也就是清污產生的邊際社會利益)大於污染本身所造成的邊際社會成本,污染量可以適當擴大。例如,當污染量為 W_0 時,邊際社會利益高出邊際社會成本的高度為 FG,增加化工產品的產量,從而允許污染量的擴大將使社會受益,直至達到 $\overline{W}$ 的污染量。

確定了污染物排放標準後,政府可以以此作為制定政策的依據。以上述的化工產品生產為例,政府應該把化工企業的污染物排放標準定為 $\overline{W}$。如果企業的污染超出這一標準,政府將予以重罰,處以高額罰金。污染罰金的徵收將會迫使企業安裝降低污染的設備,從而保證企業的污染符合社會最優標準。

政府也可以採取對排污企業收費的辦法控制企業的排污量,使其排污量符合社會最

優水準。排污費是按照平均每一單位排污量徵收的。在圖11-3中,對每一單位污染徵收$\bar{t}$數額的排污費可以使排污量符合社會最優水準,即達到$\bar{W}$的水準。在單位排污費為$\bar{t}$的情況下,無論排污量超出$\bar{W}$的標準,還是未達到$\bar{W}$的標準,對於生產化工產品的企業來講都是不利的。在排污量超出$\bar{W}$標準的情況下,企業降低污染的邊際成本低於排污費$\bar{t}$,企業減少污染是有利的,因為每減少一單位污染,企業都可以減少$\bar{t}$數額的支出,而增加的降低污染開支小於$\bar{t}$。在排污量低於$\bar{W}$標準的情況下,企業降低污染的邊際成本高於污染費$\bar{t}$,企業增加污染是有利的,因為每增加一單位污染,企業所節約的降低污染的開支都大於應納的排污費$\bar{t}$。因此企業寧肯上交排污費,也不願意花費巨大的成本降低污染。只有使排污量達到$\bar{W}$,才是企業的最優點。所以$\bar{t}$數額排污費率的徵收使得企業的產出水準符合社會最優標準。由圖11-3可以看出,符合社會最優排污標準的收費率$\bar{t}$等於污染的邊際社會成本,即$\bar{t} = MSC_E$。證明這一點是不困難的。當按照$\bar{t}$的排污費率對化工廠徵收排污費後,化工廠的利潤函數為:

$$\pi_H = P_H Q_H - C_H(Q_H, W) - \bar{t}W \quad (11.10)$$

利潤最大化的兩個必要條件是:

$$\partial C_H(Q_H, W)/\partial Q_H = P_H \quad (11.11)$$

$$\partial C_H(Q_H, W)/\partial W = \bar{t} \quad (11.12)$$

其中(11.12)式正是條件$\bar{t} = MSC_E$。這一條件也表明,只要政府按照最優污染物排放標準徵收排污費,企業的利潤最大化行為所產生的結果就會符合社會利益。這種排污費稱作皮古稅,因為已故英國經濟學家皮古(Arthur Pigou)在他的《福利經濟學》一書中曾經討論過這種稅收。

不管是制定污染物排放標準,還是徵收排污費,只要政府所掌握的信息是完全的,這兩種政府干預措施所產生的結果就沒有什麼區別(假定兩種措施產生相同的干預成本)。但是在政府所掌握的信息不完全的情況下,這兩種干預措施所產生的結果是不同的。政府所要掌握的信息包括每個排污企業所造成的邊際社會成本,企業降低污染的邊際成本,降低污染所產生的邊際社會利益等。如果政府不能確知每一個排污企業排污的邊際社會成本、降低污染的邊際成本以及邊際社會利益,而使收費率偏離社會最優收費率,或者所頒布的污染標準偏離社會最優水準,則這兩種干預措施所導致的結果就會產生很大的差別。究竟哪種干預措施好些,取決於不確定性的性質與成本曲線的形狀。

三、明確產權

通過明確產權而解決外部性的措施與通過政府干預措施而解決外部性的措施截然相反。在產權明確化的基礎上通過市場交易,而無需政府干預就可以解決外部性問題。

通過產權的明確化而解決外部性問題的思想是以科斯(Ronald Coase)為代表的產權學派經濟學家提出的。在第一章中,我們曾經提到,產權是一系列的法定權利,例如按某種方式使用土地的權利、避免土地受污染的權利、對事故進行賠償的權利、按照契約行事的權利等。產權學派經濟學家指出,只要明確界定產權,經濟行為主體之間的交易行為就可以有效地解決外部性問題。著名的科斯定理(Coase theorem)概括了這一思想。科

斯定理表述如下:只要法定權利可以自由交換,且交易成本等於零,那麼法定權利的最初配置狀態對於資源配置效率而言就是無關緊要的。以化工廠污染所造成的外部性為例。只有在污染的權利不明確的情況下才會偏離帕累托效率狀態。只要明確界定污染的權利,不管是給予化工廠污染的權利,還是給予農民不受污染的權利,都可以通過化工廠與農民之間的自由交易使排污量符合帕累托效率條件,也就是使排污量符合社會最優水準。要證明這一點是不困難的。

假定法律明確給予農民不受污染的權利。化工廠要想生產化工產品(必然造成污染)就必須向農民購買這種權利。假定每一單位污染物的價格為 P_W。由於需要向農民購買污染權利才能進行生產,因此化工廠承擔了污染的成本,其利潤函數發生了變化。化工廠購買了污染權利以後的利潤函數為:

$$\pi_H = P_H Q_H - C_H(Q_H, W) - P_W W \tag{11.13}$$

由於農場可以通過出售污染權獲得一筆收益,因此農場的利潤函數也發生了變化。農場的利潤函數為:

$$\pi_A = P_A Q_A - C_A(Q_A, W) + P_W W \tag{11.14}$$

分別求化工廠與農場利潤最大化,得到其利潤最大化的必要條件。對於化工廠而言,其利潤最大化的必要條件是:

$$\partial C_H(Q_H, W)/\partial Q_H = P_H \tag{11.15}$$

$$-\partial C_H(Q_H, W)/\partial W = P_W \tag{11.16}$$

對於農場而言,其利潤最大化的必要條件是:

$$\partial C_A(Q_A, W)/\partial Q_A = P_A \tag{11.17}$$

$$\partial C_A(Q_A, W)/\partial W = P_W \tag{11.18}$$

由(11.16)與(11.18)兩式得到下列條件:

$$-\partial C_H(Q_H, W)/\partial W = \partial C_A(Q_A, W)/\partial W \tag{11.19}$$

(11.19)式表示在廠商利潤最大化的均衡點,因降低污染而引起的化工廠邊際成本增加額等於農場因污染減少而獲得的邊際收益增加額。我們知道,$\partial C_H(Q_H, W)/\partial W \leq 0$,所以污染的減少意味著化工廠成本的增加,農場收益的增加。

如果化工廠擁有污染的權利,而農場沒有禁止化工廠污染的權利,同樣可以達到(11.15)至(11.18)式這樣四個效率條件。在化工廠擁有污染權利的情況下,農場若要減少所受污染之害,必須向化工廠作出支付。如果化工廠認為接受農場的支付而減少污染是值得的,它就會接受這筆支付而減少污染。這將分別改變化工廠與農場的利潤函數。假定化工廠有權排放污染物的量為 W_m,則二者的利潤函數分別表示如下:

$$\pi_H = P_H Q_H - C_H(Q_H, W) + P_W(W_m - W) \tag{11.20}$$

$$\pi_A = P_A Q_A - C_A(Q_A, W) + P_W(W_m - W) \tag{11.21}$$

根據(11.20)、(11.21)兩式分別求化工廠與農場利潤最大化。所得到的利潤最大化必要條件與(11.15)與(11.18)式四個條件完全相同。由此可以得到與(11.19)式完全相同的條件。這一結果證明可科斯定理,也就是說,只要產權是明確的,產權的最初分配狀況並不會影響資源配置的最終結果。

在現實生活中,交易成本為 0 的情況是不存在的。但是,產權學派經濟學家認為,交易成本不等於 0,並不影響市場機制在解決環境污染問題方面的有效性。他們的理由是:如果上述有關最優污染水準的談判所需要的交易成本低於支付交易成本的一方從談判中得到的預期收益,談判就會進行;反之,如果上述交易成本高於支付方的預期收益,則對於支付方來說,談判得不償失,因而也就不會進行。因此,如果在環境污染問題上沒有出現科斯定理所預計的談判,那是因為不談判是不擁有相應產權、因而必須支付高額交易成本的談判一方的最佳選擇。換句話說,環境污染維持現狀,同樣意味著產權明確、並考慮到交易成本條件下的最優選擇。

在高交易成本的條件下,產權最初的界定就不是無關緊要,而是十分重要的。仍以上例來說,假定污染者排污給受害者帶來的經濟損失高於污染者從中得到的私人純收益,那麼,在污染者有排污權的前提下,高交易成本使受害者無法阻止污染者排污;反之,如果是否可以排污的決定權在受害者手裡,則污染者將被迫安排污水處理裝置或停產。

這些經濟學家還認為,對於解決環境污染問題來說,最重要的是明確產權。如果有關各方的產權沒有能夠很好地界定,那麼,外部性問題就無法解決。因為,在產權不明確的情況下,有關各方都認為自己有權做對自己有利的事,因而不肯為自認為不屬於對方的財產損失支付補償。所以,產權不明確將導致擴日持久的爭端和資源配置的低效率。

對於產權學派經濟學將明確產權視為通過市場交易達到資源最優配置的必要條件的觀點,主張國家干預的經濟學家從三種不同的角度對此提出了批評。

一些經濟學家認為,由於環境與生態資源屬於公共財產(common property),根本不可能做到明確產權。公共財產的產權則是模糊的和非排他性的,其使用權名義上屬於公眾,實際上任何人都可以自由使用公共財產而無須徵得他人的同意或繳納相應費用。作為污染物載體的空氣和水就是典型的公共財產。對於這一類公共財產來說,明確產權即使在理論上說得通,在現實中也根本做不到。假定政府採用明確產權的辦法來試圖消除因空氣污染導致的外部性,即規定任何人只能污染屬於他個人的那一份空氣,這樣做的結果必然是:明確產權所必需的監督和強制執行成本(即為確定某一經濟當事人所污染的空氣的產權歸屬所需要的交易成本)不僅大大高於空氣污染造成的損失,而且很可能高得達到人類社會無法承受的地步。顯然,在這種情況下,通過國家干預來防治空氣污染才是現實的選擇。

另一類經濟學家則指出,即使可能做到明確產權,除了當代人以外的受害者也無法親自維護自身的利益。環境污染和生態破壞往往具有長期影響,因而會損害到後代人的利益,甚至危及後代人的生存。從可持續性的原則出發,後代人對今天的環境與生態資源無疑有其一定的權利。換句話說,當代人對環境和生態資源的使用應該以不損害後代人的相應權益為前提。但是,後代人現在還沒有出生。因而在發生涉及後代人權益的環境與生態問題時,產權學派經濟學家關於通過市場交易(談判)來解決外部性問題的設想根本沒有可行性。唯一可行的辦法就是由當代人中的某一機構或社會集團來充當後代人的代表。一般說來,後代人代表的角色在很大程度上要由政府來充當,並通過國家干預來保護後代人的權益。

還有一些經濟學家認為,由於在環境和生態問題上,明確產權只意味著將某些權利

給予某一方,而不是具體的經濟當事人,因而就存在著擁有產權一方的某些經濟當事人通過發出威脅來獲利的可能性,這就表明市場機制無法使環境污染最優化。

舉例來說,如果規定污染者有排污權,那麼,這一產權不會局限於某些污染者,而必然屬於所有的污染者。假定受害者支付的邊際外部成本高於那些真正的污染者的邊際私人純收益,因而受害者願意補償這些污染者因減少排放而遭受的損失。在這種情況下,一些本來並不打算從事會導致環境污染和生態破壞的產品的生產的經濟當事人,為了索取補償,就有可能以從事上述產品的生產相威脅,從而迫使受害者或者支付額外的補償費,或者為了搞清誰是真正的污染者而支付額外的交易成本。進行這種威脅的經濟當事人越多,受害者所支付的補償費或交易成本也就越高。其結果或者是受害者因得不償失而放棄與污染者的談判,或者是受害者花費更多的費用。無論上述哪一種情況發生,都意味著市場機制無法使環境污染最優化。

還有一些經濟學家則對那種將不談判看做是擁有相應產權、因而必須支付高額交易成本的談判一方的最佳選擇的觀點提出批評。他們認為,交易成本高於支付方的預期收益,對於支付方來說,確實意味著在現有條件下談判得不償失,因而維持環境污染的現狀是最優選擇,但並不等於說在一切條件下維持環境污染的現狀都是最優選擇。假定國家干預所需的成本既低於上述交易成本,又低於上述支付方的預期收益,那麼,用國家干預來取代市場機制在經濟上就更有效率的,因而只有國家干預才是最優選擇。所以,國家不干預時高額交易成本的存在,不僅不意味著此時環境污染的合理性,反而意味著國家干預的必要性。只有在國家不干預時的交易成本和國家干預的成本都高於支付方的預期收益時,維持環境污染才是最優選擇。

四、排污權交易

上一部分所提到的市場交易是在污染者與污染的受害者之間進行的。還有一種交易是在不同污染者之間進行的。這種交易稱為排污權交易(tradeable pollution permit)。

排污權交易的基本內容是:實行排污許可證制度,政府向廠商發放排污許可證,廠商則根據排污許可證向特定地點排放特定數量的污染物;排污許可證及其所代表的排污權是可以買賣的,廠商可以根據自己的需要,在市場上買進或賣出排污權。

排污權交易同樣可以用(11.20)式來說明。但(11.20)式中的 W_m 此時代表某一廠商最初擁有的排污權數量,W 則代表該廠商的污染物實際排放量。如果 $W_m < W$,廠商必須按照排污權的市場價格 P_W 購買 $W_m - W$ 數量的排污權;反之,如果 $W_m > W$,廠商可以按照排污權的市場價格 P_W 出售排污權。

在存在排污權交易時,治理污染雖然會增加成本,但 W 的減少可以減少廠商購買排污權的支出或增加廠商出售排污權的收入。因而廠商會根據污染物的邊際減排成本 $\partial C_H(Q_H, W)/\partial W$ 與排污權價格 P_W 兩者孰高孰低進行權衡。如果前者大於後者,廠商寧願購買更多的排污權或減少排污權的出售量;如果前者小於後者,廠商寧可更多地減少污染物的排放量,而少購買排污權或增加排污權的出售量。

與單純的污染物排放標準或排污費相比,排污權交易的長處在於:

首先,排污權市場的供求形勢會受到當地經濟發展、污染物減排成本變化、一般價格

水準變化等的影響。而排污權價格則可以根據上述變化,靈活地作出調整。

其次,排污權交易有利於政府的宏觀調控。由於非對稱信息的存在,政府決策可能出現失誤,也可能落後於形勢,而污染物排放標準或排污費徵收標準的修改有一定的程序,需要一定的時間;同時,修改涉及各方面的利益,因而有關方面都會力圖影響政府決策,從而使修改久拖不決。有了排污權交易後,一方面,政府可以用類似中央銀行公開市場業務的做法,通過排污權的市場買賣,對環境保護中出現的問題作出及時的反應。例如,污染物排放標準偏低,政府可以買進排污權;污染物排放標準偏高,政府可以賣出排污權。而且可以通過少量的排污權交易,對環境狀況進行微調。經過一定時期,證明標準調整後的環境狀況可以兼顧環境保護和經濟發展,再將其正式確定為污染物排放標準。另一方面,認為現有的污染物排放標準偏低的社會集團,也可以通過購買排污權而不排放污染物的辦法,向政府表達自己要求提高上述標準的意願。

排污權既然可以買賣,而且從長期來看其價格呈上升趨勢,就會有人炒賣排污許可證,甚至有可能出現某些人通過壟斷排污權市場牟取暴利的現象。排污的價格應該由市場決定,但排污權市場的交易秩序需要由政府來維持和管理。因此,政府具有維持和管理排污權市場交易秩序的能力(包括防止有關官員以權謀私),就成為排污權交易正常運轉的前提。

五、合併企業

合併企業是解決外部性問題、使資源配置符合帕累托效率的另一種辦法。這種辦法既可能產生外部性製造者與受外部性影響者之間的自願交易,也可能產生於政府的干預。我們對這一問題進行單獨分析。

我們仍然以上述化工廠生產對農業造成污染的外部性為例討論如何通過合併企業而使外部性符合社會最優標準。我們知道,在產權不明確或者沒有任何干預措施的情況下,化工廠所造成的污染程度之所以超過社會最優標準,是由於污染造成的成本不計入化工廠的成本中,而損失完全由農場承擔。如果將化工廠與農場合併為一個企業,則企業的決策者將會同時考慮化工廠與農場的成本與收益。當化工廠與農場合併為一個企業後,合併後的企業利潤函數為:

$$\pi_1 = P_H Q_H - + P_A Q_A - C_H(Q_H, W) - C_A(Q_A, W) \tag{11.22}$$

利潤最大化的必要條件是:

$$\partial C_H(Q_H, W)/\partial Q_H = P_H \tag{11.23}$$

$$\partial C_A(Q_A, W)/\partial Q_A = P_A \tag{11.24}$$

$$-\partial C_H(Q_H, W)/\partial W = \partial C_A(Q_A, W)/\partial W \tag{11.25}$$

(11.25)式的條件與(11.19)式的條件完全相同,表示合併企業與明確產權可以達到同樣的結果。(11.25)式的條件恰好是達到圖 11-3 中的最優污染成本由農場承擔,所以化工廠將不願控制污染,從自身利潤最大化目標出發,化工廠將使得污染的程度達到 $\partial C_H(Q_H, W)/\partial W = 0$ 這一點。合併企業後,由污染造成的成本負擔落在聯合的企業內,決策者必須綜合考慮化工產品的收益與化工品污染的成本。為了達到利潤最大化,合併

的企業必須使由於控制化工品污染而造成的增加的邊際成本等於因污染程度的降低而降低的農產品的邊際成本。合併企業後所造成的污染程度低於合併企業前的污染程度。

我們隨意列舉一個例子驗證關於合併企業可以降低污染程度的結論。假定化工廠的成本函數為：

$$C_H(Q_H, W) = Q_H^2 + (2W-4)^2 \tag{11.26}$$

農場的成本函數為：

$$C_A(Q_A, W) = 2Q_A^2 + 4W \tag{11.27}$$

合併企業前，化工廠的利潤函數為：

$$\pi_H = P_H Q_H - Q_H^2 - (2W-4)^2 \tag{11.28}$$

由利潤最大化的必要條件得到均衡的化工品產量 $\bar{Q}_H = P_H/2$，均衡的污染量 $\bar{W} = 2$。

合併企業前，農場的利潤函數為：

$$\pi_A = P_A Q_A - 2Q_A^2 - 4W \tag{11.29}$$

由利潤最大化的必要條件得到均衡的農產品產量 $\bar{Q}_A = P_A/4$。因為污染量由化工廠而不是農場控制，均衡污染量仍然是由化工廠追求自身利潤最大化時所決定的均衡污染量，即 $\bar{W} = 2$。

我們再來看合併企業後所導致的均衡結果。合併企業後的利潤函數為：

$$\pi_1 = P_H Q_H + P_A Q_A - Q_H^2 - (2W-4)^x - 2Q_A^2 - 4W \tag{11.30}$$

就(11.30)式的利潤函數對化工品產量、農產品產量以及污染量 W 這三個變量求一階偏導數，得到利潤最大化的三個必要條件：

$$\partial \pi_1 / \partial Q_H = P_H - 2Q_H = 0$$
$$\partial \pi_1 / \partial Q_A = P_A - 4Q_A = 0$$
$$\partial \pi_1 / \partial W = -8W + 16 - 4 = 0$$

由這三個利潤最大化的必要條件得到符合社會最優條件的均衡化工品產量、均衡農產品產量以及均衡污染量：$Q_H^* = P_H/2$，$Q_A^* = P_H/2$，$W^* = \frac{3}{2}$。可見，企業合併後，污染量減少了。

以上完全是以外部不經濟為例討論外部性問題的解決。對於外部經濟的情況我們可以作出類似的分析，這裡不再詳細討論。

六、共有財產

在分析外部性問題時，我們已經提到了共有財產。它是指那些沒有明確的所有者，人人都可以免費使用的財產，包括共有資源，比如海洋、湖泊、草場等資源。通過外部性問題的討論我們知道，只要產權是明確的，就可以有效地解決外部性問題。如果產權界定不清，外部性問題就難以解決。在財產為公眾共有的情況下，共有財產通常會被過度使用。我們以公共湖泊上的捕魚為例說明產權界定不清如何導致共有權的濫用。

圖11-4是單個捕魚者成本與收益曲線。橫坐標表示捕魚者的捕魚數量，縱坐標表示捕魚者的成本與收益。圖11-4中，AR 線是捕魚者的平均收益曲線。MR 是捕魚者的

圖 11-4　共有財產的濫用

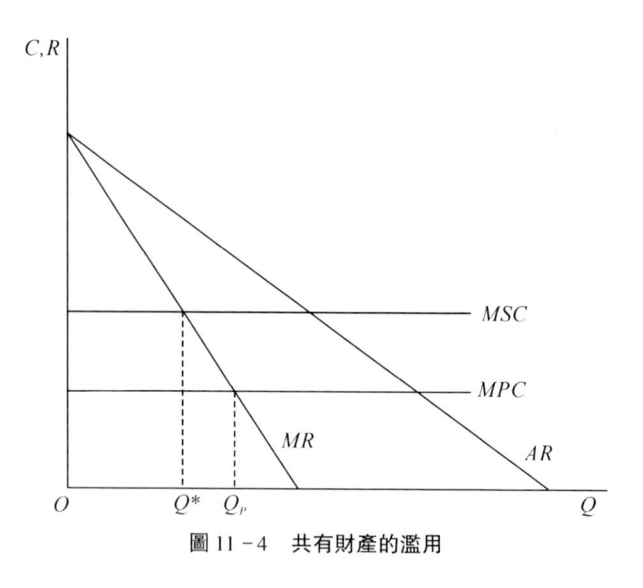

邊際收益曲線。MPC 是捕魚者的邊際私人成本，MSC 是捕魚者的邊際社會成本。由於邊際社會成本等於邊際私人成本加私人捕撈給社會造成的成本，因此 MSC 曲線位於 MPC 曲線的上方。為了方便討論，假定邊際私人成本與邊際社會成本都是常數。圖形顯示，每個捕魚者在追求個人利潤最大化目標時，總是使捕魚量達到 Q_p 點，在捕魚量達到這一水準時，邊際私人成本等於邊際私人收益。從社會角度看，最優捕撈量應該是 Q^*，因為在這種捕撈量下，邊際社會成本等於邊際社會收益。但是如果沒有有效的監督與管理，公共湖泊中就會出現濫捕濫撈。公海上出現的濫捕濫撈現象正是因為公海的資源缺乏明確的產權。如果能夠對共有財產的產權進行重新構造，使之界定明確，則可以改進資源配置的效率。如果無法界定法定產權，則必須通過法律或行政手段進行嚴格控制，才能使共有財產免遭濫用。

第三節　公共產品

一、公共產品的特徵

產品有公共產品與私人產品之分。私人產品是指那些在消費上具有競爭性（rival）與排他性（exclusive）的產品。公共產品是指那些在消費上具有非競爭性（nonrival）與非排他性（nonexclusive）的產品。在此之前我們所討論的產品都屬於私人產品，本節我們專門討論公共產品，分析公共產品如何導致市場失靈與政府的干預。

由公共產品的定義知道，公共產品具有兩個重要的特徵，非競爭性與非排他性。非競爭性是指，對於任一給定的公共產品產出水準，增加額外一個人消費該產品不會引起產品成本的任何增加，即消費者人數的增加所引起的產品邊際成本等於零。公共產品這一特徵不同於私人產品。當產品是私人產品時，增加一個消費者的消費就要增加產品的

數量,從而增加產品生產的成本。公共產品一旦用既定的成本生產出來以後,增加消費者數量也不需要額外增加成本。典型的例子是海上的航標燈。航標燈一旦建起,將為所有過往的船只指示航向,增加過往船只的數量並不需要額外增加維持航標燈的成本。

非排他性是指只要某一社會存在公共產品,就不能排斥該社會任何人消費該種產品。非排他性表明要採取收費的方式限制一個消費者對公共產品的消費是非常困難,甚至是不可能的。任何一個消費者都可以免費消費公共產品。典型的例子是國防。一國的國防一經設立,就不能排斥該國任一位公民從國防受益。公共產品這一特徵與私人產品形成鮮明對照。在私人產品場合,產品的排他性是最強的。一個人消費某種產品,另一個人就不能同時消費這一產品。兩個人不能同時戴一頂帽子,穿同一雙鞋子。由於排他性,私人產品可以採取收費的方式調節消費者消費。在市場交易中,任何一個人若不交費,就可以排斥他對私人產品的消費(假定不存在外部性)。

嚴格地講,只有同時具備非競爭性與非排他性兩種特徵才是真正的公共產品。但是現實生活中同時具備這兩種特徵的公共產品並不多。國防通常被認為是同時具有這兩種特徵的公共產品。公海上的航標燈一般也被認為同時具有這兩種特徵。有些產品只具有兩種特徵的其中一種特徵。例如公路上的橋樑具有非競爭性,但卻不具有非排他性。在交通的非高峰期,增加額外一輛車通過大橋所引起的邊際成本近似於零。但是通過設立收費站卻可以排斥任何不交費的車輛通過大橋。共有財產是非排他的,但卻不是非競爭的。例如只要湖泊是社會成員共有的,就不能排斥任一個捕魚者在湖中捕魚,但是捕撈者的不斷增加會減少湖內可供捕撈的魚的數量,這無疑會增加每一個捕魚者捕魚的成本。

不同的公共產品非競爭性與非排他性的程度是不同的。根據非競爭性與非排他性的程度,公共產品又被進一步劃分為純公共產品(pure public goods)與準公共產品(quasi-public goods)。純公共產品具有完全的非競爭性與完全的非排他性。準公共產品只具有局部非競爭性與局部非排他性。國防可以被視為一種純公共產品。橋牌俱樂部、圍棋俱樂部等可以被視為是準公共產品,因為這類產品或服務只在一定範圍內具有非排他性(只對俱樂部成員才是非排他的)與非競爭性(例如俱樂部成員人數增加太多會造成擁擠成本)。現實中純公共產品種類較少,準公共產品種類較多。以下討論中,無論是純公共產品,還是準公共產品,我們統統稱之為公共產品。

公共產品與由公共支出所生產的產品不是同一概念。公共產品通常由公共開支安排生產,但是並非所有由公共開支所生產的產品都是公共產品,例如一國的郵政可能是由公共開支維持的,或者至少部分費用是由公共開支維持的,但是郵政業務既不具有非競爭性,又不具有非排他性。政府用公共開支所生產的具有非競爭性與非排他性(包括局部非競爭性與局部非排他性)的產品才屬於公共產品。也並非只有政府才提供公共產品,社會團體也同樣可以提供公共產品。

二、公共產品的效率條件

判斷產品生產是否達到有效率的水準需要比較產品的邊際成本與邊際收益。如果邊際成本等於邊際收益,產品生產就是有效率的,否則就是無效率的。由一般均衡理論

的討論可知,從整個社會角度講,邊際成本可以表示為邊際轉換率,邊際收益可以表示為邊際替代率。所以在一般均衡的條件下,邊際轉換率等於邊際替代率是達到有效產出水準的必要條件。這一必要條件無論是對於私人產品,還是對於公共產品,都是適用的。對於這兩種不同類型的產品,這一必要條件所表示的形式不同。對於私人產品而言,邊際轉換率與邊際替代率都是比較好度量的。邊際轉換率表現為社會為了增加一單位某種產品的生產而放棄的另一種產品生產的數量。邊際替代率表現為消費者為了從某種商品的消費中獲得一單位效用增量而需要放棄的消費另一種商品而獲得的效用增量。對於公共產品而言,其邊際轉換率與私人產品遍及轉換率在形式上沒有什麼不同。如果把產品簡單地分為公共產品與私人產品兩種產品,則私人產品與公共產品之間的邊際轉換率表現為社會為了增加一單位公共產品(私人產品)的生產而必須放棄的生產私人產品(公共產品)的數量。但是公共產品的邊際替代率與私人產品的邊際替代率的形式完全不同。什麼是公共產品的邊際替代率?私人產品是單個人消費的,私人產品的邊際替代率表現為個人對於產品的評價。在均衡的情況下,任意兩產品的邊際替代率對於每一個消費這兩種產品的消費者而言都是相同的,並且等於該兩種產品在生產中的邊際轉換率。公共產品則是由眾多的人同時消費的。每個人對於公共產品與私人產品的相對評價不一樣。因此每個人的邊際替代率不一樣。不可能像私人產品那樣,在均衡的情況下使每個人對公共產品與私人產品的邊際替代率相等。在公共產品場合,更不可能使單個人的邊際替代率等於邊際轉換率。單個人對公共產品與私人產品的邊際替代率表示個人對於公共產品與私人產品的相對評價,它代表個人對於公共產品與私人產品間相對的邊際支出意願。單個人對公共產品的支出意願只占公共產品支出的一部分,因此,任何單個人對公共產品與私人產品間的邊際替代率都遠遠小於公共產品與私人產品間的邊際轉換率。公共產品的效率條件是所有消費公共產品的人對公共產品與私人產品間邊際替代率的加總等於公共產品與私人產品間的邊際轉換率。我們來證明這一結論。

以兩人、兩產品的情況為例進行討論。兩個消費者分別表示為 A、B。兩產品分別表示為 X(私人產品)、Y(公共產品),X 為私人產品總量,$X^A + X^B = X$。Y 為公共產品總量,由於公共產品消費中的非排他性,每個人所消費的公共產品量就等於公共產品總量。社會轉換函數為:

$$T(X^A + X^B, Y) = 0 \tag{11.31}$$

社會福利函數為:

$$W = W[U^A(X^A, Y), U^B(X^B, Y)] \tag{11.32}$$

我們要在生產可能性邊界的限制下求社會福利的最大化。拉格朗日函數的形式為:

$$L = W[U^A(X^A, Y), U^B(X^B, Y)] - \lambda[T(X^A + X^B, Y) - 0] = 0 \tag{11.33}$$

就(11.33)式對變量 X、Y 求一階偏導數,得到以下四個一階條件:

$$\partial L/\partial X^A = (\partial W/\partial U^A)(\partial U^A/\partial X^A) - \lambda(\partial T/\partial X) = 0 \tag{11.34}$$

$$\partial L/\partial X^B = (\partial W/\partial U^B)(\partial U^B/\partial X^B) - \lambda(\partial T/\partial X) = 0 \tag{11.35}$$

$$\partial L/\partial Y = (\partial W/\partial U^A)(\partial U^A/\partial Y) + (\partial W/\partial U^B)(\partial U^B/\partial Y) - \lambda(\partial T/\partial X) = 0 \tag{11.36}$$

$$\partial L/\partial \lambda = T(X^A + X^B, Y) - 0 = 0 \tag{11.37}$$

整理以上四式得到以下結果：

$$(\partial W/\partial U^A)(\partial U^A/\partial X^A) = \lambda(\partial T/\partial X) = 0 \tag{11.38}$$

$$(\partial W/\partial U^B)(\partial U^B/\partial X^B) = \lambda(\partial T/\partial X) = 0 \tag{11.39}$$

$$(\partial W/\partial U^A)(\partial U^A/\partial Y) + (\partial W/\partial U^B)(\partial U^B/\partial Y) = \lambda(\partial T/\partial Y) \tag{11.40}$$

$$T(X^A + X^B, Y) = 0 \tag{11.41}$$

從(11.38)與(11.39)式解出 λ：

$$\lambda = \frac{\partial W}{\partial U^A}\frac{\partial U^A}{\partial X^A}\Big/\frac{\partial T}{\partial X} = \frac{\partial W}{\partial U^B}\frac{\partial U^B}{\partial X^B}\Big/\frac{\partial T}{\partial X} \tag{11.42}$$

用 $1/\lambda$ 乘(11.40)式，並利用(11.42)式的結果得到：

$$\frac{\partial U^A/\partial Y}{\partial U^A/\partial X^A} + \frac{\partial U^B/\partial Y}{\partial U^B/\partial X^B} = \frac{\partial T/\partial Y}{\partial T/\partial X} \tag{11.43}$$

(11.43)式的左端兩項分別是 A、B 兩人所消費的公共產品與私人產品之間的邊際替代率，右端表示社會生產 X、Y 兩產品的邊際轉換率。(11.43)式可以簡單表示為：

$$MRS_{YX}^A + MRS_{YX}^B = MRT_{YX} \tag{11.44}$$

因此我們證明了所有消費公共產品的消費者對於公共產品與私人產品間邊際替代率的加總等於公共產品與私人產品在生產中的邊際轉換率。圖 11-5 顯示了公共產品有效生產的幾何意義。

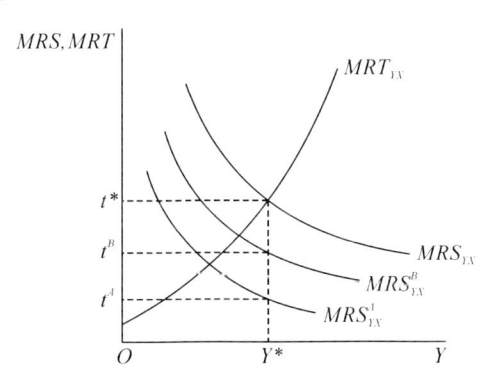

圖 11-5　公共產品有效提供量

圖 11-5 中，橫坐標表示公共產品數量，縱坐標表示邊際替代率與邊際轉換率。MRS_{YX}^A 是消費者 A 的邊際替代率曲線。MRS_{YX}^B 是消費者 B 的邊際替代率曲線。假定只有 A、B 兩人消費該公共產品，則通過對曲線 MRS_{YX}^A 與曲線 MRS_{YX}^B 的相加得到總的邊際替代率曲線 MRS_{YX}。MRT_{YX} 是邊際轉換率曲線。MRS_{YX} 曲線與 MRT_{YX} 曲線的交點決定了最優的公共產品提供量 Y^*。在達到最優均衡時，兩個消費者同時消費 Y^* 數量的公共產品，但是對公共產品願意作出的支付不同。由於每個消費者的邊際替代率代表他對公共產品的支出意願，所以在公共產品的產出水準為 Y^* 時，消費者 A 願意為 Y^* 數量的公共產品支出的數額為 t^A，消費者 B 願意為 Y^* 數量的公共產品支出的數額為 t^B。二人支出數額的加總等於 t^*。t^* 的支出恰好等於生產 Y^* 數量公共產品的成本（MRT 代表產品生產成本）。t^A 與 t^B 可以被視為 A、B 二人為消費 Y^* 數量的公共產品而繳納的稅收。二人消費相同數量的公共

產品,但是願意為公共產品繳納的稅額不同,B 比 A 對公共產品的評價高些,因此願意繳納的稅額要高些。這恰好與私人產品最優均衡時的情況相反。

在私人產品的生產與消費達到最優均衡時,每個消費者消費某種產品支付相同的價格,但是消費不同的數量。私人產品的均衡情況如圖 11-6 所示。圖 11-6 中,通過對 MRS_{XY}^A 曲線與 MRS_{XY}^B 曲線的水準相加而不是垂直相加得到 MRS_{XY} 曲線。MRS_{YX} 曲線與 MRT_{XY} 曲線的交點決定私人產品 X 的最優提供量 X^* 與均衡價格 P^*。A、B 二人支付相同的價格 P^*,但是消費不同的數量。A 消費 X^A 的數量,B 消費 X^B 的數量,二人消費量的加總等於 X 產品的最優提供量 X^*。

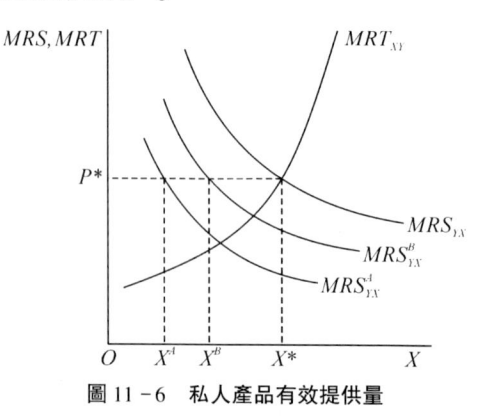

圖 11-6 私人產品有效提供量

三、公共產品有效提供的決策機制

對私人產品一般均衡的理論分析表明,如果不存在外部性,通過競爭的市場機制就可以解決私人產品的有效生產問題。競爭的市場機制是否可以解決公共產品的有效生產問題?一般情況下是不行的,原因在於公共產品的消費中存在著私人產品消費中所不存在的「免費搭車問題」(free-rider problem)。所謂免費搭車問題,是指個人不願出資負擔公共產品生產的成本,而依賴別人生產公共產品以便自己不花任何代價地消費。由於免費搭車問題,依靠市場機制解決公共產品的生產往往導致所提供的公共產品的數量遠遠低於社會所需要的數量。公共產品的提供需要另一種決策機制。

在民主制度下,通常採取投票方式決定公共產品支出。可以是全民投票表決,由公民所選舉的代表投票表決,或者由政府有關機構的官員投票表決。表決可以採取簡單多數規則、五分之三多數規則、三分之二多數規則、一致同意規則等。但是,以投票的方式對公共支出進行表決並非十全十美。在討論一般均衡與福利問題時我們曾經指出,一般來講,要在具有完備性與可傳遞性個人偏好的基礎上建立可傳遞性的社會偏好是相當困難的。投票的順序不同,投票的結果就不同。如果對多種方案按照不同順序進行反覆投票,所獲得的多種投票結果還可能是相互矛盾的。滿意的投票結果是在對投票者的偏好作出若干嚴格假定的基礎上導出的。例如,除了假定每個人的偏好具有我們以前所假定的那種完備性、可傳遞性等特徵外,還必須具有單峰的性質而不是具有雙峰的性質。如果投票者的偏好符合這些假定,就可以通過投票表決獲得比較令人滿意的公共支出方案。

下面以人們對於公共支出的偏好為例說明單峰偏好與雙峰偏好的區別。用 NV^i 表示第 i 個人從某項公共支出中獲得的淨效用,也可以說是他為該項支出納稅後的淨收益。如果個人的偏好是單峰偏好,那麼個人的淨效用 NV^i 先隨公共支出的增加而增加,達到某一最大值後開始下降,直至降到 0,如圖 11-7(a) 所示。圖 11-7(a) 的橫坐標表示某項公共支出,縱坐標表示個人從公共支出中獲得的淨效用。

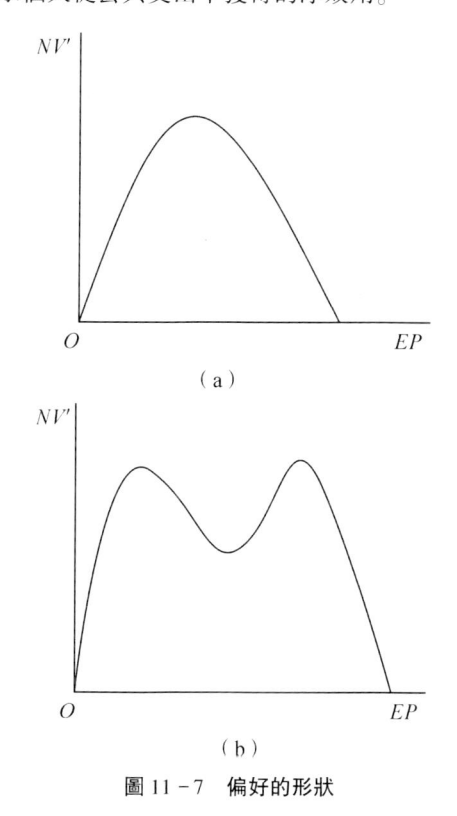

(a)

(b)

圖 11-7 偏好的形狀

如果個人的偏好是雙峰偏好,那麼個人的淨效用 NV^i 先隨公共支出的增加而增加,達到某一極大值後隨公共支出增加而下降,降到某一極小值後又隨公共支出的增加而上升,再次達到另一極大值後隨公共支出的增加而下降,直至降到 0。如圖 11-7(b) 所示。一般而言,假設個人對於公共支出的偏好呈單峰狀態是合理的。因為在沒有公共產品或公共產品數量較少的情況下,個人為多獲得一些公共產品,願意為公共產品多作一些支付。因此個人的淨效用隨公共支出的增加而增加。但是,當由公共開支所生產的公共產品的數量已經很多,個人對公共產品所作出的支付已經很大時,個人從公共支出所獲的淨效用將下降直至個人認為公共支出水準太高,他為公共支出作出的支付太大,他從中得不到任何淨效用。

有了個人偏好呈單峰狀態的假定,我們就可以說明利用投票方式能夠解決是否提供公共產品,提供多少的問題。我們舉例加以說明。為了避免在公共支出問題上不同意見得票相等的問題,假定投票者人數為奇數(在投票人數很多的情況下即使投票者人數為

偶數也不會產生太大的問題)。為了便於討論,假定只有 A、B、C 三個具有不同偏好的人(可以設想為三個群體)參加投票。假定三個投票者就設立社區治安的一筆公共支出舉行投票。有四種方案供表決用。這四種方案分別是:5 萬元公共支出,10 萬元公共支出,15 萬元公共支出,20 萬元公共支出。這四種公共支出方案給 A、B、C 三位消費者產生的淨效用如圖 11-8 所示。

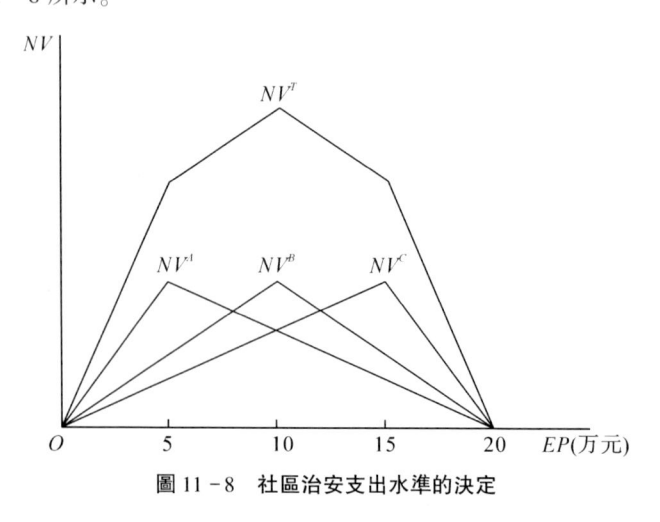

圖 11-8　社區治安支出水準的決定

圖 11-8 中橫坐標表示社區治安支出水準,縱坐標表示社區治安給居民帶來的淨效用,NV^A、NV^B、NV^C 三條折線分別表示 A、B、C 三人淨效用曲線。NV^T 是整個社區的淨效用曲線,它是通過對 A、B、C 三人淨效用曲線的垂直加總得到。通過比較 A、B、C 三人的淨效用曲線,我們看到三個人對社區治安的評價是不一樣的。對於 A 來講,將社區治安支出水準確定為 5 萬元給他帶來的淨效用最大。在社區治安支出水準沒有達到 5 萬元之前,A 從社區治安獲得的淨效用隨社區治安支出水準的增加而提高。在社區治安支出水準達到 5 萬元之後,A 從社區治安獲得的淨效用隨社區治安支出水準的增加而降低。在社區治安支出水準達到 20 萬元時,A 認為社區治安支出水準太高,他為社區治安作出的支付太大。因此,他從社區治安支出中獲得的淨效用為 0。對於 B 而言,社區治安支出水準達到 10 萬元時給他帶來的淨效用最大。而對於 C 而言,社區治安支出水準達到 15 萬元時給他帶來的淨效用最大。與 A 相同,B、C 兩人對於 20 萬元的社區治安支出水準評價最低。

現在對這四種公共支出方案進行投票表決。按照簡單多數規則通過表決結果。表決的結果是 10 萬元的社區治安支出方案獲得通過。這一結果是很顯然的。無論如何,20 萬元的支出方案肯定不會獲得通過。如果對 5 萬元與 10 萬元這兩種支出方案進行表決,B、C 二人將會投票贊成 10 萬元的支出方案,只有 A 會贊成 5 萬元的支出方案,從而使 10 萬元的支出方案獲得通過。如果對 10 萬元與 15 萬元這兩種支出方案進行表決,A、B 二人將會投票贊成 10 萬元的支出方案,只有 C 會贊成 15 萬元的支出方案,因此也是 10 萬元的支出方案獲得通過。因此,可以說在投票者的偏好為單峰狀態的前提下,通過投票方式可以獲得符合多數人意願的公共產品支出方案。這種表決結果最符合具有

中間偏好或者說具有中位數偏好投票者的意願。具有中位數偏好的投票者稱為適中投票者(median voter)。從我們的分析中可以引出這樣的結論,在按照多數票規則對公共支出方案進行投票的情況下,適中投票者所偏好的支出方案總會獲得通過。

按照多數票規則所獲得的結果是否是有效率的?答案是不一定。所謂有效率是指投票通過的公共支出數額恰好等於從這一公共支出額中受益的所有投票者願意支出的數額。在某些情況下多數票規則所產生的結果是有效率的。在另一些情況下,所屬票規則所產生的結果是沒有效率的。在我們所舉的例子中,投票的結果碰巧是有效率的。因為投票的結果使 10 萬元的公共支出方案獲得通過。這一結果符合 A、B、C 三人對於公共支出的平均偏好[(5 萬+10 萬+15 萬)/3]。如果 C 的對公共支出的偏好與 B 相同,A 的偏好不變,投票的結果仍然是 10 萬元的支出方案獲得通過。但是 10 萬元的公共支出水準超出了社會有效率的水準,社會有效率水準應該是 25/3 萬元。如果 A 對公共支出的偏好與 B 相同,C 的偏好不變,投票的結果還是 10 萬元的支出方案獲得通過。但是 10 萬元的公共支出水準低於社會有效率的水準,社會有效率的水準應該是 35/3 萬元。儘管投票方式並不總能獲得有效率的公共支出水準,但是在民主制度下,用投票的方法決定公共支出方案仍是調節公共產品生產的較好方法。

第四節　政府對完全壟斷行業的調節

一、對完全壟斷廠商的價格調節

與完全競爭廠商相比,完全壟斷廠商總是實行高價格的產量政策,所以對完全壟斷廠商的價格調節是指對壟斷產品實行限價政策,也就是說政府的調節價總是低於壟斷價。下面分別討論對具有 U 型成本曲線的完全壟斷產生進行價格調節與對具有遞減成本曲線的完全壟斷廠商實行調節的情況。為了便於分析,我們借助圖 11-9 進行討論。

圖 11-9 中,在不實行價格調節的情況下,能使完全壟斷廠商獲得最大化利潤的壟斷價格是 P_m,壟斷產量是 Q_m。假定政府對該完全壟斷廠商實行價格調節,規定完全壟斷廠商收取的價格不得超過 P_1。我們看看政府的這一價格政策會產生什麼結果。

在政府把完全壟斷廠商產品的價格定位 P_1 時,完全壟斷廠商將會調整產量。調整的依據當然是利潤最大化原則。完全壟斷廠商若要獲得最大化利潤,必須使邊際成本等於邊際收益。政府的價格調節只會改變完全壟斷廠商的收益曲線,而並不改變完全壟斷廠商的成本曲線。在 P_1 的價格下,在達到 Q_1 點與 Q_1 點之前,完全壟斷廠商的平均收益等於價格 P_1,所以 0 到 Q_1 的產量區間上平均收益曲線由線段 $P_1 A$ 表示。當產量大於 Q_1 時,完全壟斷廠商的平均收益曲線仍舊是原平均收益曲線。因為在產量大於 Q_1 的情況下,完全壟斷廠商收取的價格小於 P_1,所以在產出水準大於 Q_1 的情況下,政府的調節價格 P_1 對完全壟斷廠商的平均收益不發生影響。與新的平均收益曲線相對應,完全壟斷廠商在政府價格調節後新的邊際收益曲線由折線 $P_1 AFG$ 表示。在 P_1 的調節價格下,直至產出水準達到 Q_1 時,完全壟斷廠商的邊際收益曲線與平均收益曲線相重合,為線段

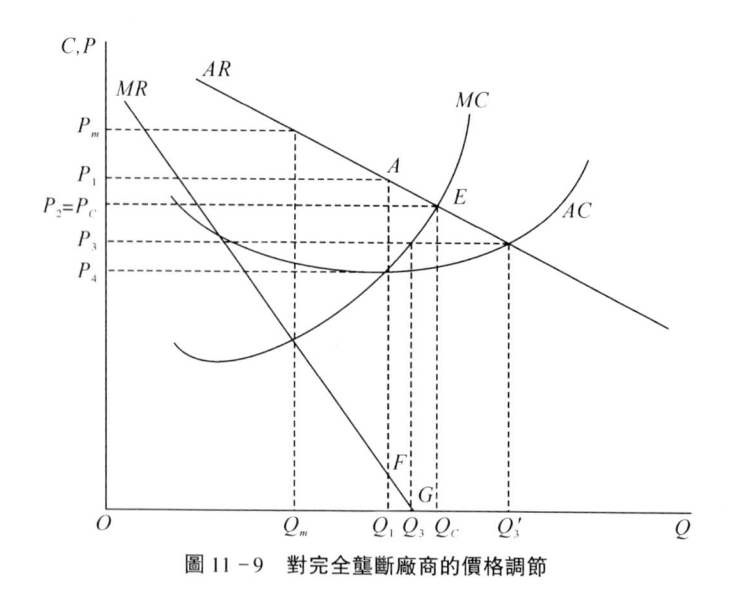

圖 11-9 對完全壟斷廠商的價格調節

P_1A，在 Q_1 的產量點，邊際收益無定義，從 A 點到 F 點這一段都可以作為 Q_1 產量點的邊際收益。當產量大於 Q_1 時，邊際收益曲線仍舊是原邊際收益曲線，由 FG 表示。顯然，在 P_1 的調節價格下，完全壟斷廠商利潤最大化的產量是 Q_1。可以看出，在 P_1 的價格與 Q_1 的產量下由壟斷而造成的無謂損失大大減少。

政府將調節價制定在多高的水準才會完全消除因壟斷而造成的無謂損失？當然是讓調節價等於完全壟斷廠商的邊際成本。價格等於邊際成本的狀況是完全競爭所達到的狀況。在這種狀況下，資源達到了最有效的配置。對於圖 11-9 的例子來講，政府使調節價 P_2 等於完全競爭價 P_C 時，完全壟斷廠商生產的產量達到完全競爭的產量水準 Q_C，社會福利的無謂損失完全消除。

把調節價定在完全競爭價格的水準是最優的調節價。如果政府把調節價定得低於完全競爭價，也將會導致社會福利無謂損失。例如，如果政府把調節價定為 P_3，完全壟斷廠商利潤最大化的產量為 Q_3。這類似於完全競爭條件下的最高限價。在 P_3 的價格下，消費者的需求量為 Q_3'，而完全壟斷廠商只願供給 Q_3，所以，出現 $Q_3' - Q_3$ 數額的短缺，供給量的下降也使社會福利產生無謂損失。若政府把調節價定得低於 P_4，完全壟斷廠商將推出該產業，因為價格低於 P_4 時，完全壟斷廠商無法彌補其平均成本。

某些完全壟斷廠商所經營的產業平均成本曲線不是 U 型，而是遞減的，一些自然壟斷產業就屬於這種情況。對於這種形式的壟斷政府又應如何制定調節價？我們借助於圖 11-10 討論這種情況。

由於自然壟斷產業始終存在著遞增的規模報酬，因此，完全壟斷廠商的邊際成本與平均成本始終是遞減的。如果不實行價格調節，完全壟斷廠商利潤最大化壟斷價格是 P_m，與之相對應的產出水準是 Q_m。毫無疑問，壟斷價格太高，壟斷產量太低，因壟斷而產生社會福利的無謂損失。政府進行價格調節可以減少社會福利的無謂損失。對於這種自然壟斷產業政府應該制定多高的調節價？達到資源最有效配置的價格與產量是假如

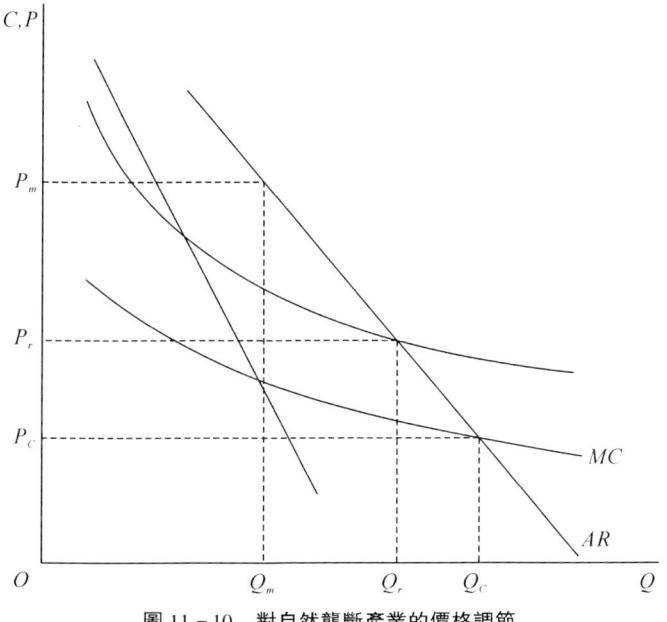

圖 11－10　對自然壟斷產業的價格調節

該產業處於完全競爭狀態下所應達到的價格 P_c 與產量 Q_c。但是,政府不能把調節價格定位 P_c 的水準。因為一旦把調節價定為 P_c,完全壟斷廠商將無法彌補其平均成本。這種情況下,將不會有廠商在該產業經營。為了既能使完全壟斷廠商彌補平均成本,又能盡可能減少社會福利的無謂損失,政府應該把調節價定為 P_r 的水準。

由於完全壟斷廠商所面臨的需求曲線會隨著市場調節的變化而不斷變化,所以政府調節機構很難按照圖 11－9 與圖 11－10 中所確定的調節原則(在圖 11－9 中讓調節價等於 P_c,在圖 11－10 中讓調節價等於 P_r)對壟斷產品制定調節價格。為了便於操作,在實踐中政府調節機構可以利用下列公式為壟斷產品制定調節價,該公式為

$$P = AVC + (D + T + sK)/Q \qquad (11.45)$$

其中,P 為政府調節價,AVC 為壟斷企業的平均變動成本,D 為企業的折舊,T 為稅收,s 為政府允許的資本回報率,K 為企業資本存量,Q 為企業產量。由於政府調節機構通常需要把資本回報率 s 確定在一種公平的或競爭的水準上,因此這種形式的價格調節又稱為回報率調節(rate of return regulation)。不過這種公平的或競爭的回報率不太容易確定,這有時會使得政府的調節難以奏效。

二、對完全壟斷廠商的稅收調節

我們以從量稅(specific taxes)與一次總付稅(lump-sum taxes)為例,討論徵稅對完全壟斷廠商價格與產量的影響。先討論從量稅的影響。所謂從量稅,是指對生產者所生產的每一單位產品,徵收某一固定數量的稅收。假定從量稅的稅率為 t,廠商平均成本曲線與邊際成本曲線將從量稅提高 t 的高度。對完全壟斷廠商徵收從量稅將會使完全壟斷

廠商的一部分或全部超額利潤消失。圖11-11描述了這種情況。

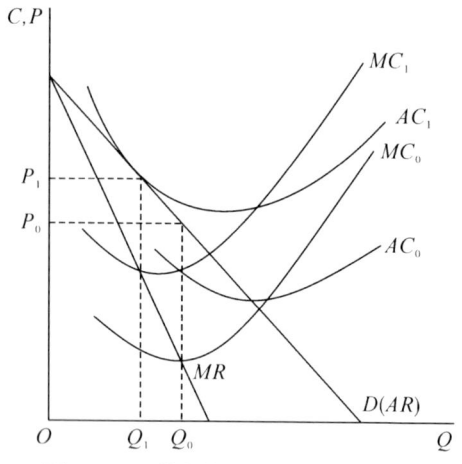

圖11-11 對完全壟斷廠商徵收從量稅

在圖11-11中，徵收從量稅前，完全壟斷廠商的平均成本曲線與邊際成本曲線分別為AC_0與MC_0，徵收從量稅後完全壟斷廠商的平均成本曲線與邊際成本曲線分別提高到AC_1與MC_1。稅前使完全壟斷廠商利潤最大化的壟斷價格是P_0，壟斷產量是Q_0。在P_0的價格與Q_0的產量下，由於完全壟斷廠商的平均收益大於平均成本，所以完全壟斷廠商獲得了超額利潤。稅後使完全壟斷廠商利潤最大化的壟斷價格是P_1，壟斷產量是Q_1。在我們所舉的例子中，政府的稅收恰好使完全壟斷廠商的超額利潤消失。雖然政府恰當地徵收從量稅可以通過增加完全壟斷廠商成本而使完全壟斷廠商的超額利潤減少甚至消失，但是完全壟斷廠商卻可以通過提高產品價格而將一部分稅收負擔轉嫁給消費者，使消費者付出更高的價格，消費更少的產品。因此，從資源配置的角度講，對完全壟斷廠商徵收從量稅不僅不能改進資源配置的效率，反而會使資源配置的效率進一步降低，使社會福利的無謂損失進一步增大。

一次總付稅是指一次性徵收的稅收，例如營業執照稅。與徵收從量稅不同，如果對完全壟斷廠商恰當地徵收一次總付稅，既不會改變均衡價格，也不會改變均衡產量，而且能夠消除完全壟斷廠商的超額利潤。圖11-12顯示了這種狀況。由於一次總付稅只會提高廠商的平均成本（平均成本由稅前的AC_0提高到稅後的AC_1），對廠商的邊際成本不發生任何影響（稅前與稅後邊際成本都是MC），因此邊際成本與邊際收益的交點在徵稅前後無任何變化（見圖11-12中的A點）。政府的調節季候只需恰當地規定一次總付稅的數量，使完全壟斷廠商在徵稅後的平均成本曲線AC_1與平均收益曲線AR相切（圖11-12中的B點），便可以使完全壟斷廠商的超額利潤消失。而政府則可以把這筆稅收投入公益事業。

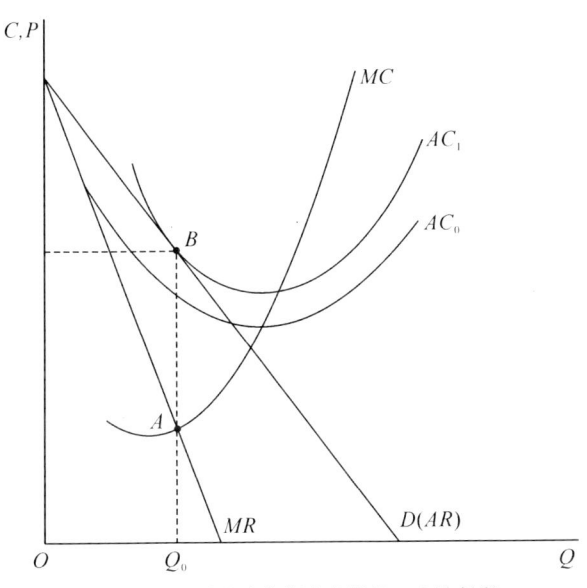

圖 11－12　對完全壟斷廠商徵收一次總付稅

習題

1. 什麼是市場失靈？有哪些因素會導致市場失靈？在市場失靈的情況下是否一定需要政府干預？為什麼？
2. 什麼是逆選擇？什麼是敗德行為？什麼是委託人—代理人問題？
3. 什麼是外部性？為什麼說外部性會使資源配置效率受損？
4. 什麼是公共產品？提供公共產品的效率條件是什麼？
5. 假定某汽車製造廠生產某一特定型號的轎車，該種轎車的質量由高到低分為 A、B、C、D 四個等級，四種質量的轎車各占轎車總量的 1/4。假定該種轎車的潛在消費者分為Ⅰ、Ⅱ兩種類型。對於每一種質量的轎車，類型Ⅰ的消費者所願意支付的價格都高於類型Ⅱ的消費者願意支付的價格。假定每一個消費者只購買一輛轎車。四種質量的轎車與兩種類型的消費者願意支付的價格如表 11－2 所示：

表 11－2　　四種質量的轎車與兩種類型的消費者願意支付的價格

轎車質量	不同類型消費者願意支付的價格(萬元)	
	類型Ⅰ	類型Ⅱ
A	20	18
B	18	17
C	16	15
D	12	11

假定新車的價格是 16 萬元，並假定消費者追求期望效用最大化，而且消費者收入的邊際效用不變，消費者在購進新車後可以隨時出售給他人。如果消費者購進新車後三個月內將車轉售他人，則仍視之為新車，即忽略三個月內的折舊。

(1)假定消費者在交易前只知道所交易的轎車的平均質量，只有在購進後才確切知道所購買車的質量，那麼請分析一下三個月內轎車市場的交易情況(包括購進新車後轉手的交易)，什麼樣的轎車會成交？按照什麼樣的價格成交？

(2)如果購買者與賣者都知道每一輛二手車的質量，消費者的狀況是否比問題(1)中狀況好些？

6. 假定按照消費者對於公共電視服務的偏好將消費者分為三組，三組消費者從公共電視服務中所能獲得的邊際收益為：

$$MR_1 = 150 - T, MR_2 = 200 - 2T, MR_3 = 250 - T$$

其中，T 是公共電視播放時間。假定公共電視服務是純公共產品，提供該種公共產品的邊際成本等於常數，即每小時 200 元。

(1)請問公共電視有效播放時間是多少？

(2)如果由競爭的私人市場提供公共電視服務，那麼企業會提供多少小時的公共電視服務？

國家圖書館出版品預行編目（CIP）資料

現代個體經濟學 / 袁正 主編. -- 第一版.
-- 臺北市：財經錢線文化, 2019.10
　　面；　公分
POD版

ISBN 978-957-680-389-5(平裝)

1.個體經濟學

551　　　　　　　　　　　　　　　108017274

書　　　名：現代個體經濟學
作　　　者：袁正 主編
發 行 人：黃振庭
出 版 者：財經錢線文化事業有限公司
發 行 者：財經錢線文化事業有限公司
E - m a i l：sonbookservice@gmail.com
粉 絲 頁：　　　　網　址：
地　　　址：台北市中正區重慶南路一段六十一號八樓 815 室
8F.-815, No.61, Sec. 1, Chongqing S. Rd., Zhongzheng Dist., Taipei City 100, Taiwan (R.O.C.)
電　　　話：(02)2370-3310　傳　真：(02) 2370-3210
總 經 銷：紅螞蟻圖書有限公司
地　　　址：台北市內湖區舊宗路二段 121 巷 19 號
電　　　話：02-2795-3656　傳真：02-2795-4100　網址：
印　　　刷：京峯彩色印刷有限公司（京峰數位）

　　本書版權為西南財經出版社所有授權崧博出版事業有限公司獨家發行電子書及繁體書繁體字版。若有其他相關權利及授權需求請與本公司聯繫。

定　　　價：450元
發行日期：2019 年 10 月第一版

◎ 本書以 POD 印製發行